말로 그 뜻을 밝게 풀어 나이기가 어렵음은 그림으로 풀 것이오 그림으로도 밝게 하기가 어렵음은 말로 풀 것이오 이 두 가지로도 다 풀 수가 없음은 그 일의 뜻을 맘으로 살피어 풀지니라

—周時經, 國語文法, 1910, 64면;
朝鮮語文法, 1913, 72면

제4판 머리말

이 책의 초판이 1981년에 나왔으니 벌써 30년의 세월이 흘렀다. 이 책은 원래 저자의 박사 논문을 부분적으로 보완하여 출판한 것인데 1986년에는 보설 (補說)을 붙여 제2판 형식으로 2쇄를 찍어 낸 일이 있었다. 그리고 1998년에는 '보정판'이라는 이름으로 제3판을 낸 바 있는데 여기에서는 각 장마다 [붙임말]을 두어 본문의 미진한 내용을 보충하기도 하였으며 특히 중세어의 시상법 (時相法, TAM)의 확인에 관련된 모음 동화 현상을 다룬 논문을 [붙임]에 넣은 바 있다. 그리고 초판과 재판에 두었던 독문 요약은 삭제한 바 있다. 그사이 본서의 초판에 대하여는 홍윤표 교수가 서평 (『국어국문학』 87, 1982)을 써 수셨고 제3판 (보정판)에 대하여는 백두현 교수와 윤용선 교수가 저자의 정년 기념 문집인 『고영근의 국어학 세계』 (삼경문화사, 2002)에 서평을 기고한 바 있다.

저자는 2004년에는 『한국어의 시제 서법 동작상』 (2007년 보정판)을 상재하기도 하였는데 이는 현대어, 중세어, 방언의 시상법을 총체 서술한 것이었다. 저자가 박사 논문으로부터 숙망 (宿望)의 대상으로 삼아 온 것은 우리 민족의 문학 작품에 나타나는 이른바 서사 시제 (敍事時制)를 일상 시제, 곧 상담 시제 (相談時制)와 어떻게 관련하여 처리할 것인가 하는 문제였다. 앞의 책에서도 여전히 손을 대지 못하였다. 그런데 지난 수년간 오랫동안 미루어 오던 민족어의 서사 시제를 본격적으로 파헤칠 수 있는 계기를 얻어 작년에 「민족 문학 작품과 서사 시제」를 『冠嶽語文研究』 33호 (서울대학교 국어국문학과)에 기고한 바 있다.

지난 한 해 동안 저자의 서사 시제에 대한 후학들의 소견을 참조하여 내용을 다시 다듬었으며 이를 제3판의 끝에 넣어 제4판을 삼기로 하였다. 이런 과정을 거침으로써 상담 세계에 나타나는 우리 민족어의 시상법은 물론, 서사 세계에 나타나는 시상법을 그런대로 윤곽 (輪廓)을 그려 낼 수 있게 되었다. 이번 제4판에서 특히 내용을 덧붙일 필요가 있을 때에는 제3판에 넣은 [붙임말]에 '7-1'과 같은 번호를 주어 내용을 보충하였다. 또한 보정판에서 삭제하였던 독문 요약을 살리고 동시에 영문 요약도 같이 붙였다.

제4판을 냄에 있어서도 지은이는 많은 사람들의 도움을 입었다. 독일 보훔 대학의 하르베크 (R. Harweg) 교수는 2008~2009년에 걸쳐 4권으로 출간한『신화와 역사에 있어서의 시간』(*Zeit in Mithos und Geschichte*)을 보내 주시어 [부록 2]의 서사 시제의 내용을 보강하는 데 큰 힘이 되었다. 정희자 (부산외국어대학) 교수를 비롯하여 이종덕 (한국산업기술대), 김영욱 (서울시립대), 장윤희 (인하대학), 김정남 (경희대), 박소영 (부산대) 등 여러 후학들은 특히 졸고 (拙稿) 서사 시제에 대하여 문제점을 많이 지적하여 주셨다. 독문 요약의 검토에는 R. Dormels 교수 (Wien대학)가 수고하여 주셨고 독문 요약을 영문 요약으로 바꾸는 과정에서는 안정희 교수 (Hamburg대학)가 초고를 만드셨으며 초고의 윤문에는 저자의 맏며느리 정은주의 협조가 컸다. 영문의 최종적인 교정은 R. J. Fousers 교수 (서울대)가 협조하셨다는 것을 밝혀 두는 바이다. 교정 및 색인 작성에 있어서는 집문당 편집부의 전정아 님의 노고가 컸다. 이들 모든 분들에게 고마운 인사를 표하는 바이다.

우리 민족어의 시상법을 상담 세계와 서사 세계에 걸쳐 총체 서술한 것은 저자가 처음이 아닌가 한다. 석사 논문 (1965)로부터 45년에 걸쳐 하나씩 세워 온 기둥들 위에 서까래를 걸쳐 '시상법'이라는 한 채의 집을 짓고 나니 감개무량한 심정을 가눌 길 없다. 그러나 다른 한편으로 엄청난 편견과 오류가 밑바닥에 깔려 있을지 모른다. 이를 드러내어 민족어 시상법의 면모를 더 분명히 밝히는 일은 후학들의 몫이다. 양웅 (揚雄)* 과 같은 인재를 기다리는 심정으로 제4판의 머리말을 끝내는 바이다.

2011년 3월 1일
제92회 삼일절을 맞아
분당 悅樂齋에서
저자 적음

---

* '揚雄'은 중국 한 (漢)나라 때의 문장가로서 자는 자운 (子雲)이었다. 순조 때의 유희 (柳僖)가 그의 『諺文志』의 끝에서 '子雲'과 같은 문장가가 나타나기를 바란다는 구절에서 따왔다.

보정판을 내면서

오늘 상재 (上梓)하는 이 책은 1981년에 제출한 지은이의 박사 학위 논문에 체재상의 손질을 가하여 출판한 『中世國語의 時相과 敍法』의 "補正版"이다. 1987년에 재판을 내기도 하였는데 그때에는 책의 끝에 "보설" (補說)을 붙여 몇 가지 부족한 부분을 보충하고 잘못된 점을 고쳐 놓기도 하였다. 사실 그사이 중세 국어의 문법 연구는 장족 (長足)의 발전을 거듭하여 지은이의 책이 시대적 요구를 충족시키기에는 너무나 낡았음을 알고 판을 거듭하는 것이 분수에 맞지 않는 일이라고 생각해 왔다. 그런데 희한하게도 최근에 쏟아져 나온 고려 시대의 구결 자료에 지은이가 재구해 두었던 어형이 문증 (文證)되고 지은이의 손으로 밝혀진 바 있었던 중세 국어 어미의 활용상의 특징이 구결 자료에 거의 그대로 확인된다는 사실이 알려지면서 이 책을 찾는 후학들이 늘어 가고 있음을 듣고 지은이의 옛 공사가 그렇게 헛되지 아니하였음을 실감한 바 있다. 솔직히 말하여 이때만큼 학문하는 보람을 크게 느껴 본 적이 없다. 더욱이 중세 국어나 고대 국어의 어미 형태론을 연구하는 데 있어서 본서가 아직도 중요한 길잡이 노릇을 할 수 있다는 주위의 권고도 적지 않았다. 이런 점들에 자극을 받아 다시 판을 거듭하는 만용을 부리게 되었다.

보정판을 냄에 있어서 초판의 내용은 그대로 둠을 원칙으로 하되, 각 장마다 [붙임말]을 두어, 초판의 부족한 점과 잘못된 부분을 보충하는 방식을 취하기로 하였다. 물론 여기에는 재판에서 붙였던 "補說"의 내용을 모두 수용하였다. 사실 지은이는 지난 15년 동안 이 책의 초판에서 미루

60年代 後半에 접어들면서는 變形 文法의 理論이 저자의 주위를 세차게 에워쌌다. 그러는 가운데서도 현대 국어의 形態論 일반에 관한 천착을 게을리하지 않았다. 70年代에 들어와서는 生成 意味論, 특히 話用論에 근거한 意味 分析의 方法이 變形 文法보다 한층 더 저자의 주의를 끌었다. 구조주의적 방법론에 의한 形態素의 用法 記述은 話用論的 方法에 의한 意味 說明法과 그렇게 거리가 멀지 않았던 것이다. 또 최근에 와서는 共時態와 通時態의 統合에 관한 이론들에 접할 수 있게 되어 현대 국어를 연구하면서 간간이 생각해 본 중세 국어의 時相과 敍法에 대한 이해를 새로이 할 수 있는 契機를 얻게 되었다. 이러한 思索의 한 結實이 오늘 上梓하는 『中世國語의 時相과 敍法』이다. 본서는 저자가 금년 6月 서울大學校 大學院에 제출했던 博士 學位 論文 「中世國語의 時相과 敍法에 대한 硏究」에 體制上의 손질을 가한 것이다. 第二章 第2節과 第四章은 『人文論叢』 第5輯(서울大學校 人文科學硏究所, 1980)에 寄稿하였던 "中世語의 樣態·情感의 敍法에 대한 硏究"를 고쳐 쓴 것이다. 부족한 데가 많지만 이 글도 하나의 독립된 論文으로 남긴다는 意圖에서 견해가 달라진 곳은 본서에서 그것을 명백히 해 두었다.

그동안 중세 국어의 文法은 초기의 訓詁·註釋的인 테두리에서 벗어나 形態構造에 대한 이해가 깊어지고 이를 발판으로 몇몇의 중요한 統辭論的 현상들이 解明되었으며 意味 敍述의 方法論 또한 다각도로 탐색되어 왔다. 이는 주로 5, 60年代에 이루어진 成果라 할 것이다. 최근에 들어와서는 중세 국어의 現傳 文獻을 대상으로 한 形態論的 硏究가 종합·서술되었으며 이와 함께 中世 國語의 자료에 대한 書誌·文獻的 硏究가 한 매듭을 짓고 있다. 한편 70年代를 전후하여 쏟아져 나온, 현대 국어를 대상으로 한 形態·統辭論과 意味論에 관한 업적 가운데는 刮目할 만한 것이 많다. 중세 국어 자체에 대한 성과와 현대 국어에서 거두어진 수확을 적절히 統合하기만 한다면 종전의 중세 국어 연구가 미치지 못했던 사실들이 그 본연의 모습을 드러낼 수 있고 의미 설명에 있어서도 새로운 해석을 받을 수 있다는 생각을 가질 수 있다.

이러한 與件에 힘입어 저자는 중세 국어의 時制와 敍法, 그리고 動作相에 대한 전반적 體系化를 꾀하게 된 것이다. 당초에는 현대 국어의 그것에 대해서도 같은 作業을 試圖하여 兩者의 體系를 統合·敍述하고 중요한 變遷의 계기까지 밝혀 보려고 하였으나 作業 分量이 워낙 방대하여 實行에 옮기지 못하고 말았다. 조만간 補充의 기회가 오기를 바라는 바이다.

形態論的 작업에서는 可視的 言語 資料에만 한정하지 않고 體系的인 패러다임에 유의하면서 非可視的인 語形을 再構하기도 하였는데 이는 形態素의 合理的인 識別뿐만 아니라 言語 構造의 體系的 파악을 위해서도 필요한 일이라고 생각한다. 意味論을 전개하는 마당에서는 話者가 사태를 바라보는 "마음"의 態度와 긴밀하게 관련시키는 方法論을 導入해 보기도 하였다. 또 이러한 화자의 마음이 현실적 發話 場面, 곧 "일"과 어떠한 相關性을 맺고 있는가 하는 문제의 해명에도 焦點을 맞추어 보았다. 意味의 설명에 있어서 "마음"과 "일"은 現代 言語 理論에 立脚하면 주로 話用論의 所管이라고 할 수 있겠지만 이는 周時經의 言語 理論에서 직접적인 根柢를 찾을 수 있다. 일찍이 주시경은 그의 『國語文法』(1910)의 "짬듬갈"의 結尾部에서 한 문장의 뜻 [意味]을 풀어 낼 때는 말한 이 [話者]의 "맘"과 "일"을 서로 관련시킬 것을 力說한 바 있다. 저자가 본서의 머리에 주시경의 말을 引用한 것은 본서의 이론적 바탕이 단순히 밖에서만 들어온 것이 아니요 안에서도 뿌리를 찾을 수 있다는 信念에서 비롯되었음을 밝히기 위한 것이다. 중세 국어의 時相과 敍法 體系를 구축함에 있어서 현대 국어를 고려하는 것은 消極的 意味에 있어서의 共時態와 通時態의 統合이라 할 수 있다. 이렇게 形態論을 끌어들이고 話用論과 通時態를 고려하는 것은 時相과 敍法의 合理的 敍述

만을 目標로 한 文法 體系는 아니다. 國語 文法 전반에 걸쳐 적용될 수 있는 文法 模型의 定立 試圖와도 깊은 관련이 있는 것이다.

이상과 같은 方法論에 立脚한, 중세 국어의 時相과 敍法의 體系 構築을 겨냥한 저자의 試圖가 어느 정도 성공적인 수준에 도달했는가 하는 것은 大方家의 判斷에 맡길 수밖에 없다. 그러나 이 연구가 한동안 休眠 상태에 놓여 있다시피 된 中世 國語의 文法 研究를 振作시키는 데 조금이라도 寄與되는 점이 있다면 저자로서는 더 이상의 기쁨이 없겠다.

마지막 校正刷를 바탕으로 索引을 작성하고 책머리에 붙일 글을 草하게 되니 감회 깊은 일이 한두 가지가 아니다. 안으로는 10餘年 前에 他界하신 父母님의 얼굴이 떠오르고 젊었을 적 저자의 뒷바라지를 위해 헌신하신 형님 내외분의 모습도 歷然하다. 그리고 아내와 秉元, 瓊元, 秉良 三男妹에 대하여는 義로운 남편, 자애로운 아버지로서의 所任을 제대로 해 주지 못하였다는 생각만 들 뿐이다. 밖으로는 서울大學校 文理科大學의 學部 시절부터 大學院의 碩士·博士課程을 이수하는 동안 저자를 이끌어 주시고 채찍질하여 주신 恩師·先輩님들과 서울大學校 語學研究所 在職 시절부터 人文大學에 이르기까지 자리를 함께하면서 저자를 일깨워 주신 同僚 교수들, 그리고 아낌없는 敎示와 叱正을 베풀어 주신 學界의 先輩, 同學, 後輩 여러분들의 溫情이 되새겨진다. 이 분들 가운데서 본서와 관련하여 가르침을 베풀었다든지 직접 質疑에 응답해 주신 분들과 협조하신 분들의 芳名을 밝히어 인사에 대신하고자 한다.

일찍이 저자로 하여금 중세 국어의 文法 일반에 대하여 관심을 갖도록 이끌어 주신 바 있는 李崇寧 선생님은 본서의 骨格이 되는 부분에 대해 細心한 配慮를 기울이셨다. 허웅·安秉禧 두 교수는 중세 국어의 文法 構造의 올바른 이해와 자료 취급 방법에 대해 가르침을 베풀거나 質疑에 응해 주신 바 많다. 특히 본서가 두 분의 업적에 크게 의지하고 있음이 그것을 잘 뒷받침하는 것이다. 李基文, 姜信沆, 金完鎭 교수는 國語의 歷史的 硏究에 대한 方法論을 啓發시켜 주셨고 수시로 많은 가르침을 베푸셨다. 李丙疇 교수는 杜詩諺解의 內容的 배경에 대한 친절한 敎示를 주셨다. 張奭鎭, 金韓坤, 梁東暉 교수는 理論的 側面의 未備點을 指摘해 주셨으며 申昌淳, 李翊燮, 任洪彬 교수는 原稿 또는 別刷本을 통하여 귀중한 助言을 해주셨다. 특히 康仁善, 徐禎穆, 李基甲, 張京姬의 네 後學들은 본서의 草稿를 통하여 理論的 側面과 資料上의 側面, 그리고 表現上의 문제에 이르기까지 아낌없는 協調를 베풀었다. 校正과 索引 作成의 단계에는 李賢熙 군과 李基烈 군 등 서울大學校 國語國文學科 학생들의 勞苦가 컸다. 獨文 要約의 과정에는 宋東準 교수와 W. Sasse 박사가 協力하여 주셨고 校正 過程에서는 D. Nolden 씨의 힘이 至大하였다.

본서의 얼개는 著者가 1976~1977年間 西獨 보훔市 루어大學校(Ruhr-Universität Bochum)에 머물고 있을 때 잡혀진 것이다. 同大學校 語文學部 言語學硏究所 一般言語學 講座長인 H. Schnelle 교수가 主宰하는 〈動詞體系에 대한 연구 세미나〉 (Forschungskolloqium über Verbsysteme)에서 "Tempus- Aspekt im Koreanischen"이란 제목의 발표를 가졌던 것(1977. 12. 6)이 본서 構想의 決定的 契機가 되었다. Schnelle 교수는 언어에 관한 哲學的 물음을 비롯하여 理論 言語學의 방법에 대해 啓發시켜 주신 바가 많다. 獨語獨文學硏究所의 言語學講座長인 R. Harweg 교수와의 접촉은 시제와 동작상의 理論的 背景과 그 本質을 올바르게 이해하는 네 큰 힘이 되었다. 이는 오직 저자에게 一年餘에 걸쳐 연구의 기회를 준 〈훔볼트 재단〉 (Alexander von Humboldt- Stiftung)의 덕택이다. 同財團은 그 뒤에도 많은 圖書를 기증함으로써 文法 理論 전반에 대한 이해를 體系的으로 할 수 있도록 적극적인 후원을 아끼지 않았다. 東亞學硏究所의 B. Lewin 교수와 韓國學硏究員들은 在獨時 저자가 안심하

제6장 결 론

제1장

서 론

제1장 서 론

1.0. 목적과 범위

국어의 시제 (時制)와 서법 (敍法, modus), 그리고 동작상 (動作相, aspect)은 오래전부터 많은 학자들의 중요한 관심의 대상이 되어 부분적 또는 전반적으로 통사 · 의미상의 특징을 해명하거나 체계를 수립하려는 노력이 꾸준히 수행되어 왔다. 그러나 종전의 이러한 연구는 아직도 몇 가지 결함을 지니고 있다.

비교적 최근에 왕성해졌다고 볼 수 있는 현대어의 이 방면에 대한 연구는 시제, 서법, 동작상의 관련 요소에 대한 개별적 기능 탐구에 주의를 집중한 느낌이 적지 않다[1]. 현대어는 시제, 동작상, 서법이 각각 독자적 범주를 형성할 가능성이 큰 것으로 짐작되는데 (뒤에 나옴), 이에 대한 상관적 배려를 한 연구를 찾기가 어렵다. 또 이들의 연구는 현재 실제로 쓰이고 있는 형태만 중요 대상으로 한 나머지, 다소 낡은, 잘 쓰이지 않는 형태들은 소홀히 해 온 면이 없지 않다.

중세어의 이 방면에 대한 연구는 현대어보다 더 심각하다. 중세어의 문법 현상을 올바로 인식하기 위하여는 현대어에 대한 지식이 체계적으

1) 현대어 문법에 있어 시제, 서법, 동작상의 연구의 동향에 대하여는 고영근 외 (1979/1983: 164-7) 참조 [붙임말 1].

이다. 제6장에서는 제5장까지의 논의를 종합하고 중세어의 기본 서법, 부차 서법과 동작상들이 갖는 상관관계의 구명에 중점을 둘 것이다.

1.1. 방 법

앞에서도 잠시 언급한 바 있지마는 저자의 연구는 중세어를 현대어와 유기적으로 관련시키는 데 역점 (力點)을 두고 있다. 이는 현대어의 문법 구조에 대한 지식과 그에 대한 우리의 문법성 (文法性) 및 의미의 적정성 (適正性)을 판단하는 힘 [能力]으로써 중세어의 문법 현상을 이해하고 텍스트 (Text)[7)]의 의미를 파악함을 말하는 것이다.

현대어는 우리가 가지고 있는 문법 규칙에 호소하여 문장의 문법성을 검증할 수 있고 사태 (事態, Sachverhalt)의 성격과 화자의 태도에 의지하여 의미의 적정성 여부 (與否)를 판정할 수 있으나 중세어는 우리의 언어 능력과 언어 수행이 미치는 영역 밖에 있으므로 각 텍스트의 문법성의 정도나 의미의 적정성을 쉽게 판단할 수 없다 [붙임말 4]. 그러나 우리가 직접 텍스트의 화자 내지 서술자 [작자]가 되어 있다고 가정하고 그것을 관찰하면 귀납된 문법 규칙에 따라 문법성을 검증할 수 있고 읽혀진 화자의 태도와 사태의 성격에 근거하여 의미의 적정성 여부를 판단할 수 있다[8)].

본 연구는 서법과 동작상의 형태론과 통사론 및 의미론에 관련된 문제를 다루는 것이지만 그중에서도 형태론과 의미론의 전개가 대부분을 차지하게 된다. 따라서 형태소의 식별 기준과 의미 파악의 방법이 정밀

7) 텍스트는 텍스트 언어학 (Textlinguistik)의 용어로서 문장보다 한 단계 높은 문법 단위를 가리킨다. 중세어의 문장은 "sentence" 단위라고 하기보다는 텍스트 단위로 보는 것이 좋을 듯하여 이 말을 쓰기로 했다. 텍스트 언어학에 대한 업적으로는 Dressler (Hrsg.) (1978)을 참조 [붙임말 3].

8) 중세어를 현대어와 연결시키는 필자의 견해는 Jespersen (1924/1965)의 서문과 Kangießer (1972, 1976ab), Habel/Kangießer (1978)을 참고한 것이다 [붙임말 5].

화될 필요가 있다.

형태소를 분별하는 기준으로는 계열 (系列) 관계 (paradigmatic relation)나 통합 (統合) 관계 (syntagmatic relation)에 따라 서로 비교하는 방식을 택하기로 한다. 전자는 분석 대상의 어형이 단일 형식일 때 적용되는 것이고 후자는 복합 형식일 때 유효하다. 복합 형식일 때는 두 가지 기준에 의해 식별되기도 하고 통합 관계에만 의존하기도 한다[9].

의미를 분석하는 마당에서도 같은 기준이 적용된다. 곧 대치 (代置)와 결합 (結合)의 원리 (原理)인 것이다[10]. 대치와 결합만으로는 의미를 분명히 하기 어려운 경우가 많다. 사태의 성격이나 화자의 행위 계획 (行爲計劃, Handlungsplan)과 관련시켜 의미를 파악할 필요가 있다[11].

사태의 성격이란 한 텍스트가 발화되는 장면이 단독적이냐 상관적이냐 함을 의미한다. "단독적 (單獨的) 발화 장면 (發話場面)"은 화자 내지 작자가 청자 내지 독자에게 일방향적 (一方向的)으로 전하기만 하는 통보 행위를 말한다. 곧 일방향적 통보 행위 (einseitige Kommunikation)인 것이다. "상관적 (相關的) 발화 장면 (發話場面)"은 화사와 청자가 공동으로 참여하는 대화와 같은 상황을 말하는데 이는 양방향적 (兩方向的) 통보 행위 (wechselseitige Kommunikation)라 할 수 있다[12]. [붙임말 7-1] "행위 계획"이란 화자의 사태에 대한 객관적 내지 주관적 태도를 말하는 것으로 "심리적 태도", 단순히 "태도"라 말할 수 있다. 통보 행위와 태도의 요인에 의한 제약을 "통보·화용상의 제약"이라 불러 의미 분석의 한 기준으로 삼는다.

---

9) 국어 형태소의 식별 기준에 대한 종합적 논의는 고영근 (1978) 참조 [붙임말 6].

10) 의미 분석의 방법에 대하여는 Schnelle (1973: 168), Viehweger (1977: 320-57) 참조.

11) Viehweger (1977: 81)은 인간의 모든 행위는 행위 계획에 의해 결정되며 언어의 행위 계획을 지배하는 것은 통보·화용부 (通報·話用部, kommunikativ-pragmatische Komponente)임을 말하고 있다 [붙임말 7].

12) 저자는 현대어의 문체법 체계를 구축하는 자리에서 장면의 상관성과 단독성을 논의한 일이 있다 (고영근 1976/1999: 303). 통보 행위 (Kommunikation)의 일방향성과 양방향성에 대하여는 Bünting (1978: 49-51), Eichler/Bünting (1976: 19) 참조.

붙임말

[1] 3쪽, 각주 1

현대어와 중세어에 걸친 시제, 동작상에 대한 전반적인 연구의 흐름에 대하여는 서울대학교 대학원 국어연구회 (편), 『국어연구 어디까지 왔나』 (동아출판사, 1991)에 실린 고영근 (시제), 이남순 (상), 이지양 (서법)의 기고 (寄稿)를 보라.

[2] 4쪽, 각주 4, 5

저자는 현대어의 시제와 동작상에 대한 개괄적인 체계화를 『국어생활』 6 (1986)에 기고한 "국어의 시제와 동작상" (『단어 · 문장 · 텍스트』, 한국문화사, 2004, 235쪽에 옮겨 실음)에서 시도한 일이 있다. 앞으로 총체 서술의 관점에서 현대어, 중세어, 방언을 포괄하는 우리말의 시제, 동작상, 서법 체계를 다시 세우고 그 변천의 자취를 엮는 작업에 손을 대어 이 책 체계의 이론적 타당성을 검증하고 부족한 점을 보완하려고 한다.

[2-1] 4쪽, 각주 4, 5

저자는 이곳에서 미루어 둔 현대어, 중세어, 방언을 포괄하는 시제, 서법, 동작상의 체계를 총체 서술하고 변천의 자취를 탐색한 바 있다. 관련 논의는 졸저 『한국어의 시제 서법 동작상』 (태학사, 2004/2007: 6, 7, 8, 9장)을 보라.

[3] 6쪽, 각주 7

저자는 70년대 중반, 독일에 연구차 체류 (滯留)할 때 접했던 텍스트 문법의 영향을 받아 이 책에서 중세어의 문장을 텍스트 단위로 파악하는 것이 좋겠다는 생각을 굳힌 후, 『배달말』 15 (1990)에 기고한 "텍스트이론과 국어통사론연구의 방향"에서 텍스트 단위에 대한 여러 학자들의 견해를 훑어보았고 이를 기초로 하여 『관악어문연구』 15 (1990)에 기고한 "문장과 이야기의 관련성에 관한 연구" (『단어 · 문장 · 텍스트』, 한국문화사, 1995, 265쪽에 옮겨 실음)에서 중세어의 문장을 텍스트 언어학적으로 분석한 일이 있다. 이 작업을 통하여 저자는 우리말에도 텍스트 문법이 적용될 수 있음을 확인하였으며 "한국고전작품에 대한 텍스트언어학적 분석" (『새국어생활』 6.1, 1996), "윤선도 〈五友歌〉의 텍스트 분석" (『이기문 교수 정년퇴임 기념논총』, 신구문화사, 1996), "텍스트이론과 문학작품의 분석" (『텍스트언어학』 4, 1997) 등에서 주로 고전 작품을 중심으로 한 우리말의 텍스트 분석 모형을 정립해 본 일이 있다.

[4] 6쪽, 본문 셋째 문단

저자는 "사태"에 대하여 이 책의 초판에서 독일어의 "Tatsache"를 붙였으나 재판 (1987)에 붙인 [補說]에서 "Sachverhalt"로 바꾸었으며 〈補正版〉에서는 이를 본문에 반영하였다. "단어" (Wort)는 "대상" (Gegenstand)을 가리키고 "텍스트" (Text)는 "사태" (Sachverhalt)를 가리킨다는 Bünting (1978: 32)의 견해를 수용한 것이다. 사태의 성격은 주시경의 『국어문법』 (1910)에 나타나는 "일의 뜻"과 관련을 맺고 있다. 또 화자의 태도는 역시 주시경의 "맘으로 살피"는 해석 행위와 상관관계가 있다. "일"과 "맘"을 중심으로 한 주시경 문법 이론의 특수성에 대하여는 『국어학』 11 (1982)에 기고한 "주시경의 문법이론에 대한 형태·통사적 접근" (『국어문법의 연구』, 탑출판사, 1983, 289쪽, 『민족어학의 건설과 발전』, 제이앤씨, 2010, 155쪽에 옮겨 실음)에서 다룬 일이 있다.

[5] 6쪽, 각주 8

저자는 이 책에서 터득한 현대어와 중세어의 통합 이론을 『우리말의 총체서술과 문법체계』 (일지사, 1993)에서 더 다듬어, 현대어와 중세어는 물론, 방언과 재외 교민의 언어를 통합·서술하는 모형을 제안해 보기도 하였다. 저자는 총체 서술의 관점에서 'ㅸ, ㅿ' 받침이 실현되는 중세어의 동사를 규칙 동사로 처리하지 않고 전통적인 불규칙 동사로 처리하는 태도가 옳다는 견해를 "중세어의 'ㅸ, ㅿ' 규칙 활용론에 대하여" (『국어학 연구의 새 지평』—이돈주 선생회갑기념논문집, 태학사, 1997/졸저, 『국어형태론연구』 (증보판), 태학사, 1999: 5편 1장, 졸고, "형태소의 교체와 형태론의 범위", 『國語學』 46, 19-52쪽)에서 주장함으로써 총체 서술의 당위성을 확인해 보기도 하였다.

[6] 7쪽, 각주 9

저자는 이 책에서 형식화된 형태소의 분석 방법론에 기대어, 파생 접사의 분석 문제를 『어학연구』 25.1 (1989)에 기고한 "파생접사의 분석한계" (앞서 든 『단어·문장·텍스트』, 53쪽에 옮겨 실음)에서 다룬 바 있다. 그리고 『우리말의 총체서술과 문법체계』 (일지사, 1993)에서는 남북한의 연구 성과를 섭렵 (涉獵)하여 현재 사용되고 있는 "形態素"를 "語素"로 대치하고 그 아래에 "구성소"와 "형성소"를 두되, 이를 단어와 문장의 층위에 걸쳐 교차적으로 설정하는 문제를 다룬 바 있다.

[7] 7쪽, 각주 11

저자는 이 책에서 터득한 "통보·화용부"를 국어 문법 체계에서 어떻게 자리매김해야 할 것인가 하는 문제를 앞의 『우리말의 총체서술과 문법체계』 (202쪽)에서 다루어 본 일이 있다. 기본 문법 부문의 보조 부문으로 그 자리를 매겼으나 관점에 따라서는 기본 부문으로도 볼 수 있다.

[7-1] 7쪽, 본문 넷째 문단

저자는 졸고 "민족 문학 작품과 서사 시제" (『관악어문연구』 33, 2008, 본서 301쪽)에서 이곳의 "단독적 발화 장면"은 "서사 세계"로, "상관적 발화 장면"은 "상담 세계"로 바꾸었다. 이는 1960년대를 전후하여 활발하게 연구되기 시작한 서사 시제의 국제적 흐름을 반영한 것이다. 저자가 1965년의 서법 체계에 대한 연구로부터 다듬어 온 "단독적 발화 장면"과 "상관적 발화 장면"은 사실상 정렬모의 『신편고등국어문법』 (한글문화사, 1946)에 나오는 "홀로 가름"과 "더불 가름"을 발전시킨 것이며 이는 위의 "상담 세계"와 "서사 세계"에 연결된다.

제2장

형태론

제 2 장 형태론

2.0. 중세어의 어미 활용 체계

이곳에서는 우리의 논의에 관련되는 중세어의 어미 활용 체계 [붙임말 1]의 몇 가지 문제들을 살펴보기로 한다. 중세어의 어미 구조체 (語尾構造體)도 현대어와 같이 선어말 어미와 어말 어미로 분할 (分割)될 수 있다. 저지의 연구에 직접적으로 기여할 수 있는 범위 안에서 중세어의 선어말 어미와 어말 어미의 구조적 특성과 기능상의 문제를 개관해 보기로 한다.

2.0.1. 현대어의 선어말 어미는 경어법, 시제, 서법의 문법 범주를 포괄하고 있지마는[1], 중세어는 다음 4묶음으로 나누어진다.

(1) -습-, -(으)시-, -(으)이-

(2) -오-[2]

(3) -ᄂᆞ-, -더-, -(으)리-

(4) -거-, -(으)니-, -돗-

---

1) 현대어의 선어말 어미의 구조적 특징에 대하여는 고영근 (1967, 1999: 225-45) 참조.

2) 종전에는 모음 조화 규칙에 따라 선택되는 '오'와 '우'를 '-오/우-'와 같은 방식으로 표시했지만 이곳에서는 '-오-'를 기본형으로 정한다 [붙임말 2].

(1)의 형태소들은 경어법과 유관한 요소이며 (2)는 화자・대상이나 의도법의 표지 (標識)로 해석되어 온 것이다. (3)은 보통 시상 (時相)의 의미를 표시하는 것으로 인식되고 있고 (4)도 대체로 시상의 범주에서 처리되어 왔다. 저자가 이곳에서 관심을 두는 것은 (3)과 (4)이다. (3), (4)는 크게 보면 서법 범주에 포괄될 수 있는 형태소라고 할 수 있으나 (3)은 주로 시제와 관련된 의미를 표시하고 (4)는 양태・정감 (樣態・情感)의 의미를 표시하는 형태소로 간주된다. 이리하여 필자는 (3)의 형태소들을 "기본 서법", (4)의 형태소들을 "부차 서법"이라 부르기로 한다. (앞에 나옴)

2.0.2. 중세어의 어말 어미도 기능상의 특징에 따라 종결 어미와 비종결 어미로 구분된다[3].

종결 어미는 문장을 끝맺는다는 기능상의 특수성 때문에 결어법 (結語法)이라고 불리는데 화자나 청자 사이의 기능적 관계 (funktionaler Bezug)를 표시하는 문체법 (文體法)과 사회적 관계 (soziativer Bezug)를 표시하는 존비법 (尊卑法)의 두 하위 범주를 포괄하고 있다. 그런데 중세어의 결어법 체계는 현대어와 몇 가지 다른 점이 있다.

중세어의 문체법 체계는 현대어와 큰 차이가 없으나 구조적 양상과 사용상의 측면에서 약간의 특수한 점을 발견할 수 있다[4].

설명법 어미[5]로 보편적인 것은 '-다'이다. 이 어미는 그 앞에 시제 관련의 선어말 어미 '-ᄂᆞ-, -더-, -(으)리-'를 둘 수 있다. 이 밖에 '-(으)니라'

---

3) 현대어의 어말 어미의 분류 기준에 대하여는 고영근 (1975, 1999: 401-2) 참조.

4) 현대어의 문체법 체계에 대하여는 이희승 (1957), 고영근 (1976, 1999: 302-58), 중세어의 그것에 대하여는 안병희 (1967: 217), 허웅 (1975: 486-521) 참조.

5) 설명법이라 함은 흔히 평서법, 서술법으로 쓰이는 말이다. 지난날의 한 관용 (이희승 1957)에 따라 "설명법"이란 용어를 사용한다. 이 경우의 "법"은 문체법을 가리키지만 서법으로서의 직설법, 회상법 등과 혼동될 우려가 있다. 이리하여 문체법의 경우는 "어미"란 말을 덧붙여 쓰기로 한다. "법"의 접미 근거는 고영근 (1976/1999: 309)에 자세히 베풀어져 있다.

를 추가할 수 있는데 이 어미의 앞에도 시제 관련의 선어말 어미가 올 수 있다.

의문법 어미로는 2인칭 의문을 표시하는 '-(으)ㄴ다', 1·3인칭 의문을 표시하는 '-(으)녀, '-(으)려', 간접 의문의 '-(으)ㄴ가'를 들 수 있는데[6], 이들도 설명법 어미와 같이 시제 관련의 '-ᄂᆞ-, -더-, -(으)리-'를 앞세울 수 있다. 특히 '-(으)ㄴ다'와 '-(으)ㄴ가'는 관형사형 어미 '-(으)ㄴ'과 첨사 '-다, -가'의 통합 구성으로 되어 있다. [붙임말 3] 1·3인칭의 의문법 어미를 종전과 같이 '-(으)녀, -(으)려'로 말하지 않고 '-(으)녀'로 통일할 수 있는 가능성이 있다[7].

중세어의 존비법 체계는 ᄒᆞ쇼셔체, ᄒᆞ야쎠체, ᄒᆞ라체의 삼등분 (三等分)으로 인식되어 있다 (안병희 1965b/1992a: 112-24). 그러나 저자는 또 하나의 특수한 등분을 더 설정할 수 있지 않을까 한다. 『용비어천가』와 『월인천강지곡』, 그리고 소수의 산문 자료에는 현대어의 하게체의 원칙법 어형 '하느니', 추측법 어형 '하리' 등의 '-(으)니, -(으)리'와 같이 (고영근, 1965: §2.3; §2.4/1999: 160, 161), 어말 어미가 밖으로 드러나지 않은 일련의 어형이 발견된다.

(5) ᄒᆞ뇌, 하ᄂᆞ니, 이니

(6) ᄒᆞᄂᆞ니, 하시니, 하더시니, ᄒᆞ리, ᄒᆞ요리[8]

(5)는 설명법의 용례를 대표한 어형이고 (6)은 의문법의 용례를 대표한 어형이다. 이들 어형은 '-(으)이다, -(으)잇가' 등의 ᄒᆞ쇼셔체의 어미가 생략된 것으로 처리하는 것이 보통이었는데[9], 의문사의 사용 여하에 따

---

6) 중세어의 의문법에 대한 자세한 논의는 안병희 (1965a/1992a: 136-7), 허웅 (1975: 495-516) 참조.

7) 자세한 논의는 §2.1.1 참조.

8) 구체적 용례는 허웅 (1975: 960-1) 참조.

라 설명법과 의문법으로 분간되는 단순한 종결 어미라는 사실이 지적되었고 대명사 '그듸'와의 호응을 고려하여 ᄒᆞ야쎠체에 상당하는 등분임을 밝혀내기까지 하였다 (안병희 1965b: 75)[10].

저자는 화자와 청자 사이의 사회적 관계의 관점에서 위의 어미들이 반말의 범주에 소속되는 것으로 해석해 보고자 한다.

(7) 불휘 기픈 남ᄀᆞᆫ ᄇᆞᄅᆞ매 아니 뮐ᄊᆡ 곶 됴코 여름 <u>하ᄂᆞ니</u> (龍歌 2)

(8) 너희ᄃᆞᆯ히 如來ㅅ 秘密 神通力을 仔細히 <u>드르리</u> (月釋 17: 3b)

(9) 므스게 <u>ᄡᅳ시리</u> (月釋 1: 10b)

주지하는 바와 같이, 『용비어천가』는 어미가 [i] 계통과 ᄒᆞ쇼셔체로 되어 있다. 전자는 청자가 보통 백성일 때, 후자는 왕손일 때 쓰이고 있다. (7)이 바로 화자 (/작자)가 일반 대중을 상대하여 하는 말로서 존비의 등급을 분명하게 결정하기 힘든 상황에 쓰인 것이다. 『월인천강지곡』도 [i] 계통의 어미가 많은데 대부분 화자와 청자 사이의 사회적 신분 관계로 해석이 가능하다. (8)은 세존이 보살에게 하는 말인데 바로 뒤의 텍스트에는 ᄒᆞ라체로도 나타난다 [붙임말 4]. (9)는 석가모니 부인의 전신인 구이가 석가모니의 전신인 선혜에게 하는 말인데 『석보상절』 편찬자는 두 사람의 신분을 동등하게 보고 있지 않다. 선혜는 구이에게 ᄒᆞ라체를 쓰고 있는 데 대해, 구이는 선혜에게 ᄒᆞ라체와 [i] 계통의 어미를 섞어 쓰고 있음을 고려할 때 그러하다.

중세어의 [i] 계통의 어미는 화자가 청자를 아주 낮출 수도 없고 그렇다고 썩 높일 수도 없는 처지일 때 쓰이므로 ᄒᆞ야쎠체와 비슷한 점이 많다. 그러나 ᄒᆞ야쎠체와는 형태적 특성이 다른 바가 많고 외현 (外顯)되지

9) 이러한 견해는 허웅 (1975: 494), 정병욱 (1980)에 소상히 나타나 있다.

10) 김정수 (1980: 45-6)에는 『용비어천가』에 나타나는 '-(으)니, -(으)리'의 용례들을 17세기의 국어 자료와 관련시켜 '-(으)니, '-(으)리'가 단순한 어말 어미라는 점을 지적하고 있다.

않은 어미 [i]의 석출 (析出) 가능성을 고려하면 ᄒᆞ라체와 ᄒᆞ야쎠체의 중간을 왕래하는 반말 정도의 가치를 띤 것이 아닌가 한다[11].

2.0.3. 중세어의 비종결 어미도 현대어와 같이 연결 어미와 전성 어미로 나누어진다. 전성 어미는 다시 관형사형과 명사형을 포괄할 수 있다.

연결 어미 가운데서 문장 접속의 연결 어미 '-(으)니' (앞으로 "접속 어미"라 약칭함)는 음상상 (音相上)으로 볼 때 또 한 종류의 설명법 어미 '-(으)니라' (앞에 나옴) 및 관형사형 어미 '-(으)ㄴ' (뒤에 나옴)과 공통성을 가지고 있고 시제 관련의 '-ᄂᆞ-, -더-, -(으)리-'를 선접 (先接)할 수 있다.

관형사형 어미는 '-(으)ㄴ, -(으)ㄹ'의 두 가지로 이야기되고 있지마는 설명법 어미 '-(으)니라'와 의문법 어미 '-(으)녀', 접속의 '-(으)니'에 병행하는 관형사형 어미 '-(으)ㄴ'으로의 단일화가 가능해 보인다. 이 어미의 앞에도 시제 관련의 '-ᄂᆞ-, -더-, -(으)리-'가 앞선다. 또 관형사형 어미는 의문 첨사와 통합되어 2인칭 의문법과 간접 의문법을 구성하기도 한다 (앞에 나옴).

명사형 어미에는 관형사형 어미와 형식이 같은 이른바 동명사형 어미 '-(으)ㄴ, -(으)ㄹ'이 있다 [붙임말 6]. 이곳에서도 시제와 관련되는 의미를 포착할 수 있다.

2.1. 기본 서법 형태소

2.1.0. 중세어의 기본 서법에는 부정법, 직설법, 회상법, 추측법, 추측회상법의 5가지를 들 수 있다. 부정법은 특별한 형태가 없이 다른 서법과 대립됨으로써 설정되는 것이고 나머지는 현대어와 형태적 맥락을 직접적으로 이을 수 있다.

---

11) 중세어의 반말에 대하여는 보다 깊은 성찰이 요망된다 [붙임말 5].

종전의 중세어 문법 연구에서도 이러한 형태들이 거론 (擧論)되지 않은 바 아니었으나 일정한 분석 기준에 근거를 두지 않았기 때문에 그 구조적 양상이 밝게 드러났다고 할 수 없다. 저자는 앞서 제시한 두 가지 기준, 곧 계열 관계와 통합 관계에 의지하여 형태소의 변별 (辨別)을 시도해 보기로 한다.

2.1.1. 부정법

부정법이란 특정한 형태소가 개입됨이 없이 용언의 동작류에 따라 시제가 결정되는 일련의 어미에서 확인되는 것을 말한다[12]. 중세어의 부정법에 상응하는 현대어의 형태는 일기문 등에 나타나는 '하다' 어형과 관형사형 어미 '-(으)ㄴ'이라고 할 수 있다. 실재하는 어형을 동사는 'ᄒᆞ-', 형용사는 '하-', 지정사는 '이-'로 대표하여 ᄒᆞ라체, ᄒᆞ야쎠체, ᄒᆞ쇼셔체, 반말의 순서로 제시한다[13].

(1a) ᄒᆞ다, ᄒᆞ이다, ᄒᆞ니; 호라, 호이다

(1b) 하다, 하이다, 하니; :하라[14], :하이다

(1c) 이라, 이이다, 이니; 이로라, 이로이다

(1′a) ᄒᆞ니라, ᄒᆞ니이다; 호니라

(1′b) 하니라, 하니이다

(1′c) 이니라, 이니이다

(2a) ᄒᆞ녀, ᄒᆞ니잇가[15]

---

12) 저자의 부정법은 河野六郎 (1951)의 "기본 어간" 내지 "부정 어간"과 비슷하다.

13) 각 어형에 대한 구체적 용례는 김정수 (1979)와 허웅 (1975) 비교 참조.

14) ':하라' 어형은 형용사 어간 '하-'에 선어말 어미 '-오-'가 통합된 것을 가리키는데 아래의 용례에 근거하였다.

부텻 法中에 브즈러니 精進ᄒᆞᆯᄊᆡ 得호미 :하라 ᄒᆞ다니 (法華 2: 229a)

15) 설명 의문법 어형은 특별히 제시하지 않는다. 판정 의문법 어형이 실재하지 않을 때만

(2b) 하녀, 하니잇가, 하니

(2c) 이녀, 이니잇가

(3a) ᄒᆞ니; 호니

(3b) 하니; :하니

(3c) 이니; 이로니

(4a) ᄒᆞᆫ; 혼

(4b) 한

(4c) 인; 이론

어형 (1), (1′a), (3), (4a), (4c)[16]는 선어말 어미 '-오-'의 통합 여하에 따라 두 묶음으로 나눈 것이다. 위의 어형들 가운데서 (1a), (1′a), (2a), (3a), (4a)는 '-ᄂᆞ-, -더-, -(으)리-'를 선접한 어형 (뒤에 나옴)과, (1b)(1c), (1′b)(1′c), (2b)(2c), (3b)(3c), (4b)(4c)는 '-더-', '-(으)리-'를 선접한 어형 (뒤에 나옴)과 각각 대립 관계를 형성하고 있으므로 제각기 하나의 단위로 책정될 수 있다. 곧 계열 관계에 의하여 식별된다. 복합 형식이 아니므로 통합 관계는 고려되지 않는다.

이 경우 우리는 ∅ 형태소를 설정할 수 있다. 그러나 overt form [顯在的 形式]과 교체되는 morph [형태]라면 몰라도 morpheme [형태소]이 송두리째 결여되는 현상에 대하여는 ∅를 설정하지 않는 것이 보통이므로 이 방식은 취하지 않기로 한다[17]. 그러나 부정법을 다른 서법 형태소와 명시적으로 대립시킬 필요가 있을 때에는 서술의 편의를 위해 '∅'를 쓰는

보인다.

16) 관형사형에서는 타동사만 원칙적으로 '-오-'를 취한다. 지정사의 '-오-' 통합과 그 해석 방법에 대하여는 허웅 (1975: 833-4) 참조.

17) zero 형태소에 대하여는 Nida (1949: 46), Saporta (1962: 231) 참조. 저자는 1961년 9월에 제출한 서울대학교 문리과대학 졸업 논문 「중기어의 aorist시칭 (時稱)에 대한 연구」에서 Nida의 이론을 따라 중세어의 부정법을 ∅ 형태소로 처리하여 형태 분석을 시도한 일이 있다.

일도 허용될 것이다. [붙임말 7]

앞에서 저자는 또 한 종류의 설명법 어미의 확인 가능성을 시사 (示唆) 한 바 있는데 (§2.0.2), 어형 (1′)가 그것이다. (1)과 같은 형태를 "첫째 설명법 어미", (1′)와 같은 형태를 "둘째 설명법 어미"라 부르기로 한다. 어형 (1′)는 원칙법의 선어말 어미 '-(으)니-'와는 구조 · 의미의 방면에서 차이가 나고 오히려 어형 (1)과 의미상으로 유사하다. 원칙법이 직설법에 후행하는 데 대해 이 형태는 동사와 형용사 · 지정사의 어간에 직접 붙는다[18]. 또 지문뿐만 아니라 대화에서도 발견할 수 있다.

다음 두 용례는 지문에서 나타나는 것으로 두 어형의 가치의 동일성을 말해 주는 것으로 생각된다.

(5) 市橋는 在成都西南ᄒᆞ다 (杜諺 7: 6a)
(5′) 碧雞坊은 在成都ᄒᆞ니라 (杜諺 7: 5b)

둘 다 "西郊"라는 오언 율시 (五言律詩)의 주석문 (註釋文)으로서 구문마저 동일하다 (밑줄 참조). 이렇게 의미의 차이 없이 두 어형이 수의로 교체된다는 것은 기능이 유사함을 말하는 것이 아닌가 한다.

(1′a)의 '호니라'는 둘째 설명법 어미 'ᄒᆞ니라'에 선어말 어미 '-오-'가 붙은 것이다. 이 어형은 종전에 '-(으)니-'를 3인칭 표지로 보았기 때문에 '-오-'와 '-(으)니'가 같이 나타나는 사실을 설명하는 데 퍽 어려움을 겪었던 예이다 (허웅 1975: 762).

(6) 내 毗奈耶애 몬져 ᄀᆞᄅᆞ쵸미 이쇼니라 (/我ㅣ … 教호니라) (楞嚴 7: 22-3)

위의 용례에 나타나는 '-(으)니라'를 첫째 설명법 어미 '-다'와 같은 가치를

18) 원칙법의 구조적 양상에 대하여는 §2.2.1 참조.

띤 것으로 보면 '-오-'가 연결되는 것이 조금도 이상하지 않다 [붙임말 8, 8-1].

河野六郎 (1951: 40; 1979: 513)은 그의 종지형 (終止形)을 Ⅰ, Ⅱ로 구분하여 종지형 Ⅰ에는 우리의 어형 (1)을, 종지형 Ⅱ에는 우리의 어형 (1′)를 두고 있다. 그러나 제시된 용례는 모두 지문에 그치고 있어 실상을 파악하기가 쉽지 않다 [붙임말 8-2].

의문법 어미도 다시 검토할 필요가 있다. 종전에는 의문법 어미에 나타나는 '-(으)니'를 원칙법의 선어말 어미 '-(으)니-'나 둘째 설명법 어미 '-(으)니라'의 '니'와 같은 것으로 보아 유의적 (有意的) 단위로 인정해 왔다[19]. (2)의 각 어형들이 복합 형식으로서의 가치를 지니려면 통합 관계로 볼 때 '니'가 결여된 다음과 같은 형식이 나타나야 할 것이다.

(2′a) *ᄒᆞ어, *ᄒᆞ잇가

(2′b) *하어, *하잇가

(2′c) *이어, 이잇가

그러나 (2′c)의 ᄒᆞ쇼셔체 '이잇가'를 제외하고는 이런 어형이 실재하지 않는다. (2′c)의 '이잇가'는 실재하는 어형이지만 '이니잇가'의 단순한 변이형으로 간주된다[20]. '이잇가'가 실재하면 이의 ᄒᆞ라체인 '*이어'도 나타나야 할 것인데 그렇지 못하다. 또 의미상으로도 '이니잇가'와 '이잇가' 사이에는 분명한 차이가 인식되지 않는다. 따라서 의문법 어미에 나타나는 '니'는 어미의 일부분으로 간주하는 것이 좋지 않을까 한다.

의문법 어미의 '(으)니'는 따로 떨어져 나오는 것이 아니라 '어, 가'와 함께 의문법 어미를 형성한다고 기술하기로 한다. ᄒᆞ라체에서는 현대 국어의 '-(으)냐'의 직접적 소급형인 '-(으)녀'가 큰 어려움 없이 확인된다.

19) 대표적으로 허웅 (1975: 882-6) 참조.

20) 중세어의 의문법 용례는 허웅 (1975: 665) 참조. 지정사의 ᄒᆞ쇼셔체의 의문법은 '-(으)니잇가'와 '-(으)잇가'가 공존한다. 그러나 후자가 우세한 편이다 [붙임말 9].

그러나 ᄒᆞ쇼셔체와 ᄒᆞ야쎠체에서는 존비법의 표지 '-ᄉᆞ-, -(으)잇-'이 중간에 끼어들므로[21], 의문법 어미의 확립이 쉽지 않다. 바로 이 점 때문에 의문법 어미의 '(으)니'가 독립된 단위로 인정되어 온 것이다. 저자는 이러한 의문법 어미의 분리 현상을 불연속 형태로 보고서 다음과 같이 표시하는 바이다[22]. [붙임말 10]

(2″) '-(으)니 … 가'

우리의 부정법은 앞에서 제시한 설명법 어미 '-다, -(으)니라', 의문법 어미 '-(으)녀', 접속 어미 '-(으)니', 관형사형 어미 '-(으)ㄴ'에 국한되지 않는다. 이러한 어말 어미에 선행되어서 정감성을 표시하는 감동법의 형태소 '-옷-//-돗-, -ᄉᆞ-'도 시제를 표시하는데 그 앞에 ∅를 설정하면 직설법, 회상법, 추측법과 계열 관계를 형성하므로 부정법의 범주에 들 수 있다[23]. 또 부정법에는 감동법과 같이 체계적인 계열 관계는 형성하지 못하지만 앞서 말한 어미 앞에 나타나는 확인법의 형태소 '-거/어/나-'도 포괄될 수 있다. 이들은 통합되는 용언의 동작류에 따라 시제가 달리 표시된다[24].

이상의 부정법의 형태는 일정한 환경에서 용언의 동작류에 따라 다른 기본 서법과 체계적인 계열 관계를 이룬다든지, 그에 준하는 대립 관계를 형성하면서 시제를 표시하기 때문에 절대적 부정법이라 할 수 있다.

---

21) ᄒᆞ야쎠체와 ᄒᆞ쇼셔체의 존비법 표지는 '-ᄉᆞ-'과 '-(으)잇-'이다. 자세한 것은 안병희 (1965b/1993a: 112-24) 참조.

22) 불연속 형태 (diskontinuierlich)의 대표적인 것은 독일어의 분리 전철 (分離前綴) 동사와 과거 분리 형태소이다.

Sie *legt* den Mantel *ab* (ablegen), *ge*-hob-*en*, *ge*-sag-*t*

자세한 것은 Abraham (Hrsg.) (1974: 89) 참조.

23) 부정 감동법에 대하여는 §2.2.3; §4.3.1; §4.3.7 참조.

24) 부정 확인법에 대하여는 §2.2.2; §4.2.1 참조.

그러나 시제에 대해서 관여적이 아닌 명령법과, 접속 어미 '-(으)니' 이외의 연결 어미에서 확인법과 감동법의 형태소가 나타나는 일이 있다[25]. 이러한 환경에서 나타나는 형태소들의 의미를 설명하려면 그러한 형태소가 결여된 형태와의 비교에 의존해야 한다. 이러한 형태도 부정법의 범주에 들 수 있다. 이는 오직 특정 형태소의 의미를 설명하기 위해서 설정된 것이므로 상대적 부정법이라 할 수 있다. 河野六郎 (1951: 46/1979: 519)에는 저 앞서 저자가 들었던 계열적 대립 형태 이외의 연결 어미, 이를테면 '-다가, -고, -어' 등도 기본 어간이 될 수 있다고 덧붙여져 있는데 이는 저자의 상대적 부정법과 일맥상통한다고 하겠다.

2.1.2. 직설법

직설법 (直說法)이라 함은 현대어의 직설법의 선어말 어미 '-느-'의 직접적 소급형을 가리킨다. 현대어에는 '-느-' 이외, '-니-, -ㄴ-, -네-, -나-' 등의 이형태가 있으나 (고영근 1965: §2.1, 1999: 154-8)[26], 중세어는 '-ᄂᆞ-'와 '-ㄴ-'만 확인된다. 앞의 부정법의 경우와 같이 실재 어형을 존비법에 따라 배열한다. 직설법의 형태는 원칙적으로 동사에서만 확인되므로 형용사와 지정사의 어형은 분석의 대상으로 삼을 필요가 없다[27]. 그러나 존재사 '잇다'는 '없다'와는 달리 동사에 준하는 활용을 하되 식별 과정이 단순하지 않기 때문에 동사와 함께 분석 대상으로 삼는다[28].

---

25) 자세한 것은 §2.2.2.2의 도표와 §2.2.3.4의 도표 1 참조.

26) 최근에 와서 흔히 하나의 형태소의 자격을 주지 않는, 설명법 어미 '-다' 앞에 나타나는 '-는/ㄴ-'과 감탄법 어미 '-구나' 앞에 나타나는 '-는-'을 저자는 시제 형태소로 보는 편에 선다.

27) '-ᄂᆞ-'가 형용사 및 지정사에 붙는 일이 있다. 현대어의 '밝는다, 붉는다'에 나타나는 '-는/ㄴ-'과 같이 동사 전성으로 설명하는 것이 좋을 듯하다. '-ᄂᆞ-'의 형용사·지정사 통합예는 허웅 (1975: 881) 참조.

28) '-ᄂᆞ-'를 취하는 구체적 용례는 김정수 (1979)와 허웅 (1975) 비교 참조.

(1a) ᄒᆞᄂᆞ다, ᄒᆞᄂᆞ이다, ᄒᆞᄂᆞ니; ᄒᆞ노라, ᄒᆞ뇡다, ᄒᆞ노이다, ᄒᆞ뇌

(1b) 잇ᄂᆞ다, 잇ᄂᆞ이다; 잇노라

(1′a) ᄒᆞᄂᆞ니라, ᄒᆞᄂᆞᆼ다, ᄒᆞᄂᆞ니이다; ᄒᆞ노니라

(1′b) 잇ᄂᆞ니라

(2a) ᄒᆞᄂᆞ녀, ᄒᆞᄂᆞ닛가, ᄒᆞᄂᆞ니잇가

(2b) 잇ᄂᆞ녀, 잇ᄂᆞ닛가, 잇ᄂᆞ니잇가

(3a) ᄒᆞᄂᆞ니; ᄒᆞ노니

(3b) 잇ᄂᆞ니; 잇노니

(4a) ᄒᆞᄂᆞᆫ; ᄒᆞ논

(4b) 잇ᄂᆞᆫ; 잇논

어형 (1), (1′a), (3), (4)는 선어말 어미 '-오-'의 통합 여부에 따라 두 묶음으로 갈라놓은 것이다. 위의 형식들은 부정법의 어형과는 달리 복합 형식이므로 계열 관계뿐만 아니라 통합 관계에 의해서도 식별될 수 있다. 통합 관계로는 '-ᄂᆞ-'가 결여된 'ᄒᆞ다 … ᄒᆞ니 … 호이다, ᄒᆞ니라 … ᄒᆞ녀, ᄒᆞ니잇가 … ᄒᆞᆫ'[29] 등과의 비교에 의해 '-ᄂᆞ-'과 '-ㄴ-'이 분간된다. 후자는 선어말 어미 '-오-' 앞에 나타나므로 자음 어미 앞에서 나타나는 '-ᄂᆞ-'와는 음운론적으로 제약되어 있다. 계열 관계로는 '-ᄂᆞ-'를 회상법 '-더-', 추측법 '-(으)리-'로 대치함으로써 확인될 수 있다. 추측법의 대치는 회상법만큼 자유롭지 못하다. 특히 의문법 어형에서 그러하다. '*ᄒᆞ리녀'와 같은 어형이 실재하지 않기 때문이다 (뒤에 나옴).

그런데 '잇다'는 사정이 약간 다르다. 활용 형태는 동사와 비슷하나 분석이 쉽지 않다. 계열 관계로는 '-ᄂᆞ-' 자리에 '-더-', '-(으)리-'가 자유로

29) 허웅 (1975: 651)에 '-ᄂᆞᆫ'의 분석 이유를 '-ᄂᆞ-'가 다른 어미와 결합될 수 있고 가운데 '-오-'가 끼일 수 있는 두 가지 조건을 들고 있으나 저자가 제시한 두 가지 조건으로 충분히 분석된다. 그것은 계열 관계로는 '-던'과, 통합 관계로는 '-(으)ㄴ'과 비교할 수 있기 때문이다.

이 대치될 수 있어 문제가 없으나 통합 관계로는 그렇지 못하다. (1b)는 '잇다', '이쇼라'가 실재하므로 '-ᄂᆞ-'의 분간이 그리 어렵지 않으나 나머지는 그렇지 않다. (1′b)에 대해서는 '이시니라'가 존재할 수 있을지 의문이며 (3b)도 '-ᄂᆞ-'가 결여된 '이시니, 이쇼니'의 용례를 찾기가 어렵다. (4b)도 사정이 마찬가지여서 '이신, 이숀'의 어형을 발견하기가 쉽지 않다. 이러한 사실은 존재사 '잇다'가 외부적 활용 형태만 동사에 가까울 뿐 구조적 상관성으로 보면 동사와는 다르다는 사실을 확인시켜 주는 것이다.

부정법에서와 마찬가지로 직설법에서도 둘째 설명법 어미를 인식할 수 있다. 어형 (1′)가 그러한 어미를 내포한 것이 아닌가 한다. (1′)는 직설 원칙 설명법 어미 '-ᄂᆞ니라'와 형식은 같으나[30], 기능이 다르므로 단순한 직설 설명법의 어형으로 간주될 수 있다 [붙임말 8].

(5) 이 사ᄅᆞᆷ돌히 다 神足이 自在ᄒᆞ야 衆生ᄋᆡ 福田이 ᄃᆞ욀씨 쥬이라 ᄒᆞᄂᆞᇰ다 (釋祥 6: 18-9)

위의 텍스트는 "엇뎨 쥬이라 ᄒᆞᄂᆞ닛가"란 물음에 대한 답변인데 화자의 어떠한 태도도 상정하기 어려운 단순한 직설 설명법의 형태로 간주된다. (1′b)의 존재사 '잇다'에서도 그런 점을 확인할 수 있다.

(6) (그 ᄯᆞᆯ) 對答호ᄃᆡ 잇ᄂᆞ니이다 (釋祥 6: 14b)
(7) 世尊하 … 이제 祇陀林ᄋᆞᆫ 實로 堂 밧긔 잇ᄂᆞ이다 (楞嚴 1: 48a)

(6)은 파라문이 호미의 딸에게 "그듸 아바니미 잇ᄂᆞ닛가"로 묻는 데 대한 답변인데 (5)와 같은 단순한 설명법 형태로 간주된다. (7)은 부처가 아난 (阿難)에게 "네 이제 … 보ᄂᆞ니, 이제 어듸 잇ᄂᆞ뇨"라고 묻자 이에

30) 직설 원칙법에 대하여는 §2.2.1.1과 §4.1.1 참조.

대한 답변으로 발화된 것이다. 이 용례에는 (6)과는 달리 '니'가 결여되어 있다. 이는 (6)이 단순한 직설 설명법임을 더욱 강력하게 뒷받침한다.

직설법에서도 선어말 어미 '-오-'를 취한 둘째 설명법 어미를 찾을 수 있다. (1′a)의 'ᄒᆞ노니라'는 부정법의 '호니라'와 대립되는 단순한 직설 설명법이다.

(8) 너를 외에 아니ᄒᆞ노니라 (/斷不誤爾니라) (法語: 2-3)

이 용례가 바로 (1′a) 의 'ᄒᆞᄂᆞ니라'에 '-오-'가 붙은 것으로 간주되는 것이다. '아니ᄒᆞ노라'와 같은 가치를 띤 것으로 보려고 한다.

河野六郎 (1951: 46-7/1979: 519-20)에는 그의 현재 어간의 종지형이 Ⅰ, Ⅱ, Ⅲ으로 구분되어 있다. Ⅰ에는 우리의 어형 (1)을, Ⅱ에는 어형 (1′)를, Ⅲ에는 '-오-' 통합형을 들고 있다. Ⅲ의 형태는 (1)에 포괄된다. 제시된 용례에는 지문과 대화가 다 들어 있지마는 원칙법과의 의미 관계가 고려되지 않았기 때문에 종지법 Ⅱ의 체계는 완전해 보이지 않는다.

직설법의 의문법 어미도 부정법과 동일하게 다루어져야 한다. 통합 관계로 볼 때 '니'가 결여된 다음과 같은 어형이 나타나지 않으므로 '니'는 어미의 일부분으로 처리된다.

(2′a) *ᄒᆞᄂᆞ어 (>*ᄒᆞ너), *ᄒᆞᄂᆞᆺ가, *ᄒᆞᄂᆞ잇가
(2′b) *잇ᄂᆞ어 (>*잇너), *잇ᄂᆞᆺ가, *잇ᄂᆞ잇가

ᄒᆞ야쎠체와 ᄒᆞ쇼셔체에서는 의문법 어미가 '-ㅅ-, -(으)잇-'에 의해 분리되므로 부정법과 같이 불연속 형태로 기술해야 한다 (§2.1.1).

2.1.3. 회상법

회상법이라고 함은 현대어의 회상법의 선어말 어미 '-더-'의 직접적 소급형을 가리킨다. 현대어는 '-더-' 이외, '-다-, -ㄷ-, -데-' 의 이형태 (異形態)를 가지고 있으나 (고영근 1965: §2.2/1999: 158), 중세어는 선어말 어미 '-오-'와 통합될 때를 제외하고는 형태가 크게 바뀌지 않는다. 실재하는 어형을 동사, 형용사, 지정사 (指定詞)로 나누되 존비법에 따라 제시한다[31].

(1a) ᄒᆞ더라, ᄒᆞ더이다, ᄒᆞ더니; ᄒᆞ다라, ᄒᆞ댕다, ᄒᆞ다이다

(1b) 하더라, 하더이다, 하더니; 하다라, 하다이다

(1c) 이러라, 이러이다; 이라라

(1′) ᄒᆞ더니라

(2a) ᄒᆞ더녀, ᄒᆞ더니잇가

(2b) 하더녀

(2c) 이러뇨, 이러니잇가

(3a) ᄒᆞ더니; ᄒᆞ다니

(3b) 하더니; 하다니

(3c) 이러니; 이라니

(4a) ᄒᆞ던; ᄒᆞ단

(4b) 하던

(5) ᄒᆞ던뎐

(6a) ᄒᆞ던댄[32]

(6b) 이런든

(7a) ᄒᆞ더든

(7b) 이러든

---

31) 회상법의 구체적 용례는 허웅 (1975: 969-70) 참조.

32) 'ᄒᆞ던댄'의 변이형으로 'ᄒᆞ던덴'을 들 수 있다. 구체적 용례는 허웅 (1975: 969) 참조.

어형 (1), (3), (4a)는 앞의 부정법, 직설법과 마찬가지로, 선어말 어미 '-오-'의 통합 여부에 따라 구분된 것이다. 위의 형식들은 직설법과 같이 복합 형식이므로 계열 관계뿐만 아니라 통합 관계에 의해서도 식별될 수 있다. (1a), (1′), (2a), (3a), (4a)는 '-더-'의 자리에 직설법 형태소 '-ᄂᆞ-'가 채워질 수 있으므로 하나의 형태소로서의 자격이 충분하다. 또 이들 어형은 '-더-'가 빠진 'ᄒᆞ다 … ᄒᆞ니라 … ᄒᆞ녀 … ᄒᆞ니 … ᄒᆞᆫ'과도 비교할 수 있다.

(1b)(1c), (2b)(2c), (3b)(3c), (4b)는 형용사와 지정사의 어형이므로, '-ᄂᆞ-'와의 대치가 원칙적으로 불가능하다. 따라서 이런 어형은 '-더-'가 결여된 '하다, 이라 … 하녀, 이뇨 … 하니, 이니, 한' 등과의 비교를 거치는 것이 좋다. 곧 통합 관계의 고려가 분석을 수월하게 한다.

어형 (5), (6), (7)은 연결 어미에 '-더-'가 나타나는 것이다. (5)의 'ᄒᆞ던뎐'은 '-더-'가 결여된 '-ㄴ뎐'이 존재하므로[33] 통합 관계에 의해 분석된다. (6a)의 'ᄒᆞ던댄'은 '-더-'가 결여된 'ᄒᆞᆫ댄'이 실재하고 '-더-'의 자리에 추측법 '-(으)리-', 확인법 '-거-'[34]가 채워진 'ᄒᆞ린댄, ᄒᆞ건댄'이 존재하므로 통합 관계와 계열 관계의 두 방면에서 식별이 가능하다[35]. 'ᄒᆞ던덴'은 'ᄒᆞ던댄'의 변이형으로 간주되는데 이 어형의 '-더-' 자리에 확인법 '-거-'가 들어간 'ᄒᆞ건덴'[36]이 존재하므로 계열적 관점에서 분석된다. (6b)의 '이런든'은 '-더-'가 결여된 '-ㄴ든'이 발견되지는 않지만 구문상으로 볼 때 (6a)와 차이를 인식할 수 없으므로 (허웅 1975: 544), '*-ㄴ든'의 존재 가능성을 생각할 수 있다. 그렇다면 이 어형은 통합 관계의 관점에서 분석이 합리화될 수 있다.

어형 (7)은 '-더-'가 결여된 '*ᄒᆞ든'이란 어형이 실재하지 않으므로 분

---

33) 구체적 용례는 허웅 (1975: 544) 참조.
34) 확인법에 대하여는 §2.2.2와 §4.2 참조.
35) 'ᄒᆞᆫ댄'과 'ᄒᆞ린댄'의 용례는 허웅 (1975: 542) 참조.
36) 구체적 용례는 허웅 (1975: 543) 참조.

석이 보류되어야 할 것이다. 그러나 다른 환경에서 나타나는 '-더-'와 같이 회상의 의미가 파악되고 있으니 단순한 어말 어미로도 볼 수 없다. 'ᄒᆞ더든'의 '든'을 (5), (6)의 '-ᄂᆞ든'의 변이형으로 간주한다면 통합 관계의 관점에서 분석이 가능하다[37].

(1), (3), (4a)의 오른쪽 묶음에 나타나는 '-다-'는 회상법 '-더-'에 선어말 어미 '-오-'가 통합된 것으로 두 형태소가 완전히 화합 (化合)되어 있다[38]. (1c), (2c), (3c), (6b), (7b)에 나타나는 '-러-, -라-'는 지정사의 어간 아래 선택되는 것으로 '-더-, -다-'와는 형태론적으로 제약되어 있다.

이곳에서도 부정법과 직설법에 병행하는 둘째 설명법 어미를 확인할 수 있다. (1′)의 어형 'ᄒᆞ더니라'가 그것이다. 이 어형은 원칙법으로 해석될 경우가 많은데 다음의 용례는 단순한 설명법 어미로 간주된다.

(8) 붑 텨 사ᄅᆞᆷ ᄆᆞᆯ 모도오ᄃᆡ … 金부플 티면 十八億 사ᄅᆞ미 다 몯더니라 (釋詳 6: 28a)

이는 지문에 나타나는 용례인데 '몯더라'로 바꾸어도 좋은, 화자의 아무런 태도가 개입되지 않은 것으로 일단 보아 두기로 한다 [붙임말 8].

또 둘째 설명법 어미에는 부정법, 직설법의 경우와 같이 선어말 어미 '-오-'가 통합된 '*ᄒᆞ다니라'도 생각해 볼 수 있다. 실재하는 용례는 원칙법으로 해석된다[39].

회상법의 의문법 어미도 부정법, 직설법과 같이 다루어져야 한다. 통합 관계로 볼 때 다음과 같은 어형이 존재하지 않으므로 단순한 어말 어미에 불과한 것이다.

---

37) 허웅 (1975: 552-3)에는 다른 관점에서 '-더-'를 석출하고 있다.
38) 이 문제에 대한 자세한 논의는 고영근 (1978/1999: 16) 참조.
39) 이에 대하여는 원칙법의 의미를 분석하는 자리에서 다시 논의될 것이다 (§4.1.2).

(2′a) *ᄒᆞ더어 (>*ᄒᆞ더), *ᄒᆞ더잇가
(2′b) *하더어 (>*하더)
(2′c) *이러오, *이러잇가

2.1.4. 추측법

추측법은 현대어의 추측법의 선어말 어미 '-(으)리-'나 미래 시제의 우언적 (迂言的) 표현 '-(으)ㄹ 것이-'의 직접적 소급형을 가리킨다. 현대어의 추측법은 '-(으)리-' 이외, '-(으)ㄹ-'과 어말 어미가 밖으로 드러나지 않은 '-(으)리' 등이 있는데 (고영근 1965: §2.4/1999: 161-3), 중세어도 역시 그러하다. 추측법은 품사의 종류에 따라 형태가 특별히 바뀌는 일이 없으므로 동사의 어형만 들기로 한다[40].

(1) ᄒᆞ리라, ᄒᆞ리이다, ᄒᆞ리; 호리라, 호리이다
(1′) ᄒᆞ리니라
(2) ᄒᆞ려, ᄒᆞ리잇가, ᄒᆞ리
(2′) ᄒᆞ려뇨, ᄒᆞ리로소녀
(3) ᄒᆞ리니; 호리니
(4a) ᄒᆞᆯ; 홀
(4b) ᄒᆞ린
(5) ᄒᆞ리라가, ᄒᆞ리며, ᄒᆞ리온, ᄒᆞ린댄, ᄒᆞ리로ᄃᆡ, ᄒᆞᆯᄊᆡ

어형 (1), (3), (4a)는 선어말 어미 '-오-'의 통합 여하에 따라 구분된 것이다. 추측법은 (4a)와 (1), (2)의 'ᄒᆞ리'만 제외하고는 모두 복합 형식 가운데서 나타나므로 계열 관계뿐만 아니라 통합 관계에 의해서도 분간

---

40) 구체적 용례는 허웅 (1975: 968-9) 및 김정수 (1979) 비교 참조.

될 수 있다. (1), (3), (4b)는 두 가지 관계에 따라 분간된다. 이들 어형에 나타나는 '-(으)리-'의 자리에는 '-ᄂᆞ-'가 대치될 수 있으므로 계열 관계의 기준을 만족시키고 있고 '-(으)리-'가 결여된 'ᄒᆞ다… ᄒᆞ니… ᄒᆞᆫ' 등의 어형과 비교가 가능하다는 점에서 통합 관계가 형성된다. (5)의 어형들은 '-(으)리-'가 결여된 'ᄒᆞ다가, ᄒᆞ며, ᄒᆞ곤, ᄒᆞᆫ댄, 호ᄃᆡ, ᄒᆞᆯ씨'가 존재하므로 통합 관계를 만족시키고 있다. '-(으)리-'의 자리에 '-ᄂᆞ-'가 대치될 수 없으니 계열 관계의 기준은 만족시키지 못한다. 그런데 의문법 어형 (2)와 관형사형 (4a)는 사정이 다르다. 통합 관계로도 계열 관계로도 비교의 대상이 되는 어형을 찾을 수 없다.

(2)의 'ᄒᆞ려, ᄒᆞ리잇가'는 '-(으)리-'의 자리에 '-ᄂᆞ-, -더-'가 대치된 '*ᄒᆞᄂᆞ어, *ᄒᆞ더어; *ᄒᆞᄂᆞ잇가, *ᄒᆞ더잇가'가 실재하지 않으며 '-(으)리-'가 결여된 '*ᄒᆞ어, *ᄒᆞ잇가'가 실재하지 않는다. (4a)는 '-(으)ㄹ-' 자리에 '-ᄂᆞ-, -더-'가 대치된 '*ᄒᆞᄂᆞ, *ᄒᆞ더'와 같은 어형과 '-ㄹ'이 결여된 '*ᄒᆞ'와 같은 어형은 상상조차 할 수 없다. 이러한 사정에서는 의문법 어미에 나타나는 추측법 형태소와 관형사형 '-(으)ㄹ'을 분석해 낼 도리가 없다. 두 어미의 기저형 (基底形)을 달리 설정해야 할 필요성을 느낀다 (뒤에 나옴).

추측법에서도 부정법, 직설법, 회상법과 마찬가지로 둘째 설명법 어미의 확인이 가능하다.

(6) 諸法이 幻 ᄀᆞᆮᄒᆞ니 幻 ᄀᆞᆮ홈도 得디 <u>몯ᄒᆞ리니라</u> (口訣文省略) (圓覺下 2-2: 11b)

위의 용례는 입불 경계경 (入佛經界經)의 말을 인용한 것으로 지문이라 할 수 있다. 화자의 태도에 관련된 의미 요소를 읽어 내기가 어려우므로 단순한 설명법 어미로 봄이 어떨까 한다[41]. [붙임말 8] 이곳에서도 선어말

41) 이 문제는 원칙법을 논의하는 자리에서 상론될 것이다 (§4.1.3 참조).

어미 '-오-'가 통합된 '*호리니라'를 상정할 수 있다.

(2′)의 어형 'ᄒᆞ려뇨, ᄒᆞ리로소녀'에 대한 면밀한 분석은 1·3인칭의 추측 의문법 어미에 나타나는 의문법 어미의 기저형이 '*-(으)녀'임을 알려 준다. 'ᄒᆞ려뇨'는 설명 의문법 어형이므로 서술의 편의를 위하여 이와 짝을 이루는 판정 의문법 어형 '*ᄒᆞ려녀'를 분석의 대상으로 삼는다. '*ᄒᆞ려녀'는 추측법의 선어말 어미 '-(으)리-'에 확인법의 선어말 어미 '-어-'가 통합된 것인데 '-어-'를 제거하면 '*ᄒᆞ리녀'를 얻는다. '*ᄒᆞ리녀'가 나타나는 일은 없고 실재하는 것은 'ᄒᆞ려'이다. 일종의 보충법적 사용이라 하겠다. 'ᄒᆞ리로소녀'는 추측법의 '-(으)리-'에 감동법의 선어말 어미 '-롯-(<돗)'이 붙은 것인데 '-롯-'을 제거하면 남는 것은 '*ᄒᆞ리녀'이다. '*ᄒᆞ려녀'와 같이 설명할 수 있다[42]. '*ᄒᆞ려녀'와 'ᄒᆞ리로소녀'의 검토는 추측 의문법 어미도 다른 서법의 의문법 어미와 마찬가지로 기저형으로서 '*-(으)녀'가 설정될 수 있음을 보여 준다. 현대어의 해라체의 의문법 어형 '하랴'도 기저형을 '*-(으)냐'로 잡지 않으면 분석이 불가능하다. '-(으)리-'가 결여된 '*하아'도 없고 다른 서법 형태소가 대치된 '*하느아, *하더아'도 존재할 수 없기 때문이다[43].

중세어건 현대어건 추측 의문법 어미의 기저형을 '*-(으)리녀'와 '*-(으)리냐'로 설정하는 것은 서법에 따른 의문법 어미의 패러다임에 근거를 둔 것이다[44].

(2′) *ᄒᆞ리녀 (>ᄒᆞ려) cf. ᄒᆞ녀, ᄒᆞᄂᆞ녀, ᄒᆞ더녀 〈중세어〉

---

42) 이 문제는 확인법과 감동법의 형태소를 식별하는 자리에서도 논의될 것이다 (§2.2.2.2; §2.2.3.2 참조).

43) 저자는 '-(으)랴'를 분석할 수 있는 마땅한 기준을 찾지 못하여 다른 경우에도 '-(으)리-'가 나타나고 또 독자적 의미를 표시한다는 궁색한 설명을 시도한 적이 있다 (고영근 1965: §2.4/1999: 162).

44) 저자는 비실재형 및 문법 규칙을 위반한 어형이나 문장과 마찬가지로 기저형에 대해서도 *을 붙였다. 기저형은 보통 //로 표시한다.

(2″) *하리냐 (>하랴) cf. 하느냐, 하더냐 〈현대어〉

그러나 '*ᄒᆞ려녀, ᄒᆞ리로소녀'의 검토를 통하여 '*ᄒᆞ리녀'와 같은 어형의 존재 가능성을 확인한 것은 추측 의문법에 나타나는 의문법의 기저형이 '*-(으)녀'임을 더욱 강력하게 뒷받침하는 것이다. 현대어 '하랴'는 중세어 'ᄒᆞ려'의 직접적 변화형이다 (안병희 1965b: 81/1992a: 159).

(4b)의 분석은 추측 관형사형에 나타나는 관형사형의 기저형이 '*-(으)ㄴ' 임을 알려 준다. 이 어형의 실지 용례[45]는 'ᄒᆞᆯ인'으로 분석될 가능성도 없지 않으나 관례에 따라 (허웅 1975: 651), 추측법의 선어말 어미 '-(으)리-'에 관형사형 어미가 통합된 것으로 해석한다. 앞에서도 말했지만 (4b)는 '-(으)리-'가 결여된 'ᄒᆞᆫ'과는 통합 관계를 이루고 있고 이 자리에 '-ᄂᆞ-, -더-'가 대치된 'ᄒᆞᄂᆞᆫ, ᄒᆞ던'과는 계열 관계를 형성하고 있으므로 무난히 분석될 수 있다. 이렇게 보면 단일 형태소로 나타나는 'ᄒᆞᆯ'도 그 기저형이 '*ᄒᆞ린'이나 그에 가까운 어형임을 상정할 수 있다[46].

현대어도 추측 관형사형은 중세어와 큰 차이가 없다. 현대어건 중세어건 추측 관형사형의 기저형을 '*-(으)린'으로 잡는 것은 서법에 따른 관형사형 어미의 패러다임에 근거를 둔 것이다.

(4′) *ᄒᆞ린 (>ᄒᆞᆯ) cf. ᄒᆞᆫ, ᄒᆞᄂᆞᆫ, ᄒᆞ던 〈중세어〉

(4″) *하린 (>할) cf. 한, 하는, 하던 〈현대어〉

45) 구체적 용례는 허웅 (1975: 651) 참조.

46) 河野六郎 (1951: 54; 1979: 527)에는 제1 미래 어간 (第一未來語幹)의 형태로 '-리-, -ㄹ'을 들고, "이 어간은 다른 어간과는 달리 연체형에 -n을 가지지 않고 -r을 가지고서 연체형이 된다"라는 의견을 제시하고 있는데 이는 미래 관형사의 표지가 -n으로 기대됨을 시사하는 것으로 우리의 분석 결과를 크게 뒷받침해 준다. 1951년의 논문에는 "連體形に語尾 -rを持たず, 接辭 -rを以て"로 기술하고 있으나 1979년의 전집에는 "連體形に -nを持たず, 接辭 -rを以て"와 같이 원 논문의 오식을 바로잡고 있다.

중세어의 'ᄒᆞ린'의 존재에 의하여 우리의 분석 방법이 강력한 지원을 받는다는 것을 확인할 수 있다.

추측 의문법 어미와 추측 관형사형의 기저형을 '*-(으)리녀'와 '*-(으)린'으로 잡았는데 이렇게 해야만 의문법 어형과 관형사형 어미에 나타나는 '-(으)리-'의 분석이 용이해진다. 이런 접근법에 의하면 (2)의 'ᄒᆞ려, ᄒᆞ리잇가'의 기저형은 '*ᄒᆞ리녀, *ᄒᆞ리니잇가'로 설정된다. 이 어형은 '-ᄂᆞ-, -더-'가 대치된 'ᄒᆞᄂᆞ녀, ᄒᆞ더녀, ᄒᆞᄂᆞ니잇가, ᄒᆞ더니잇가'와 계열 관계를 이루고 있고, 또 '-(으)리-'가 결여된 'ᄒᆞ녀, ᄒᆞ니잇가' 등의 어형과 통합 관계를 이루게 되므로 '-(으)리-'의 석출이 용이하게 된다. 추측 관형사형 '*-(으)린'은 (4b)의 분석법을 그대로 이용할 수 있으므로 더 이상의 설명을 요하지 않는다. 추측법의 형태는 종전과 같이 '-(으)리-'와 '-(으)ㄹ'이 있다는 구차한 기술을 할 필요가 없고 '-(으)리-' 하나로 족하지 않은가 한다. 이렇게 되어야만 추측 관형사형 어미가 부정법, 직설법, 회상법의 관형사형과 정연한 패러다임을 이룰 수 있는 것이다 [붙임말 11].

우리가 세운 추측 의문법 '*-(으)리녀'와 추측 관형사형 '*-(으)린'이 어떤 음운 규칙의 적용으로 표면형 '(으)려'와 '-(으)ㄹ'로 유도되는가 하는 문제는 이곳에서 다루지 않는다[47].

2.1.5. 추측 회상법

추측 회상법은 현대어의 추측 회상법 '-(으)ㄹ러-'의 직접적 소급형 내지 '-겠더-'의 간접적 소급형이다[48]. 후자를 특별히 든 것은 그것이 전자를 대치하는 상황에 있음을 고려했기 때문이다. 동사의 어형만 제시한다[49].

---

47) 이 문제의 해명은 다른 자리에서 시도될 것이다 [붙임말 12].

48) 현대어의 추측 회상법은 고영근 (1965/1999: 3편 1장)에서 시도되지 않았다. 현대어의 추측 회상법의 '-(으)리러-'는 설명법 어미 '-다'와 의문법 어미 '-(으)ㄴ가', 접속 어미 '-(으)니' 앞에서만 나타난다 (예: 할러라, 할런가, 할러니). 자세한 것은 한글학회 편 『큰사전』 (1957)과 나진석 (1971: 61-2) 참조.

(1) ᄒᆞ리러라

(2) ᄒᆞ리러니

(3) ᄒᆞ리런댄

현대어에서는 '할런가'에서 보듯이 의문법 어미에서도 추측 회상법이 나타나나 중세어에서는 의문법 어미 앞에서 나타나는 일은 없고 대신 연결어미 '-(으)ㄴ댄' 앞에서 실현된다 [붙임말 12-1].

어형 (1)은 '-(으)리러-'가 결여된 'ᄒᆞ다'와, '-(으)리러' 자리에 '-ᄂᆞ-, -더-'가 대치된 'ᄒᆞᄂᆞ다', 'ᄒᆞ더라'와의 비교에 의하여 분석될 수 있다. (2)의 'ᄒᆞ리러니'에서도 같은 기준에 의해서 '-(으)리러-'가 분간된다. (3)에서는 '-(으)리러-'가 결여된 'ᄒᆞᆫ댄'과의 비교에 의해서 석출되므로 통합 관계만이 유효하다.

'-(으)리-'와 '-러-'를 분리하면 추측 회상법을 따로 둘 필요가 없는 경제적 이득이 있다. 그러나 '-더-'가 나타나는 모든 환경에서 '-(으)리-'가 실현되는 것이 아니므로 '-(으)리러-'를 묶어서 한 단위로 간주하는 것이다. '-(으)리러-'의 '-러-'는 회상법 '-더-'가 추측법 '-(으)리-' 아래서 교체된 것이다. 지정사 아래서도 이런 교체가 일어나는 것을 보았는데 (§2.1.3), 특정한 형태소 아래서 일어나므로 그 제약 조건은 형태론적이다.

이곳에서도 다른 서법과 같이 둘째 설명법 어미를 상정할 수 있다. 곧 '*ᄒᆞ리러니라'와 같은 어형의 존재를 생각해 볼 수 있다. 실재하는 용례는 화자의 양태적 태도에 관련되는 원칙법으로 간주되기 때문이다[50]. 또 '-오-'가 통합된 '*ᄒᆞ리라니라'와 같은 어형을 생각해 볼 수 있다.

49) 구체적 용례는 허웅 (1975: 970) 참조.

50) 이에 관련된 상세한 논의는 §4.1.3 참조.

2.1.6. 총괄

중세어의 기본 서법 형태소를 통합 관계와 계열 관계를 기준으로 하여 확정하고 동시에 이들과 결합될 때 나타나는 어말 어미의 구조적 특성도 밝혀 보았다.

서법 형태소들이 대립 관계를 유지함으로써 패러다임이 구성되는 환경에서는 통합 관계 이외 계열 관계에 의해서도 형태소가 분간되었으며 그렇지 않은 환경에서는 통합 관계만이 분석 기준으로 유효함을 확인하였다.

기본 서법 형태소의 식별을 통하여 중세어의 둘째 설명법 어미, 1·3인칭 의문법 어미, 접속 어미는 '-(으)니'로 시작하거나 '-(으)니'로 끝나 있으며 관형사형 어미는 '-(으)ㄴ'임을 보았다. 전자의 어미류에서 관형사형 어미와 동형인 '-(으)ㄴ/n/'이 공통적으로 발견되는 일은 중세어의 서술성 어미들이 통시적으로 동명사형 어미에서 전화(轉化)되었음을 강력하게 뒷받침하는 공시적 근거가 된다[51]. 한편 관형사형 어미 '*-(으)ㄴ // -(으)ㄴ'[52]은 설명법 어미, 의문법 어미, 접속 어미가 관계 관형화의 변형 절차를 거쳐서 형성될 수 있음도 가정할 수 있다. 동사의 어형을 중심으로 그 상관관계를 보이면 다음과 같다.

(1) 부정법

ᄒᆞ니라, 호니라; ᄒᆞ녀; ᄒᆞ니, 호니 ⇒ ᄒᆞᆫ; 혼

51) Ramstedt (1939: 74)는 관형사형 어미 n, r에 particle '이라'가 붙으면 서술어적으로 쓰인다고 했고 河野六郎 (1951: 60, 54)는 '-(으)니라, -(으)리라'가 기원적으로 동명사 'ㄴ, ㄹ'에 형식 명사 '이'와 종지형 어미 '라'가 붙어서 형성되었다고 했다. 한편 김완진(1957)은 국어의 서술어가 기원적으로 명사적 형태였다는 가정 아래 동명사적 표현이 서술어의 형태로 붕괴되는 과정을 증명해 보려 한 것이다.

52) '*-(으)ㄴ'은 추측 관형사형 '-(으)ㄹ'의 기저형 '*-(으)란'의 관형사형 표지를 가리키고 '-(으)ㄴ'은 실재하는 관형사형 표지를 가리킨다. //는 두 어형이 수의적 교체 관계에 있음을 가리킨다.

(2) 직설법

ᄒᆞᄂᆞ니라, ᄒᆞ노니라; ᄒᆞᄂᆞ녀; ᄒᆞᄂᆞ니, ᄒᆞ노니 ⇒ ᄒᆞᄂᆞᆫ; ᄒᆞ논

(3) 회상법

ᄒᆞ더니라, *ᄒᆞ다니라, ᄒᆞ더녀; ᄒᆞ더니, ᄒᆞ다니 ⇒ ᄒᆞ던; ᄒᆞ단

(4) 추측법

ᄒᆞ리니라, *호리니라; *ᄒᆞ리녀 (>ᄒᆞ려); ᄒᆞ리니, 호리니 ⇒ *ᄒᆞ린 (>ᄒᆞᆯ)//ᄒᆞ린; *호린 (>홀)

역사적으로는 서술성 어미들이 동명사형에 이른바 첨사 (添辭) 등이 붙어서 형성되었다고 말할 수 있겠지만 공시적으로는 거꾸로 관형사형이 서술성 어미에서 관계절 형성 규칙에 의해 변형되는 것으로 볼 수 있는 것이다[53].

서술성 어미 형태들을 Ramstedt (1939)[54]처럼 관형사형과 첨사로 분석할 때의 이득과 손실을 비교해 보자.

현대어에서는 Ramstedt의 분석 방법이 구조적 뒷받침을 받기가 힘들다. 현대어에서는 동사의 부성 의문법 어형으로 '*가냐 (*간야)'가 존재하지 않고 그 자리에 선어말 어미 '-었-'이 선접된 '갔느냐'가 쓰이기 때문이다. 그러나 중세어에서는 Ramstedt의 방법론이 어느 정도 구조적 지원을 받을 수 있다. 설명법, 의문법, 접속 어미에 걸쳐 부정법에 의해 과거 시제가 형성되기 때문이다. 이를 명백히 하기 위하여 각 어미에 걸쳐 서법별의 패러다임을 제시하고 이를 관형사형과 첨사의 구성으로 분석한 다음, 다른 종류의 어미 및 관형사형을 들어 서로 비교할 수 있도록 한다.

(5) 설명법

ᄒᆞ니라 (ᄒᆞᆫ이라) cf. ᄒᆞᆫ다, ᄒᆞᆫ

---

53) 이 문제는 아직도 가설적이다. 보다 많은 실증적 연구가 요망된다 [붙임말 13].

54) 이남덕 (1967)과 이인모 (1976)도 'ㄴ'과 'ㄹ'을 동명사로 보았다.

ᄒᆞᄂᆞ니라 (ᄒᆞᄂᆞᆫ이라) cf. ᄒᆞᄂᆞ다, ᄒᆞᄂᆞᆫ

ᄒᆞ더니라 (ᄒᆞ던이라) cf. ᄒᆞ더라, ᄒᆞ던

ᄒᆞ리니라 (ᄒᆞ린이라) cf. ᄒᆞ리라, *ᄒᆞ린 (>ᄒᆞᆯ)//ᄒᆞ린

(6) 의문법 어미

ᄒᆞ녀 (ᄒᆞᆫ여) cf. ᄒᆞᆫ다, ᄒᆞᆫ

ᄒᆞᄂᆞ녀 (ᄒᆞᄂᆞᆫ여) cf. ᄒᆞᄂᆞᆫ다, ᄒᆞᄂᆞᆫ

ᄒᆞ더녀 (ᄒᆞ던여) cf. ᄒᆞ던다, ᄒᆞ던

*ᄒᆞ리녀 (*ᄒᆞ린여) cf. *ᄒᆞ린다 (>ᄒᆞᆯ따), *ᄒᆞ린 (>ᄒᆞᆯ)//ᄒᆞ린

(7) 접속 어미

ᄒᆞ니 (ᄒᆞᆫ이) cf. ᄒᆞᆫ

ᄒᆞᄂᆞ니 (ᄒᆞᄂᆞᆫ이) cf. ᄒᆞᄂᆞᆫ

ᄒᆞ더니 (ᄒᆞ던이) cf .ᄒᆞ던

ᄒᆞ리니 (ᄒᆞ린이) cf. *ᄒᆞ린 (>ᄒᆞᆯ)//ᄒᆞ린

세 경우 모두 관형사형에 첨사류로 소속될 수 있는 요소가 붙었음을 알 수 있다. 이렇게 분석된 형태가 오른쪽에 제시된 관형사형과 같기 때문이다. (5)의 설명법 어미에서는 첨사 '이라', (6)의 의문법 어미에서는 첨사 '여', (7)의 접속 어미에서는 첨사 '이'가 각각 붙음으로써 성립된다. 특히 의문법 어미에서는 2인칭 의문법에서도 관형사형과의 통합 구성을 보여 주고 있어 첨사의 통합에 의한 형성법이 가장 체계적으로 나타났다고 할 것이다. 이러한 분석 방법을 택하면 서술성 어미를 관형사형 어미와 관련시킴이 없이 분석했던 우리의 방법을 일원화 (一元化)할 수 있는 이득이 있다. 그러나 이 방법은 오히려 문법 기술에 번거로움을 가져올 우려가 있다.

설명법 어미와 의문법 어미는 존비법에 따라 활용을 한다. 이를테면 'ᄒᆞ니이다, ᄒᆞ니잇가'를 위의 방식대로 분석하면 다음과 같다.

(8a) ᄒᆞᆫ이이다.

(8b) ᄒᆞᆫ이잇가

(8a)의 '이 … 다'는 첨사 '이라'에서, (8b)의 '이 … 가'는 첨사 '여'에서 각각 변화·활용된 것이다. Ramstedt (1939: 165-7)에 의하면 첨사는 불변어 (uninflected word)인데 설명법 어미와 의문법 어미는 (8ab)와 같이 활용을 하므로 첨사로의 처리를 망설이게 한다. 중세어의 진정한 첨사는 2인칭 의문법과 간접 의문법에 나타나는 '다'와 '가'밖에 없다. 그것은 이들이 ᄒᆞ라체에서만 나타나고 활용을 하는 일이 없기 때문이다. 접속 어미가 관형사형 '-(으)ㄴ'에 첨사 '이'가 붙어 형성된다는 설명도 함께 문제가 된다. 이곳의 첨사 '이'도 설명법에 나타나는 '이라'의 '이'와 같은 성격을 띠었으므로[55], '이라'가 첨사가 될 수 없으면 '이' 또한 그러하다. ᄒᆞ라체에서는 '여'가 첨사로서의 자격을 갖출 수 있으나 다른 존비법에서 나타나는 활용 형태를 감안하면 그러한 처리가 결코 좋다고는 할 수 없을 것 같다.

분석을 일원화한다고 해도 그것이 관형절을 구성하지 못하는 이상, 이들의 시제적 의미는 종결 어미나 연결 어미에서 다루어질 수밖에 없다. 시제 기술을 조금도 간편하게 해 주지 못한다. (5), (6), (7)은 비록 관형사형과 같은 패러다임을 보여 주기는 하지만 거기서 나타나는 첨사가 첨사 본래의 기능을 발휘하지 못하므로 '-(으)ㄴ'을 관형사형의 표지로 볼 것이 아니라 어말 어미의 일부분으로 처리하는 것이 더 합리적이라고 생각된다.

이상과 같이 저자는 서술어적 형태와 관형사형과의 상관관계의 확인을 통해서 현대어에서 나타나는 양자 간의 불일치가 적어도 중세어에서

55) 설명법 어미 '-(으)니라'의 '니'는 parataxis로부터 hypotaxis로의 전화에 의해 접속 어미로 사용되었다고 할 수 있다 (河野六郎 1951: 10, 1979: 513).

는 형식상의 일치가 있었음을 알게 되었다. 그리고 이들의 관계를 일원적으로 보기보다는 분리하는 방식이 구조적 지원을 더 많이 받게 되고 문법 기술상의 이득도 많다는 것을 실증해 보았다.

2.2. 부차 서법 형태소

2.2.0. 앞서 확인한 기본 서법 형태소에 이어 부차 서법 (副次敍法) 형태소들을 식별해 보기로 한다. 부차 서법에는 원칙법 (原則法), 확인법 (確認法), 감동법 (感動法)의 셋이 있다. 감동법은 현대어와 직접 접맥 (接脈)시킬 수 없지마는 원칙법과 확인법은 현대어에서도 발견된다.

부차 서법 형태소는 종전의 중세어 연구에서 제 모습을 잘 드러내지 못하였다. 그것이 지닌 구조상의 복잡성과 타당성 있는 분석 기준의 미비 (未備)함이 큰 원인이었다. 이곳에서도 저자는 앞서 시험해 본 두 가지 분석 기준, 곧 통합 관계와 계열 관계에 의하여 어형들을 비교하는 방식을 택할 것이다.

2.2.1. 원칙법

2.2.1.1. 원칙법은 현대어의 직설법 (直說法) '-느-'와 회상법 (回想法) '-더-'에 후속하는 '-(으)니-'의 직접적 소급형을 가리킨다. 현대어는 '-(으)니-, -ㄴ-' 등의 이형태 이외, 어말 어미가 표면상으로 드러나지 않는 '-(으)니' 등이 있으나 (고영근 1965: §2.3/1999: 160), 중세어는 그 형태가 비교적 단순한 편이다. 이 밖에도 중세어에는 동사 어간에 직접 붙는 부정법 (不定法) '-(으)니라'와 의문법 어미 '-ᄂᆞ녀' 등에서도 '니'를 발견할 수 있으나 (뒤에 나옴), 구조·의미의 방면에서 차이가 현저하므로 원칙법의 테두리에 들지 못한다. 원칙법이 나타나는 실재 어형을 품사에 따라 제시한다[56].

(1a) ᄒᆞᄂᆞ니라, ᄒᆞᄂᆞ니이다, ᄒᆞᄂᆞ니

(1b) 하니라, 하니이다, 하니

(1c) 이니라, 이니이다, 이니

(2a) ᄒᆞ더니라, ᄒᆞ더니이다, ᄒᆞ더니; ᄒᆞ다니라

(2b) 하더니라, 하더니이다, 하더니

(2c) 이러니라, 이러니이다, 이러니

(3) ᄒᆞ리니라

(4) ᄒᆞ리러니라

(5a) ᄒᆞ거니라

(5b) 하거니라

(5c) 이어니라

2.2.1.2. (2a)는 '-오-'의 통합을 고려하여 두 묶음으로 나눈 것이다. 원칙법이 나타나는 어형은 복합 형식이므로 계열 관계뿐만 아니라 통합 관계에 의해서도 식별이 가능하다. 그러나 원칙법이 나타나는 자리에 다른 형태소가 대치되는 일이 없으므로 통합 관계만이 분석 기준으로 유효하다.

(1a)의 'ᄒᆞᄂᆞ니라'는 직설 설명법 'ᄒᆞᄂᆞ다'와 비교하면 '-니-'가 석출된다. ᄒᆞ쇼셔체인 'ᄒᆞᄂᆞ니이다'도 같은 방식에 의한다. 반말인 'ᄒᆞᄂᆞ니'에서는 표면상으로 어말 어미와 화합 (化合)되어 있다. (1b), (1c)는 '-(으)니-'가 결여된 '하다, 이라' 등의 어형과의 비교에 의하여 간단히 '-(으)니-'가 석출된다. 이곳의 반말 형식 '하니, 이니'도 'ᄒᆞᄂᆞ니'와 같이 어말 어미가 표면에 나타나지 않는 것으로 간주해 둔다. 동사에 통합될 때에는 '-(으)니-'가 직설법의 '-ᄂᆞ-'에 후행하나 형용사 및 지정사의 경우에는 어간에 직접 통합된다. 이때에는 어간에 받침이 있으면 매개 모음이 선택된다 (고

56) 구체적 용례는 허웅 (1975: 966-7) 참조. 그리고 '-(으)니-'의 분석에 필요한 다른 어형은 허웅 (1975: 958-78) 참조.

영근 1965: §2.3/1999: 160).

(2a)의 'ᄒᆞ더니라'도 (1a)와 같다. ᄒᆞ라체의 회상 설명법 어형 'ᄒᆞ더라'와 비교하면 '-니-'가 분간된다. 'ᄒᆞ다니라'는 같은 '-오-' 통합 어형 'ᄒᆞ다라'와 비교하면 '-니-'가 석출된다. 'ᄒᆞ더니'는 반말인데 어말 어미가 드러나지 않은 것으로 간주한다. (2b), (2c)에서도 회상법 '하더라, 이러라'와 비교함으로써 '-(으)니-'를 얻는다. '하더니, 이러니'는 모두 반말로 처리한다.

(3)은 추측법 'ᄒᆞ리라'와 관련지음으로써 '-(으)니-'가 석출된다. 문증되는 것은 ᄒᆞ라체뿐이다.

(4)는 추측 회상 설명법 어형 'ᄒᆞ리러라'와 비교함으로써 '-(으)니-'가 얻어진다. 문증되는 것은 ᄒᆞ라체뿐이다.

(5)는 『두시언해』에만 나타나는 특수한 어형이나 동사, 형용사, 지정사의 용례가 두루 확인된다. 확인법 어형 'ᄒᆞ거다, 하거다, 이어다' (뒤에 나옴)와 비교함으로써 '-(으)니-'를 얻는다. ᄒᆞ라체만 문증된다.

2.2.1.3. 앞에서 저자는 둘째 설명법 어미에 나타나는 '-(으)니라'와 의문법 어미 '-(으)녀'에 나타나는 '(으)니'는 원칙법의 테두리에서 제외한다고 하였다. 종전에는 의문법 어미에 나타나는 '(으)니'를 원칙법의 '-(으)니-'와 둘째 설명법 어미 '-(으)니라'의 '니'와는 물론, 부정 관형사형 (不定冠形詞形)의 '-(으)ㄴ'과 동질시 (同質視)하여 "확정법" (기정법)이라 불렀었다 (허웅 1975: 882-91)[57].

의문법의 '니'는 통합 관계로 볼 때 '니'가 결여된 '*ᄒᆞ어, *ᄒᆞᄂᆞ어, *ᄒᆞ더어; *ᄒᆞᆺ가, *ᄒᆞᄂᆞᆺ가, *ᄒᆞ덧가' 등의 어형이 존재하지 않으므로 하나의 형태소의 자격이 없는 것이다[58].

또 기본 서법 형태소의 분석 과정에서 둘째 설명법 어미라 불렀던 '-(으)

57) 허웅 (1975) 이외에도 의문법의 '니'를 원칙법의 '-(으)니-'와 동질시한 것으로는 나진석 (1971: 245-8), 이인모 (1976: 204-6) 참조.
58) 자세한 것은 §2.1.1; §2.1.2; §2.1.3 참조.

니라'는 원칙법과 구조적 양상이 다르다. 동사에 통합될 때, 원칙법은 원칙적으로 '-ᄂᆞ-'에 후행하는 데 대해서 '-(으)니라'는 직접 어간에 붙는다[59]. 구조적 차이뿐 아니라 의미 면에서도 차이가 현저하다. 둘째 설명법 어미 '-(으)니라'는 첫째 설명법 어미 '-다'와 같이 단순한 설명법 이외의 기능을 갖지 않는다. 하등의 양태적 의미를 파악할 수 없지 않은가 한다[60].

2.2.2. 확인법

2.2.2.1. 확인법은 현대어에서 직설법과 추측법의 선어말 어미 '-(으)리-'를 바탕으로 성립하는 '-것/엇-'과 형태 및 의미상의 상관성을 띤 것을 가리킨다[61]. 저자가 이곳에서 확인법이라 부르는 것은 종전의 중세어 문법에서 "강세" 및 "강조" (河野六郎 1950), "가상" (假想) (이숭녕 1961a), "완료" (이승욱 1967)의 의미가 부여되어 왔던 선어말 어미 '-거/어-'를 가리킨다. '거'와 '어'는 통합 어간의 종류에 따라 교체되는 기능만 표시할 뿐, 통시 · 의미상의 기능에는 차이가 없다[62]. 확인법에는 종전의 중세어 문법에서 "확정법"의 한 형태로 처리되어 오던 '-과/와-' (허웅 1962)도 포괄될 수 있다.

종전의 중세어 문법에서는 '-거/어-' 형태에 대한 형태론적 배려가 철저하지 못하였다. 확인법 형태소를 분별하는 기준의 설정 없이 모든 환경에 나타나는 '거/어'를 동질시하였었다. 통합 관계로나 계열 관계로나 비교의 대상이 되지 않는 어형들은 확인법의 형태소로 보지 않는다. 단위 확립에 필요한 어형을 'ᄒᆞ-'로써 제시한다[63]. '거/어'는 어산 '오 (來)-'

59) 자세한 것은 §2.1.1; §2.1.2 참조.
60) 자세한 것은 §3.1; §3.2 참조.
61) 현대어의 확인법에 대한 형태론적 분석 및 이형태의 기술은 고영근 (1965: §2.5/1999: 163-4) 참조.
62) '-거/어-'의 선택 조건에 대하여는 고영근 (1980d/1999: 3편 7장) 참조.
63) 구체적 용례는 허웅 (1975: 971-4)와 고영근 (1980d) 참조. 그리고 확인법의 분석에 필

다음에는 '나'로 교체된다[64]. 이를 위하여 특별히 '오-'도 든다[65]. 각 어형의 끝의 [ ] 속에 고영근 (1980d/1999: 445-50)에서 붙인 번호를 넣어 참고하게 한다.

(1a) ᄒᆞ거다/ᄒᆞ야다/오나다 [2], ᄒᆞ얀뎌 [4]; ᄒᆞ얀다 [7], ᄒᆞ얄까 [8]; ᄒᆞ거라/ᄒᆞ야라/오나라 [9]; ᄒᆞ거니[1,2]/ᄒᆞ야니[1,2] [14, 15], ᄒᆞ야며 [18], ᄒᆞ건댄, ᄒᆞ건뎬; ᄒᆞ건/ᄒᆞ얀/오난 [21], ᄒᆞ얄 [22]

(1b) ᄒᆞ거니라 [1], ᄒᆞ거니여 [5], ᄒᆞ거니오/ᄒᆞ야니오 [6]

(2) ᄒᆞ리어다/ᄒᆞ려다 [23], ᄒᆞ려니오 [24]; ᄒᆞ리어니[1]/ᄒᆞ려니[1] [26], ᄒᆞ려니[2] [27], ᄒᆞ리어며 [30]

(3) ᄒᆞ거리랏다 [32], ᄒᆞ야리로다 [33]; ᄒᆞ야리아 [34]; ᄒᆞ야리마ᄅᆞᄂᆞᆫ [35]

(4) ᄒᆞ과라

2.2.2.2. 확인법의 석출 (析出)에는 통합 관계와 계열 관계가 다 유효한 것도 있고 통합 관계만이 분석 기준이 될 때도 있다.

(1a)의 'ᄒᆞ거다, ᄒᆞ야다, 오나다'는 한편으로는 '거' 등이 결여된 'ᄒᆞ다'와, 한편으로는 직설법 'ᄒᆞᄂᆞ다', 회상법 'ᄒᆞ더라'와의 비교를 통하여 '거/어/나'[66]가 분리된다. 위의 어형은 ᄒᆞ라체이지만 ᄒᆞ쇼셔체인 'ᄒᆞ거이다, ᄒᆞ야이다'도 실재한다. 'ᄒᆞ얀뎌, ᄒᆞ얀다, ᄒᆞ얄까'는 모두 관형사형과 첨사와의 통합 구성이다. 'ᄒᆞ얀뎌'는 'ᄒᆞᆫ뎌'와 비교하면 '-어-'가 쉽사리 떨어져 나온다. 'ᄒᆞ얀다'는 한편으로는 '어'가 결여된 'ᄒᆞᆫ다'와, 한편으로는 직설 의문법 'ᄒᆞᄂᆞᆫ다', 회상 의문법 'ᄒᆞ던다'와 각각 비교함으로써 '-어-'가

요한 다른 어형의 용례는 허웅 (1975: 958-78) 참조.

64) '나'가 '거/어'와 기능이 같다는 데 대해서는 유창돈 (1963) 참조.

65) 저자가 제시하는 어형은 비타동사와 타동사의 표지를 다 갖춘 상관 항목도 있고 그렇지 않은 무관 항목도 있다. 전자에는 가상형 (假想形)도 포함시킬 수 있으나 이곳에서는 실재형만 들었다. 자세한 것은 고영근 (1980d/1999: 444-53) 참조.

66) '-어-'는 'ᄒᆞ야다' 어형을 대표하는 형태로 사용한다.

얻어진다. 'ᄒᆞ얄까'는 'ᄒᆞᆯ까'를 고려함으로써 '-어-'가 석출된다. 'ᄒᆞ거라/ᄒᆞ야라/오나라'는 'ᄒᆞ라, 오라'를 고려하면 '-거/어/나-'가 쉽게 분간된다. 'ᄒᆞ얄'은 'ᄒᆞᆯ'과 비교하면 '-어-'가 쉽게 분간된다. 'ᄒᆞ거니¹/ᄒᆞ야니¹'은 반드시 의문법 어미와 공존하므로 분석이 주저되는 점이 없지 않다. 그러나 '-거/어-'가 결여된 'ᄒᆞ니'만으로도 그런 구성이 가능한 용례가 발견되므로 분석될 수 있다. 'ᄒᆞ거니²/ᄒᆞ야니²'는 설명법과 공존하는 것인데 'ᄒᆞ니'만으로도 그런 구성이 가능하니 분석될 수 있다. 'ᄒᆞ야며'는 'ᄒᆞ며'와, 'ᄒᆞ건댄'은 'ᄒᆞᆫ댄'과 비교함으로써 '-어-'와 '-거-'를 얻는다. 'ᄒᆞ건덴'은 'ᄒᆞ던덴'과 비교함으로써 '-거-'가 석출된다. 'ᄒᆞ건/ᄒᆞ얀/오난'은 'ᄒᆞ거다/ᄒᆞ야다/오나다'와 궤 (軌)를 같이한다. 한편으로는 '거'가 결여된 'ᄒᆞᆫ', 한편으로는 직설법 'ᄒᆞᄂᆞᆫ', 회상법 'ᄒᆞ던', 추측법 'ᄒᆞ린'을 참조함으로써 '-거/어/나-'가 석출된다.

(1b)의 'ᄒᆞ거니라'는 한편으로는 '-거-'가 나타나지 않는 'ᄒᆞ니라', 한편으로는 직설 원칙법 'ᄒᆞᄂᆞ니라', 회상 원칙법 'ᄒᆞ더니라'와 비교함으로써 '-거-'가 석출된다. 'ᄒᆞ거니여'는 한편으로는 '-거-'가 결여된 'ᄒᆞ니여', 한편으로는 직설법 'ᄒᆞᄂᆞ니여', 회상법 'ᄒᆞ더니여'와의 비교를 통해 '-거-'가 석출된다. 'ᄒᆞ거니오/ᄒᆞ야니오'도 통합적으로는 'ᄒᆞ니오', 계열적으로는 'ᄒᆞᄂᆞ니오, ᄒᆞ더니오'를 참조함으로써 '-거/어-'를 얻는다.

(2)의 'ᄒᆞ리어다/ᄒᆞ려다'는 '거/어'가 결여된 추측법 어형 'ᄒᆞ리라'와 비교함으로써 '-거/어-'가 석출된다. 'ᄒᆞ려뇨'는 'ᄒᆞ리오'의 기저형 '*ᄒᆞ리니오'[67]와의 비교에 의해 '-어-'가 석출된다. 'ᄒᆞ리어니¹/ᄒᆞ려니¹'도 앞의 (1a)의 'ᄒᆞ거니¹/ᄒᆞ야니¹'과 같이 반어법의 구문에서 나타난다. '-거/어-'를 '-니'로부터 분리해 내기 쉽지 않다. '-(으)리니'가 반어법의 구성에 쓰이는 예를 찾지 못한 이상, 분석을 보류해야 하겠으나, 'ᄒᆞ거니¹/ᄒᆞ야니¹'을 좇아 일단 분석되는 것으로 간주한다. 'ᄒᆞ려니²'는 설명법 어미와 공존하는 것이

67) 추측 의문법에 나타나는 의문법 어미의 기저형이 '*-녀'임은 이미 상론하였다 (§2.1.4).

다. 'ᄒᆞ리니'와 비교하여 '-어-'를 석출하기로 한다. 'ᄒᆞ리어며'는 'ᄒᆞ리며'와의 비교에 의하여 '-거-'가 확인된다.

(3)의 'ᄒᆞ야리로다'는 'ᄒᆞ리로다'를, 'ᄒᆞ거리랏다'는 'ᄒᆞ리랏다'를, 'ᄒᆞ야리아'는 'ᄒᆞ리아'를 각각 고려함으로써 '-거/어-'가 석출된다. 'ᄒᆞ야리마ᄅᆞᄂᆞᆫ'은 '어'가 결여된 '*ᄒᆞ리마ᄅᆞᄂᆞᆫ'이 문증되지 않으므로, '-어-'의 분석이 망설여진다. '-어-'가 '-(으)리-'에 선행한다는 (3)의 어형 전체의 균형을 고려하면 '-어-'의 석출이 무리하지 않다.

(4)의 'ᄒᆞ과라'의 '-과라'는 어간이 'ㄹ'과 부음 (副音) [i] 및 지정사로 되어 있을 때는 '-와라'로 교체된다 (허웅 1962, 1975: 796). 그 제약 조건은 형태론적이다. 위의 어형은 ᄒᆞ라체인데 ᄒᆞ쇼셔체 'ᄒᆞ과이다'도 실재한다.

종전에는 'ᄒᆞ과라'를 부정법 어형 'ᄒᆞ니라'와 짝을 지음으로써 "기정법(확정법)"을 수립하고 주체가 화자일 때 나타난다는 통사적 특성만 지적하는 정도에서 그쳤었다 (허웅 1962). 저자는 우선 구조적 측면에서 'ᄒᆞ과라'를 'ᄒᆞ거다/ᄒᆞ야다'와 짝지어 보려고 한다. 음상 (音相)상으로 보더라도 '-과라'는 '-니라'보다 '-거다/-어다'와 더 유사하다. 이런 관점에 설 때 '-과라'는 '-거/어-'에 선어말 어미 '-오-'가 붙은 것으로 볼 수 있다. 이는 회상 설명법 어미 '-더라'에 '-오-'가 붙으면 '-다라'로 형태 바꿈하는 것과 병행된다. 후자는 화합 (化合, amalgame) 현상으로 처리될 수 있지마는 (고영근 1978: 30/1999: 16), 이곳의 '-과라'도 그러한 방식으로 설명할 수 있을까 하는 것은 속단 (速斷)을 불허 (不許)한다[68]. '-거다/-어다'는 동사의 종류에 따라 선택되지마는 '-과라'는 그런 점을 보여 주지 않는다. 타동사와 비타동사에 두루 통합된다[69].

---

68) 이 문제는 국어 형태소의 분석 한계 및 기술 방식을 검토하는 자리에서 다시 논의될 것이다 [붙임말 14].

69) 아래 용례의 '-관뎌'는 '-(으)ㄴ뎌'와 비교하면 '과'가 석출된다. 이것이 우리의 확인법의 '-과-'와 같은가 하는 것은 선불리 단정할 수 없다.

아가아가 몯 볼까 ᄒᆞ더니 오ᄂᆞᆳ날 아기와 서로 보관뎌 (月釋 23: 87a)

(1) 타동사 통합 예: (1) 便安호ᄆᆞᆯ 得과라 (得ᄒᆞ과라) (月釋 14: 77b)
(2) 오ᄂᆞᆯᅀᅡ ᄉᆞᄉᆡ 얻과라 (月釋 7: 9a)
(3) 빗교ᄆᆞᆯ ᄆᆞᆾ과라 (初朴上: 44b)

(2) 자동사 통합 예: (1) 滅度에 시러 니를와라 (/…至…) (法華 2: 23a, 22b)
(2) 우리 … ᄒᆞ마 得호미 ᄃᆞ외와라 (法華 2: 251a)

(3) 형용사 통합 예: (1) 우리ᄂᆞᆫ … 차반도 ᄇᆡ브르과이다 (初老下: 33b)
(2) 내 이제 훤히 즐겁과라 (法華 2: 137b)

'-거/어-'와, 선어말 어미 '-오-'의 통합으로 해석되는 '-과라'가 다른 '-오-' 통합 어형과 균형 있는 체계를 형성하기 위하여는 접속 어미에서의 존재를 확인해야 한다. 종결 어미에서의 '-과-'를 고려하면 '*-과니'가 기대되나 이런 형태는 실재하지 않는다. 대신 저자는 '-가니'를 이 자리에 메우고자 한다. '-가니'는 반드시 주체가 화자일 때 선택된다 (허웅 1975: 801-2)[70]. '-과라, -가니'를 포함하여 '-오-'를 취하는 어미들의 활용표를 제시한다. 비 (非) '-오-' 통합형도 같이 보임으로써 서로 비교할 수 있게 한다.

a. 부정법: 호라, 호니 cf. ᄒᆞ다, ᄒᆞ니
b. 직설법: ᄒᆞ노라, ᄒᆞ노니 cf. ᄒᆞᄂᆞ다, ᄒᆞᄂᆞ니
c. 회상법: ᄒᆞ다라, ᄒᆞ다니 cf. ᄒᆞ더라, ᄒᆞ더니
d. 추측법: 호리라, 호리니 cf. ᄒᆞ리라, ᄒᆞ리니
e. 확인법: ᄒᆞ과라, ᄒᆞ가니 cf. ᄒᆞ거다, ᄒᆞ거니

지금까지 고찰한 확인법의 선어말 어미 '-거/어/나-'와, '-과-' 및 '-가-'를 통합하여 어말 어미와 서법에 따라 도표로 제시한다. 종결 어미의 경우

70) 허웅 (1975: 800-4)에는 1인칭에 호응되는 '가' 계통의 어미로서 '-가니' 이외, '-가니오, -가뇨, -가니와, -간마른'을 들고 있다.

어말 어미 \ 서법	설명법	의문법	명령법	접 속	관형형
부정법	ᄒᆞ거다/ᄒᆞ야다/ 오나다 ᄒᆞ과라 ᄒᆞ거니라 ᄒᆞ얀뎌	*ᄒᆞ건다/ᄒᆞ얀다/ *오ᄂᆞᆫ다 *ᄒᆞ야니여/ ᄒᆞ거니여 *ᄒᆞ거니오/ ᄒᆞ야니오	ᄒᆞ거라/ᄒᆞ야라/ 오나라	ᄒᆞ거니[1,2]/ ᄒᆞ야니[1,2]/ *오나니[1,2]/ ᄒᆞ가니 ᄒᆞ야며	ᄒᆞ건/ᄒᆞ얀/오난 ᄒᆞ얄/*ᄒᆞ걸/*오날
추측법	ᄒᆞ리어다/ᄒᆞ려다 *ᄒᆞ거리로다/ ᄒᆞ야리로다 ᄒᆞ거리랏다/ *ᄒᆞ야리랏다	*ᄒᆞ리어니오/ ᄒᆞ려뇨 *ᄒᆞ거리야/ ᄒᆞ야리야 *ᄒᆞ걸까/ᄒᆞ얄까/ *오날까		ᄒᆞ리어니[1]/ ᄒᆞ려니[1] *ᄒᆞ리어니[2]/ ᄒᆞ려니[2] ᄒᆞ리어며/ *ᄒᆞ려며 ᄒᆞ야리마ᄅᆞ는/ *ᄒᆞ거리마ᄅᆞ는	

ᄒᆞ라체만 제시한다. 확인법만 나타나는 어형은 절대적 가치를 띠었건 상대적 가치를 띠었건 부정법으로 간주하여 (§2.1.1), 추측법과 함께 나타나는 확인법과 구별한다. 다른 곳에서 시도한 가상형 (고영근 1980d/1999: 445-53)도 함께 보인다.

추측법 가운데는 'ᄒᆞ야리로다, ᄒᆞ거리랏다, ᄒᆞ야리아'와 같이 확인법에 후행하는 것이 있다. 이들은 추측법이 확인법에 선행하는 나머지 형식과 상보적 관계에 놓여 있다. 그 순서를 바꾸는 일이 허용되지 않기 때문이다.

*ᄒᆞ리어로다 (cf. ᄒᆞ야리로다), *ᄒᆞ리어랏다 (cf. ᄒᆞ야리랏다), *ᄒᆞ리어아 (cf. ᄒᆞ야리아), *ᄒᆞ거리라 (cf. ᄒᆞ리어다), *ᄒᆞ야리라 (cf. ᄒᆞ려다), *ᄒᆞ야리뇨 (cf. ᄒᆞ려뇨) …

2.2.2.3. 통합 관계와 계열 관계를 기준으로 하여 확인법 형태소를 정립해 보았다. 이에 따라 종래 강조 내지 가상 표시의 형태소를 가진 것으로 처리되어 왔던 대부분의 어미들은 우리의 확인법의 영역에서 제외되는 셈이다.

그러면 나머지 '거/어/나'를 선접한 어미들은 어떻게 처리해야 옳을까?

그러한 어미들을 고영근 (1980d/1999: 445-50)에서 붙인 번호 순서에 따라 정리해 본다. 실재형만 제시한다.

> 3. ᄒᆞ거(가)지라/ᄒᆞ야지라/오나지라, 11. ᄒᆞ야쎠, 12. ᄒᆞ야져, 13. ᄒᆞ거늘/ᄒᆞ야늘, 16. ᄒᆞ거니와/ᄒᆞ야니와/오나니와, 17. ᄒᆞ거든/ᄒᆞ야든/오나든, 19. ᄒᆞ거ᅀᅡ/ᄒᆞ야ᅀᅡ, 20. ᄒᆞ건(간)마ᄅᆞᆫ/ᄒᆞ얀마ᄅᆞᆫ/오난마ᄅᆞᆫ, 25. ᄒᆞ리어늘/ᄒᆞ려늘, 28. ᄒᆞ리어니와/ᄒᆞ려니와, 29. ᄒᆞ리어든, 31. ᄒᆞ리언마ᄅᆞᆫ/ᄒᆞ련마ᄅᆞᆫ

25, 28, 29, 31의 4항목은 13, 16, 17, 20의 어형에 추측법의 선어말 어미 '-(으)리-'가 선접한 것이므로 특별히 논의할 필요가 없다. 4개 어형을 제외한 나머지 어형들이 분석의 대상이 된다. 이들은 통합 관계로나 계열 관계로나 비교의 대상이 되는 어형이 없다.

이를테면 '3. ᄒᆞ거지라'와 '19. ᄒᆞ거ᅀᅡ'는 '거'가 결여된 '*ᄒᆞ지라'와 '*ᄒᆞᅀᅡ'도 없고, [ᄒᆞ－지라], [ᄒᆞ－ᅀᅡ]의 환경에 '거'를 대신한 '*ᄒᆞᄂᆞ지라, *ᄒᆞ더지라'; '*ᄒᆞᄂᆞᅀᅡ, *ᄒᆞ더ᅀᅡ'도 존재하지 않는다. 또 '13. ᄒᆞ거늘'과 '20. ᄒᆞ건마ᄅᆞᆫ'도 '거'가 결여된 '*ᄒᆞ늘'과 '*ᄒᆞᆫ마ᄅᆞᆫ'이 없고 다른 형태가 대치된 '*ᄒᆞᄂᆞ늘, *ᄒᆞ더늘'; '*ᄒᆞᄂᆞᆫ마ᄅᆞᆫ, *ᄒᆞ던마ᄅᆞᆫ'이 존재하지 않는다. 따라서 '거/어/나'를 선접한 위의 어형들은 분석이 어려운 단일 형태소로 보게 된다[71].

이와 비슷한 예를 중세어와 현대어에서 발견할 수 있다. 중세어의 명사형 어미 '-옴', 설명 연결 어미 '-오ᄃᆡ', 감동법의 선어말 어미 '-옷-' (뒤에 나옴)에 나타나는 '오'의 형태 음소론적 양상은 종결 어미 '-다', 접속 어미 '-(으)니', 관형사형 '-(으)ㄴ' 앞에 나타나는 선어말 어미 '-오-'와 같다. 후자는 분석되어도 전자는 분석될 수 없다. 통합 관계로 볼 때 '오'를

---

71) 저자는 이미 현대어의 '거' 계열의 어미를 분석할 때 이러한 방법으로써 접근한 일이 있다 (고영근 1975/1999: 414-6).

제외한 'ㅁ, 더, ㅅ'이 직접 어간에 붙는 일이 없기 때문이다. 현대어의 연결 어미 '-어서, -어다가, -어도, -어야'에 나타나는 '어'의 형태 음소론적 양상은 과거 시제의 선어말 어미 '-었-'에 나타나는 '-어-'와 같다. 그러나 통합적으로 볼 때 '어'를 제외한 '다가[72], 도, 야'가 어간에 직접 붙을 수 없으므로 하나의 단위가 되지 못하는 것이다[73].

종래의 중세어 문법에서 앞의 어형에 나타나는 '거/어/나'를 유의적 단위로 인정한 것은 주로 이들 요소 뒤에 존경의 선어말 어미 '-(으)시-'가 삽입되기 때문이었다. 또 형태소 식별에 대한 정확한 기준이 마련되지 못했던 것도 중요 원인으로 지적될 수 있다. '-(으)시-'의 삽입은 존비법 표지 '잇, ㅅ'이 의문법 어미 '니 … 가'에 삽입되는 것과 같은 일이다 (§2.1.1). 곧 'ᄒᆞ거시늘/ᄒᆞ야시늘'과 'ᄒᆞ거신마ᄅᆞᆫ/ᄒᆞ야신마ᄅᆞᆫ'의 '-(으)시-'의 삽입은 다음과 같이 표시해야 할 것이다.

'-거 … 늘/-어 … 늘'
'-거 … ㄴ마ᄅᆞᆫ/-어 … ㄴ마ᄅᆞᆫ'

의문법 어미와 같이 불연속 형태로 보지 않을 수 없다[74].

상관성을 띠고 있는 '거/어/나' 계열 어미의 일차적 기능은 통합 용언의 종류를 표시하는 것이고 통합 관계나 계열 관계를 띤 '거/어/나'계 어미는 확인법의 기능도 동시에 수행하는 것이라고 규정할 수 있다. 이는 마치 현대어의 과거 시제의 선어말 어미의 하나인 '-였-' (예: 하였다)이 그것이 붙는 용언의 종류가 '하' 계통임과 과거 시제임을 동시에 나타내는 일과 같다.

---

72) '다가'가 직접 어간에 붙을 수 있으나 이때는 의미가 달라져 중단형이 된다.

73) 자세한 것은 고영근 (1978/1999: 20) 참조.

74) 앞의 의문법 어미와 이곳의 '거/어' 선접 어미들을 불연속 형태로 보게 되면 존비법 표지 '-ㅅ-, -잇-'과 존경법 표지 '-(으)시-'는 접요사 (infix)의 성격을 띠게 된다. 이는 이병근 교수와의 대화에서 거론된 것인데 이곳에서는 더 이상 다루지 않기로 한다 [붙임말 15].

2.2.3. 감동법

2.2.3.1. 현대어의 감탄법 어미에는 '-구나, -어라' 등의 몇 계열이 있어 그 의미를 밝히고 상관관계를 파악하는 일이 쉽지 않은데[75], 중세어에도 현대어 못지않은 복잡성을 띠고 있어서 그것을 체계 있게 설명하는 일이 간단하지 않아 보인다. 이를테면 허웅 (1975)에는 "강조 · 영탄법"이라 하여 일곱 계열의 어형이 제시되어 있다. 현대어는 감탄법이 어말 어미에 의지하는데 중세어는 대부분 선어말 어미에 의해 표시되는 것이다.

저자가 감동법이란 이름 아래 포괄하려는 일련의 선어말 어미들은 종전의 중세어 연구에서 단편적 시도[76]를 제외하고는 형태론적 분석이 가해지지 않은 상태에 있다. 저자는 허웅 (1975)의 "강조 · 영탄법" 가운데서 'ㅅ'계의 어미를 대상으로 형태론적 분석을 시도하려고 한다[77]. 'ㅅ' 계열의 이른바 "강조 · 영탄법"은 '-옷-, -돗-' 계열과 '-ㅅ-' 계열로 대별된다.

2.2.3.2. 먼저 '-옷-, -돗-' 계열의 어형부터 대상으로 한다 [붙임말 16].

(1) ᄒᆞ샷다, ᄒᆞ샤ᄉᆞ이다

(2) ᄒᆞᄂᆞᆺ다, ᄒᆞ노소이다, ᄒᆞ노소니¹; ᄒᆞ노소라, ᄒᆞ노소니²

(3) ᄒᆞ리샷다, ᄒᆞ리샤ᄉᆞ이다

(4a) ᄒᆞ닷다, ᄒᆞ다ᄉᆞ이다; ᄒᆞ다소라, ᄒᆞ다소니

(4b) ᄒᆞ리랏다, ᄒᆞ리라ᄉᆞ이다

(5) ᄒᆞ과소라

---

75) 현대어의 감탄법 어미의 어형 확인과 이에 대한 의미 설명은 고영근 (1974a: §2.3/1999: 276-82; 1976: §2.3/1999: 317-24) 참조.

76) 안병희 (1967: 215-7)에 형태 분석이 간략하게 시도되어 있다.

77) 구체적 용례는 허웅 (1975: 974-6) 참조.

(6a) ᄒᆞ도다, ᄒᆞ도소이다[1], ᄒᆞ도소녀, ᄒᆞ도소니; ᄒᆞ도소이다[2]

(6b) ᄒᆞ리로다, ᄒᆞ리로소이다[1], ᄒᆞ리로소녀, ᄒᆞ리로소니잇가, ᄒᆞ리로소니; ᄒᆞ리로쇵다, ᄒᆞ리로소이다[2]

(1)의 '-샷다'의 '샤'가 존경법의 선어말 어미 '-(으)시-'와 선어말 어미 '-오-'의 통합형이란 사실은 일찍부터 지적되어 왔다 (이숭녕 1961b). 그렇다면 '-샷다'의 '-샤-'는 모음 앞에서 실현되는 '-(으)시-'의 교체형임을 확인할 수 있다[78]. (1)의 어형에서 '-샤-'를 제거하면 '*홋다' (뒤에 나옴)가 되는데 이 어형을 'ᄒᆞ다'와 비교하면 '-옷-'이 석출된다. 이 형태소는 (2), (3)의 어형에서도 나타난다 (뒤에 나옴). (1)의 또 하나의 어형에 나타나는 '-샤ᄉᆞ이다'는 '-샷-'에 분간성을 띤 ᄒᆞ쇼셔체의 설명법 표지 '-이-'가 통합됨으로써 매개 모음 'ᄋᆞ'가 들어간 것이다[79]. 'ᄒᆞ샤ᄉᆞ이다'와 함께 하강적 이중 모음의 모습으로 움라우트된 'ᄒᆞ샤ᄉᆡ이다'가 존재하는 것은 이미 알려진 사실이다 (허웅 1975: 657, 661).

(2)의 'ᄒᆞ놋다'의 '-놋다'는 ᄒᆞ라체의 직설 설명법 어형 'ᄒᆞᄂᆞ다'의 '-ᄂᆞ다'와 비교하면 (1)에서 보았던 형태소 '-옷-'이 석출된다. 이곳의 '-ㄴ-'은 '-ᄂᆞ-'의 음운론적 이형태로 모음 형태소 앞에 나타나는 것이다 (§2.1.2). '-놋다'의 범주에 들 수 있는 것으로 '-놋도다'가 있다. 보편적인 어형이 아니므로 '-놋다'의 수의 변이형으로 처리한다[80]. 그런데 (2)에는 단순히

---

78) 안병희 (1963: 209/1992a: 26 각주 2; 1967: 297)에 의하면, '-시-'와 '-샤-'의 교체의 조건을 음운론적인 데에 두고 있다. 전자는 후행 어미의 두음이 자음일 때, 후자는 '-아/어, -오/우ᄃᆡ, -오/우ㅁ, -오/우ㄴ, -오/우ㄹ' 등의 모음 어미 앞에서 실현되는 것이다. 모음 어미라도 매개 모음 'ᄋᆞ/으'를 요구하는 'ㄴ, ㄹ, ㅁ'으로 된 어미 앞에서는 '-시-'가 나타난다. '-샤-' 교체형을 종전에는 '-시-'가 '-아/어' 등과 통합하면 '-샤-'로 변이되는 것으로 설명해 왔다 (허웅 1955, 1958). [붙임말 17]

79) (1)의 어형에 대한 이러한 분석 방식은 (2), (3)의 어형과 함께 이미 안병희 (1967: 215)에서 시사된 바 있다.

80) 허웅 (1975: 945)에는 '-놋-'과 '-도-'의 합성형으로 간주하고 있다. "놋"에 다시 "돗"이 붙은 것을 감동의 효과를 높이는 것으로 풀이하고 있다.

기계적으로 석출되지 않는 어형이 있다.

'ᄒᆞ노소이다'는 (1)의 'ᄒᆞ샤ᄉᆞ이다'를 참고하면 'ᄒᆞ놋다'의 ᄒᆞ쇼셔체임을 알 수 있다. '*ᄒᆞ노ᄉᆞ이다'로 실현되어야 할 것인데 '놋'이 매개 모음 'ᄋᆞ'를 동화시킴으로써 'ᄒᆞ노소이다'가 된 것이다 (안병희 1967: 216). 'ᄒᆞ노소니[1]'도 '*ᄒᆞ노ᄉᆞ니'였던 것인데 앞서 말한 동화 규칙의 적용을 받아 그렇게 된 것이다[81].

(2)의 뒷묶음 'ᄒᆞ노소라, ᄒᆞ노소니[2]'는 앞묶음 'ᄒᆞ놋다' 등의 '-옷-'에 '-오-'가 붙은 것이다 (안병희 1967: 216). 문증되지는 않지만 'ᄒᆞ노소라'의 ᄒᆞ쇼셔체 '*ᄒᆞ노소이다'를 상정할 수 있는데 이는 결과적으로 'ᄒᆞ놋다'의 ᄒᆞ쇼셔체와 그 형식이 같다. 'ᄒᆞ노소니[2]'는 '놋'에 '-오-'가 붙은 것인데 'ᄒᆞ노소니[1]'과 그 형식이 같아졌다. 양자는 통사적으로만 그 기능이 변별될 수 있다 (뒤에 나옴).

(3)의 어형 'ᄒᆞ리샷다, ᄒᆞ리샤ᄉᆞ이다'는 (1)의 어형을 기반으로 형성된 것이다. (1)에 나타나는 '-샷-'이 하나의 단위로 굳어짐에 따라[82], 그 위에 추측법의 선어말 어미 '-(으)리-'가 붙은 것이나. '*-룟-' 내지 '*-리옷-'으로 나타날 것이 '-리샷-'으로 실현된 것으로 해석한다. 'ᄒᆞ리샤ᄉᆞ이다'는 'ᄒᆞ리샷다'의 ᄒᆞ쇼셔체이다. (2)에 나타나는 'ᄒᆞ노소니[1]' (<*ᄒᆞ노ᄉᆞ니)의 존재에 의하여 '*ᄒᆞ리샤ᄉᆞ니'를 가상할 수 있다. 그러나 이에 '-오-'가 붙은 '*ᄒᆞ샤소라, *ᄒᆞ샤소이다, *ᄒᆞ샤소니'의 어형은 가상할 수 없다. '-샤-'와, '-다, -(으)니'에 선행하는 '-오-'는 배타적이기 때문이다 (허웅 1958, 1975: 762). (4)의 어형들은 (1), (2)의 어형들에 유추하여 설명할 수 있다.

(4a)의 'ᄒᆞ닷다'의 '-닷다'는 회상법의 선어말 어미 '-더-'에 앞의 (1),

81) 이러한 분석 방법은 움라우트된 'ᄒᆞ샤시이다'와 함께 중세어에 모음 역행 동화 현상이 있었다는 사실을 전제로 한 것이다. 이에 대한 음운론적 방면에서의 접근이 요망된다. [붙임말 18]

82) 허웅 (1975: 952)에 의하면 ""煩惱ᄒᆞ시리샤ᄉᆞ이다"에 '-(으)시-'가 나타나는 이유를 '-샤-'가 영탄의 표시로 기울어졌기 때문에, 다시 '-으시-'를 겹쳐 주체 높임을 분명히 표현하려는 의도가 작용한 것으로…"와 같이 설명하고 있다.

(2)에서 석출한 '-옷-'이 통합된 것이다 (고영근 1978/1999: 16). 이 어형은 '-옷-'이 결여된 'ᄒᆞ더라'와의 비교에 의해 분석되므로 통합 관계에 의존한다. 'ᄒᆞ다ᄉᆞ이다'는 'ᄒᆞ닷다'의 ᄒᆞ쇼셔체이다. 'ᄒᆞ노소니[1]'을 참고하면 우리는 문증되지 않은 '*ᄒᆞ다ᄉᆞ니'를 상정할 수 있다. 뒷묶음의 'ᄒᆞ다소라, ᄒᆞ다소니'는 '-닷-'에 '-오-'가 통합된 것이다. 문증되지는 않지만 'ᄒᆞ다소라'의 ᄒᆞ쇼셔체 '*ᄒᆞ다소이다'를 상정할 수 있다. 드물지만 '-돗더-'가 나타나는 일이 있다. 이는 '-닷-'의 변이형으로 간주할 수 있다 (안병희 1967: 216) (뒤에 나옴).

(4b)의 'ᄒᆞ리랏다'의 '-랏-'은 (4a)의 '-닷-'이 추측법의 선어말 어미 '-(으)리-' 아래에서 교체된 것으로 제약 조건은 형태론적이다. 'ᄒᆞ리라ᄉᆞ이다'는 'ᄒᆞ리랏다'의 ᄒᆞ쇼셔체이다. 어형 (4b)는 '-옷-'이 결여된 'ᄒᆞ리러라'와의 비교에만 의지하므로 통합 관계만이 유효하다. 여기서도 우리는 (4a)의 '*ᄒᆞ다ᄉᆞ니'에 병행하는 '*ᄒᆞ리라ᄉᆞ니'를 재구성할 수 있다. (4a)에 유추시키면 '-오-'가 통합된 '*ᄒᆞ리라소라, *ᄒᆞ리라소니'의 어형을 가상할 수 있다.

(5)의 'ᄒᆞ과소라'는, (2)의 'ᄒᆞ노소라'와 (4a)의 'ᄒᆞ다소라'를 고려하면, '-괏-'에 '-오-'가 붙은 것으로 해석할 수 있다 (안병희 1967: 216)[83]. 이 어형의 ᄒᆞ쇼셔체 '*ᄒᆞ과소이다'를 얻을 수 있고, 나아가서 'ᄒᆞ놋다, ᄒᆞ닷다, ᄒᆞ노소이다 (<*ᄒᆞ노ᄉᆞ이다), ᄒᆞ다ᄉᆞ이다'에 병행하는 '*ᄒᆞ괏다, *ᄒᆞ과ᄉᆞ이다'를 생각할 수 있다. 접속 어미에서는 '*-과ᄉᆞ니, *-과소니' 대신 '*-가ᄉᆞ니, *-가소니'가 기대된다. 접속 어미에서의 '-오-' 통합형은 '-가니'이기 때문이다. (§2.2.2.2)

(6)의 (a), (b)는 (4)의 그것에 병행한다.

(6a)의 'ᄒᆞ도다'와 'ᄒᆞ도소이다[1]'은 존비법의 차이만 인식된다. 전자는

83) '-과-'는 확인법 '-거/어-'에 '-오-'가 연결된 것이다 (§2.2.2). 그리고 '-괏-'은 '-거/어-'에 '-옷-'이 붙은 것으로 해석된다.

ᄒᆞ라체, 후자는 ᄒᆞ쇼셔체다. ‘ᄒᆞ도소이다[1]’의 ‘-도소이다’는 (2)의 ‘ᄒᆞ노소이다’와 같이 ‘-돗-’과 ‘-오이다’로 분석된다. ‘-오이다’는 ‘-ᄋᆞ이다’가 선행하는 ‘-돗-’에 동화되어 실현된 것이다. ‘-도-’는 자음 어미 앞에서, ‘-돗-’은 모음 어미 앞에서 나타나므로 제약 조건은 음운론적이다[84]. 그 분석 기준을 정확히 말하면 ‘ᄒᆞ도다’의 ‘-도-’는 ‘ᄒᆞ다’와의 비교에 의하고 ‘ᄒᆞ도소이다’의 ‘-돗-’은 ‘ᄒᆞ이다’와의 비교에 의하는 것이다. ‘-놋-, -닷-’과는 달리 ‘ㅅ’이 자음 ‘ㄷ’ 앞에서 탈락하여 불규칙적으로 교체되고 있다. ‘-돗-’이 자음 앞에서 그대로 유지된 ‘-돗다’의 용례가 발견됨[85]은 ‘-도다’의 ‘-도-’가 ‘-돗-’과의 교체형임을 잘 뒷받침한다. 의미상으로 볼 때도 ‘-돗다’는 ‘-도다’의 수의 변형으로 처리된다 (뒤에 나옴).

ᄒᆞ쇼셔체의 설명법에서 확인된 ‘-돗-’은 ᄒᆞ라체와 ᄒᆞ쇼셔체의 의문법에서도 나타난다. (6a)의 ‘ᄒᆞ도소녀’는 ᄒᆞ라체의 의문법으로서 ‘*ᄒᆞ도ᄉᆞ녀’가 동화 규칙의 적용을 받아 결과된 어형이다. 곧 ‘-돗-’에 ‘-ᄋᆞ녀’가 붙은 것이다. 이곳에서는 ‘-돗-’이 결여된 ‘ᄒᆞ녀’와의 비교에 의해 ‘-돗-’이 석출되는 것이다. (6b)의 ‘ᄒᆞ리로소니잇가’를 참고하면 ‘ᄒᆞ도소녀’의 ᄒᆞ쇼셔체형 ‘*ᄒᆞ도소니잇가 (<*ᄒᆞ도ᄉᆞ니잇가)’를 기대할 수 있다. ‘ᄒᆞ도소니’는 ‘-돗-’에 ‘-ᄋᆞ니’가 붙어 동화된 것으로 해석한다 [붙임말 19].

(6a)의 뒷묶음 ‘ᄒᆞ도소이다[2]’는 통사상의 특징 (뒤에 나옴)을 고려하면 ‘-돗-’에 ‘-오-’가 통합된 것이다. ‘ᄒᆞ도다’에 이런 어형이 실재함은 (2), (4)에서 ‘*ᄒᆞ노소이다, *ᄒᆞ다소이다’를 상정한 타당성을 뒷받침하기도 한다. 한편 ‘ᄒᆞ도소이다[2]’의 ᄒᆞ라체 ‘*ᄒᆞ도소라’의 설정이 가능하다. 이러한 타당성은 (2), (4), (5)에서 ‘ᄒᆞ노소라, ᄒᆞ다소라, ᄒᆞ과소라’가 실재함에 의해서 잘 뒷받침된다. 이곳에서도 ‘ᄒᆞ노소니[2], ᄒᆞ다소니’에 대응하는 ‘-오-’ 통합형 ‘*ᄒᆞ도소니’의 설정이 가능하다.

---

84) ‘-돗-’의 석출은 이미 안병희 (1967: 216)에서 시도된 일이 있다.
85) ‘-돗다, -돗더라’의 용례는 허웅 (1975: 948) 참조.

(6b)의 어형은 (4b)의 그것에 병행한다. 이들은 '-도다'가 추측법의 선어말 어미 '-(으)리-'와 통합하여 실현된 것이다. 'ᄒᆞ리로소이다^1'은 '*ᄒᆞ리로ᄉᆞ이다'에서, 'ᄒᆞ리로소녀'는 '*ᄒᆞ리로ᄉᆞ녀'에서, 'ᄒᆞ리로소니잇가'는 '*ᄒᆞ리로ᄉᆞ니잇가'에서, 'ᄒᆞ리로소니'는 '*ᄒᆞ리로ᄉᆞ니'에서 동화 규칙이 적용되어 각각 나타난 것이다. 'ᄒᆞ리로소녀'의 비동화형 '*ᄒᆞ리로ᄉᆞ녀'에서 '-롯-'이 제거되면 추측 의문법의 기저형 '*ᄒᆞ리녀'를 얻는 것이다 (§2.1.4). 'ᄒᆞ리로소이다^2'는 '-오-'가 개재된 어형이다. 이는 통사론적 측면에서 입증된다 (뒤에 나옴). 여기서도 우리는 '-오-'가 개재한 '*ᄒᆞ리로소라'와 '*ᄒᆞ리로소니'를 가상할 수 있다.

(6b)에서 특기할 것은 ᄒᆞ야쎠체의 어형이 실재한다는 점이다. 우리는 지금까지 번잡을 피하려는 의도에서 문증되는 용례가 희소한 ᄒᆞ야쎠체에 대한 어형을 일일이 재구성하여 제시하지 않았으나[86], 다음 용례는 '*ᄒᆞ리로소라'의 ᄒᆞ야쎠체로 간주할 수 있을 듯하다.

(7) 어제 그딧 마ᄅᆞᆯ 드로니 ᄆᆞᅀᆞ매 往來ᄒᆞ야 닛디 몯ᄒᆞ리로쇵다 (/昨聞爾言호니 往來方寸間ᄒᆞ야 不能忘이로다) (내훈 2하: 37a, 21a)

(7)은 제 (帝)가 후 (后)에게 하는 말로 대명사 '그디'와, 제 (帝)와 후 (后) 사이의 존비 관계를 고려할 때 ᄒᆞ야쎠체임이 틀림없다[87]. 주체가 화자 자신 [帝]임은 이 어형이 '*ᄒᆞ리로소라'의 ᄒᆞ야쎠체로 쓰인 것임을 말해 준다[88]. 이와 함께 우리는 'ᄒᆞ리로다'의 ᄒᆞ야쎠체형 'ᄒᆞ리로쇵다'는

86) 중세어의 존비법이 ᄒᆞ라체, ᄒᆞ쇼셔체, ᄒᆞ야쎠체의 삼등분으로 되어 있다 함은 이미 안병희 (1965a/1992a: 112-24)에서 지적되었다. 그리고 각 문체법과 서법에 따른 ᄒᆞ야쎠체의 재구성은 김충회 (1972)에 의해 면밀하게 시도된 바 있다.

87) 김충회 (1972: 62)에는 문증되지 않은 ᄒᆞ야쎠체의 어형으로 재구되어 있다. 한편 허웅 (1975: 666, 947)에는 ᄒᆞ쇼셔체의 형식이 줄어진 것으로 설명되어 있다.

88) 구결문의 어미가 '-로다'인 점을 들어 이 어형을 'ᄒᆞ리로다'의 ᄒᆞ야쎠체라고 말할 수도 있겠으나 구결은 한문법 (漢文法)의 관점에서 현토 (懸吐)된 것이므로 구결로써 번역문의

'*ᄒᆞ리로싱다'가 동화 규칙에 의해 실현되는 것임도 가정할 수 있다.

2.2.3.3. '-옷-, -돗-' 계열에 이어 '-ㅅ-' 계열의 어형을 검토하기로 한다.

(8) ᄒᆞ소라, ᄒᆞ소이다, ᄒᆞ소니
(9) ᄒᆞᄉᆞᆫ다, ᄒᆞᄂᆞᄉᆞᆫ다
(10) ᄒᆞ야ᄉᆞ라

어형 (8)의 'ᄒᆞ소라'는 이와 공통된 의미를 표시하는 부정법 어형 '호라'와 비교하면 '-ㅅ-'이 석출된다. 'ᄒᆞ소이다'는 'ᄒᆞ소라'의 ᄒᆞ쇼셔체 어형인데 부정법의 '호이다'와 비교하면 역시 '-ㅅ-'이 식별된다. 통합 관계의 기준만이 적용된다. 'ᄒᆞ소니'도 부정법 어형 '호니'를 고려하면 '-ㅅ-'을 얻는다. (8)의 어형은 '-ㅅ-'과 '-오-'를 선접한 부정법 어형임을 알 수 있다.

어형 (8)의 시제상의 특징은 (1)의 '옷다'의 그것과 동일하다 (뒤에 나옴). 이런 점에 근거하여 우리는 '-샤-'가 소거된 어형 '*홋다'를 가정할 수 있고 이의 ᄒᆞ쇼셔체 '*호ᄉᆞ이다'를 상정할 수 있다. 그러나 이 자리를 메울 수 있는 것은 'ᄒᆞ샷다, ᄒᆞ샤ᄉᆞ이다'뿐이다. 보충법적으로 해결할 수밖에 없다. 이 어형은 (2), (4)의 'ᄒᆞ놋다, ᄒᆞ닷다'와 계열 관계를 형성한다. 또 '*ᄒᆞ노ᄉᆞ니 (>ᄒᆞ노소니[1]), *ᄒᆞ다ᄉᆞ니'에 대립되는 '*호ᄉᆞ니'를 가상할 수 있다. 이러한 처리 방식을 따르면 '-옷다'의 '-오-' 통합형은 '*호소라, *호소이다, *호소니'가 되어야 할 것이고 그래야만 (2), (4), (6)과도 균형 있는 대립 관계를 형성할 것이다. 그러나 실제로 나타나는 어형은 앞에서 확인한 바와 같이 'ᄒᆞ소라, ᄒᆞ소이다, ᄒᆞ소니'와 같다. 앞의 'ᄒᆞ샷다'와 같이 보충법적 형성으로 간주하려고 한다.

문법적 의의를 구명할 때는 세심한 주의가 필요하다.

어형 (9)에서도 '-ㅅ-'이 확인된다. 'ᄒᆞᄉᆞᆫ다'는 이와 공통된 의미를 띤 2인칭 부정 의문법 어형 'ᄒᆞᆫ다'와 비교하면 'ᄉᆞ'가 석출된다. 그러나 '-ㄴ다'의 '-ㄴ'은 'ᄋᆞ/으'를 요구하는 분간성을 띤 어미이므로 'ᄉᆞ'의 'ᄋᆞ'는 어미에 소속된다. 곧 'ᄒᆞ+ㅅ+ᄋᆞᆫ+다'로 분석된다. 'ᄒᆞᄂᆞᄉᆞᆫ다'도 2인칭 직설 의문법 'ᄒᆞᄂᆞᆫ다'와 비교하면 역시 '-ㅅ-'이 석출된다. 곧 'ᄒᆞ+ᄂᆞ+ㅅ+ᄋᆞᆫ+다'로 분석된다.

'-ㅅ-'은 명령법에도 확인되는데 (10)의 어형이 명령법에 나타난 '-ㅅ-'의 보기다. 명령법 어미 '-라'가 분간성을 띤 어미이므로 '-ㅅ-'만이 석출된다. 곧 'ᄒᆞ+야+ㅅ+ᄋᆞ라'로 분석하는 것이다. '-ㅅ-'에 선행하는 '-야-'는 다른 기능을 표시하는 형태소로서 '-ㅅ-'과는 직접 관련이 없다[89]. 이곳에서 석출된 '-ㅅ-'이 앞서 식별한 '-옷-, -돗-'과 구조상으로 어떠한 관계에 놓여 있는가는 의미의 측면이 뒷받침되어야만 논의될 수 있을 것이다[90].

2.2.3.4. 지금까지 살펴본 '-옷-, -돗-' 및 '-ㅅ-'이 개재 (介在)된 어형과 그것의 '-오-' 통합형을 어말 어미와 서법에 걸쳐 도표로 제시한다. 어말 어미는 문체법과 접속 어미에 국한되고 부정법에는 '-ᄂᆞ-, -더-'와 계열 관계가 인정되는 절대적 부정법뿐만 아니라 명령법과 같은 상대적 부정법도 포함시켰다. 동화 (同化)된 실재형과 보충형은 괄호 안에 넣고 동화 이전의 형태와 원래의 형태는 괄호 밖에 둔다. 체계상으로 재구 (再構)된 가상형도 함께 제시하기로 한다[91].

89) 이는 확인법의 선어말 어미 '-거/어-'의 '-어-'다 (§2.2.2).

90) 이에 대한 자세한 논의는 §4.3.9 참조.

91) 부정법과 추측법을 (1), (2)로 표시한 것은 그들의 기능이 동일하리라는 전제 밑에 취해진 조처이다 [붙임말 20].

▌도표 1▐

구분 어말 어미 / 서법	'옷, 돗, ㅅ' 통합 형태				'옷, 돗, ㅅ'과 '-오-' 통합 형태	
	설명법	의문법	명령법	접 속	설명법	접 속
부정법 (1)	*홋다(ᄒᆞ샷다) *호ᄉᆞ이다 (ᄒᆞ샤ᄉᆞ이다)	ᄒᆞᄉᆞᆫ다	ᄒᆞ야ᄉᆞ라	*호ᄉᆞ니	*호소라 (ᄒᆞ소라) *호소이다 (ᄒᆞ소이다)	*호소니 (ᄒᆞ소니)
직설법	ᄒᆞ놋다 *ᄒᆞ노ᄉᆞ이다 (ᄒᆞ노소이다)	ᄒᆞᄂᆞᄉᆞᆫ다		*ᄒᆞ노ᄉᆞ니 (ᄒᆞ노소니[1])	ᄒᆞ노소라 *ᄒᆞ노소이다	ᄒᆞ노소니[2]
추측법 (1)	ᄒᆞ리샷다 *ᄒᆞ리샤ᄉᆞ이다			*ᄒᆞ리샤ᄉᆞ니		
회상법	ᄒᆞ닷다 ᄒᆞ다ᄉᆞ이다			*ᄒᆞ다ᄉᆞ니	ᄒᆞ다소라 *ᄒᆞ다소이다	ᄒᆞ다소니
추측 회상법	ᄒᆞ리랏다 ᄒᆞ리라ᄉᆞ이다			*ᄒᆞ리라ᄉᆞ니	*ᄒᆞ리라소라 *ᄒᆞ리라소이다	*ᄒᆞ리라소니
확인법	*ᄒᆞ괏다 *ᄒᆞ과ᄉᆞ이다			*ᄒᆞ가ᄉᆞ니	ᄒᆞ과소라 *ᄒᆞ과소이다	*ᄒᆞ가소니
부정법 (2)	ᄒᆞ도다 *ᄒᆞ도ᄉᆞ이다 (ᄒᆞ도소이다[1])	*ᄒᆞ도ᄉᆞ녀 (ᄒᆞ도소녀) *ᄒᆞ도ᄉᆞ니잇가		*ᄒᆞ도ᄉᆞ니 (ᄒᆞ도소니)	*ᄒᆞ도소라 ᄒᆞ도소이다[2]	*ᄒᆞ도소니
추측법 (2)	ᄒᆞ리로다 ᄒᆞ리로쇵다 ᄒᆞ리로소이다[1]	*ᄒᆞ리로ᄉᆞ녀 (ᄒᆞ리로소녀) *ᄒᆞ리로ᄉᆞ니잇가 (ᄒᆞ리로소니잇가)		*ᄒᆞ리로ᄉᆞ니 (ᄒᆞ리로소니)	*ᄒᆞ리로소라 ᄒᆞ리로쇵다 ᄒᆞ리로소이다[2]	*ᄒᆞ리로소니

2.2.4. 총괄

기본 서법 형태소에 이어 부차 서법 형태소들을 역시 통합 관계와 계열 관계를 기준으로 식별해 보았다. 확인법에서는 두 가지 기준에 다 의존하는 것도 있었고 통합 관계만이 유효한 것도 있었다. 그러나 원칙법과 감동법에서는 통합 관계만이 분석 기준으로 적합해 보였다. 확인법도 단독으로 나타나는 경우를 부정법 '∅' 아래 쓰인 것이라고 한다면 통합 관계만이 분석 기준으로 타당하다고 말할 수 있다[92].

부차 서법 형태소가 통합 관계를 기준으로 식별된다는 것은 이들 형태들이 원칙적으로 기본 서법을 선접하고 있음을 의미한다. 곧 부차 서법은 구조적으로 기본 서법을 토대로 하고 있는 것이다.

2.3. 동작상의 형태

2.3.0. 중세어의 동작상 (動作相)은 현대어[93]와 마찬가지로 단어 접속(單語接續)의 연결 어미 (連結語尾)를 매개로 한 우언적 표현에 의존하는 것이 주축을 이루고 있고 문장 접속의 연결 어미[94]에 의해서 표시되는 일이 있다.

현대어와 마찬가지로 동작상의 형태들은 소수의 형식들 이외는 종전의 중세어 연구에서 크게 주목을 받지 못하였다. 그러나 그것을 식별할 수 있는 바탕은 마련되어 있었다. 저자가 동작상의 형태로 간주할 수 있는 것들이 중세어 문법 연구서에 조동사 및 어말 어미의 항목에서 다루어지고 있기 때문이다. 식별 기준은 계열 관계만이 유효하다. 어말 어미와 조동사의 통합 형식으로 나타나기도 하고 어말 어미에 의존하기도 하기 때문이다.

2.3.1. 조동사에 의한 우언적 표현

본동사가 단어 접속의 연결 어미를 매개로 하여 조동사와 결합되면 본동사와 동작류에 상응하는 여러 가지 동작상을 표시한다. 단어 접속의 연결 어미의 종류에 따라 선택되는 조동사별로 그 표현들을 나누면 다음과 같다.

---

92) 확인법의 분석상의 문제점과 의미상의 관련성에 대하여는 다시 논의될 것이다 (§6.3).
93) 현대어의 동작상은 다른 자리에서 체계화할 것이다 [붙임말 21, 21-1].
94) 현대어의 연결 어미의 분류에 대하여는 고영근 (1975/1999: 402-3) 참조.

A. '-어'[95]와 조동사의 통합 표현

① -어 ᄇᆞ리다

이 표현은 현대어의 '-어 버리다'의 직접적 소급형이다[96].

② -어 디다

이 표현은 현대어의 '-어 지다'의 직접적 소급형이다. 이 표현이 어느 정도 생산적이었는가 하는 것은 문헌 자료만으로는 단정하기 어려우나 현대어만큼 넓게 쓰인 것 같지는 않다[97].

③ -어 잇다

이 표현은 현대어의 '-어 있다'의 직접적 소급형이다. 일찍부터 "완료 어간" 내지 "완료 시칭" (河野六郎 1946, 1951)으로 불려 온 이 표현은 몇 가지 음운론적 내지 형태론적 변이를 보여 준다. 조동사 '잇다'는 자립 형태로 쓰일 때와 마찬가지로 자음 어미 앞에서는 '잇-', 모음 어미 앞에서는 '이시-'로 실현된다. '-어 잇-/이시-'는 경우에 따라 한 음절로 축약되어 '-엣-/-에시' (əjs/əjsi)로 나타나기도 하며, 극단적으로는 j가 탈락된, '-엇-/-어시' (-əs-/-əsi-)까지도 목격된다.

그런데 동사 '두-'가 '잇/이시-'와 결합되면 현대어와 같이, '*두어 잇-' 등이 되지 않고 어미 '-어'가 탈락되어 '두 잇-/이시-'로 나타난다. 이러한 변이의 양상을 규칙으로 보이면 다음과 같다.

(1) -어 잇- → -∅ 잇/두-______

---

95) 단어 접속의 연결 어미 '-어'는 이형태 '-어, -아, -야'의 대표 형태를 의미한다.
96) 구체적 용례는 허웅 (1975: 419) 참조.
97) 구체적 용례는 허웅 (1975: 419-20) 참조.

'∅ 잇/이시-'는 '두다'와 같은 특정한 단어와 결합될 때 실현되므로 '-어 잇-/이시-'와는 형태론적으로 제약되어 있다. '-∅ 잇-/이시-'도 '-어 잇-/이시-'와 마찬가지로 축약되어 '뒷-/뒤시-'의 변이를 보이며 j가 탈락된 '둣-/두시-의 어형도 가지고 있다[98].

④ -어 겨시다

이 표현은 ③의 공대 표현이다. '겨시-'는 '잇다'와 같이 자음 어미 앞에서 '*겻-'으로 변이하는 일도 없고 '-어'와 축약되는 일도 없다. 그러나 '두다'가 통합될 때는 '잇다'와 같이 '-어'가 ∅로 실현된다[99].

(2) -어 겨시- → -∅ 겨시-/두- ____

⑤ -어 가다, -어 오다

이 두 표현은 현대어의 진행의 조동사 '가다, 오다'에 의한 '-어 가다, -어 오다'의 직접적 소급형이다. 허웅 (1975: 428)에는 현대어의 또 하나의 진행의 조동사인 '오다'가 언급되어 있지 않지만 다음 용례는 '오다'에 의한 동작상의 표현으로 볼 수 있다.

(3) 네 가 처자롤 <u>마자</u> <u>오거늘</u> (/汝去迎妻子) (杜諺 8: 40a) (傍點－저자)

위의 용례는 '妻子롤 맞다'라는 구성은 성립하지마는 '*妻子롤 오다'는 불가능하므로 단순한 조동사로 보아야 할 것이다[100]. '마자 오다'는 '迎'의 의미일 뿐이다.

98) 구체적 용례와 '-어 잇다'의 변이에 관련된 설명은 허웅 (1975: 421-7) 참조.
99) 구체적 용례는 허웅 (1975: 427) 참조.
100) 보조 용언과 본용언의 변별 기준에 대하여는 허웅 (1975: 416-8) 참조.

⑥ -어 두다, -어 놓다

이 표현은 현대어의 "保有"의 조동사 '두다'가 통합된 '-어 두다'의 직접적 소급형이다. 허웅 (1975)에는 현대어의 또 한 가지의 보유 (保有)의 조동사인 '놓다'는 언급되어 있지는 않으나 다음 용례는 '놓다'에 의한 동작상의 표현으로 간주할 수 있다.

(4) 도깃 醬은 자바다가 디여 논ᄂᆞ다 (甕醬落提携) (杜諺 22: 20b)

'醬ᄋᆞᆯ 디다'는 성립되지마는 '*醬ᄋᆞᆯ 놓다'라는 구성은 어려워 보이므로 단순한 조동사로 간주된다. '디여 놓다'는 '落'의 역어 (譯語)일 뿐이다.

⑦ '-어 내다'

이 표현은 현대어의 "종결"의 조동사 '내다'의 직접적 소급형에 의한 통합 형태다[101].

B. '-게(긔)'[102] 조동사의 통합 표현

⑧ '-게 ᄃᆞ외다'

이 표현은 현대어의 "피동"의 조동사 '되다'의 직접적 소급형에 의한 통합 형태다[103].

⑨ -게 ᄒᆞ다

이 표현은 현대어의 "사동"의 조동사 'ᄒᆞ다'[104]의 직접적 소급형에 의

101) 구체적 용례는 허웅 (1975: 429) 참조. 이 책에는 '버서나다'에 나타나는 '나다'를 조동사로 간주하고 있으나 이는 복합 동사로 봄이 온당하다 (유창돈 1964b 참조).

102) 중세어의 단어 접속의 연결 어미 '-긔'는 '-게'의 단순한 이형태일 따름이다. 자세한 것은 고영근 (1961/1995: 324-8) 참조.

103) 구체적 용례는 허웅 (1975: 430) 참조.

한 통합 형태다.[105)]

⑩ -긧다 (<*-긔 잇다)

이 표현은 河野六郞 (1951: 57, 1979: 531)에서 확인된 것인데 다음의 용례에 나타난다.

(5) 庶幾는 그러ᄒᆞ긧고 ᄇᆞ라노라 (釋詳 序: 6a)

단독 접속의 연결 어미 '-긔'에 존재사 '잇다'가 붙어서 형성된 것으로 해석하는 것이다. 이 형태가 현대어의 미래 시제의 선어말 어미의 직접적 소급형이 될 수 있을까 하는 것은 쉽게 단정할 수 없으나[106)], 이 표현이 '-긔'와 '잇-'의 통합 형태라면 동작상의 표현으로서 자격이 충분하다[107)]. 이 계통에 속하는 것으로는 '-겟고, -읏, -괫고' 등이 있다.

C. '-고'와 조동사의 통합 표현

⑪ -고 잇다

이 표현은 현대어의 진행상의 한 형태 '-고 있다'의 직접적 소급형이다. 이 표현은 종전의 중세어 연구에서 언급된 일이 없다. 다음의 용례에서 나타난다.

(6) 내 … 環刀ㅣ며 막다히롤 두르고 이셔도 두립더니 (月釋 7: 5b)

---

104) 중세어 조동사 'ᄒᆞ다'는 어간의 모음이 탈락되는 불규칙적 교체를 보여 준다. 이에 대하여는 안병희 (1962) 참조.

105) 구체적 용례는 허웅 (1975: 433) 참조.

106) 이 문제는 국어의 시제와 동작상의 변천 과정을 다루는 마당에서 상론될 것이다.

107) 허웅 (1975: 596)에는 의도법을 나타내는 연결 어미로 다루고 있다.

D. '-곰'과 조동사의 통합 표현

⑫ -곰 ᄒᆞ다

현대어의 "습관" 내지 "반복"의 동작상 형태 '-곤 하다'의 직접적 소급형이다[108].

2.3.2. 연결 어미의 동작상 형태

중세어의 문장 접속의 연결 어미 가운데는 통합 용언의 동작류에 상응하는 동작상을 표현하는 것이 있다[109]. 해당 형태를 들고 현대어와의 관련성을 종합적으로 언급하기로 한다. 구체적 용례는 유창돈 (1964a)와 허웅 (1975)로 미루기로 하되 '허', '유'의 성자 (姓字) 옆에 해당 면수를 적어 참고하도록 한다.

① -어셔, ② -억, ③ -어다가, ④ -거ᅀᅡ/어ᅀᅡ, ⑤ -고셔, ⑥ -곡
⑦ -(으)며셔, ⑧ -고져, ⑨ -과뎌, ⑩ -(으)려
⑪ -(으)라, ⑫ -ᄃᆞ록, ⑬ -다가, ⑭ -(으)락~(으)락, ⑮ -엄
⑯ -다가며, ⑰ -ㄴ다마다, ⑱ -(으)락

①의 '-어셔'는 현대어의 '-어서'와 '-고서'의 직접적 소급형인데[110], '-어'로 나타나는 일이 더 많다 (유 538; 허 532, 536). ②의 '-억'은 현대어에는 존재하지 않는 것인데 ①과 의미상의 차이가 크지 않다 (허 538). ③의 '-어다가'는 현대어와 차이가 큰 것으로 생각되지 않는다. ④의 '-거

108) 구체적 용례는 유창돈 (1964a: 275)와 허웅 (1975: 620) 참조.

109) 이러한 관점에서 현대어의 문장 접속의 연결 어미의 의미를 구명한 것으로는 大江孝男 (1972)가 있다.

110) 현대어의 문장 접속의 연결 어미의 체계는 고영근 (1975/1999: 402-3)을 따른다.

ᅀᅡ/어ᅀᅡ'는 현대어의 '-어야'로 직접 연결되지 않는 일이 많음을 보면 중세어에서만 존재했던 것이 아닌가 한다[111]. ⑤의 '-고셔'는 현대어의 '-고서'의 직접적 소급형이다. '셔'가 붙지 않은 '-고, -고도, -고ᅀᅡ'도 모두 이 범주에 들 수 있다 (허 583-6, 568). ⑥의 '-곡'은 '-고'와 큰 차이가 없는데 ②의 '-억'과 같은 형성이다 (허 586).

⑦의 '-(으)며셔'는 현대어의 '-(으)면서'의 직접적 소급 형태로서 '-(으)며'로도 나타난다 (허 590, 588).

⑧의 '-고져'는 현대어의 '-고자'에 연결되며 ⑨의 '-과뎌'는 현대어에서 그 대당형 (對當形)을 찾을 수 없다 (허 595). ⑩~⑬은 현대어의 '-(으)려고, -(으)려, -도록, -다가'와 직접 연결된다.

⑭의 '-(으)락~(으)락'은 현대어와 형식이 같고, ⑮의 '-엄'은 현대어에서 그 해당 형태를 찾을 수 없으며 (허 620-1), ⑯의 '-다가며'도 그러하다 (허 612). ⑰의 '-ㄴ다마다'는 '-자마자'의 직접적 소급형이 아닌가 한다 (유 276). ⑱의 '-(으)락'은 현대어에서 그 해당 형태를 찾을 수 없다 (허 607-8).

2.4. 총 괄

중세어의 서법 형태소 및 동작상의 형태들을 현대어에 대한 지식을 동원해 가며 단위를 획정해 보았다.

기본 서법 형태소의 식별 과정에서는 의문법 어미 '-(으)녀'에 나타나는 '니'를 현대어의 의문법 어미 '-(으)냐'와 관련시켜 생각함으로써, 그것이 어떤 독립된 단위가 되지 못하는, 어미의 일부분이라는 사실을 확인하였다. 또 부차 서법 형태소의 확립 과정에서도 확인법의 형태소 '-거-'를 식별했는데 이것도 현대어의 지식이 큰 지주가 되었다. 동작상의 대

111) '-거ᅀᅡ/-어ᅀᅡ'에 대하여는 고영근 (1980d: 36/1999: 458) 참조.

표적 형태 '-어 잇다'도 현대어의 과거 시제의 선어말 어미 '-었-'과 직접적으로 연결되는 것임을 밝힐 수 있었다. 이런 사실은 중세어의 문법 현상의 해명을 위하여는 현대어에 대한 지식이 큰 기여가 됨을 말해 주는 구체적 사례가 된다.

현대어의 추측 관형사형 어미 '-(으)ㄹ'은 현대어 자체의 구조적 양상만 고려해도 중세어와 같이 '*-(으)린'으로 잡지 않을 수 없으나, 중세어의 '-(으)린'과 같은 형태의 존재는 '*-(으)린'으로의 재구를 더욱 확실하게 해 준다. 또 현대어의 해라체의 의문법 어미 '-(으)랴'는 구조적 양상을 깊이 있게 살펴보면 '*-(으)리냐'로 재구하지 않을 수 없으나 중세어의 '-(으)리…녀' 내지 '-(으)리…뇨'와 같은 형태의 존재는 그런 사실을 보다 분명히 뒷받침한다. 이는 현대어의 정확한 인식을 위하여는 중세어에 대한 지식도 유용함을 확인시켜 주는 것이다.

이상의 두 가지 사실들은 서론에서 명시한 바와 같이 중세어와 현대어의 유기적 상관성을 말해 주는 것으로서 문법 서술에 있어 양자의 긴밀한 상관성을 뒷받침하는 실례이기도 하다.

붙임말

[1] 13쪽, 본문 첫째 문단

이곳에서 사용한 "어미 활용 체계"란 일정한 굴절 어미를 바탕 [어기]으로 삼아 형태를 달리한다는 관점에서 붙인 이름이다. 이를테면 직설 설명법 'ᄒᆞᄂᆞ다'가 ᄒᆞ라체, ᄒᆞ야쎠체, ᄒᆞ쇼셔체, 반말에 이르기까지 모습을 달리한다는 사실을 분명히 한다는 뜻에서 붙인 이름이다. 어미 활용 체계에 대하여 "어간 활용 체계"란 말도 사용할 수 있다. 곧 어간을 바탕으로 하여 어미가 붙는 현상에 대하여도 쓸 수 있다. 이 경우 종전에는 "활용"이란 말을 써 왔으나 어미 활용과 대립되는 뜻으로 사용할 수 있다. 저자와 비슷한 내용으로 어미 활용이란 말을 쓴 문법서로는 박승빈의 『조선어학』(1935)가 있었음을 덧붙여 둔다.

[2] 13쪽, 각주 2

'오' 계열의 어미는 전통적으로 '오/우'로 써 오기도 하였고 사람에 따라서는 '우'를 기본형으로 잡는 일도 없지 않으나 저자는 '오'로 잡았다. 15세기의 공시적 쓰임을 주로 고려하되 고려 시대 구결 자료와 역사적 쓰임 등을 감안하여 취한 조처이다. 관련되는 논의는 『한국어문학논고』(태학사, 1997, 63쪽, 각주 1)에 기고한 "중세어 높임의 어미 '시'와 '오'계 어미의 형태론"에서 생각의 한 가닥을 베푼 일이 있다.

[3] 15쪽, 본문 둘째 문단

저자는 제2인칭과 간접 의문법 'ᄒᆞᆫ다, ᄒᆞᄂᆞᆫ다; ᄒᆞᆫ가, ᄒᆞᄂᆞᆫ가'에 나타나는 '다'와 '가'를 당시의 국어사 연구의 흐름에 따라 "첨사"로 처리하였으나, 『표준 중세국어 문법론』(제3판) (집문당, 2010, 104쪽)에서는 보조사의 테두리 속에 넣었다.

[4] 16쪽, 본문 넷째 문단

용례 (8)의 '드르리'는 '드르라'일 가능성이 없지 않다. 이는 황선엽 군의 소견인데 중세어의 반말의 명령형이 '-고라' (앞의 『표준 중세국어문법론』(제3판), 151, 326쪽)라는 점과 관련시킬 때 경청의 대상이 된다. 그렇다면 이 예문을 다른 것으로 바꾸어야 한다.

[5] 17쪽, 각주 11

저자는 이 책에서 잠정적으로 [i] 계통의 어미를 반말로 처리함이 좋겠다는 견해를 베풀었고 『표준 중세국어문법론』 (탑출판사, 1987, 125쪽)에서 이를 적극적으로 중세어의 높임법 체계에 수용한 일이 있다. 최근 배석범은 『국어학』 24 (1994)에 기고한 "용비어천가의 문체에 대한 일고찰"에서 『용비어천가』 등에 나타나는 [i] 계통의 어미가 종결형의 생략이라는 전통적인 견해를 다시 취하였다. 어느 견해가 더 설득력이 있을지는 넓은 자료 수집의 바탕 위에서 합리적인 결론을 이끌어 내어야 하겠지만 "생략"이라는 개념은 통시적 개념이라는 사실만 지적해 두고 뒷날을 기약하기로 한다.

[6] 17쪽, 본문 다섯째 문단

저자는 당시의 국어사 연구와 중세 문법 연구의 흐름에 영향을 받아 '-(으)ㄴ, -(으)ㄹ'의 관형사적 용법 (더러 "부가어적" 용법)과 독립적 용법을 구분하여 관형사형과 동명사를 따로 처리하였다. 그러나 앞의 『표준 중세국어문법론』 (1987/1997/2010, 155쪽)에서는 허웅 (1975)의 견해를 따라 양자를 통합하되 독립적 용법의 경우는 의존 명사가 숨어 있는 것으로 보았다. 그러나 최근에 나타나는 고려 시대의 구결 자료에 독립적 용법이 폭넓게 쓰이고 있다는 사실에 근거하여 저자의 처리에 반론을 펴는 일도 없지 않다. 문제는 같은 형태가 기능을 달리할 때 하나로 모을 것인가, 아니면 흩어서 처리할 것인가로 돌아간다. 그리고 공시적 차원과 통시적 차원을 어떻게 조화시킬 것인가도 문제가 된다.

[7] 20쪽, 본문 첫째 문단

저자는 일정한 형태로 실현되지 않으면서 일정한 시제를 표시하는 어미 앞에 ∅ 형태를 설정할 수 있는 가능성을 비치기만 하고 적극적 사용은 보류하는 태도를 취하였다. 그런데 최근에는 범언어적 관점에서 ∅ 형태가 동작상, 시제, 서법, 수, 인칭 등에서 어떤 비율 (比率)로 나타나는가 하는 문제에 관심을 기울이면서 심리적인 존재 이유를 찾으려는 노력을 기울이는 일을 볼 수 있다. 이런 관점에서 중세 국어의 활용형에 나타나는 ∅ 계열체에 대한 인식을 다시 할 필요가 있다고 생각한다. John L. Bybee, *Morphology: A Study of the Relation between Meaning and Form*,

Benjamins, 1985, pp. 50-8에서 관련 정보를 얻을 수 있다.

이곳에서 ∅ 형태는 형태소의 뜻보다는 "무표적" (無標的, unmarked)이라는 뜻으로 이해하는 것이 좋다. 저자는 제2장에서 확립된 부정법 형태 ∅에 대하여, 제3장에서 동사에서는 과거 시제의 기능을, 형용사와 지정사에 대하여는 현재 시제의 기능을 주었다. 사람들 가운데는 어떻게 한 가지 형태에 대하여 두 가지 기능을 줄 수 있느냐고 반론을 제기하는 일이 없지 않은데 그것이 가시적 (可視的)인 직설법이나 회상법과 계열 관계를 형성함으로써 생기는 상대적인 의미의 무표항으로 보면 문제가 크지 않다고 생각한다. 저자가 ∅ 형태의 사용을 적극적으로 고려하지 않은 것도 이런 사정과 관련이 있다. 이 문제에 대하여는 최동주의 「국어 시상체계의 통시적 변화에 관한 연구」 (서울대학교 언어학과 박사 논문, 1995, 53쪽)에서 적절한 해석이 가해졌다.

저자는 부정법을 'ᄂᆞ, 더, 리'와의 대립 관계 (계열 관계) 속에서 분석될 수 있다고만 말하고 구체적인 분석 절차를 형식화하는 것을 피하였다. 이제 무표적인 ∅의 설정을 기반으로 삼아 그 형식화를 다음과 같이 도모해 보기로 한다.

동 사: ᄒᆞ∅다 cf. ᄒᆞᄂᆞ다, ᄒᆞ더라, ᄒᆞ리라
형용사: 하∅다 cf. 하더라, 하리라
지정사: 사ᄅᆞ미∅라 cf. 사ᄅᆞ미러라, 사ᄅᆞ미리라

위의 어형을 서로 비교하면 부정법 ∅는 'ᄂᆞ, 더, 리'와의 계열 관계에 기대어 무표항으로 나타난다.

국어 문법 연구에서 그사이 저자와 같이 무표적인 '∅'를 더러 세우는 일이 없지 않았다. 이를테면 이숭녕이 "Volitive form으로서의 Prefinal ending 「-오/우-」의 개재에 대하여 (『진단학보』 21, 1960, 『국어학논총』, 동아출판사, 1966, 131쪽)에서 '오/우'의 개재형을 비개재형과 대립시킴에 있어서 "-오/우-: 「-(∅)-」"와 같은 방식으로 표시한 일이 있었는데 이는 현대적인 관점에 서면 무표항에 대한 인식의 발로로 해석할 수 있다. 이숭녕의 '∅' 설정은 허웅이 "삽입모음고" (『논문집』 7, 인문사회과학편, 서울대학교, 1958, 『중세국어연구』, 정음사, 131쪽)에서 '오/우' 개재형을 매개 모음을 취한 '오/우' 비개재형과 대립시켜 파악한 것이 잘못이라는 인식에서 단서를 잡은 것인데 매개 모음 'ᄋᆞ/으'가 아무런 기능을 띠지 않은 사실과

관련시키면 이숭녕의 태도는 허웅보다 한 걸음 앞섰다고 말할 수 있다. '오/우'의 개입 여부가 문법 범주를 달리하는 것이 틀림없는 이상, 무표적인 어형을 '∅'와 같이 표시하여 유표적인 '오/우'형과 대립을 시키는 것이 '오/우'의 실체의 파악을 훨씬 분명하게 한다. 이는 저자가 부정법에 대하여 ∅라는 무표적인 속성을 주는 것과 큰 차이가 없다. 좀 성격이 다르지만 현대 국어에 현재 시제를 표시하는 특별한 형태가 없다고 하여 이를 무표적인 '∅'로 표시하는 것도 비슷한 방식으로 간주된다 (서정수, 『국어문법』, 뿌리 깊은 나무, 1994, 193쪽). 북한 문법의 영토도 그 범위가 넓고 책정 기준이 분명하지 못한 점이 없지 않으나 크게는 무표항의 설정과 거리가 멀지 않은 것 같다.

[8] 21쪽, 본문 첫째 문단, 25쪽 본문 둘째 문단, 31쪽 마지막 문단

저자가 (5), (5′)의 예문에 나타나는 'ᄒᆞ다'와 'ᄒᆞ니라'의 기능을 같이 본 것은 서술성 구문과 관형절의 시제 형태의 상관관계를 증명하는 데 본래의 목적이 있었다. 이곳에서는 후자가 전자보다 더 보수적이라는 사실을 비치기만 하였었다. 바로 이어 저자는 『관악어문연구』 7 (1982)에 기고한 "서술성어미와 관형사형어미의 상관관계에 관한 연구" (『단어 · 문장 · 텍스트』, 한국문화사, 2004, 163쪽에 옮겨 실음)에서 두 구문의 상관관계를 형태, 의미 · 기능, 통사 구조에 걸쳐 밝힌 바 있고 이어 『이승욱 교수 회갑기념논총』 (간행위원회, 1991)에 기고한 "문법 형태의 기능 분석 방법론 논의" (앞의 『단어 · 문장 · 텍스트』, 25쪽에 옮겨 실음)에서도 문법 형태의 기능 분석 방법론을 다듬으면서 이 문제를 건드린 일이 있다. 그리고 위의 책에 붙인 [붙임말] (426쪽)에서도 저자가 이 문제에 대하여 지녀 온 사색의 가닥을 정리한 일이 있다.

문제는 두 어미의 의미 · 기능을 같이 볼 것인가, 달리 처리할 것인가로 돌아간다. 기능이 같다고 보면 보수적인 둘째 설명법 어미의 직설 설명법, 회상 설명법, 추측 설명법의 형태가 직설 원칙 설명법, 회상 원칙 설명법, 추측 원칙 설명법과 같기 때문에 의미 해석에 의존하는 일이 생긴다는 문제점이 발생한다. 다르다는 관점을 취하면 어간에 직접 붙는 '-(으)니라' (예: ᄒᆞ니라)를 처리할 방도가 막연해진다. 저자로 대표되는 전자의 견해를 뒤엎을 만한 본격적인 반론은 아직 나와 있지 않다. 단편적인 비판만 보인다. 현재는 김영욱과 최동주가 긍정하는 편에 서 있고 (앞

의 책 [붙임말]을 보라) 『두시와 두시언해 6』 (신구문화사, 1997)의 주석자들이 둘째 설명법의 부정법을 적극적으로 응용하는 자세를 보이고 있다. 김영욱은 『전농어문연구』 9 (1997)에 기고한 "공형태소에 대하여"에서 '니'를 공형태소로 보는 문제를 더 깊이 다루었다. "형태소의 층위"에서는 아무런 기능이 없고 "형태"의 층위에서만 '니'로 실현되었다고 하면서 그 성격을 '(∅ [ni])'와 같이 표시하였다. 둘째 설명법 어미 '니라'를 첫째 설명법 어미 '-다'와 비교하면 '-니-'가 형태소로 분석되어 나온다. 그러나 아무런 의미도 지니지 못하기 때문에 "공형태소"란 말을 붙이게 된 것으로 보인다.

그렇다면 '-니라'의 ᄒᆞ쇼셔체 '-니이다'에 나타나는 '이'는 '-니 … 다' 사이를 뚫고 들어가 '니라'를 불연속 형태로 만들었다고 해석할 수 있다. 이는 '-닛가, -니잇가' 등에 나타나는 '-니 … 가'를 불연속 형태로 보는 것과 같아져 중세어의 불연속 형태의 목록이 하나 더 늘어나는 소득이 있다. 앞으로 계속 이 문제에 대해 깊이 있는 토론이 전개되어 중세어의 종결 어미의 본질이 분명하게 드러나기를 바라는 바이다.

[8-1] 21쪽, 본문 첫째 문단

20-1쪽, '-(으)니라'와 '-다'의 기능을 동질시하는 저자의 견해에 대하여 반론이 제기된 바 있다 (장윤희, 『중세국어 종결어미 연구』, 태학사, 2001, 153-64쪽). 이곳에서는 두 어미가 상당 부분 겹치기는 하나 뜻풀이와 같은 관어적인 구문에서는 항상 첫째 설명법 어미 '-다'만이 쓰임을 들어 반드시 겹치는 것이 아니라고 하였다. 이 논의는 지금까지의 대부분의 논자와 같이 장면에 따른 어미의 사용을 구별하지 않았다는 문제점을 안고 있다. 앞으로 더 활발한 논의가 전개되어 중세어의 평서문 체계가 밝게 드러나기를 바란다.

[8-2] 21쪽, 본문 둘째 문단

河野六郎 (1951)은 다음과 같은 제목으로 한국어로 번역된 바 있다.

이카라시 고이치 (五十嵐孔一) 역, 고노 로쿠로 (河野六郎)의 「중기 조선어의 시칭체계에 대하여」, 『형태론』 9.1, 219-40쪽.

[9] 21쪽, 각주 20

지정사의 ᄒᆞ쇼셔체의 의문법에 '-니잇가'와 '-잇가'가 공존한다고 하였는데 그 예를 들면 다음과 같다.

善心이니잇가 아니잇가 (/善心이니잇가 不ㅣ잇가) (법화 7: 20-1)
오직 求ᄒᆞᄂᆞᆫ 나라히 아니니잇가 (논어언해 3: 17)
엇던 말ᄉᆞ미니잇고 (맹자언해 10: 18)

[10] 22쪽, 본문 첫째 문단

저자는 이 책에서 '-(으)닛가, -(으)니잇가'에서 의문법 어미 '-(으)녀'가 ᄒᆞ야쎠체와 ᄒᆞ쇼셔체 표지 '-ㅅ-, -(으)잇-'에 의하여 분리됨으로써 '-니 … 가'로 불연속 형태가 되었음을 논증하였는데 『국어학의 새로운 인식과 전개』 (민음사, 1991)에 기고한 "불연속 형태에 대한 논의" (앞의 『단어 · 문장 · 텍스트』, 37쪽에 옮겨 실음)에서 중세어의 불연속 형태를 확대 · 논의하였다. 중세어의 불연속 형태에는 위의 의문법 밖에 '-거시늘/-어시늘', 반말의 명령법 어미 '-고시라', ᄒᆞ쇼셔체의 청유법 어미 '-사이다', 소망 설명법 어미 (평서형 어미) '-거(가)지이다/-어지이다', 추측 확인법 '-려뇨', 추측 감동법의 '-(으)리로소녀' 등에서도 확인됨을 실승할 수 있었다. 그리고 이곳에는 앞의 [8]에서 언급한 둘째 설명법 어미 '-(으)니라'의 활용형 '-(으)니이다'도 불연속 형태의 테두리에 들어올 수 있다. 문제는 '-녀' 등이 활용할 때, 어떠한 형태론적 과정을 거쳐 '-(으)니잇가' 등으로 실현되는가 하는 문제가 앞으로 밝혀져야 하리라고 생각한다. 위의 책의 [붙임말] (422쪽)에서도 그사이의 경위를 적은 것이 있다.

[11] 34쪽, 본문 둘째 문단

저자는 중세어의 어미 활용표를 중심으로 추측 의문법의 "기저형"을 '*-(으)리녀'로 잡았는데 이는 차라리 "기저형"보다는 "규칙형"이 더 나을 것 같다. 그렇게 본다면 표면상으로 드러난 형식은 "보충형"이라고 불러야 할 것이다. 원래 보충형이란 어원적으로 전혀 관련이 없는 형태, 다시 말하면 음상의 공통성이 없는 형태가 규칙형을 대신할 때 붙이는 이름인데 이곳의 추측 의문법 어미와 추측 관형사형 어미는 '-려, -ㄹ'로 나타나 있어 부분적인 유사성을 보인다. 그렇다면 "의사 (擬似)

보충법"이라고 불러야 한다. 저자는 『어학연구』 23.3 (1987)에 기고한 "보충법과 불완전계열의 문제" (『국어형태론연구』, 1999, 35쪽에 옮겨 실음)에서 우리말의 의사 보충법의 설정 문제를 제기한 일이 있다.

[12] 34쪽, 각주 47

저자는 이곳에서 던진 물음을 풀어 본다는 뜻에서 앞서 말한 『관악어문연구』 7에 기고한 글에서 추측 의문법 '*-리녀'와 추측 관형사형 '*-린'이 표면형 '-(으)ㄹ, -(으)려'로 유도되는 문제를 논의하였던바 (앞의 『단어·문장·텍스트』 178쪽), 음운 규칙으로는 유도할 수 없고 특정한 환경이라는 형태론적 제약으로 설명할 수밖에 없다고 하였다. 이는 앞의 [11]에서 '-(으)려, -(으)ㄹ'을 보충법으로 처리한 일과 일치한다. 형태론적 제약으로 실현되는 이형태에는 일반적 보충법과 같이 음상의 유사성이 전혀 없는 경우도 있고 부분적인 유사성만 인정되는 경우도 있다 함은 이미 앞서 든 『국어형태론연구』 (39-58쪽)에서도 확인한 바 있다.

[12-1] 35쪽, 본문 첫째 문단

중세어의 추측 회상법에는 앞에서 든 'ᄒᆞ리러라, ᄒᆞ리러니, ᄒᆞ리런뎐'의 세 어형만 있는 것으로 기술하였으나 의문형에도 확인된다.

서울셔 힝힝이 언제 나시리러뇨 (번역박통사 상, 53)

예가 많지는 않으나 현대어의 '-겠더뇨'에 미루어 볼 때, 중세어에 널리 쓰였던 형태로 보인다.

[13] 37쪽, 각주 53

저자는 앞서 언급한, 『관악어문연구』 7에 기고한 글 (앞의 『단어·문장·텍스트』 201-3쪽)에서 생성 문법의 표준 이론에 근거하여 서술성 구문에서 관형 구문으로 유도되는 절차를 제안하여 본 일이 있다. 심층 구조에 명사구 탈락 규칙과 첨사 탈락 규칙을 차례로 적용하는 방식을 선택하였다.

[14] 46쪽, 각주 68

저자는 이곳에서 던진 물음을 자세하게 다룬 일은 아직 없다. 다만 『정연찬 선생 회갑기념논총』 (탑출판사, 1989)에 기고한 "국어의 형태적 유형성" (앞의 『단어・문장・텍스트』 11쪽)에서 '-더-'와 '-오-'가 결합되면 '-다-'가 되듯이, '거/어'에 '-오-'가 붙으면 종결형에서는 '-과-'로, 연결형에서는 '-가-'로 화합을 일으킨다는 정도의 언급만 내렸을 뿐이었다. 이는 형태소의 교체가 환경에 따라 화합되어 제3의 모습으로 실현된다는 뜻이다. 그런데 임홍빈과 임동훈은 중세어의 '오'계 어미의 이형태로 '아'를 세우고 '-다-, -과-, -가-'를 '-더-, 거/고'에 '아'가 통합된 것으로 해석한 일이 있다. 그러나 두 사람의 논의는 '오'계 어미에 대한 이해 부족으로 올바른 결론에 이르지 못하였다고 생각한다. 이 문제는 저자가 『한국어문학논고』 (태학사, 1997)에 기고한 "중세어 높임의 어미 '시'와 '오'계 어미의 형태론"에서 자세히 다루었다.

[15] 50쪽, 각주 74

앞의 [붙임말 10]에서 언급한 바 있듯이 존비법 표지 '-ㅅ-, -잇-'은 한 어미 가운데를 뚫고 들어간다. 그리고 높임의 '-시-'도 '-거/-어늘' 등의 '거/어' 계열의 어미 가운데를 뚫고 들어간다. 그러면 이 경우의 '-시-'를 접요사로 처리해야 할 것인가? 저자는 앞서 언급한 『국어학의 이해와 인식』에 기고한 글 (앞의 『단어・문장・텍스트』 37쪽)에서 여러 언어의 불연속 형태의 양상을 검토한 바탕 위에서 '-시-'를 비롯한 '-이-, -ㅅ-, -잇-' 등이 설사 어미 사이를 뚫고 들어가도 접요사는 될 수 없고 수의적 혹은 의무적으로 끼어드는 접미사임을 분명히 하였다.

[16] 51쪽, 본문 넷째 문단

51-7쪽의 감동법의 선어말 어미 '-옷-, -돗-'의 분석 과정에서 부족했던 점이 많아 번호 순서에 따라 보완하기로 한다. 그사이에 [붙임말]이 필요하면 이는 [17]부터 붙이기로 한다.

(1)의 'ᄒᆞ샷다'를 분석할 때, 먼저 '-샤-'를 뽑아내어, '*ᄒᆞᆺ다'를 세운 다음, 이를 'ᄒᆞ다'와 비교하여 '-옷-'을 분석하였다. 그러나 이 밖에도 'ᄒᆞ샷다' (<ᄒᆞ샤옷다)를 직접 'ᄒᆞ시다'와 비교하면 '-옷-'이 떨어져 나온다. 마찬가지로 'ᄒᆞ샤ᄉᆞ이다'는 'ᄒᆞ시이다'와 비교된다.

(2)의 "ᄒᆞ노소이다"는 '*ᄒᆞ노ᄉᆞ이다'가 선행하는 모음 '오'에 의해 모음 동화 (뒤에 나옴)를 입어 실현된 것으로 보았는데 (53쪽), 이는 'ᄒᆞᄂᆞ이다'와 비교하면 '-옷-'이 석출 (析出)된다. 'ᄒᆞ노소니[1]'은 '*ᄒᆞ노ᄉᆞ니'에서 동화된 것인데, 이를 'ᄒᆞᄂᆞ니'와 비교하면 역시 '-옷-'이 석출된다. (2)의 뒷묶음 'ᄒᆞ노소라, ᄒᆞ노소니[2]'는 '-옷-'에 선어말 어미 '-오-'가 붙은 것으로 보았다 (53쪽). 이렇게 보면 'ᄒᆞ노소라'는 'ᄒᆞ노라'와, 'ᄒᆞ노소니[2]'는 'ᄒᆞ노니'와 비교함으로써 '-옷-'을 얻을 수 있다.

(3)의 'ᄒᆞ리샷다, ᄒᆞ리샤ᄉᆞ이다'에 나타나는 '-샷-'은 '-옷-'과 같은 기능을 표시한다고 하였다. (53쪽). 그렇다면 'ᄒᆞ리샷다'는 'ᄒᆞ리라'와, 'ᄒᆞ리샤ᄉᆞ이다'는 'ᄒᆞ리이다'와 비교함으로써 '-샷-'이 분석되어 나온다.

(4a)의 'ᄒᆞ닷다'는 'ᄒᆞ더라'와, 'ᄒᆞ다ᄉᆞ이다'는 'ᄒᆞ더이다'와 각각 비교하면 '-옷-'이 떨어져 나온다. (4b)의 'ᄒᆞ리랏다'는 'ᄒᆞ리러라'와 'ᄒᆞ리라ᄉᆞ이다'는 'ᄒᆞ리러이다'와 각각 비교하면 '-옷-'이 떨어져 나온다 (54쪽).

(5)의 'ᄒᆞ과소라'는 'ᄒᆞ+거+옷+오+라'로 분석되는데 (54쪽), 'ᄒᆞ과라'와 비교하면 '-옷-'이 떨어져 나온다.

(6a)의 'ᄒᆞ도소이다[2]'는 '-돗-'에 '-오-'가 붙은 것으로 볼 수 있는데 (55쪽), 그렇다면 '호이다'와의 비교에 기대어 '-돗-'이 떨어져 나온다. (6b)의 'ᄒᆞ리로소이다[1]'은 '*ᄒᆞ리로ᄉᆞ이다'에서 동화된 것인데 (뒤에 나옴), 이를 'ᄒᆞ리이다'와 비교하면 '-돗-'이 분리되어 나온다. 'ᄒᆞ리로소이다'는 '*ᄒᆞ리로ᄉᆞ이다'에서 바뀐 것으로 'ᄒᆞ리이다'와 비교된다. 그리고 'ᄒᆞ리로소녀'는 '*ᄒᆞ리녀 (>ᄒᆞ려)'와, 'ᄒᆞ리로소니잇가'는 '*ᄒᆞ리니잇가' (>ᄒᆞ리잇가)와 각각 비교함으로써 '-롯-'을 얻을 수 있다. 'ᄒᆞ리로소이다[2]'는 선어말 어미 '-오-'가 쓰인 것으로 보았는데 (56쪽), 그렇다면 '*ᄒᆞ리오이다'와 비교해야 한다. 그러나 실재하는 것은 '-오-'가 '-리-'에 앞선 '호리이다'이다. 'ᄒᆞ리로쇵다'는 '*ᄒᆞ리로ᄉᆡᇰ다'가 동화 (뒤에 나옴)된 것으로 보았는데 (57쪽), 그렇다면 같은 ᄒᆞ야쎠체인 '*ᄒᆞ링다'와 비교해야 한다. 그러나 이러한 형태는 문증되지 않는다.

[17] 52쪽, 각주 78

'시/샤'의 교체론에 대하여 최근 들어 반론이 제기되어 '샤'를 '시'와 '아'의 결합이라고 해석하는 일이 많으나 저자는 앞의 『한국어문학논고』에 기고한 글에서 그 부당성을 비판한 바 있다. '샤'는 '시'가 모음 어미 앞에서 교체되는 음운론적 이형태이며 이른바 '오' 계열 어미의 이형태로 '아'를 세울 수 없다는 견해를 피력한 바 있다.

[18] 53쪽, 각주 81

저자는 이곳에서 던진 물음을 풀어 본다는 뜻에서 『국어사와 차자표기』(태학사, 1995, 587쪽)에 기고한 "중세어의 동사 형태부에 나타나는 모음 동화")를 통하여 중세어의 어미부에 나타나는 움라우트 현상을 해석해 보았다. 중세어의 어미부의 움라우트 현상은 진정한 움라우트가 아니고 선행 음절에 'j'를 삽입시키는 현상으로서 지역이나 계층·상황 등의 요인으로 실현되는 개별적·단속적 음운 현상이라는 사실을 지적하였다. 중세어의 어미부에 나타나는 'j' 삽입 현상은 특히 부차 서법의 확인과 직접 연관이 있기 때문에 이 책의 끝에 붙이기로 하였다. [부록 1]

[19] 55쪽, 본문 둘째 문단

저자는 문법적 기능에 따른 감동법의 활용표를 만들면서 중세어에는 문증되지 않는 감동법의 형태를 재구한 것이 많은데 (59쪽의 도표 1 참조), 최근에 얼굴을 내밀고 있는 고려 시대의 구결 자료에 저자가 새구한 형태가 문증된다는 사실이 밝혀지고 있다. 이를테면 'ᄒᆞ도소니'의 '도소'의 '소'가 구결자 '[illegible]' 등으로 실현된다는 사실이 이승희의 "중세국어의 감동법 연구" (『국어연구』 139, 1996), "고려시대 구결자료에 나타나는 감동법" (구결학회 겨울공동회, 충남대학교, 1996. 2. 9) 등에서 확인되었다. 이 보고에 기대면 '도소'가 어미부의 동화 현상에 기대어 '도ᄉᆞ'에서 원순모음 동화를 거쳐 나타난 것이라고 할 수 있다. ([18]에서 든 저자의 글과 본서 279쪽 참조) (2), (4), (5)에서 재구한 '*ᄒᆞ노ᄉᆞ이다, *ᄒᆞ노ᄉᆞ니; *ᄒᆞ다ᄉᆞ니, *ᄒᆞ리라ᄉᆞ니; *ᄒᆞ과ᄉᆞ이다, *ᄒᆞ가ᄉᆞ니'와 같은 어형이 모두 이런 과정을 밟아 형성된 것이다. 위의 보고는 어미부의 원순 모음 동화의 연대를 추정하는 데도 이바지할 수 있다.

[20] 58쪽, 각주 91

이 책의 초판에서는 '-ㄴ다'가 이른바 의도법의 의문을 표시한다는 당시 학계의 인식에 따라, 제2인칭 의문법 어미 '-ㄴ다'를 오른쪽의 "'옷, 돗, ㅅ'과 '-오-' 통합형태"에 배치하였으나, '-ㄴ다'를 선어말 어미 '-오-'에 관련시켜 해석하는 것이 무리라는 것을 알고 〈補正版〉부터는 왼쪽의 의문법 난으로 옮기되, 오른쪽의 의문법 난은 폐기하였다. 따라서 초판 각주 91에 베풀었던 제2인칭 의문법에 관련된 정보를 삭제하였다.

[21] 60쪽, 각주 93

현대어의 동작상에 대하여는 『국어생활』 6 (1986)에 기고한 "국어의 시제와 동작상" (앞의 『단어 · 문장 · 텍스트』 243쪽)에서 개괄적으로만 다루었다. 앞으로 이 문제와 관련하여 현대어의 시제와 동작상의 전반적인 체계를 엮어 보려고 한다.

[21-1] 60쪽, 각주 93

현대어의 동작상에 대하여는 졸저 『한국어의 시제 서법 동작상』, 2004/2007 (보정판), 285쪽, 동작상의 변천에 대하여는 위의 책 412-25쪽을 보라.

제3장

기본 서법과 시제

제 3 장 기본 서법과 시제

3.0. 문제의 소재

이곳에서는 제2장에서 식별된 기본 서법 형태소의 시간 내용 (Zeitinhalt), 곧 시제 (time reference) [붙임말 1]를 살펴봄으로써 중세어의 시제 체계를 구축하기로 한다.

중세어의 시제는 河野六郎 (1951)에 의해 가장 포괄적으로 체계화가 시도되었고, 이숭녕 (1961a), 허웅 (1975) 등의 중세어 문법서류에서도 서술되지 않은 바 아니었으나 아직까지 만족할 만한 체계 구축의 단계에는 이르러 있지 않다. 중세어의 시제 체계를 제대로 인식하려면 우선 중세어의 어미의 활용 체계에 대한 인식이 정확해야 하는데 종전의 연구에서는 이런 점이 크게 고려되어 있지 않다. 단순한 어미에 지나지 않는 것을 시제 형태소로 보았는가 하면 시제와는 거리가 먼 형태소들을 시제 표현의 형태소로 간주해 왔었다. 그리고 접속 어미와 관형사형, 동명사형 및 간접 인용 구문의 시제를 어떻게 파악할 것이냐 하는 문제도 제기된 일이 없었다. 저자가 이곳에서 취하는 기본적인 태도를 제시해 보기로 한다.

(1) 중세어의 시제를 활용 형태 위주로 파악하려 했던 종전의 태도에

서 한 걸음 나아가 가급적 시간 부사 (時間副詞)와 관련시키는 방면에서 접근한다. 시제 관련 표지와 시간 부사의 조화가 텍스트의 시제를 결정한다는 입장을 대체로 견지해 보는 것이다[1].

(2) 중세어의 시제를 비내포문과 내포문으로 구분하여 고찰하되[2], 이를 상대적 시제와 절대적 시제의 관점[3]에서 해석한다. 비내포문에서는 종결 어미로 된 문장이 포함되고 내포문에는 접속 어미, 관형사형 어미, 동명사형 어미를 가진 문장과 간접 인용 구문이 포함된다.

(3) 시제를 설명하는 데는 다음과 같은 시간 자질 (時間資質)이 필요하다.

① 발화시 (point of speech, Sprechzeit) [S]
② 사건시 (point of event, Aktzeit) [E, E_1, E_2]
③ 경험시 [e]

서술의 간결을 위하여 발화시는 S로, 사건시는 E로, 경험시는 e로 약칭 (略稱)한다. 경험시는 회상법 (回想法)의 시제를 설명하기 위하여 설정된 것이다. 사건시는 셋으로 구분했는데 E는 절대적 시제로서의 사건시, E_1과 E_2는 각각 상대적 시제에 있어서의 내포문의 시제와 주절의 시제를 가리킨다[4].

---

1) 이는 이른바 Smith (1978)의 both-tense-and-adverb-central approach를 가리킨다. 이에 대한 자세한 설명은 안동환 (1980) 참조.
2) 현대어의 시제를 내포문과 비내포문으로 구분해서 처리한 것으로는 안동환 (1980)이 있다.
3) 절대적 시제와 상대적 시제에 대하여는 Helbig/Buscha (1975: 122), 남기심 (1978) 참조.
4) 발화시와 사건시에 대하여는 Reichenbach (1947: 288), Helbig/Buscha (1975: 122) 참조. 이 밖에 관찰시 (point of reference, Betrachtzeit)를 두기도 하나 이는 대부분 발화시에 일치한다. point of reference는 전자에서, Betrachtzeit는 후자에서 사용된 용어이나 그 개념은 같은 것으로 보인다.

(4) 시제 관련의 형태소는 상황의 제약을 받는다. 대화와 같은 상관적 (相關的) 장면에 주로 나타나는 형태가 있는가 하면 지문과 같은 단독적 (單獨的) 장면에 쓰이는 것도 있다[5]. 이러한 차이를 [±상관성]이라는 자질로써 표시한다.

(5) 시제 관련의 형태소를 포함한 구문은 일반적 사실을 서술할 수도 있고 특정한 사실을 지시할 수도 있다.

<u>흐르는</u> 물은 맑다
나는 <u>흐르는</u> 물을 마셨다

앞의 용례는 특정한 화맥을 전제하지 않는 보편적 사실을 서술하고 있고 뒤의 용례는 일정한 화맥의 제약을 받는다. 양자를 [±지시성]이라는 자질로써 표시한다. 이는 시제의 특성이 지시성 (deiktische Charakter)을 띠고 있음에 근거하여 설정된 것이다[6]. 대화 등의 [+상관성]의 장면은 지시성이 뚜렷하고 지문 등의 [−상관성]의 장면은 지시성이 결여되어 있거나 희박한 것이 보통이다. 그러나 [−상관성]의 장면에서도 [+지시성]의 구문이 있을 수도 있고 [+상관성]의 장면에서도 [−지시성]의 구문이 있을 수 있다.

용례 제시에 있어서는 텍스트가 사용되는 장면을 분명히 하기 위하여 대화는 " "로써, 독백 (獨白)은 〈 〉로써 각각 표시하고 지문 (地文)과 시문 (詩文)은 특별한 표시를 하지 않는다. 시제 형태소와 용례를 서로 관련지을 수 있도록 제2장에서 붙인 번호를 그대로 이용하기로 한다.

---

5) 장면의 성격과 이에 따르는 현대어의 종결 어미의 분류는 고영근 (1976: I장; 1974b: §4.1/1999: 203-4, 389-93) 참조. 이러한 문체상의 차이를 [±Colloqu]라는 자질로써 표현하기도 한다 (Helbig/Buscha 1975: 123).

6) 시제가 지시성의 범주라는 것은 Wunderlich (1970: 92), Comrie (1975: 5) 참조. 이와 관련된 언급이 이필영 (1981)에도 나온다.

3.1. 부정법의 시제

3.1.0. 현대어도 중세어와 같이 어미 자체가 시제를 표시할 수 있다. 현대어의 해라체의 직설 설명법 어미 '-다'[7]는 통합 용언의 동작류 (動作類)에 따라 그 기능이 달리 나타난다. 동사에 붙을 때는 일기문이나 신문 기사의 제호 (題號) 같은 [−상관성]의 장면에서 과거나 현재 또는 미래의 사실을 간결하게 서술할 수 있다. 그런데 형용사나 지정사에 붙을 때는 회상법과 대립되는 직설법의 기능도 담당하고 '-었-' 등과 대립되는 현재 시제의 용법도 아울러 표시하고 있다 (고영근 1965: §3.1.1/1999: 166). 관형사형에 있어서도 용언의 동작류에 따라 그 기능이 다르다. 특히 '-(으)ㄴ'이 동사에 붙으면 대체로 E_1이 E_2에 선행하는 시간 내용을 표시하지마는 형용사, 지정사에서는 E_1과 E_2가 일치되는 일이 많다. 그런데 중세어에서는 관형사형은 큰 차이가 없지만 종결 어미와 연결 어미는 그 차이가 크다.

3.1.1. 비내포문

(1a)-1 王이 怒ᄒᆞ야 니ᄅᆞ샤ᄃᆡ "畜生ᄋᆡ 나혼 거실씨 그러ᄒᆞ도다" ᄒᆞ시고 夫人ㅅ 벼슬 아ᅀᆞ시고 그 蓮花ᄅᆞᆯ ᄇᆞ리라 <u>ᄒᆞ시다</u> (釋詳 11: 31a)

(1a)-2 "(世尊) … 世間애 샹녜 이셔 내 正法을 護持ᄒᆞ라 <u>ᄒᆞ시이다</u>" (釋詳 24: 45b)

(1a′) 주거미 닐오ᄃᆡ "내 ᄒᆞ마 <u>命終호라</u>" (月釋 9: 36상b)

(1b) 阿那律이 닐오ᄃᆡ "닐굽ᄒᆡ 너무 <u>오라다</u>" (月釋 7: 2a)

(1b′) "내 오ᄂᆞᆯ 實로 <u>無情호라</u>" (月釋 21: 219a)

(1c)-1 "사ᄅᆞᄆᆡ 목수미 無常ᄒᆞᆫ <u>거시라</u>" (月釋 7: 2a)

(1c)-2 幻ᄋᆞᆫ 곡되라 (곡도ㅣ라) (楞嚴 2: 7b)

---

7) 이 밖에 현대어의 '-다'는 용언의 어간에 붙어 그것이 용언이라는 사실을 관념적으로 지시하는 부정적 용법을 띨 수도 있다 (고영근 1965: §3.1.1/1999: 145-6).

(1c′) “나는 弟子 大目犍連이로라” (月釋 23: 82b)

위의 용례들은 형태소의 식별 과정에서 들었던 부정 설명법의 어형 (1)에 해당하는 것들이다 (§2.1.1). (1a)-1은 통합 용언의 동작류가 [−상태성] [−순간성] [−결과성][8]이므로 E가 S에 선행하는, 곧 과거 시제이다. 그러나 이 경우는 [−상관성]의 장면인 지문에 쓰인 것으로 현대어의 소설 지문 ‘하였다’에 해당한다. [−상관성]의 텍스트에 나타나는 시제 요소는 시제의 특성인 [+지시성]의 자질이 결여되어 있으므로 엄격한 의미의 시제라고 하기 어렵다[9]. 계열 관계를 보더라도 ‘ᄒᆞ다’와 대립되는 ‘ᄒᆞᄂᆞ다’가 [−상관성]의 장면에 나타나는 일이 드물고 (뒤에 나옴), 또 ‘ᄒᆞ더라’로 바꾸어도 의미상의 차이를 인정하기 어렵다. 과거의 일을 설화하는 상황에 쓰였기 때문에 과거 시제로 해석되는 것이다. (1a)-2는 ‘ᄒᆞ다’ 어형이 [+상관성]의 장면에 나타나는 용례이다. (1a)-1과 같은 동작류에 붙었기 때문에 E가 S에 선행하는 과거 시제다. (1a)-1과는 달리 장면의 자질이 [+상관성]이므로 그 시제를 분명히 말할 수 있다. 그러나 이런 예는 흔치 않고 대부분 둘째 설명법 어미 ‘-(으)니라’에 의존한다 (뒤에 나옴). ‘ᄒᆞ다’ 어형이 [−상관성]의 장면 자질을 주로 띠고 있는 것은 현대어의 직설 설명법 어미 ‘-다’가 [−상관성]을 띤 특수 문체에 쓰이는 일과 맥이 닿고 있다 (앞에 나옴).

(1a′)도 (1a)-1, 2와 같은 동작류에 붙었기 때문에 E가 S에 선행하는 과거 시제라 할 수 있다. 이 용례는 직설법 ‘命終ᄒᆞ노라’, 회상법 ‘…ᄒᆞ다라’, 추측법 ‘…호리라’와의 계열 관계에 의해서 과거 시제가 파악되는 것이다. 더욱이 과거 시제 관련의 시간 부사 ‘ᄒᆞ마’의 사용은 ‘호라’ 어형이 과거 시제임을 분명히 해 준다. 이 텍스트는 선수 (善宿)의 구라제 (究羅

---

8) 이곳에서는 잠정적으로 현대어의 동작류를 분석한 油谷幸利 (1978)을 참조하였다.

9) (1a)-1에 지시성이 결여되어 있다는 것은 (1a)-1의 출전의 바로 뒤쪽 (31b)에 역시 같은 범주에 속하는 ‘-더라’ (뒤에 나옴)가 쓰였다는 사실로도 뒷받침된다.

貴ᄒᆞᆫ 光明이 잇더라

帝)에 대한 물음 "네 命終ᄒᆞᆫ다"에 대한 답변이다. [+지시성]의 구문이므로 시제가 분명하다[10]. (1b′)의 어형이 [−상관성]의 장면에 나타나는 일은 없다. 그것은 선어말 어미 '-오-'가 개재되었기 때문이다.

(1b)~(1c′)는 모두 [+상태성]의 동작류를 표시하는 형용사와 지정사의 용례다. (1b), (1c)-1은 'ᄒᆞ다, 이라' 어형의 용례다. 이 가운데서 (1c)-2를 제외하고는 [+상관성]의 장면에 나타난 것이다. 계열상으로는 회상법, 추측법과 대립하고 있다. E가 S에 일치한다는 점에서 시제는 현재라 할 수 있다. (1b′)에 '오늘'과 같은 발화시 관련의 부사가 쓰이고 있음이 그것을 뒷받침한다. (1c)-2는 협주에 나타나는 것으로서 [−상관성]의 자질을 띠고 있다. 지시성이 결여되어 있다는 점에서 특정한 시제를 부여하기 어렵다. (1b)의 '하다' 어형이 [−상관성]의 장면에 쓰이는 용례는 찾아지지 않는다. 이 경우는 대체로 부정법 (1′)의 어형 '하니라'에 의존하지 않나 한다 (뒤에 나옴).

(1′a)-1 그ᄢᅴ …그 사ᄉᆞ미 삿기 ᄇᆡ여 돌 ᄎᆞ거늘 그 돌 우희 도라와 슬피 울오 ᄒᆞᆫ 겨지블 나ᅀᆞᄫᆞ니라 (釋詳 11: 25ab)

(1′a)-2 "네 아비 ᄒᆞ마 주그니라" (月釋 17: 21a)

(1′a)-3 福田은… 福 바티라 ᄒᆞ니라 (釋詳 6: 19a)

(1′a)-4 大師ᄂᆞᆫ 큰 스ᄉᆞ이니 그 仙人ᄋᆞᆯ 니르시니라 (釋詳 11: 27b)

(1′a′) "내 毗奈耶애 몬져 願 ᄀᆞᄅᆞ쵸미 이쇼니라" (口訣文省略) (楞嚴 7: 23a)

(1′b)-1 킈 젹도 크도 아니ᄒᆞ고 ᄉᆞᆯ히 지도 여위도 아니ᄒᆞ니라 (月釋 1: 26b)

---

10) 飜譯朴通事上 (1517년 이전?)에 '호라' 어형이 많이 나온다. 이들은 거의 예외 없이 『박통사언해』 (1677년)에 과거형으로 바뀌어 있다. 이는 부정법의 소멸 연대의 측정에도 좋은 자료가 되겠지만 동사에 붙는 '호라' 어형이 과거 시제의 기능을 표시함을 방증하는 것이라 하겠다.
  1) "올ᄒᆡ니 소인이 :보이다" (번역박통사상, 58) cf. "올흐니 소인이 보앗노라" (박통사언해 상, 52)
  2) "네 언제 온다" "그저귀피 :오라" (上同, 51) cf. "… 굿그적끠 왓노라" (上同, 46)

(1′b)-2 "네 겨지비 고ᄫᆞ니여" 對答ᄒᆞᅀᆞᄫᅩᄃᆡ "고ᄫᆞ니이다" (月釋 7: 10b)

(1′c)-1 予는 내 ᄒᆞᅀᆞᆸ시논 ᄠᅳ디시니라 (訓正)

(1′c)-2 "眞實로 우리 죵이니이다" (月釋 8: 94b)

위의 문장들은 부정법의 식별 과정에서 (1′)라 하여 둘째 설명법 어미로 처리한 어형들의 용례다. (1′a)-1은 (1a)와 같이 E가 S에 선행하지만 [−상관성]의 장면인 지문의 용례다. 따라서 회상법 '-더라'로 흔히 대치된다. (1′a)-2는 (1a′)와 같이 [+상관성]의 장면에 나타나는 대화의 용례이므로 지시성이 뚜렷하여 과거 시제임이 분명하다. 이러한 시제성은 같은 둘째 설명법 어형 '죽ᄂᆞ니라'와의 계열 관계를 통해서 나타나는 것이다. 시간 부사 'ᄒᆞ마'의 쓰임이 그러한 시간 내용을 분명히 해 준다. (1′a′)는 부정법의 둘째 설명법 어미 '-(으)니라'도 선어말 어미 '-오-'와 통합될 수 있음을 보여 주는 용례라 하겠다. '몬져' 등의 시간 부사로 볼 때, 이 용례의 E는 S에 선행하는 과거 시제라고 할 수 있다. 이러한 시제성은 '잇노니라, *잇다니라'와 같은 어형과의 계열 관계를 통해서 나타난다.

(1′a)-3, 4의 두 용례는 모두 [−상관성]의 장면에 나타난 것인데 (1′a)-1만큼 과거 시제성이 뚜렷하지 못하다. 오히려 E가 S와 무관한 보편적 사실을 지시한다. (1′a)-3은 [−지시성]의 구문이고 'ᄒᆞ다'가 [−상태성]의 동작류적 성격이 희박한 인용 동사이며, (1′a)-4는 '니ᄅᆞ다'가 역시 [−상태성]의 성격이 약한 지칭 동사라는 데 그 원인을 찾을 수 있다. 이 두 동사는 다른 동사와는 달리 부정법과 직설법을 수의로 선택하는데 (ᄒᆞ니라, ᄒᆞᄂᆞ니라; 니ᄅᆞ니라, 니ᄅᆞᄂᆞ니라), 이런 것도 이의 동작류적 성격과 결부시켜 해석할 수 있다.

(1′b)-1, (1′c)-1은 협주의 용례로서 [−상관성]의 장면에 쓰이고 있기 때문에 지시성의 부여가 어렵다고 할 수 있다. (1b)의 '하다' 어형이 [−상관성]의 장면에 쓰이는 용례를 찾을 수 없다고 했는데 이 경우 대개

(1′b)-1의 어형이 쓰이는 것이다.

형용사와 지정사에 '-(으)니라'가 붙으면 원칙법의 선어말 어미 '-(으)니-'와 구조적 양상이 같아지므로 양자를 분간하기 힘들다. 원칙법은 대체로 일방향적 통보 기능이 강한 텍스트에 나타난다는 점을 고려하면 (§4.1), (1′b)-2와 (1′c)-2는 단순한 직설 설명법의 용례임을 알 수 있다. 전자는 부처의 난타에 대한 물음에서 나타나고, 후자는 "이 ᄯᆞ리 너희 죻가"라는 장자의 물음에 대한 답변이므로 화자의 양태적 태도를 읽기가 힘들다[11]. 이들 용례는 E가 S에 일치하는 현재 시제성의 부여가 충분하다. 이러한 시간 내용은 회상법, 추측법의 어형 '곱더니이다, *고ᄫᆞ리니이다, 죻이러니이다, *죻이리니이다'와의 계열 관계를 통해서 나타난다.

(2a) "므스므라 오시니잇고" (釋詳 6: 3a)
(2b) "大施主의 功德이 하녀 져그녀" (釋詳 19: 4a)
(2′a) "엇던 行業을 지ᅀᅥ 惡道애 ᄠᅥ러딘다" (月釋 21: 56a)
(2′b) "그듸 엇던 사ᄅᆞ민다" (月釋 10: 29b)
(2″a) "이 이ᄅᆞᆫ 엇던 因緣으로 이런 相이 現ᄒᆞᆫ고" (楞嚴 3: 112a)
(2″b) "내 몸도 좃ᄌᆞᄫᅡ 갏 ᄡᅡ힌가 몯 갏 ᄡᅡ힌가" (月釋 8: 93a)

(2)는 1·3인칭 의문법 어형의 실례인데 동작류에 따라 (2a)는 E가 S에 선행하고 (2b)는 서로 일치한다. (2′), (2″)는 관형사형에 첨사가 붙은 의문법 어형의 용례인데 (2)와 같이 동작류에 따라 E가 S에 선행하기도 하고 일치하기도 한다. 이러한 시제성은, (2a), (2′a), (2″a)는 직설법, 회상법, 추측법과, (2b), (2′b), (2″b)는 회상법, 추측법과 계열 관계를 이룸으로써 나타나는 것이다.

---

11) 둘째 직설 설명법 어미 '-(으)니라'와 직설 원칙 설명법 '-(으)니라'의 차이점에 대하여는 다시 논의될 것이다 (§4.1.1).

3.1.2. 내포문[12)]

A. 접속 어미

(3a) 그날 다드라 金 부플 티니 나랏 사롬 十八億이 다 모드니 六師의 무리 三億萬이러라 (釋詳 6: 27-8)

(3a′)-1 "내 ᄒᆞ마 發心호니 엇뎨 住ᄒᆞ며 降ᄒᆞ리잇고" (口訣文省略) (金三 2: 4b)

(3a′)-2 "내 … 아래 … 陁羅尼롤 듣ᄌᆞᄫᆞ니 過去諸佛이 아래 니ᄅᆞ샤 威神ᄋᆞ로 加護ᄒᆞ시니 내 이제 또 隨順ᄒᆞ야 닐어 … 便安케 호리라" (月釋 10: 87-8)

(3b) "부텨 맛나미 어려ᄫᆞ며 法 드로미 어려ᄫᆞ니 네 이제 사ᄅᆞ미 모믈 得ᄒᆞ고 부텨를 맛나 잇ᄂᆞ니" (釋詳 6: 10-1)

(3b′) "우리ᄂᆞᆫ 다 부텻 아ᄃᆞᆯ ᄀᆞᆮ호니 如來 샹녜 우리롤 아ᄃᆞ리라 니ᄅᆞ시ᄂᆞ니이다" (月釋 13: 32-3)

(3c) 狐ᄂᆞᆫ 영이니 그 性이 疑心 하니라 (楞嚴 2: 3a)

(3c′) "내 ᄀᆞ로니 이에 살아지라" (月釋 7: 12a)

중세어의 문장 접속의 종속적 연결 어미 '-(으)니'도 현대어와 같이 "설명" 이외, "원인" 등의 몇 가지 의미가 표시되는 것으로 알려져 있다 (허웅 1975: 522). 이곳에서는 "설명"의 '-(으)니'에 한정된다. 이 경우의 '-(으)니'가 '-ᄂᆞ니, -더니, -(으)리니'와 계열 관계를 형성하는 것으로 해석되기 때문이다.

(3a)는 [−상관성]의 장면에 나타나는 용례다. 이 텍스트가 과거의 일에 대한 설화이나 '그날' 등으로 미루어 지시적 성격이 어느 정도 부각되

12) 현대어의 내포문의 시제에 대하여는 남기심 (1978: 45-92), 양동휘 (1978), 안동환 (1980: 143-223) 참조.

므로 후행 주절의 E_2 (____ 참조)를 기준으로 선행절의 E_1을 어림잡을 수 있다. E_2를 과거 시제로 가정한다면 E_1 '티니'는 E_1' '모ᄃᆞ니'에 선행하고, '모ᄃᆞ니'는 E_2에 선행하는 것이다. 이러한 점은 [+상관성]을 띠고 있는 (3a′)-1, (3a′)-2의 용례에서 더 선명히 나타난다. 앞의 용례는 시간 부사 'ᄒᆞ마'에 의하여 E_1이 E_2에 선행함을 알 수 있다. 뒤의 용례도 E_1 '듣ᄌᆞᄫᆞ니'와 E_1' '加護ᄒᆞ시니'는 시간 부사 '아래' 등에 의해 E_2보다 선행함을 알 수 있다. 여기서 E_2는 시간 부사 '이제'로 미루어 S와 일치한다[13].

(3b), (3b′), (3c)는 모두 [−지시성]을 가졌거나 [+지시성]이 희박한 일반적 사실에 대한 진술이다. E_2는 S와 일치하는 현재 시제라 할 수 있지만 이를 기준으로 E_1을 규정하기는 힘들다. (3c′)는 [+지시성]을 부여할 수 있으니 E_1의 시제는 S에 일치하는 E_2의 기준의 현재인 것이다.

B. 관형사형 어미 및 동명사형 어미

(4a)-1 "내 이제 네 어미 간 ᄯᅡ홀 뵈요리라" (月釋 21: 21b)
(4a)-2 "出家ᄒᆞᆫ 사ᄅᆞᄆᆞᆫ 쇼히 ᄀᆞᆮ디 아니ᄒᆞ니…어드리 가료" (釋詳 6: 22a)
(4a)-3 馬兵은 ᄆᆞᆯᄐᆞᆫ 兵이오… 步兵은 거른 兵이라 (月釋 1: 27b)
(4a′)-1 "鹿母夫人ᄋᆡ 나ᄒᆞᆫ 고ᄌᆞᆯ 어듸 ᄇᆞ린다" (釋詳 11: 32b)
(4a′)-2 夜叉ᄂᆞᆫ ᄂᆞᆯ나고 모디다 ᄒᆞᆫ ᄠᅳ디니 (月釋 1: 14b)
(4a′)-3 帝釋은 西天 마랫 釋迦…陁羅ᄅᆞᆯ 조려 닐온 마리니 (月釋 1: 31ab)
(4b)-1 "이런 됴ᄒᆞᆫ 緣으로 亡者ㅣ 惡道ᄅᆞᆯ 여희며 魔鬼ᄃᆞᆯ히 다 믈러 흐터 가리이다" (月釋 21: 126b)
(4b)-2 明行足ᄋᆞᆫ ᄇᆞᆯᄀᆞᆫ 힝뎌기 ᄀᆞᄌᆞ실 씨라 (釋詳 9: 3a)

---

13) 접속 어미 'ᄒᆞ니/호니' 어형이 동사에 붙을 때 과거 시제의 기능을 표시한다는 것은 앞의 'ᄒᆞ다, 호라'의 경우와 마찬가지로 『번역박통사 상』과 『박통사언해』와의 비교에서도 드러난다. 후자에서는 전자의 '호니' 어형이 과거형으로 바뀌어 있다.
나는 몰라 일즉 가져 오디 아니호니 (번역박통사 상, 65) cf. 아디 몯ᄒᆞ여 일즙 가져오디 못ᄒᆞ여시니 (박통사언해 상, 57)

(4b)-3 "나도 如來 겨신 ᄃᆡ를 모ᄅᆞᅀᆞᄫᅡ이다" (釋詳 11: 10ab)

(4c) 소니 ᄯᅩ 구리 토빈 거시 ᄇᆡ술홀 ᄢᅢ혀며 (月釋 21: 43b)

(4c′) "다 如來ㅅ 威力이론 고ᄃᆞᆯ 아라라" (釋詳 9: 28a)

(4a)-1의 E_1은 E_2에 선행한다. E_2는 S에 일치해 보이므로 E_1은 S 기준의 과거 시제이다. (4a′)-1의 E_1도 E_2에 선행한다. E_2는 S에 선행하므로 E_1은 E_2 기준의 과거다. 그러나 (4a)-2는 (4a)-1과 같은 동작류에 쓰이기는 했어도 보편적 사실을 서술하는 [−지시성]의 구성에 나타나므로 E_2 (=S)[14]에 기준을 두어 그 시간 내용을 말하기 어렵다. 따라서 이 경우는 직설법 '出家ᄒᆞᄂᆞᆫ'으로 바꾸어도 시제가 명확하지 않은 점은 마찬가지다. (4a)-3에 나오는 '믈ᄐᆞᆫ, 거른'도 [−지시성]의 구문에 쓰였으므로 그 시제를 명확히 할 수 없다. 이때도 '믈ᄐᆞᄂᆞᆫ, 걷ᄂᆞᆫ'과 같은 직설법으로 바꿀 수 있다 (뒤에 나옴). (4a′)-2의 'ᄒᆞ다'와 (4a′)-3의 '니ᄅᆞ다'에서도 마찬가지다. 앞에서 우리는 이런 종류의 동사가 '-(으)니라'를 취하는 이유를 [−상태성]의 동작류가 희박한 점과 [−지시성]의 구문 성격에 관련시켜 설명했는데 관형사형에서도 같은 해석을 내릴 수 있다. 현대어는 '하는, 이르는'과 같이 직설 관형사형을 선택하는데 중세어는 부정 관형사형에도 통합되는 것이다 (뒤에 나옴).

(4b), (4c)는 형용사와 지정사의 용례다. (4b)-1, (4b)-3, (4c′)는 [+지시성]의 구문에 쓰였으므로 E_1은 E_2 (=S)와 대체로 일치하는 현재 시제를 표시한다. 그러나 (4b)-2와 (4c)는 [−지시성]의 구문에 쓰였으므로 시제를 정확하게 말하기 어렵다. E_1은 E_2와 무관하다고 할 수밖에 없다.

(4′a)-1 自枉詩ᄒᆞᄂᆞ로 已十餘年이오 (杜諺 11: 5a)

(4′a)-2 옷도 ᄆᆞᅀᆞᆷ난 조초 ᄀᆞ라닙고 (釋詳 24: 26b)

---

14) 앞으로 E_2가 S와 일치할 때는 E_2 (=S)라 말하기도 한다.

(4′a′)-1 "子息이며 내 몸 니르리 布施ᄒᆞ야도 그딋 ᄒᆞᆫ 조초ᄒᆞ야 뉘읏븐 ᄆᆞᅀᆞᄆᆞᆯ 아니호리라 (釋詳 6: 8-9)

(4′a′)-2 그러나 내라 ᄒᆞᆫ 아래ᄂᆞᆫ 비록 是ᄅᆞᆯ 세디 아니ᄒᆞ나… (楞嚴 2: 59b)

(4′a′)-3 德이여 福이라 ᄒᆞ놀 나ᅀᆞ라 오소이다 (樂學軌範, 動動)

(4′a′)-4 ᄂᆞᄆᆡ ᄲᅮ미 ᄃᆞ욀씨 닐온 傭이오 (法華 2: 191b)

(4′a′)-5 ᄒᆞᆫ 말이 ᄡᅧ 蔽ᄒᆞ야시니 ᄀᆞᆯ온 思ㅣ 邪 업슴이니라 (論語 1: 9b)

위의 용례들은 관형사형 어미 '-(으)ㄴ'의 단독적 용법, 곧 동명사로 쓰인 것이다. 이 경우도 관형사형일 때와 큰 차이가 없다. (4′a)-1은 주석문의 용례다. 번역문의 '그를 보내요ᄆᆞ로부터 ᄒᆞ마 여라믄 ᄒᆡ오'를 참고하면 '글을 보낸 지'의 뜻이므로 E_1은 E_2 (=S)에 선행하는 과거 시제다. (4′a)-2는 현대어의 '마음 내키는 (대로)'에 해당한다. 통합 용언이 동사임에도 불구하고 E_2가 E_1에 선행하는 것 같지 않다. 오히려 일치하는 것이 아닌가 한다. 이는 'ᄆᆞᅀᆞᆷ나다'가 앞의 인용 동사 'ᄒᆞ다'나 지칭 동사 '니ᄅᆞ다'와 같이 [−상태성]의 동작류의 성격이 희박한 데 그 원인이 있지 않은가 한다. (4′a′)-1은 '(그대의) 한 (것을 따라)'의 의미다. E_1이 E_2 (=S)에 선행하므로 과거 시제임이 분명하다.

그러나 (4′a′)-2는 인용 동사 'ᄒᆞ다'에 '-(으)ㄴ'이 붙은 것이다. '내라고 하는 데부터 아래는…'의 뜻이니 그 시제가 매우 부정적 (不定的)이다. 'ᄒᆞ다'의 동작류적 성격과 관련해서 해석할 수 있다. (4′a′)-3도 같은 범주에 든다. (4′a′)-4, 5는 현대어의 '이른바'와 같이 하나의 단어로 익어 버렸지만, 동사 자체가 [−상태성]의 특성이 희박한 지칭 동사이고 또 [−지시성]의 구문에 나타났으므로 E_1을 단순히 E_2 기준으로 말하기 어렵다.

C. 간접 인용 구문

현대어는 인용 보문소 '라고'와 '고'에 의해 직접 인용과 간접 인용을 구별할 수 있지만 (남기심 1973), 중세어는 아직 양자를 구별할 만한 분명한 표지가 드러나 있지 않다[15]. 현대어에 유추하여 내포된 문장이 ᄒᆞ라체로 되어 있으면 일단 간접 인용 구문으로 간주하기로 한다. 용례는 부정법의 식별에서 사용한 종결 어미 번호 위에 막대기를 긋기로 한다.

($\overline{1}$a)-1 댱가들며 셔방마조ᄆᆞᆯ 다 婚姻ᄒᆞ다 ᄒᆞᄂᆞ니라 (釋詳 6: 16b)
($\overline{1}$a)-2 이ᄣᅴ 아ᄃᆞᆯᄯᆞᆯ히 아비 죽다 듣고 … (月釋 17: 21a)
($\overline{1}$a)-3 經에 닐오ᄃᆡ … 無色諸天이 世尊ᄭᅴ 저ᅀᆞᆸ다 ᄒᆞᆫ 말도 이시며 (月釋 1: 36-7)
($\overline{1}$a)-4 能히 妄念에 性 뷘 ᄃᆞᆯ ᄉᆞᄆᆞᆺ 비취면 大道를 아다 ᄒᆞ리라 (月釋 9: 23b)
($\overline{1}$a′) 네 이제 다 닛고 곧 네 너교ᄃᆡ ᄒᆞ마 滅道ᄅᆞᆯ 得호라 ᄒᆞᆯᄊᆡ (法華 2: 31a)
($\overline{1}$b)-1 須彌ᄂᆞᆫ ᄀᆞ장 놉다 ᄒᆞᄂᆞᆫ ᄠᅳ디라 (月釋 1: 17a)
($\overline{1}$b)-2 그럴ᄊᆡ 제 올호라 ᄒᆞ고 ᄂᆞᄆᆞᆯ 외다 ᄒᆞ야 (釋詳 9: 14a)
($\overline{1}$b)-3 天眼ᄋᆞᆫ 하ᄂᆞᆳ 누니라 ᄒᆞᄂᆞᆫ 마리라 (月釋 1: 7a)
($\overline{1}$c) 소ᄂᆞ로 짓ᄂᆞᆫ 賤人이로라 제 너길ᄊᆡ (法華 2: 214b)
($\overline{1}$′) 사ᄅᆞ미 제 누늘 보디 몯고 누니 업스니라 ᄒᆞ야 (牧牛 13b)

간접 인용 구문의 시제 (E_1)도 접속 어미나 관형사형 어미와 같이 주절시 (E_2) 기준으로 파악되어야 한다. ($\overline{1}$a)-1과 ($\overline{1}$b)-1은 현대어의 사전 표제형과 같이 용언이라는 사실을 관념적으로 표시하는 기능밖에 수행하지 않으므로 그 시제는 부정적이다. E_2를 기준으로 한 시제 규정이 어려운 것이다. 나머지는 비내포문으로 나타나는 종결 어미와 마찬가지로 '-다'

15) 중세어의 인용 구문에 대한 전반적 고찰은 강인선 (1977) 참조. 중세어의 간접 인용 구문의 구조적 특성이 보다 정밀화될 필요가 있다.

가 동사에 붙으면 과거 시제를, 형용사와 지정사에 붙으면 현재 시제를 각각 표시한다고 할 수 있다. ($\overline{1}$a)-2~4와 ($\overline{1}$a′)의 용례는 동사에 붙었으므로 과거 시제임이 틀림없다. 단 ($\overline{1}$a)-4는 '안다'로도 해석되는데 '알다'란 동사가 가지고 있는 [+상태성]의 의미 자질과 관련되지 않나 한다. ($\overline{1}$b)-2와 ($\overline{1}$c)는 비동사 통합 예로서 현재 시제를 표시한다. E_1은 E_2에 대체로 일치하는 것 같다. 그러나 ($\overline{1}$b)-3은 [−지시성]의 구문에 쓰였으므로 E_1을 E_2 기준으로 말할 수 없다. 시제가 부정적이라고 하겠다.

($\overline{1}$′)는 둘째 설명법 어미가 내포된 용례다. 흔한 용례는 아니지만 E_1은 E_2에 의존하는 것 같다.

3.1.3. 총괄

부정법의 시제를 비내포문과 내포문으로 나누어 고찰해 보았다. 비내포문의 시제는 다음과 같다.

(ⅰ) 사건시가 발화시에 선행하는 것 ($E<S$)
(ⅱ) 사건시가 발화시에 일치하는 것 ($E=S$)
(ⅲ) 사건시가 발화시와 무관한 것 ($E\neq S$)

(ⅰ)은 [+상관성]의 장면에서 주로 [−상태성]의 동작류를 띤 동사와 통합될 때 나타난다. (ⅱ)는 [+상태성]의 동작류를 띤 형용사, 지정사, 존재사와 통합될 때 나타난다. 이러한 시간 내용은 회상법과 추측법과의 계열 관계를 통해서 확인되기 때문에 직설법의 범주에 들 수 있다 (뒤에 나옴). (ⅲ)은 [−상관성]의 장면이나 [−지시성]의 구문에서 나타난다. 인용 동사나 지칭 동사와 같이 [−상태성]의 동작류의 자질이 희박한 동사들도 이 범주에 들 수 있다.

내포문에서도 3가지의 시간 내용이 파악된다. E_1이 E_2에 의존하여 결정되는 것만 제외하고는 비내포문의 시제와 근본적으로 다르지 않다.

(ⅰ′) 내포문의 시제가 주절의 시제에 선행하는 것 ($E_1 < E_2$)
(ⅱ′) 내포문의 시제가 주절의 시제와 일치하는 것 ($E_1 = E_2$)
(ⅲ′) 내포문의 시제가 주절의 시제와 무관한 것 ($E_1 \neq E_2$)

(ⅱ)(ⅱ′)를 직설법에 포괄시키면 부정법은 (ⅰ)(ⅰ′), (ⅲ)(ⅲ′)의 기능만 갖게 된다. 그러나 (ⅲ)(ⅲ′)도 [－상관성]의 장면이나 [－지시성]의 구문에서 나타나므로 시제 범주에서 제외해야 한다. 따라서 부정법이 표시하는 기능은 (ⅰ)(ⅰ′)뿐이다. (ⅰ)(ⅰ′)의 [－상태성]의 동작류를 띤 동사에 붙어 직설법, 회상법, 추측법과 계열 관계를 형성함으로써 과거 시제를 표시하는 것인데 이것이 바로 부정법 형태의 중요한 기능이라고 할 수 있다 [붙임말 2].

3.2. 직설법의 시제

3.2.0. 현대어의 직설법은 발화시를 기준으로 하여 사태를 단순하게 직접적으로 파악하는 것으로 규정된다 (고영근 1965: §3.1.3/1999: 176; 1966). "단순하게"는 화자의 상념이나 의지가 포함되지 않았음을 가리키고 "직접적"이라 함은 회상법에 내립되는 것으로서 화자의 경험 내용을 전제로 하지 않음을 의미한다.

중세어의 직설법 연구는 앞서 확인한 직설법 형태소 '-ᄂᆞ-'에 치중하였다. '-ᄂᆞ-'를 河野六郎 (1951)에서는 "현재 어간"으로, 허웅 (1975: 877-8)에서는 "현실법"으로 다루어 왔다. 앞의 부정법의 형태가 보여 주는 직설법적 용법은 전혀 고려하지 않았다[16]. 저자는 부정법에서 목격했던 직설법의 기능을 수용하면서 존재사 '잇다'의 활용도 고려하는 방향에서 중세어의 직설법을 다루어 보고자 한다.

3.2.1. 비내포문

(1a)-1 "네 어미 사라싫 제 엇던 行業을 ᄒᆞ더뇨 이제 惡趣에 이셔 至極 受苦ᄒᆞᄂᆞ다" (月釋 21: 53b)

(1a)-2 "世尊이 弟子 阿難 羅雲이돌 더브르샤… ᄒᆞ마 오시ᄂᆞ이다" (月釋 10: 8a)

(1a′)-1 護彌 닐오ᄃᆡ "소리뿐 듣노라" (月釋 6: 15a)

(1a′)-2 "내 이제 부텨를 보ᅀᆞᄫᅡ 뒷논 三業善을 衆生ᄃᆞᆯ 爲ᄒᆞ야 無上道애 도ᄅᆞᅘᅧ 向ᄒᆞ노이다" (月釋 10: 33ab)

(1b) "이 蓮花ㅣ 五百 니피오 닙 아래마다 하ᄂᆳ 童男이 잇ᄂᆞ이다" (釋詳 11: 32a)

(1b′) 지비 다 ᄀᆞᅀᅵ 와 잇노라 (杜諺 20: 37b)

(1′a) 二禪으롯 우흔 말ᄊᆞ미 업슬ᄊᆡ 大梵天王이 娑婆世界를 ᄀᆞᅀᆞᆷ아ᄂᆞ니라 (釋詳 6: 16b)

(1′a)-2 댱가들며 셔방마조ᄆᆞᆯ 婚姻ᄒᆞ다 ᄒᆞᄂᆞ니라 (釋詳 13: 6b)

(2a) "스승니미 엇던 사ᄅᆞ미시관ᄃᆡ 쥬벼느로 이 門ᄋᆞᆯ 여르시ᄂᆞ니잇고" (月釋 23: 84a)

(2b) "이어긔 갓가ᄫᆡ 사ᄅᆞᄆᆡ 지비 잇ᄂᆞ니잇가" (月釋 8: 94a)

(2′) "므스글 얻는다" (月釋 1: 36b)

부정법 'ᄒᆞ다'와는 달리 'ᄒᆞᄂᆞ다'는 주로 [+상관성]의 장면에 쓰인다[17].

16) 저자는 현대어의 직설법을 다루는 마당 (고영근 1965/1999: 168)에서 형용사와 지정사에 붙는 어미들을 처음부터 직설법 형태로 간주하여 작업을 시도한 바 있다.

17) 『金剛經三家解』의 아래의 용례는 「頌」에 나타나는 것으로 [−상관성]의 장면에 나타난다

(1a)-1은 E가 S에 일치하므로 현재 시제이다. 그것은 발화시 관련의 부사 '이제'에 의해 더 선명해진다. 이 용례에서 동작의 진행적 의미가 파악되는 것은 그 동작류적 특성에 말미암는다. 현대어로는 '수고하고 있다' 내지 '수고하는 중이다'로 받아들여진다. (1a)-2는 E가 S에 선행하는 용례다. 이러한 시제성은 과거 관련의 부사 'ᄒᆞ마'의 쓰임에 의해서 확증된다. 이런 경우는 대개 완료상의 표현 '-어 잇다'에 의존한다[18]. (1a′)-1은 (1a)-1과 같이 E가 S에 일치하는 것이다. 이 용례는 '듣는 상태'가 S를 전후하여 지속되고 있음을 의미한다. 이 용례는 '듣다'의 동작류가 [+상태성] [+결과성]의 자질을 가진 데 말미암는다. (1a′)-2는 이 텍스트에 이어지는 "ᄒᆞ고 百千 디위 갊도ᅀᆞᆸ고 머리 조ᅀᅡ 禮數ᄒᆞᅀᆞᆸ고 虛空애 ᄂᆞ라가니라"란 지문을 고려하면 E는 S 직후인 미래 시제로 해석된다. 발화시 관련 부사 '이제'는 '向ᄒᆞ노이다'에 걸리는 것이 아니라 '보ᅀᆞᄫᅡ 뒷논'과 공존하는 것이다.

(1b)는 '잇ᄂᆞ니이다'로도 나타나는데 (§2.1.2), E는 S에 일치한다. 선어말 어미 '-ᄂᆞ-'가 '잇다'와 짝이 되는 '없다'에 붙으면 동사로 전성하는 기능을 가지는데 '잇다'에는 '-ᄂᆞ-'가 붙어도 동작류를 바꾸지 않는다. '없다'와, '잇다'의 공대어인 '겨시다'는 일반 형용사와 같이 '-ᄂᆞ-'가 붙지 않는데 '잇다'는 항상 '-ᄂᆞ-'를 동반한다. 이는 '-ᄂᆞ-'의 동반이 '잇다'의 동작류를 바꾸는 것이 아님을 의미한다. 불규칙 활용으로 볼 수 있다. (1b′)도 (1b)와 같은 것인데 '없다'의 경우는 '업소라'로 나타나서 '잇노라'와 '업소라'가 짝을 이룬다. 이 어형은 때때로 '이슈라, 이쇼라'로 나타나는 일이 없지 않으나 과거 시제를 표시하는 부정법이라기보다는 '잇노라'의 변이형으로 보아질 때가 많다[19].

고 할 수 있다. 지문 등의 [−상관성]의 장면에는 보통 둘째 설명법 어미 '-ᄂᆞ니라'가 쓰인다.
ᄆᆡ햇 새 놀애 브르ᄂᆞ다 (3: 14a)

18) 완료상 형태의 의미는 §5.1 참조.

19) 『두시언해』 (8: 2b)의 다음 용례 참조.

(1′a)-1은 [−상관성]의 장면인 협주의 지문인데 E는 S와 무관한 것으로 보인다. (1′a)-2도 [−상관성]의 장면에 쓰인 것인데 S와 E의 관련성이 찾아지지 않는다. 이러한 사실은 이 구문이 [−지시성]을 띤 점과 'ᄒᆞ다'가 인용 동사인 점에서 그 원인을 찾을 수 있다. 'ᄒᆞ다'가 인용 동사로 쓰일 때는 'ᄒᆞ니라'로도 나타나는 일을 보았는데 (§3.1.1), 이는 'ᄒᆞ다'의 동작류적 특성과 [−지시성]이라는 구문 자질에 그 원인이 있는 것이다.

(2a)는 E가 S에 일치하는 현재 시제를 표시하고 있다. (2b)는 앞의 설명법 어미에서와 같이 '업스니잇가, 겨시니잇가'와 짝이 되는 '잇다'의 불규칙적 활용이 체계적으로 나타난 것에 지나지 않는다. (2′)는 E가 S에 일치하는 것으로 현재 시제를 표시하는 것이다.

3.2.2. 내포문

A. 접속 어미

(3a)-1 "阿難아 … 네 이제 能히 受ᄒᆞᄂᆞ니 다 如來ㅅ 威力이론 고ᄃᆞᆯ 아라라" (釋詳 9: 28a)

(3a)-2 "六師ㅣ 이리 니르ᄂᆞ니 그듸 沙門 弟子ᄃᆞ려 어루 겻굴따 무러 보라" (釋詳 6: 26-7)

(3a)-3 이 香이 高山이라 홀 뫼해셔 나ᄂᆞ니 그 묏보오리 쇠머리 ᄀᆞᄐᆞᆯ씨 (月釋 1: 27a)

(3a)-4 "婬欲앳 이ᄅᆞᆫ 즐거ᄫᅮ믄 젹고 受苦ㅣ 하ᄂᆞ니 ᄇᆞᄅᆞᆷ 거스려 홰 자봄 ᄀᆞᆮᄒᆞ야 … 제 몸 주글 ᄯᅩᆯ 모ᄅᆞᄂᆞ이다" (月釋 7: 18ab)

(3a)-5 八分은 … 八齊라 ᄒᆞ니 … 八分齊ᄅᆞᆯ 八支齊라도 ᄒᆞᄂᆞ니 … 八

ᄯᅩ 王孫 爲ᄒᆞ야 져근 더들 셔슈라

그러나 §3.1.1의 (1′a′)의 용례는 시간 부사 '몬져' 등으로 미루어 볼 때 과거 시제 표시의 부정법으로 볼 수 있다.

齊라 ᄒᆞᄂᆞ니라 (月釋 9: 18a)

(3b) 十萬億土 디나아 ᄒᆞᆫ 世界 잇ᄂᆞ니 일후미 極樂이니 (月釋 7: 56ab)

(3a′)-1 "나ᄂᆞᆫ 布施ᄅᆞᆯ 즐겨 사ᄅᆞ미 ᄠᅳ들 거스디 아니ᄒᆞ노니 … 내 布施ᄒᆞ논 ᄆᆞᅀᆞᄆᆞᆯ 허디 말라" (月釋 1: 12-3)

(3a′)-2 "내 이ᄅᆞᆯ 爲ᄒᆞ야 어엿비 너겨 새로 스믈 여듧 字ᄅᆞᆯ ᄆᆡᆼᄀᆞ노니 사ᄅᆞᆷ마다 ᄒᆡᅇᅧ 수ᄫᅵ 니겨 … 便安킈 ᄒᆞ고져 ᄒᆞᇙ ᄯᆞᄅᆞ미니라" (訓正)

(3a′)-3 "우리ᄂᆞᆫ 罪 지슨 모미라 하ᄂᆞᆯ해 몯 가노니 願ᄒᆞᆫᄃᆞᆫ … ᄂᆞ려 오시게 ᄒᆞ쇼셔" (釋詳 11: 11-2)

(3a)-1은 E_1이 E_2 (____)와 동시적이고 E_2는 S와 일치하니 S 기준의 현재다. 이 용례도 비내포문의 (1a)-1과 같이 동작이 계속되고 있음을 의미하는 것으로 현대어의 진행상 형태로 대치될 수 있다. (3a)-2는 E_1이 E_2에 선행하고 E_2는 S와 일치하니 S를 기준으로 한 과거 시제다. 이 텍스트는 육사 (六師)가 말한 내용을 전달하는 것이다. 이런 경우는 '닐엣ᄂᆞ니'와 같이 완료상의 표현 '-어 잇다'에 의존하는 것이 보통이다.

(3a)-3은 E_1이 E_2와 무관하다. 그것은 이 텍스트가 [−지시성]을 띠고 있다는 데 원인이 있다. '향' (香)이 '고산' (高山)이라고 하는 산에서 나는 것은 S뿐만 아니라 S 이전에도 그 이후에도 가능하다. 현대어로는 '나는 것이니'로 풀이되어 원칙법의 의미가 파악된다. (3a)-4도 같은 범주의 용례다. E_2는 S와 일치하지마는 E_1은 E_2와 무관 (無關)하다. '수고가 많은 법이니' 내지 '수고가 많게 되는 것이니'로 풀어진다. 이 텍스트는 시간관념 (時間觀念)을 초월하여 음욕의 속성을 진술하고 있다. (3a)-5는 인용동사에 '-ᄂᆞ니'가 붙은 것이다. 인용 동사나 지칭 동사는 [−상태성]의 동작류가 희박하여 부정법을 취하는 사실을 이미 확인하였는데 이곳에서도 마찬가지다. 'ᄒᆞᄂᆞ니' 바로 옆에 'ᄒᆞ니'가 쓰였다는 것이 바로 그 증거가 될 수 있다. 'ᄒᆞ니', 'ᄒᆞᄂᆞ니' 중 어느 것을 선택해도 E_1은 E_2와 무관하다.

존재사 ‘잇다’에서도 같은 사실을 발견한다. (3b)는 E_1이 E_2와 무관한데 [−지시성]의 구문에 쓰였기 때문이다. ‘잇다’와 같은 동아리에 속하는 ‘없다’와 ‘겨시다’는 ‘업시니’, ‘겨시니’와 같은 부정법의 형태에 의해 직설법을 표시한다.

(3a′)-1은 E_1이 E_2 (=S)와 일치하기 때문에 현재 시제를 표시한다고 할 수 있다. 보시 (布施)를 즐겨서 남의 뜻을 거역하지 않는 사실은 어떻게 보면 [−지시성]의 자질을 띠고 있어서 E_1이 S와 무관하다고 할 수 있다. (3a′)-2는 (3a)-2와 같이 E_1이 E_2에 선행하는 것이다. ‘밍ᄀᆞ라 잇노니’ 내지 ‘밍ᄀᆞ랫노니’로 나타날 수 있는 용례다. (3a′)-3은 E_1이 E_2 (=S)에 후행하니 미래 시제라고 할 수 있다. 보통의 경우에는 ‘몯 :가리니’로도 나타날 수 있는 것이지만 하늘에 못가는 것이 확정된 운명으로 파악되었기 때문에 직설법이 선택된 것이 아닌가 한다.

B. 관형사형 어미 및 동명사형 어미

(4a)-1 “이 지븨 사ᄂᆞᆫ 얼우니며 아ᄒᆡ … 여희리니” (月釋 21: 99a)

(4a)-2 “(有情ᄃᆞᆯ) … 漸漸 머리며 누니며 손바리며 고기며 모미라도 비ᄂᆞᆫ 사ᄅᆞᄆᆞᆯ 주리어니 ᄒᆞ물며 녀나ᄆᆞᆫ 쳔랴ᇰ이ᄯᆞ녀” (月釋 9: 30b)

(4a)-3 獸ᄂᆞᆫ 긔ᄂᆞᆫ 즁ᄉᆡᇰ이라 (月釋 21: 113a)

(4a)-4 象兵은 ᄀᆞᄅᆞ쳐 싸호매 ᄡᅳ리ᄂᆞᆫ 고키리오 (月釋 1: 27a)

(4a′)-1 “우리ᄃᆞᆯ히 … 願ᄒᆞ논 이ᄅᆞᆯ 다 일의 호리이다” (釋詳 9: 40ab)

(4a′)-2 모매 됴ᄒᆞᆫ 옷 닙고져 호매 다 제 먹논 ᄠᅳ드로 ᄃᆞ외야 나ᄂᆞ니라 (月釋 1: 32a)

(4a′)-3 難陁ᄂᆞᆫ 깃브다 ᄒᆞ논 마리니 (釋詳 13: 7b)

(4b) “罪苦 잇ᄂᆞᆫ 衆生ᄋᆞᆯ 너비 … 解脫케 ᄒᆞ야지이다” (月釋 21: 29b)

(4a)-1은 E_1이 E_2 (=S)에 일치하기 때문에 S 기준의 현재다. 현대어의

직설 관형사형의 진행상 '살고 있는'으로 이해되는데 산다는 상태가 S를 중심으로 지속하고 있음을 의미한다. '살다'는 '듣다'와 같이 [+상태성]의 동작류에 속한다. (4a)-2는 [−지시성]의 구문에 쓰인 용례인데 그 E_1은 E_2 (=S)와는 무관하므로 시제를 정확히 말할 수 없다. 따라서 이 경우는 현대어로는 진행상에 의한 해석이 성립되지 않는다. (4a)-3은 그러한 점이 더 분명하다. E_1은 E_2와 전혀 무관하다. 부정법에서도 동사에 붙는 '-(으)ㄴ'의 E_1이 E_2와 무관한 예를 보았다. (4a)-4도 같은 범주에 속하는데 같은 출전의 같은 면에 '물ᄐᆞᆫ 兵, 거른 兵'이 사용되고 있으니 중세어 언어 사용자에게는 [−지시성]의 구문에서 부정법과 직설법이 수의로 선택되었음을 알 수 있다.

(4a′)-1은 그 E_1이 S 기준으로도 현재가 되고 E_2 기준으로도 현재가 될 수 있다. 그러나 E_2는 S에 후행하는 것으로 생각되기 때문에 E_2 기준의 현재 시제로 생각함이 더 온당할 것 같다. (4a′)-2는 협주의 지문에 나타나는 [−상관성]의 자질을 띤 용례인데 (4a)-3과 같이 [−지시성]의 구문에 나타난 것이다. 이 용례의 바로 앞에 '머군'이 나타남은 [−지시성]의 구성에서는 직설 관형사형과 부정 관형사형과의 교체가 수의로 일어났음을 알려 준다. 다음 용례가 그런 사실을 더 분명히 해 주는 것이다.

(4a′)-2′ 누네 고ᄫᆞᆫ 것 보고져 ᄒᆞ면 제 머군 ᄠᅳ드로 고ᄫᆞᆫ 거시 ᄃᆞ외야 뵈며 (月釋 1: 31-2)

(4a′)-3은 인용 동사가 직설 관형사형을 취한 것이다. 이 경우도 E_1은 E_2와 무관하다. 이는 인용 동사 'ᄒᆞ다'의 동작류적 특성과 [−지시성]이란 구문 자질에서 비롯되는 것이다. 이 경우도 부정법 어형이 나타나는 것을 이미 목격했다. (4b)는 [+상관성]의 장면에 나타난 [−지시성]의 구문이다. E_1은 E_2 (=S)와 무관하다. 이 경우 '겨시다, 없다'는 '겨신, 업슨'

으로 나타난다.

직설 관형사형 '-ᄂᆞᆫ'이 동명사로 쓰이는 용례는 '잇다'에 붙는 다음의 것이 고작인 것 같다.

(4′) "믌 가온ᄃᆡ 곳니폴 잇ᄂᆞᆫ 조초 노코" (楞嚴 7: 12a)

이 용례는 [+지시성]의 구문에 쓰인 것이므로 E_1은 E_2 (=S)와 일치하며 따라서 E_1은 S 기준의 현재 시제라 할 수 있다.

C. 간접 인용 구문

직설법의 간접 인용 구문을 부정법에 준하여 제시한다.

($\bar{1}$a)-1 德叉迦ᄂᆞᆫ 毒ᄋᆞᆯ 내ᄂᆞ다 ᄒᆞᄂᆞᆫ 마리오 (月釋 13: 7b)
($\bar{1}$a)-2 乾闥婆ᄂᆞᆫ 香내 맏ᄂᆞ다 ᄒᆞᆫ ᄠᅳ디니 (月釋 1: 14b)
($\bar{1}$a)-3 사ᄉᆞᆷ도 삿기 비골하 ᄒᆞ거든 ᄆᆞᅀᆞ매 닛디 몯ᄒᆞᄂᆞ다 ᄒᆞ더시니 (月釋 11: 41a)
($\bar{1}$a′)-1 婆羅門이 그 말 듣고 고ᄫᆞᆫ ᄯᆞᆯ 얻니노라 ᄒᆞ야… ᄒᆞ더니 (釋詳 6: 41a)
($\bar{1}$a′)-2 釋迦如來 그ᄢᅴ 菩薩ㅅ 道理 ᄒᆞ노라 ᄒᆞ야 (釋詳 6: 8a)
($\bar{1}$′a′) 반ᄃᆞ기 神通光明ㅅ 用ᄋᆞᆯ 나토ᄂᆞ니라 ᄒᆞ시니 (牧牛 10b)
($\bar{1}$b) 子賢長子ㅣ지비 잇다 듣노이다 (月釋 8: 94a)

($\bar{1}$a)-1, 2는 현대어의 사전 등록형과 같이 용언이라는 사실을 관념적으로 표시하므로 그 시제는 부정적이다. E_1은 E_2와 아무 관계가 없다. 우리는 부정법에서도 이런 현상을 발견했는데 직설법에서도 이런 형태가 나타나는 것이다. ($\bar{1}$a)-3은 E_2가 과거 시제로 생각되므로 E_1은 E_2 기준의

현재 시제다. (1̄a′)-1은 선어말 어미 '-오-'를 취한 간접 인용 구문인데 앞의 용례와 같이 과거 시제인 E_2 기준의 현재 시제가 아닌가 한다. (1̄a′)-2도 설화 내용과 '그ᄢᅴ' 등을 고려할 때 과거 시제인 E_2 기준의 현재 시제가 아닌가 한다. (1̄′a′)는 둘째 설명법 어미가 내포된 용례다. 이것이 직접 인용 구문일 가능성도 있고 원칙 설명법일 가능성도 있어서 단정하기 어려우나 간접 인용 구문이라고 한다면 E_1은 과거 시제로 간주되는 E_2 기준의 현재 시제로 볼 수 있다.

(1̄b)는 존재사 '잇다'가 간접 인용 구문에서는 '잇ᄂᆞ다'가 아닌 '잇다'로 나타남을 보여 주는 용례다. 앞서 본 바와 같이 다른 환경에서는 '잇ᄂᆞ다, 잇노라, 잇ᄂᆞ니라, 잇ᄂᆞ니여, 잇ᄂᆞ니, 잇ᄂᆞᆫ'으로 나타난다. 이 용례를 통하여 간접 인용 구문에서는 '잇다'가 '겨시다, 없다'와 같이 활용한다고 말할 수 있는 것이다. 다음 용례와 비교해 볼 수 있다.

(1̄b′) 부톄 門ᄋᆡ 와 겨시다 듣고 (月釋 7: 7b)
(1̄b″) 阿鼻ᄂᆞᆫ 쉴 ᄊᆞᅀᅵ 업나 ᄒᆞᄂᆞᆫ 마리니 (月釋 1: 29ab)

(1̄b)와 (1̄b′)는 E_1이 E_2에 일치하므로 그 시제는 현재이다. 그러나 (1̄b″)는 [−지시성]의 구문에 나타나므로 E_1은 E_2와 무관하다.

3.2.3. 총괄

직설법 형태소 '-ᄂᆞ-'의 시간 내용을 비내포문과 내포문으로 나누어 고찰해 보았다. 비내포문의 시제는 다음과 같다.

(i) 사건시가 발화시에 일치하는 것 (E=S)
(ii) 사건시가 발화시에 선행하는 것 (E<S)
(iii) 사건시가 발화시에 후행하는 것 (E>S)

(ⅳ) 사건시가 발화시와 무관한 것 (E≠S)

내포문에서도 4가지 기능이 파악되나 환경에 따라 차이가 있다.

(ⅰ′) 내포문의 시제가 주절의 시제와 일치하는 것 ($E_1=E_2$)
(ⅱ′) 내포문의 시제가 주절의 시제에 선행하는 것 ($E_1<E_2$)
(ⅲ′) 내포문의 시제가 주절의 시제에 후행하는 것 ($E_1>E_2$)
(ⅳ′) 내포문의 시제가 주절의 시제와 무관한 것 ($E_1 \neq E_2$)

접속 어미에서는 4가지 가능성이 다 표시된다. 그러나 관형사형 어미에서는 (ⅰ′)(ⅳ′)만이 확인되고 간접 인용 구문에서는 (ⅱ′)를 제외한 기능이 표시되는 것으로 귀납된다.

(ⅱ)(ⅱ′)는 완료상의 표현 '-어 잇다'로 나타나는 것으로서 직설법의 본질적 시제 기능이라고 할 수 없다. (ⅲ)(ⅲ′)는 발화시 이후의 사건이 확정적일 때 나타나는 것으로서 현재 시제 형태가 보편적으로 가지고 있는 특성 중의 하나다. (ⅳ)(ⅳ′)는 [－상관성]의 장면이나 [－지시성]의 구문에서 나타나는 것으로서 부정법에서도 목격된 바 있는데 이는 시제 범주에 들기가 어렵다. 비내포문과 내포문에 걸쳐 나타나는 (ⅰ)(ⅰ′)만이 직설법 형태의 본질적 기능이라 할 수 있다. (ⅰ)(ⅰ′)에는 부정적 형태의 기능에서 목격된, 형용사와 지정사에 걸쳐 나타나는 (ⅱ)(ⅱ′)도 포함될 수 있다 [붙임말 3].

직설법은 동사에는 선어말 어미 '-ᄂ-'가 통합됨으로써 성립되고 형용사와 지정사에서는 현대어와 같이 부정법 형태 ∅에 의해 나타난다. 존재사는, '잇다'는 '-ᄂ-'를 취함으로써 직설법이 표시되고, '없다, 겨시다'는 형용사, 지정사와 같이 부정법의 형태에 의지하는 것이다. 직설법이 표시하는 시간 내용, 곧 현재 시제성은 보통, 동사에서는 '-ᄂ-'가 부정법, 회상법, 추측법과의 계열 관계를 형성함으로써 나타나고 형용사와 지정사에서는 '-∅-'가 회상법, 추측법과의 계열 관계를 형성함으로써 표시되는 것이다. 그러나 존재사에서는 '잇다'는 동사와 같은 계열 관계에 의해서 나타나고 '겨시다'는 형용사, 지정사와 같은 계열 관계에 의존한다.

3.3. 회상법의 통사 · 의미상의 제약과 그 시제

3.3.0. 현대어의 회상법 (回想法)은 그것이 지닌 통사 · 의미상의 제약 때문에 전통 문법으로부터 구조 · 기술 문법과 변형 · 생성 문법에 이르기까지 여러 가지 각도에서 그 성격을 밝히려는 시도가 있어 왔다. 그러나 중세어에 대하여는 河野六郎 (1948)과 이승욱 (1977)의 시도 이외는 특기할 만한 것이 없다. 그런데 이들의 연구도 현대어의 회상법에 대한 이해가 충분하지 못하고 의미 파악에 있어서 구조적 측면에 대한 배려가 잘 안 되어 있기 때문에 아직도 그 본연의 모습이 덜 부각되어 있다고 생각한다.

저자는 현대어의 회상법에 대한 연구 성과를 중심으로 앞서 확인한 '-더-'의 구조적 양상을 고려하는 측면에서 회상법이 지닌 통사 · 의미상의 특성과 시제상의 문제를 구명해 보고자 한다. 중세어의 회상법은 부정법과 직설법과는 달리 간접 인용 구문에서 나타나는 예를 찾기가 어렵다. 연결 어미에서는 접속 어미 '-(으)니'뿐만 아니라 다른 연결 어미에서도 나타난다. 이곳에서도 비내포문과 내포문으로 나누어 작업하기로 한다.

3.3.1. 비내포문

(1a)-1 "(須達) … 그딋 ᄯᆞᄅᆞᆯ 맛고져 ᄒᆞ더이다" (釋詳 6: 15a)

(1a)-2 모도아 니르건댄 ᄠᅳ데 몯 마ᄌᆞᆫ 이리 다 願ᄀᆞ티 ᄃᆞ외더라 (月釋 10: 30b)

(1a′)-1 "내 롱담ᄒᆞ다라" (釋詳 6: 24b)

(1a′)-2 "우리ᄂᆞᆫ 眞實ㅅ 佛子ㅣᆫ돌 모ᄅᆞ다이다" (月釋 13: 35b)

(1b)-1 "우리돌히 지븨 이싫 저긔 受苦ㅣ 하더이다" (月釋 10: 23a)

(1b)-2 (世尊) … 舍衛國에 오실 쩌긔 須達ᄋᆡ 지ᅀᅮᆫ 亭舍마다 드르시며 길헤 사ᄅᆞᆷ 濟渡ᄒᆞ샤미 그지 업더시다 (釋詳 6: 38-9)

(1b′) "너희ᄂᆞᆫ커니와 내 지븨 이싫 저긔 受苦ㅣ 만타라" (月釋 10: 23a)

(1′) 諸天을 아니 다 니르ᄉᆞᆸ뎡 實엔 다 왯더니라 (釋詳 13: 7a)

(2a) "뉘 닐오ᄃᆡ 어머니미 이에 잇다 ᄒᆞ더니잇고" (月釋 23: 82a)

(2b) "沙羅樹王이 八婇女 보낼 나래 앗가ᄫᆫ ᄠᅳ디 업더녀" (月釋 8: 91b)

(2′) "네 겨집 그려 가던다" (月釋 7: 10a)

(1a)-1은 현대어에서도 목격할 수 있는 용례다. 파라문이 주체인 수달에 대해 견문한 것을 청자인 호미에게 회상하여 설명해 주는 것이다. 이러한 '-더-'의 의미는 이와 계열 관계에 있는 'ᄒᆞᄂᆞ이다'와의 비교에 의해 구명되는 것이다. 통합 관계로는 'ᄒᆞ이다'와의 비교에 의존한다. 시제는 e (경험시)를 기준으로 하면 현재 시제이고 S (발화시)를 기준으로 하면 과거 시제이다.

(1a)-2는 앞의 용례와는 달리 [−상관성]의 장면인 지문의 용례인데 부정법의 첫째 설명법 어미 '-다'나 둘째 설명법 어미 '-(으)니라'로 바꾸어도 의미의 차이를 일으키지 않는다 (§3.1). 현대어의 소설 지문에 쓰이는 '-었다'와 연결시킬 수 있다. [−상관성]에 나타나는 '-더라'를 문헌이나 다른 사람의 말에 근거해서 화자, 곧 작자가 직접 체험한 것처럼 이야기에 진실미를 줄 필요가 있을 때 쓰이는 것이라고 설명함으로써 [+상관성]에 쓰이는 '-더-'와 같은 가치를 띤 것으로도 생각할 수 있다[20].

20) 河野六郎 (1948)에도 이런 방식으로 '-더라'를 설명한 것이 있고 저자도 그런 접근법을

이런 해석을 시도한다면 지문에 나타나는 부정법의 '-다, -(으)니라'도 [+상관성]의 장면에 나타나는 '-다, -(으)니라'와 연관을 시켜야 하는데 '-더라'의 경우와 같은 해석이 불가능하다. 따라서 (1a)-2의 '-더라'는 부정법의 '-다, -(으)니라'와 같이 [－상관성]의 장면에 쓰이는 특수한 형태로 처리하는 것이 좋을 듯하다.

(1a′)-1은 현대어의 통사 규칙으로써는 설명할 수 없다. 이는 아래의 문장이 비문법적임을 통해서 알 수 있는 것이다.

(1a′)-1′ *내가 농담하더라

현대어로는 오히려 '내가 농담했다'와 같은 과거형으로밖에는 허락하지 않는다. 현대어에서는 '느껴지다'와 같은, 화자의 심리적 동작을 표시하는 소수의 동사를 제외하고는 주체가 화자 자신일 때는 '-더-'가 나타나지 못한다 (고영근 1965: §3.2/1999: 180). (1a′)-1은 태자가 수달에게 금을 땅에 틈 없이 끌면 동산을 팔겠나고 발한 것이 거짓이었음을 인식시켜 주는 것으로 바로 앞에 있었던 화자 자신의 행위에 관련된 진술이다. 이러한 의미는 통합 관계로는 '-더-'가 결여된 '롱담호라', 계열 관계로는 '롱담ᄒᆞ노라' 등과의 비교를 통하여 파악될 수 있다.

'-다라'의 의미를 보다 분명히 할 필요가 있다. 통합 관계의 '호라'와 계열 관계에 있는 'ᄒᆞ노라'에 해당하는 용례를 부정법 (§3.1)과 직설법 (§3.2)에서 옮겨 보기로 한다.

(1a′) "내 ᄒᆞ마 <u>命終호라</u>"
(1a′)-1 "소리뿐 <u>듣노라</u>"

원용 (援用)한 일이 있다 (고영근 1980c).

‘롱담ᄒᆞ다라’의 용례를 (1a′)와 비교하면 후자는 어떤 경험 내용도 전제하지 않은 단순 과거를 표시하는 데 대하여 전자는 화자 자신의 행위에 대한 직접적 성찰 (省察)에 토대를 두고 있다. 한편 이 용례를 (1a′)-1과 비교해 보자. S를 기준으로 하면 과거 시제라고 할 수 있으나 e를 기준으로 하면 현재 시제다. e가 S라면 ‘롱담ᄒᆞ노라’로 나타날 수 있다. ‘롱담ᄒᆞ다’의 동작류가 [−상태성] [−순간성] [−결과성]이기 때문에 ‘농담하고 있었다’로 해석함이 온당하다.

(1a′)-2[21]는 혜명수보리 (慧命須菩提) 등의 사람들이 부처에게 그들 자신의 과거의 상황을 설명하는 것으로 역시 화자 자신의 직접적 견문을 토대로 하고 있다. ‘모ᄅᆞ다’가 [+상태성] [+결과성]의 동작류를 띠었기 때문에 동작의 진행이 아니고 상태의 지속의 의미가 파악된다. ‘모르고 있었습니다’ 정도로 받아들여진다.

(1b)-1도 현대어에서는 목격할 수 없다. 곧 다음과 같은 문장은 비문법적이다.

(1b)-1′ *우리들이 집에 있을 적에 수고가 <u>많습디다</u>.

현대어에서 회상법은 이와 같이 객관성 형용사와 통합되지 못하는데 (고영근 1965: §3.2.1/1999: 181), 중세어는 결합이 가능한 것이다. 화자 자신이 실제로 겪었던 일을 상대방에게 인식시켜 주는 것이다. 시제는 다른 용례와 같이 e를 기준으로 하면 현재 시제이고 S를 기준으로 하면 과거 시제이다. 이 용례는 ‘-더-’가 결여된 ‘하다’와의 비교에 의해 의미가 파악된다. (1b)-2는 지문에 나타나는 [−상관성]의 용례로서 비동사 (非動詞)도 지문에 나타날 수 있음을 보여주는 용례라 하겠다. (1b′)는 앞의 (1b)-1과 수의로 교체될 수 있는 문맥에 나타난 것이다. 현대어로는 ‘수

---

21) 이 용례는 이미 河野六郎 (1948)에서 인용된 일이 있다.

고가 많았다'로 받아들여지는데 화자의 직접적 체험에 토대를 두고 있다. 시제는 S와 e 기준으로 달리 책정된다. 이 용례는 '-더-'가 결여된 '만호라'와의 비교에 의해 의미가 파악되므로 통합 관계에 의존하다.

(1′)는 둘째 회상 설명법의 용례다. 협주의 지문이므로 [−상관성]의 자질이 부여될 수 있다. 화자의 직접적 체험과는 아무 관계가 없는 것으로서 용례 (1a)-2, (1b)-2와 같은 테두리에 넣을 수 있다.

(2a)는 현대어에서도 찾을 수 있는 용례다. 옥주가 청자인 목련에게 견문 사항을 회상시켜 물어 보는 것이다. 목련의 답변도 다음과 같이 '-더라'로 호응되고 있다.

(1b′) "釋迦牟尼佛 <u>니르시더라</u>"

시제는 e 기준으로는 현재, S 기준으로는 과거다.

(2b)는 비동사 (非動詞)의 통합 예다. 광유 성인 (光有聖人)이 비구에게 주체인 사라수왕 (沙羅樹王)에 내해 견문한 섯을 회상시켜 눋는 것이다. 따라서 답변도 다음과 같이 '-더라'로 호응하고 있다.

(2b′) "大王이 앗가ᄫᆫ 쁘디 <u>업더시이다</u>"

시제는 앞의 동사 통합 예와 같다.

(2′)는 회상 관형사형 '-던'에 첨사 '다'가 붙은 것으로 현대어에서는 찾을 수 없는 용례다. '갔더냐' 등으로 받아들여진다. 이 용례는 부처가 난타에게 경험 사항을 묻는 것이다. 이리하여 답변도 회상법으로 호응되고 있다.

(2″) "實엔 그리ᄒᆞ야 <u>가다이다</u>"

시제는 e 기준으로는 현재, S 기준으로는 과거다. 이 용례는 통합 관계로는 '더'가 결여된 '간다', 계열 관계로는 '가는다'와의 비교에 의해 그 의미가 파악된다.

3.3.2. 내포문

A. 접속 어미

(3a) 부톄 舍衛國에 겨시거늘 堀山中에 五百 도ᄌᆞ기 이셔 길헤 나 사ᄅᆞᆷ 티고 도ᄌᆞᆨᄒᆞ더니 如來 方便力으로 ᄒᆞᆫ 사ᄅᆞᆷ ᄆᆡᆼᄀᆞᄅᆞ샤 (月釋 10: 27ab)

(3a′) "내 상녜 이리 니르다니 舍利佛아 아라라" (釋詳 13: 60a)

(3b) "내 지븨 이셔 상녜 環刀ㅣ며 막다히ᄅᆞᆯ 두르고 이셔도 두렵더니 이제 ᄒᆞ오ᅀᅡ 무덦 서리옛 나모 아래 이셔도 …" (月釋 7: 5b)

(3c′) "내 지븨 이싏 저긔 舍衛國 사ᄅᆞ미라니 父母ㅣ 나ᄅᆞᆯ 北方 ᄊᆞᄅᆞ ᄆᆞᆯ 얼이시니" (月釋 10: 23b)

(3a)는 [−상관성]의 장면에 나타난 것으로서 화자 [작재]의 직접적 경험과는 무관하다 [붙임말 3-1]. E_1이 E_2 (____)에 선행하고 E_2는 S (설화시 내지 집필시)에 선행하니, 과거 시제로 해석할 수 있으나, 지시성이 희박하므로 시제를 정확하게 부여하기 힘든다. (3a′)는 현대어의 통사 규칙으로는 형성이 불가능한 것으로서 "일렀더니"로밖에는 받아들여지지 않는다. 화자의 직접적 경험 행위에 토대를 두고 있다. E_1이 E_2 (=S)에 선행하니 시제는 과거이다. 그러나 e 기준으로는 현재다. (3b)는 주관성 형용사에 '-더니'가 붙은 것인데 현대어에서도 목격된다. 그것은 (3b)를 현대어로 옮긴 다음 용례가 가능하다는 점으로 알 수 있다.

(3b′) "… 막대를 휘두르고 있어도 두렵더니 …"

(3c′)는 (3a′)와 마찬가지로 현대어에서는 발견할 수 없다. '사위국 사람이었는데 …' 정도로 옮겨진다. 이 용례도 (3b)와 같이 화자의 직접적 체험과 관련되어 있다.

접속 어미에서는 E_1이 E_2 기준으로 설명된다는 점 이외에는 종결 어미의 경우와 차이가 없다. [－상관성]의 장면에서도 나타나고 주체가 화자일 때도 쓰인다. 접속 어미의 회상법은 통합 관계로는 '-더-'가 결여된 '-니'와의 비교를 통해, 계열 관계로는 직설법 '-ᄂᆞ니'와의 비교를 통해 각각 그 의미가 파악된다.

B. 관형사형 어미

(4a)-1 "내 ᄒᆞ던 이리 甚히 외다ᄉᆞ이다" (釋詳 24: 18a)

(4a)-2 이ᄂᆞᆫ 菩薩 行ᄒᆞ던 衆生ᄋᆞᆯ 니르시니라 (釋詳 13: 51a)

(4a′) "큰 受苦ᄒᆞᇙ 時節에 네 모로매 내ᄋᆡ 忉利天宮에 이셔 브즈러니 付囑ᄒᆞ단 이ᄅᆞᆯ ᄉᆡᇰ각ᄒᆞ야 … 여희에 ᄒᆞ라" (釋詳 11: 8ab)

(4b) 그 東山애 열가짓 祥瑞 나니 좁던 東山이 어위며 (月釋 2: 28b)

(4a)-1은 다음과 같은 둘째 설명법 어미 등을 가진 서술성 구문에서 유도된 것으로 볼 수 있기 때문에 (§2.1.6), 화자의 직접적 관찰이 기초가 되어 있다고 할 수 있다.

(4a)-1′ "내 (엇던) 이ᄅᆞᆯ ᄒᆞ다니라"

E_2가 S 기준의 과거 시제이고[22], E_1 (＝e)은 E_2 기준의 현재 시제이다. 그러나 S 기준으로는 과거 시제이다.

---

22) 이 용례의 E_2가 나타나는 '외다ᄉᆞ이다'는 회상법 '-더-'와 감동법 '-옷-'이 화합된 것이다. 자세한 것은 §2.2.3.2 참조.

(4a)-2는 [－상관성]의 장면에 나타난 것이다. '니르다'가 지칭 동사이고 [－지시성]의 구문에 나타난다는 점만으로도 S와 무관함을 알 수 있다. 따라서 E_1을 '行ᄒᆞᄂᆞᆫ'으로 바꿀 수도 있고 E_2도 '니르시더라'로 바꿀 수도 있다. 이런 점으로 미루어 보면 이 용례는 다음과 같은 둘째 설명법 어미 등을 가진 서술성 구문에서 유도되었다고 할 수 있다 (§2.1.6).

(4a)-2′ 衆生ᄃᆞᆯ히 菩薩을 行ᄒᆞ더니라

관형사형 구문이 [－상관성]의 장면 자질을 띠고 있듯이 이 구문도 [－상관성]의 장면인 단순한 지문인 것이다.

(4a′)는 다음과 같은 둘째 설명법 어미를 가진 문장에서 유도되었다고 할 수 있으므로 화자 자신의 직접적 관찰에 근거해 있다고 할 수 있다.

(4a″) "내 忉利天宮에 이셔 브즈러니 付囑ᄒᆞ다니라"

E_1의 시제는 e 기준으로는 현재 시제다. 그러나 E_2 (=S) 기준으로는 과거 시제다.

(4b)는 [－상관성]의 장면에 쓰였으므로 화자의 경험과는 무관하다. 이 문장도 다음과 같은 [－상관성]의 장면 자질을 가진 둘째 설명법 어미로 된 문장에서 유도된 것이라 할 수 있다.

(4b′) 東山이 좁더니라

E_2가 과거 시제로 생각되므로 E_1은 E_2 기준의 과거라 할 수 있다. 그러나 정확한 시제의 부여는 쉽지 않다.

C. 다른 연결 어미

(6a) "ᄒᆞ다가 내 큰 法 즐기던댄 오로 맛디샤미 오ᄅᆞ시리랏다" (法華 2: 232a)

(7a) "내 아랫 뉘예 이 經을 바다 디녀 닐그며 외오며 ᄂᆞᆷᄃᆞ려 니르디 아니ᄒᆞ더든… 菩提ᄅᆞᆯ 得디 몯ᄒᆞ리러니라" (釋詳 19: 34ab)

(6a)는 화자가 과거에 큰 법을 즐기지 못했다는 경험에 근거를 두고 있다. E_1은 e 기준의 미래 시제인 E_2[23)]에 선행하는 현재가 된다. 그러나 S 기준으로는 과거 시제다. (7a)도 화자가 전세에 법화경을 송독 (誦讀)했다는 사실에 근거를 두고 있다. 현대어로는 '이르지 아니했던들'로 이해된다. E_1은 e 기준의 미래 시제인 E_2[24)]에 선행하므로 현재 시제가 된다. 그러나 S 기준으로는 과거 시제가 된다.

3.3.3. 총괄

회상법의 통사·의미론적 제약과 시제를 비내포문과 내포문으로 나누어 고찰해 보았다.

중세어의 회상법은 현대어와 같이 화자나 청자의 견문 내지 경험 내용을 근거로 하고 있다. 발화 참여자의 직접적 경험에 바탕을 두지 않은 [−상관성]의 상황에 나타나는 '-더-'의 쓰임은 회상법의 범주에 넣기 어렵다 [붙임말 4]. 중세어의 회상법의 통사상의 특징은 주체가 화자일 때도 나타나고 객관성 형용사에도 통합된다는 사실이다. 그리고 회상 관형사형은 이에 대응하는 회상 서술성 구문에서 유도될 수 있다는 것도 큰 특징이 된다 [붙임말 5, 5-1].

---

23) '-(ᄋᆞ)리랏다'의 시제성에 대하여는 §4.3.5 참조.
24) '-(ᄋᆞ)리러니라'의 시제성에 대하여는 §4.1.4 참조.

회상법의 시제는 발화시 (S)와 경험시 (e)를 기준으로 달리 말해질 수 있다. 발화시를 기준으로 하면 '-더-'의 시제는 과거라고 할 수 있다. 무엇을 체험한다는 것은 과거 시간에서만 가능하기 때문이다. 그러나 경험시 (e)를 기준으로 하면 현재 시제가 된다. 직설법에서 보이는 부정 시제, 과거 시제, 미래 시제와 같은 의미는 찾을 수 없다는 것도 회상법이 나타내는 시제상의 특징이다. 직설법에서 나타나는 사건시 (E)와 발화시 (S)의 일치를 현재 시제라고 한다면 회상법에서 나타나는 사건시와 경험시의 일치도 역시 현재 시제라 할 수 있다. 이러한 점은 현대어에서 보다 정연한 패러다임을 보여 준다[25].

서법 / 시제	직설법	회상법
현재	간다	가더라
과거	갔다	갔더라
미래	가겠다	가겠더라

3.4. 추측법의 의미와 시제

3.4.0. 추측법 (推測法)은 현대어에서도 아직 쓰이고 있고 더구나 최근 들어 논의의 대상이 되고 있는 '-(으)ㄹ 것이'의 직접적 소급형임에도 불구하고 별로 주의를 기울이지 못했다[26]. 중세어의 추측법 '-(으)리-'는 현대어의 '-(으)ㄹ 것이-'뿐만 아니라 '-겠-'과도 긴밀한 관계를 맺고 있으므로 의미상의 특수성을 깊이 천착할 필요가 있다[27]. 추측법은 회상법과는

25) 국어 회상법에 대한 이러한 접근법은 이미 Ramstedt (1939: 70-2)에서 기초가 마련되었고 저자도 현대어의 서법 체계와 시제를 이런 방법으로 처리하였다 (고영근 1965: §3.2.4/1999: 192).

26) 현대어의 추측법에 대하여는 고영근 (1965: §3.4/1999: 198) 참조.

27) 중세어의 추측법에 대한 포괄적 업적은 河野六郎 (1951) 참조.

달리 간접 인용 구문에서도 나타나며 접속 어미 '-(으)니' 이외의 다른 연결 어미에서도 나타난다. 다른 서법과 같이 비내포문과 내포문으로 구분한다.

3.4.1. 비내포문

(1)-1 "내 願을 아니 從ᄒᆞ면 고ᄌᆞᆯ 몯 어드리라" (月釋 1: 12b)

(1)-2 "如來 오ᄂᆞᆳ 바ᇝ 中에 無餘涅槃애 들리라" (釋詳 13: 34a)

(1)-3 "이 사ᄅᆞᆷᄃᆞᆯ히 당다이 恭敬ᄒᆞ야 … 됴ᄒᆞᆫ 이리 하리이다" (釋詳 13: 46a)

(1)-4 곶 이슬 저즈리라 白氎 ᄢᅴ 무드리라 兩分이 갈아 안ᄌᆞ시니 (月千 其 42)

(1)-5 境을 因ᄒᆞ야 그르 알면 드위힐훠 緣에 어즐ᄒᆞ야 일마다 眞을 일흐리라 (楞嚴 2: 23b)

(1)-1′ "世尊하 未來世中에 善男子 善女人이 이 住ᄒᆞᆫ 고대 이 經典과 菩薩像ᄋᆞᆯ 두고 … 菩薩ᄋᆞᆯ 供養ᄒᆞ면 내 샹녜 이 사ᄅᆞᄆᆞᆯ 衛護ᄒᆞ야 … 一切 모딘 이ᄅᆞᆯ 다 消滅케 호리이다" (月釋 21: 149b-51b)

(1)-2′ "나옷 … 五百齋 아니 ᄒᆞ단디면 … 地獄애 드로리라" (月釋 23: 75b)

(1)-3′ "내 이제 分明히 너ᄃᆞ려 닐오리라" (釋詳 19: 4b)

(1′) 諸法이 幻 ᄀᆞᆮᄒᆞ니 幻 ᄀᆞᆮ홈도 得디 몯ᄒᆞ리니라 (口訣文省略) (圓覺下 2-2: 11b)

(2)-1 "이 世界ᄃᆞᆯᄒᆞᆯ 어루 ᄉᆞ랑ᄒᆞ야 혜여 그 數를 알려 몯ᄒᆞ려" (月釋 17: 5a)

(2)-2 "ᄒᆞ마 주글 내어니 子孫ᄋᆞᆯ 議論ᄒᆞ리여" (月釋 1: 7a)

(2)-3 "아바ᄂᆞᇝ 病이 기프시니 엇뎨ᄒᆞ료" (釋詳 11: 18b)

(2)-4 "부텨는 이 常住法身이어시니 엇뎨 國土ᄅᆞᆯ ᄡᅳ시리오" (口訣文

省略) (圓覺上 2-2: 160b)

(2′)-1 "네 엇던 혜ᄆᆞ로 나ᄅᆞᆯ 免케 ᄒᆞᇙ다" (月釋 21: 55-6)

(2′)-2 "大德아 如來 니ᄅᆞ시논 아홉 橫死ᄅᆞᆯ 매 몯 듣ᄌᆞᄫᅡ시ᇙ다" (月釋 9: 56ab)

(2″) "뉘 能히 이 娑婆國土에 妙法華經을 너비 니ᄅᆞᇙ꼬" (口訣文省略) (法華 4: 134b)

(1)-1은 구이가 선혜에게 하는 말인데 S (발화시) 이후에 일어날 주체 (2인칭)의 행위에 대한 가능성을 예측하는 것이다. (1)-2는 일월등명불 (日月燈明佛)이 대중에게 하는 말인데 S 이후의 주체 (3인칭)의 행위를 거의 확정적으로 말하는 것이다. 이러한 상황에서는 보통 직설 원칙법 '드ᄂᆞ니라'로 말할 수 있다.

(1)-3은 추측법이 형용사에 통합되는 용례인데 E (사건시)는 S에 일치하는 것 같다. 많은 사람이 부처의 교화를 입고 있으니 좋은 일이 많겠다는 것을 S 당시에 추측하는 것이다. (1)-4도 E와 S가 일치하는 것인데 추측이라기보다는 경계나 의구에 가깝다. '꽃이슬에 젖지 않을까 백첩에 때가 묻지 않을까'로 이해되기 때문이다. 현대어의 경계법 어미 '-(으)ㄹ라'와 흡사하다[28].

(1)-5는 협주의 지문에 나타나는 것으로 [−상관성]의 장면 자질을 띠고 있다. S 당시 (집필 당시 내지 설화 당시)의 사태를 추측하는 의미가 파악된다.

(1)-1′는 지장보살이 세존에게 하는 말인데 S 이후의 화자의 의도 (volition)를 진술하는 것이다. (1)-2′는 화자가 S 이후에 있을 자기의 행위를 서술하고 있다. 화자의 주관적 태도에 관련된 양태적 의미를 찾기가 힘들다. 자기가 오백재를 아니했으면 틀림없이 지옥에 들어간다는 것이다.

28) 현대어의 경계법 어미에 대하여는 고영근 (1974a: §3.5; 1976: §3.4/1999: 293, 341) 참조

직설 원칙법 '드ᄂᆞ니라'를 씀이 더 자연스러운 상황이다. 추측법이 선어말 어미 '-오-'를 수반하면 화자의 의도와 같은 양태적 의미가 파악되는데 이 경우는 그러한 의미가 읽혀지지 않는다[29]. (1)-3′는 S 직후에 일어난 화자의 의도를 진술하는 것이다. 현대어로는 '이르겠다'로 옮겨진다.

(1′)는 추측법 형태소의 식별 과정에서도 언급한 바와 같이 (§2.1.4), 둘째 추측 설명법 어미의 용례로 [−상관성]의 장면에 나타난 것이다. 화자의 양태적 태도와 관련된 의미를 찾아내기가 쉽지 않다. S 내지 S 이후의 사태에 대한 단순한 서술이 아닐까 한다.

(2)-1은 세존이 청자인 선남자에게 S 당시에 있어서 사태에 대한 가능성을 선택 의문의 방식으로 물어 보는 것이다. 곧 가능의 의미를 표시하고 있다. (2)-2도 발화 당시의 사태의 가능성을 표시한다. 곧 죽을 나인데 자손을 의논할 수 없다는 수사 의문이다. (2)-1의 형태 '-(으)려'는 대화와 같은 [+상관성]의 장면에서 선택 내지 판정 의문으로 나타나고 (2)-2의 형태 '-(으)리여'는 독백과 같은 [−상관성]의 장면에서 수사 의문으로 쓰이는 것이 아닌가 한다. (2)-3도 S 당시의 가능성을 태자가 신하에게 묻는 설명 의문이다. (2)-4도 S 당시의 가능성을 나타내고 있는데 수사 의문으로 간주된다. 앞의 '-(으)려, -(으)리여'와 같이 '-(으)료'는 대화에서 설명 의문으로, '-(으)리오'는 독백에서 수사 의문으로 구별되어 쓰이는 것으로 간주된다[30].

(2′)-1은 추측 관형사형에 첨사 '다'가 붙은 것이다. S 당시의 사태의 가능성을 묻고 있다. (2′)-2는 '못 듣고 있겠는가'라기보다는 '못 듣고 있는가'로 이해된다. '몯 듣ᄌᆞᄫᆞ시ᄂᆞᆫ다'로 나타나야 자연스럽지 않은가 한다. 다른 의문법에서와 같이 가능의 의미를 부여하기가 쉽지 않다. (2″)는 다른 의문법과 같이 가능의 의미가 쉽게 읽혀진다.

29) 이 용례의 의미 해석은 허웅 (1975: 773) 참조.

30) 이 문제는 보다 많은 자료 수집의 바탕 위에서 세밀히 추구되어야 할 것이다.

3.4.2. 내포문

A. 접속 어미

(3)-1 “이 善女人이 … 女人 잇ᄂᆞᆫ 世界예 다시 나디 아니ᄒᆞ리니 ᄒᆞ물며 또 女身호미ᄯᆞ녀” (月釋 21: 86ab)

(3)-2 “네 오ᄂᆞᆫ 뉘에 佛事ᄅᆞᆯ ᄀᆞ장ᄒᆞ리니 나 滅度ᄒᆞᆫ 後에 弟子ᄅᆞᆯ 너ᄅᆞᆯ 마ᄭᅵ노라” (釋詳 11: 14a)

(3)-1′ “阿逸多아 그 쉰차힛 善男子의 隨喜功德을 내 닐오리니 네 이대 드르라” (釋詳 19: 2a)

(3)-2′ “내 네 어미로니 … 목수미 열세히면 다시 惡道애 ᄠᅥ러듀리니 네 엇던 혜ᄆᆞ로 나ᄅᆞᆯ 免케 ᄒᆞᇙ다” (月釋 21: 55b)

(3)-1은 S 이후에 있어서 주체인 ‘선여인’ (善女人)의 행위를 추측하는 것이다. 현대어의 ‘-(으)ㄹ 것이니’로 이해된다. (3)-2는 2인칭 주체의 S 이후의 행위를 예측하는 것으로 역시 현대어의 ‘-(으)ㄹ 것이니’로 이어진다.

(3)-1′은 S 직후의 화자의 의도를 진술하는 것으로 S 기준의 미래로 해석된다. 이때는 대개 ‘-겠으니’로 풀이된다. (3)-2′는 (1)-2′와 같이 화자가 S 이후에 일어날 자신의 일을 단순하게 서술하는 것으로 화자의 양태적 태도를 구체적으로 읽기가 힘든다. ‘ᄠᅥ러디노니’ 내지 ‘ᄠᅥ러디ᄂᆞ니’로 표현되는 것이 더 자연스러워 보인다.

접속 어미에서는 E_2가 S와 일치하므로 E_1은 S 기준의 현재 내지 미래 시제가 된다.

B. 관형사형 어미 및 동명사형 어미

(4a)-1 “ᄒᆞ마 命終ᄒᆞᇙ 사ᄅᆞᄆᆞᆯ 善惡 묻디 말오” (月釋 21: 125b)

(4a)-2 "漸漸 無明 허롤 히미 이시리라" (蒙法: 5b)

(4a)-3 그 지븨셔 차반 밍ᄀᆞᆯ 쏘리 워즈런ᄒᆞ거늘 (釋詳 6: 16a)

(4a)-4 "諸佛ㅅ 實法을 드르리 이시면" (法華 2: 149b)

(4a)-5 相 보ᇙ 사ᄅᆞ미 닐오ᄃᆡ (月釋 2: 23a)

(4a)-6 禽은 노ᇙ 즁ᄉᆡᇰ이라 (月釋 21: 13a)

(4a)-7 調御는 이대 다ᄉᆞ릴 씨오 (釋詳 9: 3b)

(4a)-8 "그 부텻 목수믄 몯 혜ᇙ 劫 이라" (月釋 21: 129b)

(4a′)-1 "大闕에 보내ᅀᆞᄫᅡ 부텻긔 받ᄌᆞᄫᆞᇙ 고지라 몯ᄒᆞ리라" (月釋 1: 10a)

(4a′)-2 歡喜園이라 ᄒᆞᇙ 東山애 … 겨샤 (釋詳 11: 1a)

(4b)-1 有情과 無情괘 體와 性괘 섯거 ᄀᆞᆯᄒᆡ디 몯ᄒᆞ린 젼ᄎᆞ로 니ᄅᆞ샤ᄃᆡ (楞嚴 2: 38a)

(4b)-2 아직 ᄀᆞᄅᆞ쵸ᄃᆡ ᄀᆞᄅᆞ치디 몯 ᄒᆞ린 後에ᅀᅡ…ᄐᆞᆯ디니 (內訓 3: 5b)

(4a)-1은 E_1이 E_2 (____ 참조)에 후행한다. 이러한 시제성은 미래 관련의 시간 부사 'ᄒᆞ마'에 의해 더 분명해진다. 앞의 종결 어미나 문장 접속의 연결 어미 '-(으)니'에서 볼 수 있었던 추측이나 의도, 가능과 같은 양태적 의미가 분명하게 파악되지 않는다. (4a)-2는 화자가 S 당시에 있어 주체의 능력을 추측하는 것이다. (4a)-3은 E_1이 E_2 (=S)에 일치해 보인다. '밍ᄀᆞᄂᆞᆫ'으로도 나타날 수 있다. 그러나 이 구문을 [−상관성]의 장면 자질과 연관시키면 [+지시성]의 자질이 선명하지 않은 면도 포착된다. 일반적인 음식 만드는 소리로 간주할 수 있다는 것이다. 이렇게 보면 '밍ᄀᆞᆯ'은 E_2 (=S)와 무관한 것이 된다[31]. (4a)-4는 현대어로는 '듣는 이'로 옮겨진다. 위의 용례보다는 [−지시성]이 더 강하다. E_1은 E_2와 거의 무관하다. 이 용례는 [+상관성]의 장면에 나타나는 [−지시성]의 구문이다.

(4a)-5도 같은 범주에 속한다. 이 용례가 [−지시성]의 구문 자질을 가

31) 허웅 (1975: 898)에서도 두 가지 해석의 가능성이 시사되어 있다.

졌다는 것은 비슷한 표현에서 '-ᄂᆞᆫ'이 선택된다는 사실에 의해서 뒷받침된다.

(4a)-5′ 王이 占ᄒᆞᄂᆞᆫ 사ᄅᆞᄆᆞᆯ 블러 무르시니 (月釋 2: 23b)

(4a)-6도 'ᄀᆡᄂᆞᆫ' 등의 용례가 있음을 미루어[32], 'ᄂᆞᄂᆞᆫ'으로도 나타날 수 있다. [−지시성]의 통사 구성에 나타나기 때문에 형태 선택에 일관성이 없음을 보여 주는 용례라 하겠다. (4a)-7도 크게는 [−지시성]으로 설명될 수 있다. E_1은 E_2와 전혀 무관하다. 이러한 표현은 한자의 훈을 달 때 흔히 쓰이는 것이다[33]. (4a)-8은 시간 명사 '劫' 앞에 쓰인 것이다. 이러한 용법은 현대어에도 그대로 남아 있는데 E_1은 E_2와 전혀 무관하다[34].

(4a′)-1은 (4a)-1과 마찬가지로 E_1은 E_2에 후행할 뿐 화자의 어떠한 양태적 태도도 파악되지 않는다. 종결 어미와 접속 어미에서는 선어말 어미 '-오-'의 개재가 '-(으)리-'의 용법에 단순한 추정이나 서술 이외 의도와 같은 양태적 의미를 추가하는 것을 보았는데 관형사형에서는 그러한 면이 전혀 관찰되지 않는다. (4a′)-2는 인용 동사가 '-(으)ㄹ'을 취한 것이다. 인용 동사의 동작류적 성격과 [−지시성]이라는 구문상의 특성과 관련시켜 해석할 수 있다. 이 경우 부정법과 직설법도 나타날 수 있음을 보았는데 (§3.1.2; §3.2.2), 모두 같은 방식으로 설명하였다.

(4b)의 용례는 부정법 'ᄒᆞᆫ'으로 나타날 수 있는 것들이다. (4b)-1은 E_1이 E_2에 선행하고 (4b)-2도 그럴 가능성이 충분하다. 추상성을 표시하는 '젼ᄎᆞ'와 시간성을 표시하는 '後'의 앞에 쓰이고 있으므로 [−지시성]으로

32) §3.2.2의 B의 용례 (4a)-3 참조.

33) 한자의 훈에서 '白, 大'와 '素, 巨'의 훈이 '흰 ᄇᆡᆨ, 큰 대; 흴 소, 클 거'로 분화되어 있음을 보는데 이것도 [−지시성]의 구문 특성에 말미암은 수의적 어미 선택으로 해석할 수 있다.

34) 허웅 (1975: 898)에서는 시간 명사 앞의 '-(으)ㄹ'을 시간 관념이 중화 (中和)된 것으로 설명하고 있다.

설명할 수 있지 않을까 한다.

(4′)-1 엇뎨 見愛 오히려 이셔 二乘에 버으롤 甚히 머로ᄆᆞᆯ 알리오 (口訣文省略) (永嘉下: 71a)

(4′)-2 내 쳔량앳 거시 다ᄋᆞᆶ 업스니 (口訣文省略) (法華 2: 75b)

위의 용례는 '-(으)ㄹ' 동명사형이다. (4′)-1은 E_1이 E_2 (=S)에 후행한다. (4′)-2는 E_1이 E_2와는 무관한 것으로 이해된다. '-(으)ㄹ' 동명사형은 대개 부정 시제를 표시한다. 부정 관형사형 '-(으)ㄴ'에서도 그런 경향을 발견했었다 (§3.1.2).

C. 간접 인용 구문

(1)-1 黃兩黃金을 ᄉᆞᆯ리라 ᄒᆞ미니 (牧牛 15a)

(1)-2 더 太了ᄅᆞᆯ ᄆᆞᄢᅴ ᄆᆡᇰᄀᆞ로리리 ᄒᆞ야 (釋詳 24: 49b)

위의 용례는 추측법이 간접 인용 구문에 나타난 것이다. 다른 경우와 같이 E_2 기준의 양태성을 띤 미래 시제로 해석할 수 있다.

D. 연결 어미

(5)-1 블ᄀᆞ면 보니 업스리며 … 보리오 (口訣文省略) (楞嚴 3: 94b)

(5)-2 알퓐 다 我相이 이셔 功ᄋᆞᆯ 펴디 몯ᄒᆞ리라가 이젠 ᄒᆞ마 障이 더러 (圓覺下 3-1: 76b)

접속 어미 이외의 다른 연결 어미에서도 E_2 (=S) 내지 E_2 (=S) 이후의 사태를 추측하는 의미가 파악된다. (5)-1은 S를 기준으로 한 추측이며

(5)-2는 앞뒤의 문맥을 고려할 때 S 이전의 사태에 대한 추측인 것 같다.

3.4.3. 총괄

종결 어미와 접속 어미에서는 발화시 (S)나 발화시 이후의 사태를 단순하게 추측하거나 가능성과 같은 양태적 의미로써 추측하는 의미를 포착할 수 있었다. 주체가 화자일 때는 미래 사태에 대한 단순한 서술의 기능도 띠고 있지만 의도와 같은 강한 양태적 의미가 지배적이었다. 그러나 접속 이외의 연결 어미에서는 발화시나 발화시 이후의 사태를 추측하는 의미밖에는 찾을 수 없었다.

한편 관형사형 어미와 동명사형 어미에서는 단순한 미래 시제를 나타내는 용법과 주절의 사건시와는 무관한 부정 시제가 지배적이었다. 특히 후자는 [－지시성]의 구문에서 일반적으로 나타난다.

내포문의 시제는 다른 기본 시제와 마찬가지로 E_1은 E_2를 기준으로 하여 설명할 수 있는 것이 있었고 양자가 무관한 경우도 있었다. 후자는 [－지시성]의 구문에 나타나는 것이다 [붙임말 6].

3.5. 추측 회상법의 의미와 시제

추측 회상법은 분포가 극히 제약되어 있다 (§2.1.5). 비내포문과 내포문으로 특별히 구분하지 않고 통합하여 처리한다.

(1)-1 "得大勢여 … 여러가짓 됴흔 根源을 시므고 後에 또 千萬億佛을 맛나ᅀᆞᄫᅡ 또 … 이 經典을 닐어 功德이 이러 당다이 부톄 ᄃᆞ외리러라" (釋詳 19: 33-4)

(1)-2 녜 梵摩羅國 林淨寺애 光有聖人이 五百弟子 ᄃᆞ려 겨샤… 教化

ᄒᆞ시더니 그 數ㅣ 몯내 혜리러라 (月釋 8: 89-90)

(2) 그 즈ᅀᅴ 一萬 가지라 오래 몯 보리러니 그 ᄯᆞ리 念佛力으로 自然히 저푸미 업더라 (月釋 21: 24a)

(3) "ᄒᆞ다가 우리 因ᄒᆞᆯ ᄭᅩᄃᆞᆯ 니ᄅᆞ샤ᄆᆞᆯ 기드려 … 三菩提ᄅᆞᆯ 일우리런댄 … 得ᄒᆞ리어늘" (法華 2: 6b)

(1)-1은 [+상관성]의 장면에 나타난 것이다. 화자가 e (경험시)나 그 이후의 사태를 추측하는 것이다. (1)-2는 [-상관성]의 장면에 쓰인 것인데 화자의 직접적 체험과는 무관하다. 작자가 과거의 사실을 설화하고 있으므로 과거 추측이라고도 할 수 있겠지만 [-상관성]인 이상 정확한 시제의 부여가 힘들다[35]. (2)도 [-상관성]의 장면에 쓰인 것이다. (1)-2와 같이 과거의 사실을 설화하고 있는 이상 과거 추측이라고 할 수 있으나 정확한 시제는 말하기 어렵다. 그러나 (3)은 [+상관성]의 장면에 쓰였으므로 e (경험시)나 e 이후의 사태를 추측한다고 말할 수 있다.

추측 회상법의 시제도 회상법과 같이 해석할 수 있다. e를 기준으로 하면 미래 시제가 되고 S를 기준으로 하면 과거 시제가 된다.

3.6. 총 괄

지금까지 논의한 중세어의 기본 서법의 통사 · 의미상의 특수성을 시제의 관점에서 체계화하고 이를 사실성 (factivity)의 관점에서 해석해 보기로 한다. 또 그의 시제적 의미는 동작상 (aspect)의 관점에서도 해석될 수 있다.

중세어의 기본 서법 형태소는 화자가 발화시를 기준으로 시간을 구분

35) 이때는 앞의 '-더라' (§3.4)와는 달리 문헌이나 간접적 견문에 의지한 의사 경험 (擬似經驗)으로 처리할 수 있는 가능성도 없지 않다. 이런 관점에 선다면 정확한 시제의 부여가 가능하다.

하느냐 그렇지 않으면 경험시를 기준으로 시간을 구분하느냐에 따라 두 묶음으로 나뉜다[36]. 발화시 기준의 서법에는 부정법과 직설법과 추측법이, 경험시 기준의 서법에는 회상법과 추측 회상법이 포함된다.

기본 서법 형태소를 시제 형태소라 규정하지 않는 것은 회상법의 존재 때문이다. 회상법은 화자나 청자와 같은 대화 참여자의 사태에 대한 직접적 경험 사실을 근거로 성립한다. 경험 사실을 회상한다는 것은 시제와도 직접 관련이 없고 화자가 사태를 주관적으로 바라보는 양태적 태도와도 관련되지 않는다[37]. 오히려 사실적, 객관적이라 할 수 있다. 회상법은 직설법과 계열 관계를 형성하여 사실을 단정적으로 진술하는 서실법 (敍實法, fact-mood)에 속한다[38]. 사실을 직접적으로 단언하느냐 간접적, 곧 회상적으로 단언하느냐 하는 발화 방식의 차이밖에 없다[39]. 그런데 중세어는 발화시와 경험시에 나타나는 서법 형태소들이 시제와 관련되는 의미를 표시하는 일이 많다.

발화시를 기준으로 할 때 나타나는 부정법은 과거 시제, 직설법은 현재 시제, 추측법은 미래 시제를 각각 표시한다. 부정법은 동사에 붙을 때 직설법, 회상법, 추측법과 계열 관계를 형성함으로써 나타나는 이른바 '∅' 형태를 말한다. 직설법에서도 동사에 붙을 때는 '-ᄂᆞ-'가 나타나나 형용사와 지정사에 붙을 때는 부정법 형태 '∅'에 의존한다. 경험시를 기준으로 할 때 나타나는 회상법은 현재 시제와 미래 시제를 표시한다. 전자는 회상법 '-더-'에 의해, 후자는 추측 회상법 '-(으)리러-'에 의해 나타

36) 허웅 (1975: 877)은 중세어의 시제를 발화시 기준과 지난 때의 기준으로 나누어 말하고 있다. 이는 최현배 (1937)의 시제 체계와 큰 차이가 없다.

37) 河野六郎 (1948)에는 '-더-'가 기반으로 하고 있는 경험적 사실을 양태적 요소로 보고 있으나 재고해야 할 것이다. 양태성이란 화자의 사태에 대한 주관적 가치 판단과 관계되는 것이다. Lyons (1977: §17.1), White (1975) 참조.

38) 이에 대해서는 고영근 (1965: §3.6.3/1999: 209; 1971), Lyons (1977: 794-7) 참조.

39) 이러한 점에 근거하여 저자는 현대어의 '-느-'와 '-더-'를 "화식 (話式)"이란 문법 범주 아래 포괄시킬 것을 시도한 바 있다. 고영근 (1965: §3.6/1999: 213; 1971) 참조.

나는 것이다. 이를 시제성 (1)이라 부른다. 그런데 경험시를 기준으로 할 때 나타나는 두 종류의 서법은 발화시를 기준으로 하면 과거 시제다. 이를 시제성 (2)라 부르기로 한다. 중세어의 상대적 시제는 현대어와 같이 대부분 주절시 (主節時)에 의존해서 결정된다. 시제를 보다 명백히 하기 위하여 과거 시제는 [+과거]로써, 현재 및 미래 시제는 [−과거]로써 그 자질을 구분하기로 한다 [붙임말 7].

중세어의 기본 서법 형태소는 사실성의 관점에서 명백히 해석될 필요가 있다. 추측법은 추측, 가능, 의도 등의 여러 가지 양태성을 표시한다. 이 가운데서 추측의 의미가 지배적이다. 곧 [−사실성]의 의미가 파악된다. 이 의미 자질은 화자의 사태에 대한 태도가 주관적임을 반영하는 것이다. 한편 부정법, 직설법, 회상법은 그러한 양태성이 파악되지 않는다. [+사실성]의 의미를 줄 수 있다 [붙임말 8]. 이 의미 자질은 화자에 대한 태도가 객관적임을 말하는 것이다. 기본・서법 형태소가 [±사실성]의 의미 자질을 바탕으로 하고 있다는 것은 그것이 서법 범주에 속하는 사실을 가리킨다[40]. 화자의 객관적 내지 주관적 심리 태도가 일정한 형태 변화의 모습을 띠고 나타날 때 이를 "서법" (Modus)이라 부르기 때문이다[41].

중세어의 기본 서법 형태소는 동작상 (aspect)의 관점에서도 해석될 수 있다. 시제와 관련되는 활용 형태를 시제 범주로 보느냐 동작상의 범주로 보느냐 하는 것은 관점의 차이다. 지시성의 각도에서 보면 동작상의 형태도 시제로 해석될 수 있고 동작의 방식에 국한할 때는 시제 형태소도 동작상으로 해석된다 (Harweg 1976)[42] [붙임말 9]. 이런 관점을 취한다면 과거 시제를 표시하는 동사의 부정법은 완료상 (perfective), 현재 시제

---

40) 河野六郎 (1951)은 중세어의 시제 체계를 화자의 사태에 대한 태도를 표시하는 mood적인 범주로 해석하고 있는데 접근 방법은 다르지만 시제 관련의 형태소들을 서법 범주에서 다루는 우리의 입장과 큰 차이가 없다.

41) 이에 대해서는 Jespersen (1924, 1965: 313), 고영근 (1965: §3.6; 1976: §4.1) 참조.

42) 국어에는 시제가 없고 동작상만 존재한다는 의견은 이러한 관점에서 접근한 것이라 할 수 있다 (남기심 1978).

를 표시하는 직설법은 미완료상 (imperfective), 미래 시제를 표시하는 추측법은 전망상 (prospective)으로 해석된다[43]. 미래 시제는 동작상에 대해 중립적이라고 하나 (Comrie 1976: 131) [붙임말 10], 오히려 미완료상에 들 수 있다. 이러한 동작상의 의미를 [±완료상]의 자질로써 표시할 수 있다.

제2장에서 고찰한 형태적 특성과 종합한다는 의도에서 기본 서법의 어형을 동사를 중심으로 종결 어미의 첫째 설명법 어미, 접속 어미, 관형사형 어미에 걸쳐 제시하고 이에 결부된 시제성, 사실성, 동작상성을 이원적 자질 (binary feature)로써 표시해 본다. [−] 자질의 경우는 괄호 안에 실질적 자질을 표시하기로 한다.

▌발화시 기준▐

	종 결	접 속	관 형	형 태	시제성	사실성	동작상성
부정법	ᄒᆞ다	ᄒᆞ니	ᄒᆞᆫ	∅	[+과거]	[+사실성]	[+완료]
직설법	ᄒᆞᄂᆞ다	ᄒᆞᄂᆞ니	ᄒᆞᄂᆞᆫ	ᄂᆞ	[−과거] (현재)	[+사실성]	[−완료] (진행)
추측법	ᄒᆞ리라	ᄒᆞ리니	ᄒᆞᇙ	리	[−과거] (미래)	[−사실성] (추측)	[−완료] (전망)

▌경험시 기준▐

	종 결	접 속	관 형	형 태	시제성 (1)	시제성 (2)	동작상성
회상법	ᄒᆞ더라	ᄒᆞ더니	ᄒᆞ던	더	[−과거] (현재)	[+과거]	[−완료] (진행)
추측 회상법	ᄒᆞ리러라	ᄒᆞ리러니	ㅇ[44]	리러	[−과거] (미래)	[+과거]	[−완료] (전망)

43) 중세어의 시제는 이미 이숭녕 (1961: 204, 210-2)에 의해 동작상의 관점에서 해석이 시도되었다.

44) 'ㅇ'은 현대어의 '-겠던'을 미루어 볼 때 출현 가능성을 고려하여 붙인 것이다.

붙임말

[1] 81쪽, 본문 첫째 문단

"시간 내용" (Zeitinhalt)은 Helbig/Buscha (1975: 121)에 기대었다. Helbig/Buscha는 "Zeitinhalt"는 객관적 시간, 곧 "시간성" (Temporalität)의 뜻으로, 시제 형태는 "시간형" (Zeitformen) 내지 "시제형" (Tempusformen)의 뜻으로 사용하였다. 시간 내용이란 시제 형태뿐만 아니라 시간 부사와 같은 어휘적 수단에 기대어 실현되는 구체적인 시간 지시 관계를 뜻한다. "시간 내용"을 Wunderlich (1972)에서는 "시간 지시" (Zeitreferenz)라고 하였고 Comrie (1976: 2)에서는 "time reference" (초판에는 "reference time"으로 잘못 적힘)라 불렀다. 사람에 따라서는 "Zeitstufen" (시간 구분) (Harweg 1976)이라 부르기도 한다.

[2] 95쪽, 본문 셋째 문단

저자는 『관악어문연구』 7 (1982)에 기고한 "서술성 어미와 관형사형 어미의 상관관계" (『단어·문장·텍스트』, 한국문화사, 1995, 179쪽)에서 둘째 설명법을 포함한 '-니(-)' 계열의 부정 서술성 어미와 이와 짝을 이루는 부정 관형사형 어미의 형태상의 상관관계가 의미론의 측면에 설 때 거의 일치함을 실증할 수 있었다. 이는 물론 부정 관형사형 어미의 뿌리가 이에 대응되는 부정 서술성 어미에 있다는 것을 밝히기 위한 것이었지만 결과적으로는 이 책에서 증명한 부정법의 시제와 일치하는 것이다.

[3] 104쪽, 본문 다섯째 문단

저자는 앞의 "서술성 어미와 관형사형 어미의 상관관계" (앞의 『단어·문장·텍스트』 182쪽)에서 둘째 설명법을 포함한 '-느니(-)' 계열의 직설 서술성 어미와 이와 짝을 이루는 직설 관형사형 어미의 형태상의 상관관계가 의미론의 측면에 설 때 그 성격이 거의 일치함을 실증할 수 있었다. 이는 물론 직설 관형사형 어미의 뿌리가 이에 대응되는 직설 서술성 어미에 있다는 것을 밝히기 위한 것이었지만 결과적으로는 이 책에서 증명한 직설법의 시제와 일치하는 것이다.

[3-1] 110쪽, 본문 셋째 문단

비내포문의 기본 서법은 지시성이 약하다는 지문 특유의 성격으로 말미암아 형태의 선택이 유동적이라고 하였는데 내포문에도 이런 현상이 발견된다.

> 六師의 弟子 勞 差ㅣ 幻術을 잘 ᄒᆞ더니 … ᄒᆞᆫ 남ᄀᆞᆯ 지ᅀᅳ니 … 種種 고지 퓌더니 舍利弗이 큰 六牙白象ᄋᆞᆯ 지ᅀᅥ내니 … 엄마다 닐굽 蓮花ㅣ오 (釋詳 6, 30a-31a)

이렇게 부정법과 회상법이 교체되는 것은 비내포문의 앞에서 언급한 '-(으)니라'가 '-다, -더라'로 교체되는 현상과 병행한다 (§3.1.1; §3.3.1).

[4] 113쪽, 본문 마지막 문단

저자는 주로 대화, 곧 [+상관성]의 장면에 나타나는 예문을 중심으로 시점 (時點)의 관점에서 기본 서법의 시간 내용을 구명하였고, 지문, 곧 [−상관성]의 장면에 나타나는 기본 서법의 형태에 대하여는 확실한 시간 내용을 규정하지 않았다. 그런데 한재영의 "중세국어의 시제체계에 대한 관견" (『언어』 11.2, 1986)에서는 대화와 지문에 나타나는 '-더-'를 "시점" (視點) 범주의 과거 시제로 해석하였다. 河野六郎은 지문에 나타나는 '-더-'를 "의사 경험"으로 해석하여 양자를 통합하려는 시도를 한 일이 있고 저자도 이 책의 한 선행 논문에서 그런 접근법을 택한 일이 있으나 (앞의『단어·문장·텍스트』 82쪽), 정확한 의미의 시제로 보기보다는 문체적인 측면과 관련된다고 보아 적극적으로 다루지 않았다.『석보상절』 등의 중세어 자료에는 과거의 일을 설화할 때, 부정법의 첫째 설명법 ('-다')과 둘째 설명법 ('-니라')은 물론, 회상법의 둘째 설명법 ('-더니라')도 자유롭게 사용되고 있는데 이들과 어떻게 관련시켜 해석해야 할 것인가가 문제가 된다. 관련되는 논의는 제6장 [붙임말 3]을 보라.

[5] 113쪽, 본문 마지막 문단

저자는 앞의 "서술성 어미와 관형사형 어미의 상관관계" (앞의『단어·문장·텍스트』 187쪽)에서 둘째 설명법을 포함한 '-더니(-)' 계열의 회상 서술성 어미와 이와 짝을 이루는 회상 관형사형 어미의 형태상의 상관관계가 의미론의 측면에 설 때 그 성격이 차이가 크지 아니함을 실증할 수 있었다. 이는 물론 회상 관형사형 어미의 뿌리가 이에 대응되는 회상 서술성 어미에 있다는 것을 밝히기 위한 것이었지만 결과적으로는 이 책에서 증명한 회상법의 시제와 일치하는 것이다.

[5-1] 113쪽, 본문 마지막 문단

필자를 포함한 몇몇의 문법가들은 중세어의 '-더-'도 현대어와 같이 회상법으로 보아 서법의 하나로 처리하여 왔다. 그런데 한재영의 "中世國語 時制體系에 대한 管見" (『언어』 11.2, 258-88), 최동주의 「15세기 국어의 안맺음씨끝 '-더-'에 관한 연구」 (서울대학교 대학원 석사 논문, 1988)과 「國語 時相體系의 通時的 變化에 관한 硏究」 (서울대학교 대학원 박사 논문, 1995)에서 반론이 제기된 바 있다.

한재영은 저자가 세운 장면의 차이 (단독적 장면과 상관적 장면)을 고려에 넣지 않고 양자에 실현되는 서법 관련의 형태를 동일시하는 태도를 취하였다. 그는 중세어의 시제 체계를 시간과 관계되는 "時點" 범주 (time-point category)와 관점과 관계되는 "視點" 범주 (view-point category)로 구분하되 "-더-"를 후자에 귀속시키고 있다. 한재영의 "視點" 범주는 중세어의 어미의 구조적 양상과 사용상의 특징 (문체적 변이형)을 배려하지 않는 매우 사변적인 범주의 설정이며 크게 보면 종전에 논의되던 경험이나 지각으로 포섭될 수 있다. 후자 곧 최동주는 그의 석사 논문에서 '-더-'를 동작상 형태로 간주하였다. 최동주 역시 한재영과 같이 지문과 대화를 구별하지 않고 뭉쳐서 다루었다.

최동주는 중세어에서 '-더-'가 존경법의 '-(으)시-' 앞에 온다는 사실과 〈어간—태—동작상—시제—서법—일치〉 가설을 세운 바이비 (J. L. Bybee)의 견해에 준거하여 '-더-'에 "과거·미완료"의 기능을 부여하였다. 중세어의 동작상이 '-어 잇-'과 같은 우언적 장치에 의하여 표시된다는 사실을 고려하면 최동주의 견해는 작위적인 성격이 강하다고 하겠다. 뒤에서 논하겠지만 바이비의 가설은 우언적 장치를 동작상으로 간주하면 우리말에도 그대로 적용되는 범언어적 현상이라고 하겠다. 그리고 최동주는 형용사에 붙는 '-더-'에 대하여는 과거 시제의 기능을 부여하였다. 이렇게 같은 형태에 대하여 동작상과 시제의 기능을 동시에 주는 것이 문법 기술에 얼마만큼 도움이 될 수 있는가 하는 문제를 생각해 볼 필요가 있다. 이는 하르베크 (R. Harweg)와 같이 시제를 동작상의 관점에서 해석하고 동작상을 시제의 관점에서 해석하는 것과는 차원이 다르다 (졸저, 『한국어의 시제 서법 동작상』, 태학사, 2007, 27쪽).

[6] 122쪽, 본문 셋째 문단

저자는 앞의 "서술성 어미와 관형사형 어미의 상관관계" (『단어 · 문장 · 텍스트』 193쪽)에서 둘째 설명법을 포함한 '-리니(-)' 계열의 추측 서술성 어미와 이와 짝을 이루는 추측 관형사형 어미의 형태상의 상관관계가 의미론의 측면에 설 때 크게 다르지 아니함을 실증할 수 있었다. 이는 물론 추측 관형사형 어미의 뿌리가 이에 대응되는 추측 서술성 어미에 있다는 것을 밝히기 위한 것이었지만 결과적으로는 이 책에서 증명한 추측법의 시제와 일치하는 것이다.

[7] 125쪽, 본문 첫째 문단

이곳에서 과거 시제는 [+과거]로 표시하고 현재 및 미래 시제는 [−과거]로 그 시간 자질을 표시하였다. 이는 시간 자질을 2원적으로 표시하는 Lyons (1968: 305, 1977: 678)과 Comrie (1976: 131)을 비롯하여 현대 국어의 시제 체계를 구성한 안동환 (1980: 115) 등을 참조하여 취한 것이다. 이와 관련되는 이후의 업적으로는 B. Comrie, *Tense*, Cambridge University Press (1985: 48-50)이 있다. 언어에 따라서는, 과거 시제가 다른 두 시제에 대하여 유표적일 수도 있고 현재 시제와 미래 시제가 각각 유표적이 되어 다른 두 시제들과 대립 관계를 이룰 수 있다. 현대어는 과거나 대과거가 '었'과 같이 형태가 뚜렷하여 현재 및 미래와 대립 관계를 형성할 수 있기 때문에 [과거]를 중심으로 시간 자질을 2원적으로 표시할 수 있다. 저자는 중세 국어에 대하여도 현대어의 논리가 그대로 적용될 수 있다고 보고 부정법을 기준으로 시제성을 표시하였으나 이 문제는 앞으로 더 생각해 볼 필요가 있다.

[8] 125쪽, 본문 둘째 문단

이토 (伊藤英人)는 『국어학논집』 1 (1992)에 기고한 "중세 한국어의 직설법에 대하여"에서 중세어의 대화문에 나타나는 직설법 '-ᄂᆞ-'의 용법을 통계로 처리하고 "특정 · 확인"의 기능이 두드러진다고 하면서 이는 바로 직설법이 [+사실성]의 의미를 지닌 서법 형태소이기 때문이라고 하였다. 서법 형태소에 대한 기능적 측면의 접근 결과로 보인다. 이 방면에 대한 계속적인 보고를 기다린다.

[9] 125쪽, 본문 셋째 문단

Harweg (1976)에서는 시제와 동작상이 관점에 따라 해석될 수 있는 개념이라고 정의하고 시제도 동작상의 관점에서 해석할 수 있고 동작상도 시제의 관점에서 해석될 수 있는 융통성 있는 견해를 제안하였다. 하르베크의 견해는 현재 폭넓은 지지를 받고 있다. Harweg (1976)은 최근에 나온 *Studien über Zeitstufen und ihre Aspektualität* (Erster Halbband, Brockmeyer, 1994, SS. 1-30)에 수정을 거쳐 실려 있다. 국어의 시제, 동작상, 서법에 대한 이런 방식의 해석은 앞의 『단어·문장·텍스트』(245쪽)과 『표준 중세국어문법론』(1997, 291쪽)에서 볼 수 있다.

[10] 126쪽, 본문 첫째 문단

Comrie (1976)에서는 미래 시제가 동작상에 대하여 "중립적" (neutral)이라고 하였으나 저자는 차라리 "미완료상"에 속한다고 하였다. 콤리는 Aorist, Imperfect, Present, Future의 네 시제에 대하여 다음과 같이 [±PERFECTIVE] [±PAST] [±FUTURE]의 세 개의 2원적 자질로 표시하였다.

Aorist	[+PERFECTIVE,	+PAST,	−FUTURE]
Imperfect	[−PERFECTIVE,	+PAST,	−FUTURE]
Present	[−PERFECTIVE,	−PAST,	−FUTURE]
Future	[	−PAST,	+FUTURE]

Future의 자리를 비워 둔 것은 그것이 중립적임을 뜻하는 것으로 보인다. Aorist는 Perfective이지만 Imperfect와 Present는 Imperfective라는 것이다. 중립적이라고 함은 완료와 미완료의 어느 쪽에도 속하지 않는다는 것인데 저자는 이에 동의하지 않는다. 현재 시제를 [−PAST]의 자질로써 묶을 수 있다면 미래 시제도 얼마든지 [−PERFECTIVE]이 자질로써 묶을 수 있다. 그렇게 해도 현재 시제와 미래 시제는 [FUTURE]의 자질에 의해서 구별된다.

제4장

부차 서법과 양태 · 정감성

제 4 장 부차 서법과 양태 · 정감성

4.0. 문제의 소재

이곳에서는 제2장 (§2.3)에서 식별된 부차 서법 형태소의 의미를 파악함으로써 양태 · 정감 (樣態 · 情感)의 서법 범주를 체계화하려고 한다.

중세어의 양태 · 정감의 서법은 시제 관련의 기본 서법보다도 더 인식이 되어 있지 않은 분야다. 양태 관련의 서법은 시제로 처리해 왔고 정감 관련의 요소는 매우 종합적이고 막연하게 이야기되어 왔다. 저자는 제2장에서 수행된 형태론적 작업의 바탕 위에서 그 의미를 추구해 보려는 것이다.

양태 · 정감의 서법 형태소는 원칙적으로 기본 서법의 형태소에 후행하므로 통합 관계에 의존하여 의미를 파악하는 것이 좋다. 양태 · 정감의 형태소가 삽입된 텍스트를 그것이 결여된 텍스트와 비교하는 것이다. 한편 그 텍스트의 통보상 (通報上)의 기능도 깊이 유의할 것이다. 그리고 의미를 좀 더 객관적으로 서술하기 위하여 양태 · 정감 관련의 부사에 주의하거나 그러한 부사를 보충하는 방법도 사용할 것이다. 부사를 보충할 때는 그 텍스트의 앞뒤의 의미를 파악하여 거기에 맞는 부사를 삽입하는 것이다. 곧 양태 · 정감의 형태소가 사용된 텍스트에는 양태 및 정감 부사의 삽입이 자연스러운 이유를 찾을 것이고 그것이 결여된 텍스트에는 그러한 부사의 삽입이 부자연스럽거나 어려운 이유를 캐어 볼 것이다[1].

양태 · 정감의 서법 형태소는 기본 서법을 바탕으로 하고 있으므로 시제와도 밀접한 관련을 맺고 있다. 따라서 이들 형태소가 나타내는 시간 내용에도 부단한 주의를 기울일 것이다.

앞의 기본 서법의 경우와 같이 대화는 "　　"로써, 독백은 〈　　〉로써 표시하고 지문 (地文)과 시문 (詩文)은 특별한 표시를 하지 않는다.

4.1. 원칙법

4.1.0. 중세어의 원칙법 (原則法)은 그 의미 · 기능이 현대어와 큰 차이가 없다[2]. 할머니가 손자에게 "아이들이 담배를 피우면 못쓰느니라"라고 말을 한다면 일정한 규범에 속하는 사실, 곧 담배를 피워서는 안 된다는 사실을 일깨워 주고자 하는 의도가 작용된 것으로 해석된다. 중세어의 원칙법도 이러한 테두리 안에서 설명할 수 있다.

중세어의 원칙법은 종전에 크게 주목을 받지 못하였다. 그것은 둘째 설명법 어미 '-(으)니라'와 의문법 어미 '-(으)녀'의 '니'와의 구조 및 의미상의 차이를 제대로 변별하지 못한 데 원인이 있는 것이다. 최근의 이인모 (1976)을 제외하고는 모든 경우에 나타나는 '니'를 동질시하여 관형사형의 '-(으)ㄴ'과 관련시켜 왔다.

유창돈 (1964a: 357)은 종결 어미에 나타나는 '-(으)니-'를 접속 어미 '-(으)니'에서 전용된 것이라 보고 "기연형" (旣然形)이라 불렀다. 나진석

1) 양태 동사와 양태 부사의 상호 관련성에 대하여는 Lyons (1977: 807), Halliday (1970: 331) 참조. 그리고 양태 및 정감 부사의 의미 특성에 대하여는 Helbig/Buscha (1975: 448-51) 참조.

2) 현대어의 원칙법의 의미는 고영근 (1965: §3.3/1999: 197)을 참조.

(1971: 245-57)은 설명법, 의문법 및 관형사형에 나타나는 '-(으)니-, -(으)ㄴ'을 {니}로 대표하고 본질적 의미를 "끝남"으로 잡았으며 다른 선어말 어미 뒤에 나타나는 '-니-'는 시제의 의미가 상실되는 것으로 설명하였다. 앞에서도 잠시 언급한 바 있지마는 (§2.2.1), 허웅 (1975: 882-91)에는 설명법, 의문법의 '니'뿐만 아니라 의문법 어미와 관형사형 어미 '-(으)ㄴ', 그의 이른바 1인칭 표시의 선어말 어미 '-과-'를 총괄하여 "확정법 (기정법)"으로 처리하였다. 나진석은 시제 관련 요소로 본 데 대해 허웅은 서법의 요소로 본 것이다. 어간에 직접 통합될 때는 확정법을 표시한다는 것이다. 그러나 '-(으)ㄴ'과 '-(으)니-'가 다른 선어말 어미 아래 쓰일 때는 기능의 변화를 가져오는 것으로 해석하고 있다. 곧 '-(으)ㄴ'이 '-ᄂᆞ-, -더-, -리-'와 같은 선어말 어미의 아래 쓰이면 본디의 뜻을 잃어버리고 '-(으)니-'가 위의 선어말 어미 아래 쓰이면 뜻이 번져나가는 것으로 설명하고 있다. 동음적 (同音的) 형태들을 일단은 동질시하되 환경에 따라 의미가 달라진다는 방식으로 기술하고 있다 [붙임말 1].

사실 지금까지는 구조적 내지 기능상의 차이점을 밝히려 했나기보다 형태상의 유사성에 의지하여 의미의 공통성을 추출하려고 시도해 왔다고 할 수 있다. 이러한 태도를 비판한 것이 이인모 (1976: 181-246)이다. 동사에 직접 통합되는 '니'는 과거 시제, 선어말 어미 아래 오는 '니'는 "정립법" (定立法)으로 처리하고 있다[3]. 그의 정립법은 우리의 원칙법을 가리키고 과거 시제는 동사의 부정법 형태를 말하는 것이다. 그러나 여기에도 의문법 어미에 나타나는 '니'를 원칙법의 '-(으)니-'와 동질시했다든지 둘째 설명법 어미 '-(으)니라'에 의해 나타나는 단순한 설명법적 기능을 가려내지 못한 흠들을 지니고 있다. 앞의 형태소의 식별 과정에서 확인한 바와 같이 (§2.2.1), 우리의 원칙법은 의문법 어미에 나타나는 '니'와 둘째 설명법 어미 '-(으)니라'에 나타나는 '니'를 제외한,

3) 이남덕 (1967: 20)에도 '-(으)니-'를 "진리에 대한 설명 판단" 등으로 설명하고 있다.

원칙적으로 '-ᄂᆞ-, -더-' 등의 선어말 어미에 후행하는 경우에 국한된다.

원칙법이 기반으로 하고 있는 기본 서법별로 나누어 그 의미를 살펴보기로 한다.

4.1.1. 직설 원칙법

직설 원칙법 (直說原則法)이란 직설법 '-ᄂᆞ-'가 선접 (先接)된 'ᄒᆞᄂᆞ니라, ᄒᆞᄂᆞ니이다, ᄒᆞᄂᆞ니'를 가리킨다. 또 여기에는 회상법 '-더-'와의 대립에 의해서 '∅'의 형태로 실현되는 형용사와 지정사의 어형 '하니라, 하니이다, 하니; 이니라, 이니이다, 이니'도 포함된다 (§2.2.1).

(1) "사ᄅᆞ미 살면 주그미 이실ᄊᆡ 모로매 늙ᄂᆞ니라 (釋詳 11: 36b)
(2) "이 南堀ㅅ 仙人이 ᄒᆞᆫ ᄯᆞᄅᆞᆯ 길어 내니 … 그 ᄯᆞᆯ ᄒᆞᇙ 時節에 자최마다 蓮花ㅣ 나ᄂᆞ니이다" (釋詳 11: 27-8)
(3) "舍利弗아 너희 부텻 마ᄅᆞᆯ 고디 드르라 거츠디 아니ᄒᆞ니라" (釋詳 13: 47b)
(4) "뎌 藥師瑠璃光如來ㅅ 十二微妙上願이시니라 (釋詳 9: 10a)

위의 용례들은 [+상관성]의 장면에 쓰이기는 했어도 청자가 직접 응답하는 것이 아니다. (1)은 500 태자 (五百太子)가 연못가에 모여 앉아 물 밑에 비치는 그림자를 보고 하는 말이다. 일종의 집단 독백 (集團獨白)이라 할 것이다. 사람이 늙는다는 사실을 발화 시점에서 피할 수 없는 불변적인 것으로 파악하여 그것을 서로 확인하는 것이다. (2)는 남굴 선인의 딸이 움직일 때는 자취마다 연꽃이 생긴다는 내용이다. 화자인 선인은 이러한 사실을 발화 시점에서 기정적·불변적인 것으로 파악하여 청자인 대왕이 그것을 인식할 수 있도록 일깨워 주고 있다. 청자의 답변이 이어지지 않기 때문에 통보 행위는 일방향적 성격이 농후하다. (3)은 세존이 부처의 법이 허망하지 아니함을 준수해야 하는 규범적인 것으로 파악하여 거기에 주의가 집중될 수 있도록 사리불에게 일러주는 것이다. 텍스트상으로 볼 때 사리불은 듣기만 하는 피동적 처지에 놓여 있기 때문에 역시 일방향적 통보 행위에 속한다.

(1)～(4)의 용례에서 발화 시점을 표시하는 것은 직설법 표지 '-ᄂᆞ-'(∅)이고 사태를 원칙적·불변적인 것으로 파악하여 청자의 주의를 불러일으키는 화자의 태도를 지시하는 것은 '-(으)니-'이다. '-(으)니-'에 의해 표시되는 사건시는 발화시와 무관하다. 이는 '-(으)니-'의 지시 내용이 불변적인 데 연유한다.

다음의 용례는 [－상관성]의 장면에 나타나는 것이다.

(5) 사ᄅᆞᆷ마다 ᄒᆡᅇᅧ 수ᄫᅵ 니겨 날로 ᄡᅮ메 便安킈 ᄒᆞ고져 ᄒᆞᇙ ᄯᆞᄅᆞ미니라 (訓正)

(6) ᄉᆡ미 기픈 므른 ᄀᆞᄆᆞ래 아니 그츨ᄊᆡ 내히 이러 바ᄅᆞ래 가ᄂᆞ니 (龍歌 2)

(5)는 왕이 백성을 상대로 하는 공시적 (公示的) 문장이다. 청자인 백성의 주의가 자기가 의도하는 사실에 집중되도록 하는 화자의 태도가 엿보인다. (6)의 화자는 『용비어천가』 작자이고 청자는 왕손을 제외한 일반 대중으로 짐작된다[4]. 백성들의 주의가 (6)의 내용에 집중되도록 공언 (公言)하는 텍스트인 것이다. (1)～(4)에 비하면 완전한 일방향성을 띤 통보 행위의 기능을 띠고 있다고 할 수 있다 [붙임말 2].

위의 [＋상관성]과 [－상관성]의 장면에 나타나는 원칙법의 기능을 명백히 하려면 제2장 (§2.1)에서 둘째 설명법 어미로 처리한 용례들과 종합적으로 비교해 볼 필요가 있다.

---

4) 이에 대한 자세한 논의는 §2.0.2 참조.

(7) “엇뎨 쥬이라 ᄒᆞᄂᆞ닛가” … “이 사ᄅᆞᆷᄃᆞᆯ히 다 神足이 自在ᄒᆞ야 衆生의 福田이 ᄃᆞ외ᄊᆡ 쥬이라 ᄒᆞᄂᆞᅌᅵ다” (釋詳 6: 18-9)

(8) “네 겨지비 고ᄫᆞ니여” “고ᄫᆞ니이다” (月釋 7: 10b)

(9) 그 ᄯᆞ리 무로ᄃᆡ “이 엇던 ᄯᅡ히잇가” 無毒이 對答호ᄃᆡ “이 大鐵圍山 西面第一重海니이다” (月釋 21: 24b)

(7)은 호미가 수달에게, (8)은 부처가 난타에게, (9)는 성녀 (聖女)가 무독 (無毒)에게 하는 말로 [+상관성]의 장면에 나타난 것으로 완전한 양방향적 통보 행위다. 이들 텍스트가 앞에 내세운 물음 (____ 참조)의 텍스트에 대한 답변이란 데서도 그런 점이 밝히 드러난다. (1)～(6)에서 관찰할 수 있었던 불변적·기정적 사실을 일깨워 주는 화자의 태도를 읽어 내기가 어렵다. ‘*ᄒᆞᅌᅵ다[5], 고ᄫᆞ이다, … 重海이다’로 바꾸어도 좋은 단순한 직설 설명법의 용례로 간주된다. 이러한 용법은 존재사 ‘있다’의 용례에서 더 뚜렷이 살펴볼 수 있다.

(10) (婆羅門) 그 ᄯᆞᆯᄃᆞ려 무로ᄃᆡ “그ᄃᆡᆺ 아바니미 잇ᄂᆞ닛가”
(그 ᄯᆞᆯ) 對答호ᄃᆡ “잇ᄂᆞ니이다” (釋詳 6: 14b)

(10′) (부톄) “네 이제 … 보ᄂᆞ니 이제 어듸 잇ᄂᆞ뇨”
(阿難) “世尊하 … 이제 祇陁林ᄋᆞᆫ 實로 堂 밧긔 잇ᄂᆞ이다” (楞嚴 1: 48a)

(10)은 파라문과 호미의 딸 사이의 대화인데 (____ 참조), 완전한 양방향적 통보 기능을 수행하고 있다. 이곳에서도 앞서 살펴본 화자의 태도에 관련된 의미는 찾기가 힘들다. 이것이 단순한 직설 설명법임은 (10′)와 같이 ‘니’가 결여된 형태로도 나타난다는 점에 의해서 뒷받침된다 (§2.1.2). 다음은 선어말 어미 ‘-오-’를 취한 둘째 설명법 어미의 용례다.

---

5) ‘*ᄒᆞᅌᅵ다’는 ᄒᆞ야쎠체의 직설 설명법의 가상형 (假想形)이다. 김충회 (1972: 41) 참조.

(11) "너를 외에 아니ᄒᆞ노니라" (口訣文省略) (法語: 3a)

이 용례는 사 (師)와 산 (山) 사이에 나타나는 대화인데 화자의 태도에 관련된 의미를 찾기가 쉽지 않다. 따라서 단순한 직설 설명법으로 간주하는 것이다. '아니ᄒᆞ노라'로 바꾸어도 가치에 변동을 가져오지 않는 것으로 생각된다 (§2.1.2).

(12) 楞伽山이 南天竺 바ᄅᆞᆳ ᄀᆞᅀᅢ 잇ᄂᆞ니 神通 잇ᄂᆞᆫ 사ᄅᆞ미ᅀᅡ 가ᄂᆞ니라 (釋詳 6: 43b)

(13) 尸棄ᄂᆞᆫ 大梵天王ㅅ 일후미니 初禪三天에 위두ᄒᆞ니라 (釋詳 13: 6b)

위의 용례의 '-ᄂᆞ니라'는 [-상관성]의 장면인 협주의 지문에 나타나는 것으로 단순한 직설법의 기능을 가진 둘째 설명법 어미로 처리한 바 있다 (§3.1.1; §3.1.2).

(12), (13)은 (5), (6)과 차이를 명백히 해 둘 필요가 있다. 다 같이 [-상관성]의 장면에 나타나지마는 (5), (6)은 특정한 지위에 있는 구체적인 작자가 어떤 의도를 가지고 백성을 교화한다는 의미가 포착되지만 (12), (13)은 그렇지 않다. 일반적으로 단순한 작자와 독자 사이에는 의도성이 개재하지 않는다. 내용을 읽고 이해해 주기만 바랄 뿐이지 구체적 효과는 기대하지 않는다. 이것이 바로 차이점이다. 이 때문에 (5), (6)은 원칙법으로, (12), (13)은 단순한 설명법 어미로 보는 것이다.

(12), (13)이 설명법임은 인용 동사 '하다'가 경우에 따라 부정법의 '-(으)니라'로 나타난다는 점에 의해서도 알 수 있다 [붙임말 2].

(14) 집아ᇝ 사ᄅᆞᄆᆞᆯ 다 眷屬이라 ᄒᆞᄂᆞ니라 (釋詳 6: 5b)

(14′) 夫妻ᄒᆞ야 사로ᄆᆞᆫ 힝뎌기 조티 몯ᄒᆞ야 輪回ᄅᆞᆯ 벗디 몯ᄒᆞᄂᆞᆫ 根源

일씩 죽사릿 因緣이라 ᄒᆞ니라 (月釋 1: 12a)

(14)가 (14′)로도 나타날 수 있다는 점이 바로 그것이다. [+상관성]의 장면에서도 그런 사실을 발견했는데 (10), (10′)의 수의적 교체가 그러하였다.

위와 같이 우리는 직설 원칙법을 [+상관성]과 [−상관성]의 장면에 나타나는 둘째 직설 설명법의 용례와 비교해 봄으로써 그 화용상의 특성과 통보 기능을 대체로 확인해 보았다. 그러면 원칙법 '-(으)니-'의 의미는 구체적으로 어떻게 추출되어야 할까? 그것은 '-(으)니-'가 결여된 활용형과의 비교에 의해 해명되어야 한다. 먼저 일방향적 통보 기능이 짙은 (1)~(4)의 용례부터 검토하자.

(1′) … 모로매 늙ᄂᆞ다 cf. (1)
(2′) … 蓮花ㅣ 나ᄂᆞ이다 cf. (2)
(3′) … 거츠디 아니ᄒᆞ다 cf. (3)
(4′) … 上願이시다 cf. (4)

이들은 모두 직설법의 형태를 띤 용례에 준(準)한다. 원칙법의 '-(으)니-'가 쓰인 문맥에 이런 활용형이 나타나는 것을 기대할 수도 없고 그럴 필요도 없다. 같은 품사의 같은 활용형과 비교하면 된다.

(15) "瞿曇의 弟子ㅣ 두리여 몯 오ᄂᆞ이다" (釋詳 6: 29b)
(16) "닐굽히 너무 오라다" (月釋 7: 2a)
(17) "너와 나왜 同氣라" (楞嚴 1: 41b)
(18) "사ᄅᆞ미 목수미 無常ᄒᆞᆫ 거시라" (月釋 7: 2a)

(15)는 육사 (六師)가 왕 (王)에게, (16), (18)은 아나율 (阿那律)이 발제 (跋提)에게, (17)은 부처가 아난 (阿難)에게 하는 말로서 완전한 양방향적 통보 기능을 수행하고 있다. 직설 설명법에도 일방향적 통보 기능이 인정되지 않는 바 아니나 보편적인 것은 양방향적 진술이다. (15)를 (1), (2)와 비교하면 사건시는 발화시와 일치한다. 그런데 (1), (2)의 사건시는 발화시와 무관하였다. (16), (17)은 화자가 사건시와 발화시를 일치하는 것으로 파악하고 있지 않은가 한다. 그런데 (3), (4)는 (1)과 같이 사건시는 발화시와 무관하였다. (18)은 '거시니라'로 바꾸어도 좋은 것이다. 이렇게 직설 설명법으로도 원칙적 의미를 표시할 수 있음을 알았다.

[－상관성]의 장면에 나타나는 용례들도 '-(으)니-'가 결여된 어형과의 비교를 거쳐야 한다.

(5′) … ᄯᆞᄅᆞ미라 cf. (5)

(6′) … *가ᄂᆡ[6]

(6)의 '-(으)니-' 결여형은 발견되지 않는다. (5′)의 형태를 취하는 용례는 (1′)~(4′)의 '-(으)니-'의 결여 용례 (15)~(18)과 같이 양방향적 통보 성격이 더해지고 대신 원칙법의 의미가 결여될 것이 기대된다.

앞에서 저자는 '-(으)니-'에는 일방향적 통보 기능이 파악됨을 지적한 바 있었는데 그것은 화자가 사태를 파악하는 태도와 유관하다. 사태를 원칙적·규범적인 것으로 파악하여 청자로 하여금 그 사실에 주의를 집중하도록 하려는 의도, 곧 행위 계획 (Handlungsplan)이 작용하기 때문에 자동적으로 통보 행위가 일방향적일 수밖에 없는 것이 아닌가 한다. (1)~(4)가 일방향적 통보의 기능을 띤 이유라 하겠다. 한편 (15)~(17)에

6) 반말의 직설 설명법은 주체가 화자일 때 선택되는 'ᄒᆞ뇌'만 있다. 이에 유추하여 '*ᄒᆞᄂᆡ'를 가상 (假想)할 수 있다. 'ᄒᆞ뇌'의 구체적 용례는 다음과 같다 [붙임말 3].
天龍도 해 모ᄃᆞ며 人鬼도 하나 數 업슬씨 오늘 몯 <u>ᄉᆞᆲ뇌</u> (月千 其 26)

는 화자의 태도와 관련된 요소를 찾기가 어렵다. 사태를 단순하게 아무런 의도의 개입 없이 진술하는 것이다. 따라서 '-(으)니-'가 삽입되지 않은 것으로 해석한다.

저자는 '-(으)니-'에 반영되는 화자의 태도를 분명히 하는 기준으로 양태 부사의 삽입[7]을 시험해 보고자 한다[8]. '-(으)니-'가 삽입된 (1)~(6)에는 텍스트를 강조하거나 확인하는 부사의 보충이 가능하다. (1)에는 '모로매'가 이미 쓰였고 (2), (6)에는 '꼭, 틀림없이', (3)에는 '원래부터', (4), (5)에는 '진실로' 등의 부사를 보충할 수 있다. 한편 (15)~(17)에는 그러한 부사의 보충이 어렵거나 불가능해 보인다. (18)에는 '원래'와 같은 부사의 공존이 가능한데 그것은 이 용례가 [－지시성]의 구문이어서 원칙적 의미가 함축되어 있기 때문이다. (7)~(14)의 용례는 원칙법과는 무관한 단순한 직설 설명법이라고 했는데 이 경우에는 강조・확인의 의미와 관련된 부사의 보충이 쉽지 않다. 이는 이때의 '-(으)니-'가 단순한 직설 설명법임을 뒷받침하는 근거가 된다.

4.1.2. 회상 원칙법

회상 원칙법이라 함은 회상법 '-더-'가 선접된 'ᄒᆞ더니라, ᄒᆞ더니이다, ᄒᆞ더니, ᄒᆞ다니라; 하더니라, 하더니이다, 하더니; 이러니라, 이러니이다, 이러니'를 가리킨다. 용례가 흔치 않아서 직설 원칙법과 같이 포괄적 기술을 할 수가 없다.

(1) "버근 法王이시니 轉法을 조차 <u>ᄒᆞ더시니이다</u>" (釋詳 24: 37b)

(2) "無病이 第一이러시니 놈 위ᄒᆞ야 ᄒᆞᆫ 句ㅅ 法도 니르신 저기 업고

---

7) 양태 부사에 대하여는 Helbig/Buscha (1975: 449) 참조. 이는 최현배 (1961: 584)의 단정의 화식 부사 (話式副詞)에 해당한다.

8) 보충되는 부사는 현대어를 사용한다.

상녜 말 업더시니이다 (釋詳 24: 38-9)

(1)은 존자 (尊者)가 왕 (王)에게 자기가 경험한 사리불의 과거의 행적을 알림으로써 청자의 주의가 이야기 내용에 집중되도록 일깨워 주는 것이다. (2)도 존자가 왕에게 박구라 (溥拘羅)의 과거의 행적을 알려줌으로써 주의를 끌고자 하는 태도를 읽을 수 있다. 둘 다 전형적 대화로서 [+상관성]의 장면에 쓰인 것이다. 직설 원칙법에서는 발화 당시 화자가 사태를 불변적·기정적으로 파악한 것을 상대방에게 일깨워 주는 것이었는데 회상 원칙법에서는 불변적·기정적인 의미는 두드러지지 않고 화자의 경험 사항을 청자에게 일러 주어 주의를 환기시키는 의미가 주로 파악된다. [+상관성]의 장면에 나타나는 '-더니라'의 의미를 분명히 하기 위하여는 앞에서 둘째 설명법 어미로 처리한 지문 등의 [−상관성]의 자질을 띤 '-더니라' (§2.1.3)과 비교할 필요가 있다 [붙임말 2].

(3) 그쁴 父王과 小王돌히 牛頭栴檀香 남ᄀ로 太子 ᄉᄅ시고 寶塔 세여 供養ᄒ더시니라 (月釋 21: 219-20)

(4) 붑 텨 사ᄅ몰 모도오ᄃ ··· 金 부플 티면 十八億 사ᄅ미 다 몯더니라 (釋詳 6: 28a)

(3)은 본문의 지문이다. '供養ᄒ더라'로 바꾸어도 좋은 단순한 설명법 어미로 간주된다. (4)는 작자가 독자에게 부을 쳐서 사람을 모으는 사위국 (舍衛國)의 법 (法)을 해설한 것인데 (1)과 같이 해석한다. [−상관성]의 장면에 나타나는 '-더니라'는 [−상관성]의 '-더라'와 함께 과거의 일을 설화하는 데 사용되는 특수한 어미로 보는 것이다 (§3.3.1). [−상관성]의 장면에 나타나는 '-더라'를 남의 말이나 문헌에 근거한 간접적 경험을 표시한다고 해석하면 이곳의 '-더니라'도 작자가 독자의 주의를 환기시키는

용법을 부여할 수도 있으나 앞에서 언급한 대로 (§3.3.1), 이런 해석은 취하지 않는다[9].

'ᄒᆞ더니라'가 표시하는 의미는 '-(으)니-'가 결여된 다음 어형에 준하는 용례와의 비교에 의해 설명되어야 한다.

(1′) … ᄒᆞ더시이다 cf. (1)
(2′) … 업더시이다 cf. (2)

(1′), (2′)에서는 단순한 회상의 의미만 파악되고 대신 통보 기능은 '-더니라'보다 훨씬 양방향성을 띠게 된다[10].

다음은 주체가 화자일 때 나타나는 용례다.

(5) "부텨 方便力으로 三乘教를 뵈요믄 衆生이 …혀나게 ᄒᆞ다니라"
(/… 令得이러니라) (法華 1: 158ab)
(6) "내 … 方便力으로 權으로 이 城을 ᄆᆡᇰᄀᆞ랫다니라" (口訣文省略)
(法華 3: 196-7)

(5), (6)은 일방향적 통보 행위의 성격이 짙다. (5)는 부처가 사리불에게 하는 말이다. 구결문에는 '-러(더)니라'인데 '-다니라'로 된 것이 특이하다 (허웅 1975: 793). 언해 과정에서 생긴 구문상의 차이라 하겠다. (6)은 도사가 대중들에게 하는 말이다. 위의 두 용례는 화자가 과거에 경험한 자기 자신에 관한 일을 상대방에게 설명함으로써 자기 이야기에 관심을 갖도록 설득시키는 것이다. 이러한 의미는 '-(으)니-'가 결여된 다음 어형에 준하는 용례와의 비교에 의해 구명되어야 한다.

---

9) 자세한 것은 §3.3.1의 주 (20) 참조.
10) 회상법 '-더-'에 대해서는 §3.3 참조.

(5′) … ᄒᆞ다라 cf. (5)

(6′) … 밍ᄀᆞ랫다라 cf. (6)

상대방을 일깨우는 화자의 의도는 결여되고 대신 양방향적 통보 기능이 뚜렷해질 것이 기대된다[11].

현대어에서는 '-더니라'가 주체가 화자일 때는 선택되지 않는데 (고영근 1965: §3.3.2/1999: 196)[12], 중세어에서는 '-다니라'로 교체됨으로써 1인칭 주체와 호응된다. 이는 (5′), (6′)에서 보는 바와 같이, '-다라'가 주체가 화자일 때 선택되는 어미이기 때문이다 (허웅 1958).

회상 원칙법에서는 직설 원칙법만큼 양태 부사가 자연스럽게 호응되지 않는다. 회상 원칙법에서는 원칙의 용법이 많이 줄어지고 상대방을 일깨우는 면이 부각되기 때문이 아닌가 한다.

4.1.3. 추측 원칙법

추측 원칙법이란 추측법 '-(으)리-'가 선접된 'ᄒᆞ리니라'를 대상으로 하는 것이다.

(1) 周室이 다시 興起ᄒᆞ요미 맛당ᄒᆞ니 孔門을 당다이 ᄇᆞ료미 몯ᄒᆞ리니라 (/周室宜中興 孔門未應棄) (杜諺 6: 21b)

이 용례는 작자가 일반 독자를 대상으로 하는 말로 보고자 한다. 『두시언해』는 두보 자신의 서술에 대해서는 항상 선어말 어미 '-오-'를 취한

11) 회상법 '-다-'에 대해서는 §3.3 참조.

12) 현대어에서도 '-더니라'가 선어말 어미 '-었-'과 통합되면 1인칭과의 공존이 가능하다 (고영근 1965: §3.3.2/1999: 196).
내가 거기 먼저 갔더니라

'호라, ᄒᆞ노라' 형태를 쓰고 있어서 [+상관성]의 장면성을 띠고 있다고 할 수 있다. 사건시는 발화시에 후행하지 않나 한다. 발화시 이후에 일어난 일을 추측하는 관점에서 일깨워 주는 것으로 생각된다. (1)의 용례는 지문에 나타나는 [−상관성]의 용례와 비교해 볼 필요가 있다 [붙임말 2].

(2) 諸法이 幻 ᄀᆞᄐᆞ니 幻 ᄀᆞᄐᆞᆷ도 得디 몯ᄒᆞ리니라 (口訣文省略) (圓覺下 2-2: 11b)

이 용례는 추측 설명법 '-(으)리라'로 바꾸어도 좋은 단순한 설명법 어미, 곧 둘째 설명법 어미로 처리한 바 있다 (§2.1.4). 이 텍스트는 입불 경계경(入佛境界經)에서 인용한 것으로 단순한 지문으로 봄이 온당해 보인다[13]. 따라서 화자의 태도에 관련된 의미를 읽어 내기 힘들지 않을까 한다. 이에 대해 (1)은 화자의 태도에 관련된 의미를 설정할 수 있는 것으로 해석한다.

(1)의 의미는 '-(으)니-'가 결여된, 다음 어형에 준하는 용례와의 비교를 통하여 구명되어야 한다.

(1′) … 몯ᄒᆞ리라

상대방을 일깨우는 양태성에 관련된 의미는 없어지고 대신 양방향적 통보 기능이 우세해질 것이 기대된다[14].

양태 부사는 '-(으)리-'와 '-(으)니-'의 성격으로 보아 '아마 틀림없이(꼭)' 정도가 자연스러워 보인다[15].

13) 고영근 (1980c: 32)에서는 부처의 말로 생각하여 대화로 처리했었다.

14) 추측법에 대하여는 §3.4 참조.

15) 우리의 용례에서는 '-(으)리니라'가 부정적 (否定的) 구문에 나타난다. 용례가 적어 무어라 단정할 수 없지만 부정 구문 (否定構文)이 '-(으)니-'의 삽입에 영향을 받는 것이라면 주목의 대상이 된다. 후일을 기약한다.

현대어와 관련해서 생각할 것은 추측법의 '-(으)리-'와 원칙법의 '-(으)니-'의 통합이다. 현대어에서는 원칙법의 '-(으)니-'는 미래 표시의 선어말어미 '-겠-'과는 어울리지 못한다 (고영근 1965: §3.3.4).

4.1.4. 추측 회상 원칙법

추측 회상 원칙법이란 'ᄒᆞ리러니라'를 가리킨다. 앞에서 우리는 회상 원칙법과 추측 원칙법에서는 직설 원칙법에서 목격되던 원칙적 의미는 감소되고 청자를 일깨워 주는 화자의 태도가 주로 부각됨을 확인한 바 있다. 추측 회상 원칙법에서도 같은 사실을 발견할 수 있다.

(1) 〈부텻 일후미 大覺이샤 … 부텨ᄭᅴ 와 묻ᄌᆞᄫᆞ면 당다이 간 ᄯᅡ홀 아ᄅᆞ시리러니라〉 (月釋 21: 21a)

(2) "내 아랫 뉘예 이 經을 바다 디녀 닐그며 외오며 ᄂᆞᆷᄃᆞ려 니르디 아니ᄒᆞ더든 … 三菩提ᄅᆞᆯ ᄲᆞᆯ리 得디 몯ᄒᆞ리러니라" (釋詳 19: 34ab)

(1)은 '念ᄒᆞᄃᆡ' 다음에 이어지는 것으로 보아 성녀 (聖女)의 독백으로 간주된다. (2)는 부처가 득대세 (得大勢)에게 하는 말인데 일방향적 통보 행위의 성격이 짙다. 득대세는 듣기만 하는 피동적 처지에 놓여 있기 때문이다. '-(으)리러니라'는 통사 구조의 여하에 따라 서실법과 서상법의 기능을 표시하기도 한다[16]. (1)은 사건시가 경험시 이후임을 표시하는 데 대해, (2)는 과거 사실의 가상을 나타낸다. 가상의 의미를 띨 때는 통사 구조에도 영향을 미쳐서 보통 '-더든'과 공존한다 (_____ 참조). 추측 회상법 '-(으)리러라'에 이런 용법이 나타나지 않는 것[17]은 '-(으)니-'가 '-더-'

16) 이인모 (1976: 144-59)에는 '-(으)리러니라'의 의미를 서실법과 서상법으로 나누어 파악하고 있다.

17) 추측 회상법에 대하여는 §3.5 참조.

와 결합되면 통사 구조를 바꾸는 힘이 생긴다는 사실을 확인시켜 준다[18].

추측 회상 원칙법 '-(으)리러니라'의 의미는 '-(으)니-'가 결여된 '-(으)리러라'와의 비교를 통해서 파악되어야 한다.

(1′) … 아ᄅᆞ시리러라 cf. (1)
(2′) … 得디 몯ᄒᆞ리러라 cf. (2)

통사 구조가 변화를 일으키기도 하지만 '-(으)리러니라'는 경험 당시 사건이 아직 일어나지 않고 있었음을 일깨워 주는 것으로 앞의 회상 원칙법, 추측 원칙법과 차이가 없다. 이곳에서도 우리는 추측 원칙법과 같이 원칙법 '-(으)니-'와 추측법 '-(으)리-'가 공존하는 예를 목격하는 것이다 (§4.1.3).

4.1.5. 확인 원칙법

확인 원칙법은 확인법 '-거-' (§2.2.2)에 후행하는 'ᄒᆞ거니라, 하거니라, 이어니라'를 가리킨다.

(1) 녯 위안해 고지 절로 펫고 봄나래 새 도로 ᄂᆞᆯ어니라 (原詩省略) (杜諺 8: 34b)
(2) 故園에 ᄆᆞᆯᄀᆞᆫ 謂水ㅣ ᄒᆞ르ᄂᆞ니 이제 고지 正히 하거니라 (原詩省略) (杜諺 15: 31a)
(3) 秦 ᄯᅡ해는 당당이 새 ᄃᆞ리어니라 (原詩省略) (杜諺 6: 11b)

용례가 모두 『두시언해』에만 보인다 (앞에 나옴). 『두시언해』는 [+상관성]의 장면적 성격을 띠었다 함은 이미 보았다 (§4.1.3). (1)은 고향에도 봄

18) 감동법에 의한 형태인 '-(으)리랏다'도 반드시 '-더든'과 공존한다 (§4.3.3).

을 맞아 꽃이 피고 새가 날아온다는 것을 스스로의 경험적 사실에 근거하여[19], 확인하고 그것을 다시 독자에게 알림으로써 텍스트의 내용에 주의를 기울이도록 하는 것이다. (2)는 두보가 봄을 맞아 고향의 경물을 생각하는 것이다. 스스로의 경험에 의지하여 꽃이 피어 있다는 사실을 확인하고 그러한 사실에 독자의 주의가 이끌려지도록 설득시키는 것이다. (3)은 스스로의 어떤 심증에 의해 진나라의 옛 땅에는 새 달이 떴으리라고 확인하고 그러한 사실을 남이 알아줄 것을 바라는 태도가 엿보인다.

시문이어서 정확한 상황을 이해하기 힘들지만 '-(으)니-'가 결여된 다음 어형과 비교해 보자.

(1′) … 놀어다 cf. (1)
(2′) … 하거다 cf. (2)
(3′) … ᄃᆞ리어다 cf. (3)

(1′)~(3′)가 주관적 경험에 의존하여 사태를 확정적으로 파악하는 데 대하여 (§4.2), (1)~(3)은 그것을 기정적·원칙적인 것으로 만들어 청자의 주의가 끌려지도록 하는 데 역점이 주어지는 것이라고 생각한다. 확인원칙법의 경우에도 다른 경우와 같이 양태 부사 '틀림없이, 반드시' 등이 보충될 수 있다. (2), (3)의 '正히, 당당이'는 그런 관점에서 해석될 수 있다.

4.1.6. 총괄

중세어의 원칙법을 현대어의 그것과 관련시켜 가며 통보상의 특성을 살펴보고 이를 화자의 사태에 대한 태도, 곧 화용상의 제약과 관련시켜 보았다. 요점을 정리하고 원칙법의 의미를 양태성 (Modalität, modality)의 관점에서 해석해 보기로 한다.

---

19) 확인법에 대한 자세한 것은 §4.2 참조.

1. 원칙법은 직설법, 회상법, 추측법, 추측 회상법, 확인법을 바탕으로 하여 성립된다.
2. 원칙법은 일방향적 통보 기능이 강한 [+상관성]의 장면에서 나타나는 일이 많다.
3. 원칙법의 사건시는 보통 발화시와 무관하다.
4. 원칙법은 화자가 사태를 불변적·기정적인 것으로 파악하여 알림으로써 청자의 주의가 그것에 집중되기를 바라는 의도가 작용할 때 쓰이는 것이라고 할 수 있다. 이러한 점 때문에 통보 행위가 자동적으로 일방향성을 띠게 된다 [붙임말 3-1].

원칙법은 원칙적 내지 기정적 사실과 같은, 누구든지 승복할 수 있는 객관적 경험에 근거하여 화자가 청자에게 행동의 규범을 명시 (明示)하거나 묵시 (黙示)하는 것이다. 이리하여 원칙법은 의무를 규정할 수도 있고 허락이나 금지의 의미를 함축할 수 있다[20]. 할머니가 손자에게 '담배를 피우면 못 쓰느니라'라고 타일렀다면 (앞에 나옴), 이런 행동의 규범은 누구나 인정하는 객관적 경험을 토대로 하고 있는 것이다. 이러한 양태성은 재가 (裁可)와 밀접하게 관련되어 있다. 화자의 의도를 거스르려고 한다면 화자의 재가를 받아야 하는 것이다 [붙임말 4].

4.2. 확인법

4.2.0. 중세어의 확인법도 현대어와 근본적으로 다르지 않다[21]. 현대어에 비하여 나타나는 환경이 꽤 넓다는 분포상의 차이밖에 없지 않은가

20) 이러한 양태성은 deontische Modalität에 속한다. 자세한 것은 Wunderlich (1974: 176)와 Lyons (1977: 823-31) 참조.
21) 현대어의 확인법의 의미 기술은 고영근 (1965: §3.5/1999: 202-6) 참조.

한다. '오늘 비가 오렷다'라고 화자가 독백하였다면 심증과 같은 주관적 경험에 의지하여 비가 온다는 사실을 추정적으로 확인하는 것이다. 중세어의 확인법도 크게는 이 테두리 안에서 설명할 수 있다.

우리는 앞에서 확인법의 형태소 '-거/어/나-'를 둘러싸고 "강조" 및 "강세", "가상", "완료"의 세 가지 해석이 시도되어 왔다고 했다 (§2.2.2.1). 이들 해석에서 간취되는 한결같은 잘못은 통합적으로나 계열적으로 하등의 상관성이 없는, 단순한 용언 표지에 지나지 않는 '-거/어/나-'를 유의적 단위로 인정한 점이다.

'-거/어-'를 강세로 해석한 것은 河野六郎 (1950)이 가장 포괄적이다[22]. 그는 사적 (史的) 관점에서 타동사 표지 '어'의 기원을 '거'에 두고 그것을 "intensive stem"이라 부르면서 '거'가 결여된 어형과의 비교를 통하여 강세의 기능을 부여하였다. '거'에 의해 표시되는 과거와 같은 시제성은 동사 어간의 의미에 연유하는 것임도 언급하고 있다. 그러나 통합적으로나 계열적으로 상관관계를 형성하고 있지 못하는 '-거든' 등의 분석을 시도한 것은 비난을 면치 못할 것 같다.

'-거/어-'에 가상의 의미를 준 것은 이숭녕 (1961: 193-5, 233-43)이다[23]. 그는 연결 어미에 나타나는 '-거/어-'를 가상법으로 파악하고 이를 종결어미에 확대 · 적용하였다. 가상이란 연결 어미 자체나 'ᄒᆞ리어다, ᄒᆞ려다'와 같이 추측법 '-(으)리-'와의 통합에서 나타나는 의미로 생각한다. '거/어'를 시제 관련의 요소로 본 것은 이승욱 (1967)과 나진석 (1971: 257-80)이다. 전자는 '-거/어-'를 미완료상 (未完了相)을 표시한다는 회상법 '-디-'와의 내립 관계에서 완료상 (完了相)으로 처리한 것이다. 후자는 현대어의 확인 보조 어간과 관련을 지으면서 끝남으로 해석하였다. 그의

22) 허웅 (1955: 163)에는 '-거니[1]'을 중심으로 강조의 의미가 부여되어 있고, 유창돈 (1963)에는 과거나 가상이 아닌 강조일 뿐이라고 하였다. 허웅 (1975: 923-56)에는 우리의 감동법과 합쳐서 강조 · 영탄법이라고 말하고 있다.

23) 최태영 (1965)와 안병희 (1967: 210)도 비슷한 관점에서 가상 (假想)으로 처리하였다.

논의에서 주목할 것은 저자가 확인법의 요소로 통합한 '-과-' (§2.2.2.2)가 '-거-' 계통의 어형 일람표에 들어 있다는 점이다. 완료나 끝남이란 河野六郎 (1950)에서 지적된 바와 같이 동작류의 어떠함에 따라 결정되는 것으로 '-거/어-'의 속성과는 직접 관계가 없다.

요컨대 지금까지의 이 방면에 대한 연구가 많은 노력에도 불구하고 성과가 미미했던 것은 형태의 표면적 동일성에 얽매여 구조적 상관성을 올바로 인식하지 못한 데 그 원인이 있는 것이다. 이런 상태에서는 '-거/어/나-'의 의미・기능이 제대로 밝혀질 수 없는 것이다. 확인법이 기반으로 하고 있는 기본 서법에 따라서 그 의미를 살펴보기로 한다.

4.2.1. 부정 확인법

부정 확인법이란 어떠한 기본 서법 형태소도 선접하지 않은 도표의 실재형 'ᄒᆞ거다/ᄒᆞ야다/오나다, ᄒᆞ과라, ᄒᆞ거니라, ᄒᆞ얀뎌; ᄒᆞ얀다, ᄒᆞ거니여; ᄒᆞ거라/ᄒᆞ야라/오나라, ᄒᆞ거니/ᄒᆞ야니/오나니, ᄒᆞ가니, ᄒᆞ야며; ᄒᆞ건/ᄒᆞ얀/오난, ᄒᆞ얄'을 가리킨다 (§2.1.1; §2.2.2.3).

(1) 〈내 本來 求ᄒᆞᆯ ᄆᆞᅀᆞᆷ 업다니 오ᄂᆞᆯ이 寶藏이 自然히 니르어다〉 (口訣文省略) (法華 2: 226b)

(2) 〈王ㅅ 中엣 尊ᄒᆞ신 王이 업스시니 나라히 威神을 일허다〉 (月釋 10: 9b)

(3) "오ᄂᆞᆯ 世尊 알ᄑᆡ 몯 듣ᄌᆞᆸ더닐 듣ᄌᆞᆸ고 다 疑惑에 ᄢᅥ러디거이다" (口訣文省略) (法華 2: 50ab)

(4) "네 머그라 우리밥도 머거다" (初老 上: 57a)

위의 용례들은 [－상태성]의 동작류를 표시하는 어간에 통합된 것이다. (1)은 아비의 말을 듣고 독백하는 것인데[24], 주체는 '보장' (寶藏)으로서 3인칭이다. (2)는 제석 (諸釋)들이 정반왕 (淨飯王)의 명종 (命終)함을 보고 땅을 치고 슬퍼하면서 하는 말로서 독백이라 할 수 있다. (3)은 사리불이 부처에게 하는 말인데 일방향적 통보 행위의 성격이 강하다. (4)는 [+상관성]의 장면에 나타나는 전형적 대화의 용례이다. 위의 텍스트들의 사건시는 발화시 직전으로 판단된다. 동작류의 특성이 [−상태성]이기도 하려니와 발화시 관련의 시간 부사 '오늘' 등이 그러한 점을 더욱 선명히 해 준다.

(5) 〈安樂國이ᄂᆞᆫ 아비ᄅᆞᆯ 보라 가니 어미도 몯 보아 시르미 더욱 깁거다〉 (月釋 8: 101b)

(6) 〈내 샹녜 이 아ᄃᆞᄅᆞᆯ 思念호ᄃᆡ 봃 주리 업다니 믄득 제 오니 내 願에 甚히 맛거다〉 (月釋 13: 5b)

(7) 〈내 쳔량 庫藏ᄋᆞᆯ 이제 맛듏 ᄃᆡ 잇거다〉 (月釋 13: 5a)

(8) 〈믄득 來書ᄅᆞᆯ 바ᄃᆞ니 마지 분별 업거다〉 (永嘉下: 107b)

(9) 〈아ᄃᆞᆯ와 여희연 디 쉬나ᄆᆞᆫ ᄒᆡ이다〉 (月釋 13: 9b)

(10) "내 … 天帝ㅅ 命을 받ᄌᆞ와 擁護컨 디 오라거다" (楞嚴 7: 62a)

위의 용례들은 [+상태성]의 동작류를 띤 어간에 나타난 것이다. (5)는 소 치는 아이의 노래 가운데의 일절로서 독백이다. (6)은 돈 많은 장자 (長者)가 사자좌 (師子座)에서 아들을 보고 마음속으로 기뻐하면서 하는 말로서 (7)에 계속되는 텍스트다. (8)은 대사 (大師)의 답서로서 일방향적 통보 행위의 성격이 짙나. (9)는 '아비 每樣 아ᄃᆞᄅᆞᆯ 念호ᄃᆡ'가 선행되어 있으므로 명백한 독백이다. (10)은 신인 (神人)이 율사 (律師)에게 하는 말로서 대화상의 용례다. 위의 용례들의 주체는 모두 3인칭이다 (_____ 참조).

24) 용례 (1)은 같은 불경을 저본으로 한 『월인석보』에는 다음과 같이 표현되어 있다.
내 本來 求홇 ᄆᆞᅀᆞᆷ 업다니 오ᄂᆞᆯ 寶藏이 自然히 오나다 (月釋 13: 32b)

(6)만이 밖으로 드러나지 않았는데 '아들 오는 일'로 주체를 설정할 수 있다. 위의 용례들의 주체는 모두 발화시와 일치한다. 이는 통합 용언의 동작류적 성격이 [+상태성]임에 연유한다. 특히 (7)에서 발화시 관련의 부사 '이제'가 쓰이고 있음이 그런 사실을 더 강력하게 뒷받침한다.

독백과 같은 일방향적 통보 기능이 강한 [−상관성]에 주로 나타나는 '-거/어/나-'[25]의 의미는 어떻게 구명되어야 할까? 먼저 이들 형태소가 결여된 다음과 같은 부정법 어형과의 비교에 의존해야 한다.

(11) "내 億劫엣 顚倒想ᄋᆞᆯ 슬우샤 僧祇ᄅᆞᆯ 디나디 아니ᄒᆞ야셔 法身ᄋᆞᆯ 얻게 ᄒᆞ이다" (楞嚴 3: 111-2)

(12) "됴타 네 阿僧祇劫을 디나가 부텨 ᄃᆞ외야 號ᄅᆞᆯ 釋迦牟尼라 ᄒᆞ리라" (月釋 1: 15b)

(13) "ᄆᆞᅀᆞᆯ히 멀면 乞食ᄒᆞ디 어렵고 하 갓가ᄫᆞ면 조티 몯ᄒᆞ리니 이 東山이 甚히 맛갑다" (釋詳 6: 23-4)

(14) "내 오ᄂᆞᆯ 이 衆이 ᄂᆞ외야 가지 니피 업고 純히 正ᄒᆞᆫ 實이 잇다" (口訣文省略) (法華 1: 173a)

(15) "내 부텨와 ᄒᆞ야 母子 ᄃᆞ왼 後로 즐거ᄫᅮ미 오ᄂᆞᆯ ᄀᆞᆮᄒᆞ니 업다" (釋詳 11: 2b)

(16) "사ᄅᆞᄆᆡ 목수미 無常ᄒᆞᆫ 거시라" (月釋 7: 2a)

(17) "닐굽히 너무 오라다" (月釋 7: 2a)

주체가 3인칭인 점과 사건시가 발화시에 선행하거나 또는 일치한다는 점[26]에서는 '-거-' 삽입형과 조금도 차이가 없다. 확인법 형태소가 개입된 (1)~(10)의 대부분은 독백과 같은 [−상관성]의 장면에 나타나

25) 앞으로는 특별한 경우를 제외하고는 세 이형태를 하나하나 들지 않고 '-거-'를 대표 형태로 정하여 제시한다.

26) 부정법의 시제에 대하여는 §3.1 참조.

기 때문에 통보 행위가 매우 일방향적이었다. 그러나 (11)~(17)은 정상적 대화인 [+상관성]의 장면에 나타나므로 그 통보 행위는 양방향적이다. '-거-'의 이러한 통보 기능은 화자의 태도와 상관성을 띤 것이 아닌가 한다.

화자가 주관적 경험에 의지하여 사태를 확정적으로 파악할 때, 형태소 '-거-'가 선택되는 것으로 보고자 한다. 원칙법은 상대방에게 원칙적인 사실에 주의가 집중되도록 일깨우는 것이었는데 (§4.1), 확인법은 사태를 스스로 확인하는 것이다. 대부분의 확인법 용례에 일방향적 통보 기능이 절대적인 이유를 알 수 있다. 이곳에서도 원칙법에서와 같이 양태 부사를 수용함으로써 텍스트의 성격을 명백히 할 수 있다. (1)~(4)에는 '틀림없이' 등의 부사의 삽입이 가능해 보인다. 이에 대응되는 (11)은 아난 (阿難)이 부처에게 하는 말로서 수능엄왕 (首楞嚴王)의 과거의 행적을 객관적으로 단순하게 진술하는 것인데 화자의 태도에 관련된 부사의 보충은 자연스럽지 못하다. (5)~(10)의 의미를 (11)~(17)과 구체적으로 비교해 보자.

(5)는 「안락국태자설화」(安樂國太子說話)의 일절로서 '-거-'의 의미 구명에 원용되어 온 것이다[27].

이 텍스트는 안락국이 집에 돌아왔을 때의 정상을 머릿속에 그려 '시름 깁거다'라고 한 것이니 '깊을 것이다'라는 가상으로 해석해야 한다고 생각해 왔다 (최태영 1965). 의미 해석에는 잘못이 없으나 구조적 양상을 고려하지 못한 것으로 생각한다. 안락국이 아비를 보러 갔다가 집으로 돌아오지마는 집으로 돌아가서 어미가 죽었다는 사실을 알게 되면 시름이 깊을 것임을 심증에 의해 스스로 확인하는 것이니 '기프리어다' 내지 '기프려다'와 같이 추측 확인법의 형식으로 나타나야 할 것이다 (뒤에 나옴)[28]. 두 어형 가운데서 어느 것을 선택하느냐 하는 것은 화자 (여기서는

---

27) 최태영 (1965: 125-9)에 설화 내용이 요약되어 있다. 이 예는 『월인천강지곡』에 다음과 같이 나온다.

安樂國이는 아비를 보라 가니 어미 몯 보아 시름 깊거다 (其 245, 月釋 8: 87b)

목동임)에게 달려 있다. 이곳에서도 '틀림없이' 등의 부사의 삽입이 가능하다. 한편 (12)는 (5)와 비교할 때 그런 태도를 파악할 수 없다. 오히려 '됴토다' 등으로 나타나는 것이 자연스럽다[29]. '普光佛이 讚嘆ᄒᆞ샤ᄃᆡ'와 같이 작자의 정감에 가득 찬 말에 의해 도입되고 있기 때문이다.

(6)은 (13), (7)은 (14), (8)은 (15), (9)는 (16), (10)은 (17)의 동근 (同根) 어간 내지 동일 어간에 '-거-'가 붙은 것이다. 전자는 화자의 사태에 대한 태도가 매우 경화 (硬化)되어 있어, '틀림없이, 반드시' 등의 양태 부사를 보충하여도 조금도 어색하지 않다. 후자는 화자의 그러한 태도가 유형적으로 나타나 있지 않기 때문에 양태 부사의 삽입이 자연스럽지 못하거나 어렵지 않은가 한다. (8), (9), (10)은 통합 어간의 동작류가 [+상태성]인데도 불구하고 [−상태성]의 자질을 띠게 되어 완료적 의미를 표시하는 것은 '-거-'가 지닌 화용상의 특성과 유관하지 않나 한다. (8)은 '걱정이 없어졌다', (9)는 '50여 년이 되었다', (10)은 '오래되었다'로 해석된다.

'-거다/-어다'의 의미는 이와 통사 · 의미상의 특성이 비슷한 부정법의 둘째 설명법 어미 (§2.1.1; §3.1.1)와 비교해 볼 필요가 있다.

(18) "네 아비 ᄒᆞ마 주그니라" (月釋 17: 21a)

위의 용례는 아비의 사자가 아들에게 하는 말인데 주체는 3인칭으로서 '-거다/-어다'의 동사 통합예 (1)~(4)와 다름이 없다. 그러나 이는 독백 아닌 대화의 용례로서 [+상관성]의 장면에 쓰인 것이며 사건시도 발화시 직전이 아닌 먼 과거이거니와 화자의 사태에 대한 태도도 매우 단순하다는 점에서 '-거다/-어다'와는 그 기능과 의미가 매우 다름을 알 수 있다.

---

28) [ᄒᆞ리−다] 환경에서는 '거/어'의 선택이 불규칙하므로 "불불형" (不不型)에 소속시켰다 (고영근 1980d/1999: 478). 따라서 "기프리어다, 기프려다"가 다 가능하다.
29) '-도다'의 의미에 대해서는 §4.3.7 참조.

앞에서 저자는 구조적 관점에서 '-거-'를 '-과-'와 통합한 바 있다 (§2.2.2.3). 여기서는 통보 면과 화용 면에서 통합론을 전개해 볼까 한다.

(19) 〈오늘사 ᄉᆞᄉᆡ 얻과라〉 (月釋 7: 9a)

(20) 〈내 이제 훤히 즐겁과라〉 (口訣文省略) (法華 2: 137b)

(21) "부텨 大衆에 나ᄅᆞᆯ 반ᄃᆞ기 부톄 ᄃᆞ외리라 니ᄅᆞ시니 이 ᄀᆞᄐᆞᆫ 法音을 듣ᄌᆞᆸ고 疑悔ᄅᆞᆯ ᄒᆞ마 덜와이다" (法華 2: 24a)

(22) "오ᄂᆞᆯ 이 모ᄃᆞᆫ 大會와 ᄯᅩ 내 다 ᄒᆞ마 보ᅀᆞᆸ과이다" (口訣文省略) (法華 4: 169a)

(23) "ᄀᆞᆺ기 몯과라" (初朴上: 44a)

(19)는 난타가 기뻐하면서 스스로 하는 말로서 독백이며 (20)은 장자가 아들이 화택 (火宅)에서 나와서 네거리에 주 (住)함을 보고 찬탄하는 말로서 역시 독백이다. (21)은 사리불이 부처 앞에서 게 (偈)로써 사뢰는 말인데 거의 일방향적 통보 행위다. (22) 역시 일방향적 특성이 강하다. 지적보살이 문수사리에게 게 (偈)로써 사뢰는 말이다. (23)은 이발사와 주고받는 말로써 [+상관성]의 장면에 나타난 것이다. 독백과 같은 [−상관성]의 장면에 나타나며 [+상관성]의 장면이라 하여도 일방향적 통보 기능이 우세하다는 점에서 앞의 '-거-'와 같다고 할 수 있다. 시제에 있어서도 공통성을 발견한다. (19), (21), (22), (23)은 [−상태성]의 용언에 통합된 것으로 사건시는 발화시 직전이다. '오ᄂᆞᆯ'과 같은 발화시 관련 부사의 쓰임에 의해서 그러한 사실이 더 분명해진다. (20)은 [+상태성]의 동작류를 표시하는 것으로서 사건시와 발화시는 거의 일치하는 것으로 생각된다.

'-과라'의 의미는 이와 통사적 특성이 같은 확인법 형태소가 결여된 부정법 '-오라' (§2.1.1; §3.1.1)와 비교하여 파악하는 것이 좋다.

(24) “산 것 주기며 허러 구짓ᄂᆞᆫ 두 業으로 報ᄅᆞᆯ 受호라” (月釋 21: 56ab)

(25) “내 지븨 이실 ᄢᅥ긔 受苦호미 이러호니 이런 因緣으로 道理ᄅᆞᆯ 得호라” (月釋 10: 26a)

(26) “내 부텻 弟子ㅣ로니 諸漏 업수믈 得ᄒᆞ야 죽사릿 큰 저푸믈 이제 다 버서나이다” (버서나오이다) (釋詳 24: 16b)

(27) “내 난 後로 嗔心ᄒᆞᆫ 적 업소라” (月釋 21: 216a)

대체로 대화와 같은 [+상관성]의 장면에 나타나고 시제에 있어서는 통합 용언이 [−상태성]을 띤 (24), (25)는 사건시가 발화시보다 훨씬 앞서 있다. (18)과 유사하다고 하겠다. (27)은 ‘없다’의 동작류적 특성 때문에 사건시는 발화시에 일치한다. (26)은 발화시 관련부사 ‘이제’로 미루어 보면 사건시는 발화시 직전인 것으로 판단된다. (19)를 (24)와 비교해 보면 전자는 화자가 오늘에야 비로소 틈을 얻게 되었음을 스스로 확인하는 것이다. 따라서 이곳에서는 ‘틀림없이’ 등의 양태 부사의 삽입이 가능하다. 후자는 화자의 그러한 태도가 결여된 단순한 서술에 지나지 못하는 것으로 생각한다. 이때는 화자의 태도와 관련된 부사의 사용은 어려워 보인다.

(21), (22), (23)도 (25), (26)과 비교하면 그런 의미가 파악된다. (20)은 통합 용언이 [+상태성]을 띠고 있는데 (27)과 비교하면 화자가 발화시의 사태를 즐겁게 생각하여 이를 스스로 확인하는 것이다. ‘훤히’를 화자의 이런 태도와 관련된 양태 부사로 간주할 수 있다. 이로써 우리는 ‘-과-’가 통보 및 화용의 측면에서도 충분히 통합될 수 있음을 확인하였다.

‘-거니라’는 ‘-거-’가 결여된 ‘-(으)니라’와의 비교에 의해 의미가 구명되어야 한다. 양자는 통사 구조 면에서 차이를 보여 주지 않기 때문이다.

(28) 녯 위안해 고지 절로 펫고 봄나래 새 도로 늘어니라 (原詩省略)

(杜諺 8: 34b)

(29) 衡陽앳 죠힛 비디 다 能히 놉거니라 (原詩省略) (杜諺 22: 16b)

(30) 神農도 ᄆᆞᄎᆞ매 아디 몯ᄒᆞ니라 (原詩省略) (杜諺 15: 8a)

(31) 山林에 갈 자최 머디 아니ᄒᆞ니라 (原詩省略) (杜諺 15: 8b)

용례가 모두 『두시언해』에서만 나타나므로 '-거-'가 결여된 어형도 여기서 뽑았다. (28), (29)에 대한 설명은 이미 원칙법을 논의하는 자리에서 상론하였으므로 (§4.1.5), 반복하지 않는다. (28), (29)가 사태를 확정적으로 파악하여 독자의 주의를 일깨운다면 (30), (31)은 그런 사정이 개입되지 않은 단순한 서술이라고 할 것이다.

'-언뎌'는 '-(으)ㄴ뎌'와 비교된다.

(32) "됴ᄒᆞᆯ쎠 됴ᄒᆞᆯ쎠 오ᄂᆞᆳ낤 果報ㅣ여 釋迦牟尼佛ㅅ 弟子ㅅ ᄂᆞ출 보ᅀᆞᄫᆞᆫ뎌" (月釋 23: 82b)

(33) "般若 기픈 ᄠᅳ디 이ᄅᆞᆯ 니ᄅᆞ신뎌" (心經: 8a)

(32)는 옥졸이 목련에게 찬탄하면서 하는 말이다. (33)과 비교하면 전자에는 화자의 확신성이 투영되어 있어 양태 부사의 삽입이 가능한데 후자는 그렇지 않아 보인다.

2인칭 의문법과 비2인칭 (非2人稱) 의문법에서도 같은 방식으로 의미가 구명되어야 한다.

(34) "닐웻 ᄉᆞᅀᅵ예 네 快樂ᄋᆞᆯ 젼ᄎᆞᆺᄒᆞ얀다" (釋詳 24: 28ab)

(35) "하ᄂᆞᆯ ᄀᆞᄅᆞ치시며 ᄯᅡ ᄀᆞᄅᆞ치샤ᄆᆞᆯ 아란다 모ᄅᆞᄂᆞᆫ다" (金三 2: 60a)

(36) "네 엇뎨 안다" (月釋 23: 74a)

'-언다'는 화자가 청자에게 확신성 있는 답변을 구할 때 쓰이는 것으로 생각한다. (34)는 왕이 사자를 시켜 선용에게 묻는 말이다. 선용의 답변이 "보도 몯ᄒᆞ며 듣도 몯ᄒᆞ거니 므스기 快樂ᄒᆞᄫᆞ리잇고"와 같이 반어의문의 내용인 것을 보면, 왕의 선용에 대한 물음이 어느 정도 경화 (硬化)되어 있는가 하는 것을 알 수 있다. (35)는 (36)과 비교할 때 시제상의 차이는 전혀 없다. (34)와 함께 사건시가 발화시에 선행하는 것으로 해석되는 것은 '-거-'에 있지 않고 용언의 동작류적 특성에 연유한다. (35)의 '모ᄅᆞ논다'가 '*몰란다'가 되지 않아야 할 하등의 이유가 없다. 화자가 선택하지 않았을 뿐이다.

의문법에 나타나는 '-거-'는 감동법의 '-ㅅ-'과 비슷한 점이 많다 (뒤에 나옴).

(37) "羹애 네 소니 데어녀" (口訣文省略) (內訓 1: 18a)
(38) "부텨 涅槃ᄒᆞ시니여" (釋詳 23: 20b)
(39) 〈엇던 젼ᄎᆞ로 이에 오나뇨〉 (法華 2: 239a)
(40) "이 智慧 업슨 比丘ㅣ 어드러셔 오뇨" (釋詳 19: 30ab)

(37), (39)는 비2인칭 의문법의 '-거-' 통합 예이다. (37)은 대화의 용례인데 (38)과 비교할 때 청자에 대한 화자의 태도에 차이가 있으며 (39)는 독백의 용례로서 (40)이 비교의 대상이 된다. 주의할 것은 (39)에서 보는 바와 같이 설명 의문법의 '-거-' 통합 예가 대부분 독백에서 나타나는 점이다. 우리는 설명법의 용례에서도 그런 경향을 발견했는데 이는 '-거-'의 화용적 특성과 직접 관련된다.

다음은 명령법에 나타나는 확인법의 용례다.

(41) "比丘돌하 부텻 양ᄌᆞ롤 보아라" (釋詳 23: 13a)
(42) "너희돌히 至極ᄒᆞᆫ 誠心ᄋᆞ로 내 紫磨黃金色身올 보라" (釋詳 23: 11b)

화자의 청자에 대한 태도의 경화 (硬化)에서 차이를 찾을 수밖에 없다. 청자가 신념 있게 행동해 주기를 요구하는 것이다. 현대어는 '하라' 형태가 간접 명령으로 주로 쓰이나 (고영근 1976/1999: 347), 중세어에서는 'ᄒᆞ라' 형태가 직접 명령으로 더 많이 쓰이기 때문에 화자의 태도와 관련시키지 않을 수 없다.

연결 어미의 용례를 검토해 보자.

(43) "本來 제 뮈욤 업거니 엇뎨 모로매 뮈리오" (口訣文省略) (金三 2: 65b)
(44) "네 아ᄃᆞ리 孝道ᄒᆞ고 허믈 업스니 어드리 내티료" (月釋 2: 6a)

(44)는 (43)의 '-거니[1]'의 '-거-' 결여형이다. '-거니[2]'는 마땅한 용례를 찾지 못하였다. 양자를 비교해 보면 화자의 사태에 대한 태도의 경화에서 '-거-'의 의미를 찾을 수밖에 없다.

(45) 가줄비건댄 사ᄅᆞ미 바미 녀다가 杌ᄅᆞᆯ 보고 도ᄌᆞᄀᆞᆫ가 너겨며 모딘 귀쩌신가 너겨 두리여 혜ᄃᆞᆮ다가… (釋詳 11: 34b)
(46) ᄀᆞ장 殷重히 너기ᅀᆞᄫᆞ며 奇特히 너기ᅀᆞᆸᄂᆞᆫ ᄆᆞᅀᆞᄆᆞᆯ 니르와다 (月釋 10: 45ab)

(45)는 '-(으)며'가 '-거-'를 취한 것인데 '-거-'가 결여된 (46)의 '너기ᅀᆞᄫᆞ며'와 비교된다. 둘 다 지문에 나타나는 [−상관성]의 용례들인데 화자의 사태 내지는 명제에 대한 태도와 관련시키지 않을 수 없다.

관형사형에서도 '-거-'가 결여된 어형과의 비교에 의존해야 한다.

(47) 아ᄃᆞᆯ 봄브터 오난 ᄃᆡ ᄒᆞ마 ᄉᆞ믈히니 (口訣文省略) (法華 2: 245b)
(48) 그제로 오신 ᄃᆡ 순지 오라디 몯거시든 (口訣文省略) (法華 5: 119b)

(49) 아ᄃᆞ리 宰相 ᄃᆞ외언 디 三年이로ᄃᆡ (口訣文省略) (內訓 3: 26b)

(50) 내 부텨와 ᄒᆞ야 母子 ᄃᆞ왼 後로 (月釋 21: 6b)

(51) 그 中에 ᄒᆞᆫ 長者ᄂᆞᆫ 우리 父母 오라건 아로리러니 (月釋 10: 24b)

(52) 디나건 오란 劫에 … (月釋 1: 51b)

(53) 四空處ㅣ 業果色 업수믈 아랋 디로다 (月釋 1: 36b)

(54) 보미 이 봄 아닌 ᄃᆞᆯ 반ᄃᆞ기 아롮 디라 ᄒᆞ시니 (楞嚴 2: 74b)

(47)은 (48)과, (49)는 (50)과, (51)은 (52)와, (53)은 (54)와 각각 비교된다. '-거-' 삽입형은 결여형에 비해 경화된 화자의 태도가 엿보인다. 시제는 앞의 설명법과 의문법의 용례와 같이 동작류에 따라 주로 결정된다.

4.2.2. 추측 확인법

추측 확인법 (推測確認法)이란 추측법 '-(으)리-'가 선・후행된, 도표의 실재형 'ᄒᆞ리어다/ᄒᆞ려다, ᄒᆞ야리로다, ᄒᆞ거리랏다; ᄒᆞ려뇨, ᄒᆞ야리아, ᄒᆞ얄까; ᄒᆞ리어니[1], ᄒᆞ려니[2], ᄒᆞ리어며, ᄒᆞ야리마ᄅᆞᆫ'을 가리킨다.

(1) 〈ᄒᆞ마 비 오려다〉 (月釋 10: 85b)

(2) 〈(如來) 涅槃애 드로려 ᄒᆞ시니 이리ᄃᆞ록 셜볼쎠 世間앳 누니 업스려다〉 (釋詳 11: 11b)

(3) "님하 오ᄂᆞᆳ나래 넉시라 마로리어다" (月釋 8: 102a)

(4) "아가 大慈悲 우니ᄂᆞᆫ 鴛鴦鳥와 功德修行ᄒᆞᄂᆞᆫ 이 내 몸과 成等正覺 나래ᅀᅡ 반ᄃᆞ기 마조 보리어다" (月釋 8: 101ab)

(5) "그듸내 머리셔 ᄀᆞᆺ비 오난마ᄅᆞᆫ 如來ㅅ 舍利ᄂᆞᆫ 몯 나ᅀᅩ리어다" (釋詳 23: 53ab)

(6) "내 조ᄒᆞᆫ 힝뎌글 닷가 일업ᄂᆞᆫ 道理ᄅᆞᆯ 求ᄒᆞ노니 죽사릿 因緣을 둗

[듣]디 몯 호려다 (月釋 1: 11b)

앞의 '-거다/-어다/-나다'와 같이 '-리어다/-려다'[30]도 대부분 독백 내지 일방향적 진술에서 나타나고 있다. (1)은 현대어의 '오렸다'의 직접적 소급형으로서 심증과 같은 주관적 경험에 의해 비가 올 것을 예측·확인하는 일반적 독백 표현이다. (2)는 중생들이 부처의 열반 소식을 듣고 독백하는 것이다. (3)은 원앙 부인이 장자를 향하여 부르는 노래의 일절로서 통보 행위는 거의 일방향적이다. (4)는 아비가 아들에게 하는 말로 답변을 전제하지 않는 일방향적 통보 행위다. (5)는 구시국왕 (拘尸國王)이 게(偈)를 지어 신하에게 대답하는 말인데, 일방향적 진술, 곧 독백의 성격이 매우 짙다. 이 텍스트의 앞뒤가 ᄒᆞ쇼셔체로 되어 있는 점은 이 말의 독백적 성격을 잘 뒷받침한다. (6)은 [+상관성]의 장면인 대화 속의 용례로서 선혜가 구이에게 하는 말이다.

위의 용례의 주체는 대부분 비1인칭이다 (_____ 참조). (3)은 주체가 2인칭이고 (_____ 참조), (4)는 원앙조와 화자 지신의 '몸'을 뭉뚱그린 것이 주체로 간주된다 (_____ 참조). (5), (6)은 화자가 주체로 간주되는데 선어말어미 '-오-'가 개입된 데 연유하지 않나 한다. (5)는 '*나소오리어다'의 축약형이고 (6)은 '-오-'의 삽입형으로 볼 수 있는 용례다 (허웅 1975: 786). 사건시는 발화시에 후행할 수도 있고 일치할 수도 있다. 이러한 시제성은 선접된 추측법 '-(으)리-'에 의해 나타나는 것이다. (2)와 같이 [+상태성]의 동작류를 띤 용언에 붙을 때는 발화시와 일치하는 일이 많아 보인다.

위에 나타나는 '-(으)리어-'는 '-거-'가 결여된 추측법 용례와의 비교에 의해 구명되어야 한다.

(7) "如來 오ᄂᆞᆳ 밤 中에 無餘涅槃에 들리라" (釋詳 13: 34a)

30) 앞으로는 대표 형태를 '-리어-'로 책정하여 제시한다.

(8) 모딕 뎌를 가졋디 마로리라 (蒙法: 26a)

(9) "나옷 … 五百齋 아니ᄒᆞ단디면 … 地獄애 드로리라" (月釋 23: 75b)

'-거-'가 결여된 추측법의 어형 가운데서 [+상관성]의 장면에 나타나는 대화의 용례를 뽑아 보았다. (1), (4)는 주체가 3인칭인 점에서 (7)과 공통된다. 전자는 발화시 이후에 일어날 일을 화자가 확신을 가지고 추측하는 것이다. 따라서 이 텍스트에는 '틀림없이' 등의 양태 부사의 삽입이 가능하다. (4)에는 '반ᄃᆞ기'가 들어 있어 그러한 의미의 설정이 타당함을 입증하고 있다. (7)은 일월 등명불 (日月燈明佛)이 대중에게 발화시 이후의 일을 자기의 신념에 근거하여 확정된 것으로 파악하여 거의 일방향적으로 진술하는 것이다. '들리어다/들려다' 등의 어형이 기대될 수 있다. 그러나 '-거-/-어-'가 결여되어 있다. 이 형태소의 선택 권한은 어디까지나 화자에게 달려 있는 것이다.

(3)과 (8)은 주체가 2인칭인 점과 '-오-'를 가지고 있다는 점에서 일치한다. 양자가 다 화자의 의도가 강하게 반영되어 있다는 점에서는 공통되나 전자는 화자의 확신성 있는 태도와 밀접하게 결부되어 있다. (6)은 (9)와 주체가 1인칭인 점에서 공통되는데 전자에는 화자의 사태에 대한 확신성 있는 태도가 바탕이 되어 있기 때문에 '-거-'가 쓰였으나 후자에는 그런 태도가 전제되어 있지 않기 때문에 '-거-'가 결여되었고 '반드시'와 같은 부사의 보충도 허락되지 않는다.

'-어리로다'와 '-거리랏다'는 용례가 하나뿐이나 '-거-'가 결여된 '-(으)리로다, -(으)리랏다'가 존재하므로 의미 파악이 가능하다.

(10) 眞知로 그스기 化ᄒᆞ시다 닐어리로다 (月釋 13: 44b)

(11) 壯ᄒᆞᆫ 양지 머므디 아니호미 ᄃᆞᄂᆞᆫ 물 ᄀᆞᄐᆞᆫ 젼ᄎᆞ로 가줄비디 몯ᄒᆞ리로다 (口訣文省略) (楞嚴 2: 5b)

(12) 살어리 살어리랏다 靑山애 살어리랏다 (樂章歌詞, 靑山別曲)

(13) "그듸옷 나그내롤 ᄉᆞ랑티 아니ᄒᆞ더든 그믐 나래 ᄯᅩ 시르믈 더으리랏다" (原詩省略) (杜諺 15: 31b)

(10), (11)은 둘 다 [−상관성]의 장면인 협주의 지문에 나타난다. (10)이 작자의 확신성 있는 경화된 사태 파악과 관련되어 있다면 (11)은 그러한 태도가 결여된 사태 파악과 관계가 있다고 할 수 있다. 따라서 (10)에는 '틀림없이' 등의 양태 부사의 삽입이 자연스럽게 느껴진다. (12), (13)도 같이 해석된다.

'-(으)려뇨, -어리아, -얼까'는 '-거-'가 결여된 '-(으)리 … 뇨, -(으)리아, -(으)ㄹ까'와의 비교에 의존해야 한다. '-(으)리 … 뇨'[31]는 실제로는 '-(으)리오'로 나타난다.

(14) 〈눌 더브러 무러ᅀᅡ ᄒᆞ리며 뉘ᅀᅡ 能히 對答ᄒᆞ려뇨〉 (釋詳 13: 15a)

(15) "네 브즈러니 세 버늘 請ᄒᆞ거니 이드리 아니 니르료" (釋詳 13: 46a)

(16) 〈어루 크게 맛나다 아니 닐어리여〉 (口訣文省略) (金三 3: 5a)

(17) "ᄒᆞ마 주글 내어니 子孫ᄋᆞᆯ 議論ᄒᆞ리여" (月釋 1: 7a)

(18) "어더 보ᅀᆞᄫᆞᆯ까" (釋詳 24: 43b)

(19) 天縱之才롤 그려ᅀᅡ 아ᅀᆞᄫᆞᆯ까 (龍歌 43)

(18)만 제외하고는 모두 수사 의문으로 쓰였다. (14)와 (15), (16)과 (17)을 비교해 보면 전사는 화자의 사태에 대한 강한 확신감이 전제되어 있음을 느낄 수 있다. (18)은 청자에게 확신감에 기초를 둔 답변을 요구하고 있다.

---

31) '-(으)리…뇨'는 추측 의문법의 기저형을 '*-(으)리녀'로 잡게 하는 훌륭한 증거가 된다. 자세한 것은 §2.1.4 참조.

'-(으)리어니[1], -(으)리어며, -어리마ᄅᆞᄂᆞᆫ'은 '-(으)리니, -(으)리며, *-(으)리마ᄅᆞᄂᆞᆫ'과의 비교에 의지해야 한다.

(20) 三輪이 부여 괴외ᄒᆞ면 三界예 나리어니 罪福이 엇뎨 내게 브트리오 (南明 上: 63a)

(21) 이 善女人이 … 女人 잇ᄂᆞᆫ 世界예 다시 나디 아니ᄒᆞ리니 ᄒᆞᄆᆞᆯ며 ᄯᅩ 女身호미ᄯᆞ녀 (月釋 21: 86b)

(22) 므싀여본 이리 이셔도 고ᄌᆞᆨᄒᆞᆫ ᄆᆞᅀᆞᄆᆞ로 뎌 부텨를 念ᄒᆞ야 恭敬ᄒᆞᅀᆞᄫᆞ면 다 버서나리어며 … 버서나리라 (釋詳 9: 24-5)

(23) ᄇᆞᆯᄀᆞ면 보미 업스리며 (楞嚴 3: 94b)

(20)을 (21)과 비교해 보면 화자의 사태에 대한 확신성과 관련되어 있으며 (22)도 (23)을 고려하면 그런 점을 느낄 수 있다. 이런 경우에도 양태부사의 보충으로써 의미의 타당성을 검증할 수 있다.

4.2.3. 총괄

중세어의 확인법을 현대어의 그것과 관련시켜 가며 통보상의 특성을 살펴보고 이를 화자의 사태에 대한 태도와 관련시켜 보았다. 요점을 정리하고 확인법의 의미를 양태성의 관점에서 해석해 보기로 한다.

1. 형태소 '-거-'는 통합적으로나 계열적으로 상관관계를 맺고 있는 환경에서만 확인법으로 기능하며 확인법은 부정법과 추측법을 바탕으로 성립한다. 현대어는 직설법과 추측법을 바탕으로 성립된다고 서술한 바 있다 (고영근 1965: §2.5/1999: 164).
2. 확인법은 [−상관성]의 장면과 일방향적 통보 기능이 우세한 [+상관성]의 장면에 나타나는 일이 많다.

3. 확인법의 사건시는 부정법의 경우는 통합 용언의 종류에 따라 결정되고 추측법에서는 '-(으)리-'의 영향을 받아 발화시 이후가 될 적이 많다.
4. 확인법은 화자가 사태를 결정적인 것으로 파악하여 그 사실을 스스로 확인하고자 할 때 쓰이는 것이 보통이다. 이러한 점 때문에 통보 행위가 자동적으로 일방향성을 띠게 되는 것이다.

확인법은 심증 (앞에 나옴)과 같은 주관적 경험을 토대로 하여 자신의 지식의 상태를 규정하는 것이다. 앞의 원칙법이 객관적 경험을 토대로 하여 상대방에게 그것을 인식시키려는 데 의도가 가해진다면 확인법은 화자의 주관적 경험에 의지하여 사태를 결정적으로 판단하는 것이라 할 수 있다. 이러한 그의 지식은 새로운 경험을 통해서 변할 수도 있다. 그럴 때는 확인법이 결여된 어형을 씀으로써 자신의 믿음을 취소할 수도 있다[32]. '비가 오렷다' (앞에 나옴)라고 독백하였다면 자신의 주관적 경험에 의해 사태를 확정적으로 추측하는 것이다. 그러나 그러한 자신의 지식이 어떤 외적 요인에 의해 확신감이 줄어들거나 취소될 때는 '비가 오리라'와 같이 말할 수 있는 것이다 [붙임말 4].

부정법과 추측법을 바탕으로 설명법, 의문법, 명령법, 소수의 연결 어미 및 관형사형 어미에 분포되어 있었던 확인법 체계가 어떠한 과정을 밟아 현대어에서는 설명법에서만 남아 있게 되어 있는가 하는 것은 문법사의 단면을 고려하지 않은 현 단계에서는 선불리 단정할 수 없다. 한 가지 언급할 것은 현대어의 확인법 형태 '-것/엇-'의 생성 절차이다. 중세어에서는 '-거/어/나-'의 세 이형태로 분화되어 있었던 것이 오늘날에 와서 '-것/엇-'이 된 것은 확인법과 의미 · 기능에 있어 공유 부분이 많은 감동법 '-옷-//

32) 이러한 양태성은 epistemische Modalität에 속한다. 자세한 것은 Wunderlich (1974: 176), Lyons (1977: 791-2) 참조.

-돗-, -ㅅ-' (§2.2.3)과의 어형상의 혼효 (混淆)에서 빚어진 것이 아닌가 한다. 『두시언해』의 다음 (24)는 바로 그러한 현상의 맹아 (萌芽)로 보인다.

(24) 牛斗星 ᄇᆞ라오ᄆᆞᆯ ᄒᆞᆫ갓 잇비 ᄒᆞ것다 (21: 42a)

구조적 관점에 선다면 위의 형태 '-것-'은 확인법 '-거-'와 감동법 '-옷∥돗-, -ㅅ-'의 복합 형태라 할 수 있다 [붙임말 5].

4.3. 감동법

4.3.0. 중세어의 감동법은 현대어에는 존재하지 않는 독특한 문법 범주다. 그러나 종전의 중세어 연구에서는 형태소 분석이 제대로 시도되지 않았고 의미 파악도 매우 종합적이고 불완전하게 되어 있다. 종전의 연구 성과를 되돌아봄으로써 문제점이 무엇인지 살펴본다.

저자가 앞서 식별한 일군의 형태소를 포함한 어형 (§2.2.3)에 대하여 처음으로 문법적 의미를 부여한 것은 이숭녕 (1961a: 182-9)이다. 그는 '-옷-', '-돗-', '-ㅅ-'이 삽입된 어형과 선어말 어미 '-오-'가 개재된 어형을 통틀어서 "감상법"이라 부르고

> 화자가 어느 객관적 사실에 주관적으로 가치를 매겨 표현하는 서법 (이숭녕 1961a: 182)

이라 규정하면서 서법의 일종으로 간주하였다. 유창돈 (1964a: 305-34)는 "확인형", "강조형", "감탄형"이라 불러, 감탄의 기능 이외, 확인·강조의 기능이 있음을 언급하였다.

이상 두 문법가의 종합적 의미 파악에 대하여 형태론적 배려 밑에 의

미 파악을 시도한 것은 안병희 (1967: 215-7)이다. 그에 의하여 '-옷-, -돗-, -ㅅ-'이 처음으로 분리되었다. 그는 설명법에 나타나는 어형만을 논의의 대상으로 하여 이숭녕 (1961a)의 감상법 (感想法)을 어느 정도 확립했다고 할 수 있다.

한편 허웅 (1975: 923)은 방대한 자료를 중심으로 종전에 일부에서 강조의 의미를 부여해 왔던 저자의 확인법 형태소 '-거-' (§2.2.2; §4.2)와, 저자의 감동법 형태소 '-옷-∥-돗-, -ㅅ-'이 삽입된 '-도-, -노-, -다-, -샤-, -소-, -ᄉᆞ-'를 대상으로 "강조·영탄법"이라 부르고 다음과 같이 그 의미를 규정하였다.

> 말의 표현을 힘주어 하려거나, 말의 어조를 다채롭게 하려거나 또는 말에 어떠한 정서를 부여하려 할 때 쓰이는 여러 가지의 안맺음씨끝이 있는데, 이 씨끝들이 나타내는 문법적인 뜻은 꽤 다채로워서 한말로 그 뜻을 표현하기 어려우나 여기에서는 "강조－영탄법"이란 이름으로 뭉쳐 두기로 한다. (방점－원문대로)

정밀한 형태소의 분석이 전제되어 있지 않다는 점에서 이숭녕 (1961a)나 유창돈 (1964a)와 큰 차이가 없으며 확인법의 '-거-'를 감동법과 통합·서술한 것은 문제를 오히려 복잡하게 만들지 않았나 한다. 그러나 의미의 규정에 있어서는 이전의 문법가들보다 깊이를 더하고 있다.

우리가 확립한 '-돗-'에 대해 색다른 견해가 있다. 이남덕 (1971)은 '-도다'의 '-도-'를 선어말 어미 '-오-'의 형태론적 이형태라 간주하고 양자를 "정동법"이란 보다 포괄적 범주에 소속시켰다. '-오-' 계열은 "주관 정동법", '-돗-' 계열은 "객관 정동법"이라 하였다. 그의 정동법 체계는 의미 파악에 있어서는 이전의 문법가들이 미치지 못한 재미있는 사실을 많이 찾아내었으나 정밀한 형태소 분석의 바탕 위에 서지 못했다고 할 수 있다. '-도-'가 '-오-'의 이형태가 되려면 제약 조건만 다르고 의미는 같아야 할 터인데 주관과 객관이란 말 자체가 벌써 다른 형태소임을 암시한다. 의미 파악에 있어 구조적인 배려가 결여되어 있다고 할 것이다.

요컨대 형태소 식별에 있어서나 의미 분석에 있어서 구조적 상관성에 대한 고려가 충분하지 못했다고 할 수 있다. 앞의 도표에서 제시한 기본 서법의 순서에 따라 감동법 형태소들의 통사·의미상의 특성과 이들의 상호 관련성을 구명하기로 한다.

4.3.1. 부정 감동법 (1)

부정 감동법 (不定感動法) (1)이라 함은 어떠한 기본 서법 형태소도 포함하지 않은 도표의 실재형 'ᄒᆞ샷다, ᄒᆞ샤ᄉᆞ이다, ᄒᆞ야ᄉᆞ라; ᄒᆞ소라, ᄒᆞ소이다, ᄒᆞ순다, ᄒᆞ소니'를 대상으로 하는 것이다 (§2.1.1; §2.2.3.4).

(1) "諸衆生ᄋᆞᆯ 너비 引導ᄒᆞ샤 菩提ᄅᆞᆯ ᄲᆞᆯ리 일우게 ᄒᆞ샤ᄉᆡ이다" (/廣導諸衆生ᄒᆞ야 令速成菩提케 ᄒᆞ샤ᄉᆞ이다) (法華 4: 169ab)

(2) "世尊이 世間애 나샤 甚히 奇特ᄒᆞ샷다" (月釋 7: 14b)

(3) "입시울 비치 … 頻婆果ㅣ ᄀᆞᆮᄒᆞ샤ᄉᆡ이다" (/唇色 … 如頻婆果ᄒᆞ샤ᄉᆞ이다) (法華 7: 148a)

(4) "陛下 ᄉᆞ샤미 당다이 긔샤ᄉᆡ이다" (月釋 2: 65ab)

이상의 용례들은 [+상관성]의 장면에 나타난 것이다. (1)은 지적 (智積) 보살이 문수사리 앞에서 대지덕 (大知德)의 과거의 공덕을 게 (偈)로써 찬탄하는 말이다. 바로 앞 텍스트에서 지적 보살은 대지덕이 과거에 중생을 화도 (化度)하였기 때문에 오늘날 모든 대회 (大會)와 자기 [지적 보살]가 그 사실을 볼 수 있다고 말하고 (1)과 같이 그 공덕을 구체적으로 설화한 것이다. (1)의 사건시는 발화시에 선행한다. 그것은 '-옷-'의 통합 용언이 [－상태성]의 동작류를 띠고 있기 때문이다. 부정법 형태 ∅의 이러한 시제성은 직설 감동법 '… ᄒᆞ놋다', 회상 감동법 '… ᄒᆞ닷다'와의 계열 관계를 통해서 나타나는 것이다.

(2)는 부처가 7일 만에 아라한 (阿羅漢)을 이루어 내는 것을 보고 비구 (比丘)들이 찬탄하는 말이다. 부처를 상대로 하는 말인데도 불구하고 'ᄒᆞ샤ᄉᆞ이다'로 되지 않은 것은 그것이 독백임을 의미한다. (3)은 묘장 엄왕 (妙莊嚴王)이 허공에서 내려와 세존에게 여래의 용모가 비범함을 찬탄하는 말이다. (4)는 지정사에 'ᄒᆞ샷다'의 ᄒᆞ쇼셔체 어형이 붙은 것이다 (긔샷다). '긔샤ᄉᆡ이다'는 '긔샤ᄉᆞ이다'가 이중 모음으로 움라우트된 어형인데 (§2.2.3.2), 그것은 (1), (3)의 구결문과 번역문과의 비교에 의해서도 밝히 드러난다. (4)는 신하인 태사부의 (太史傅毅)가 왕 [後漢明帝]에게 꿈풀이를 하는 말이다. (2)～(4)의 사건시는 발화시와 대체로 일치한다. 그것은 '-옷-'의 통합 용언이 (1)과는 달리 [＋상태성]의 동작류에 속하는 형용사와 지정사이기 때문이다. 이때는 회상 감동법 '奇特ᄒᆞ닷다'와의 계열 관계를 통해서 시제성이 나타나는 것이다.

이상의 용례들은 화자와 청자가 공동으로 참여하는 [＋상관성]의 장면에 나타나는 것이기는 하지만, 양방향적 통보 기능을 수행한다고 하기는 힘들다. 오히려 일방향성 통보 행위에 가깝다고 할 수 있다. (2)는 독백임에 틀림없고 (앞에 나옴), (1)은 부처의 교리나 공덕을 찬미하는 노래글귀인 게 (偈)로써 하는 말이며, (3)은 화자가 허공에서 내려와 찬탄하는 말로서 정상적 대화의 상황이 아니다. (4)도 왕은 꿈풀이를 듣기만 하는 처지에 놓여 있다.

(5) 우흐론 日月에 니를오 아래론 輪圍예 니를오 가온ᄃᆡ론 萬物에 니르리 낫나치 子細히 <u>골ᄒᆡ에</u> <u>ᄒᆞ샷다</u> (/上極日月ᄒᆞ고 下極輪圍ᄒᆞ고 中極萬物히 令一一詳擇也ㅣ<u>샷다</u>) (楞嚴 2: 34ab)

(6) 正位예 드르샤 正法을 니르샤 二乘에 머리 걷내쀠샤 느외야 退轉이 업스샷다 (月釋 17: 25-6)

위의 용례들은 [－상관성]의 한 장면인 지문에 나타나는 것이다. (5)는 '極汝見源'에 대한 협주이고 (6)은 '不退法輪'에 대한 협주다. 대화가 아닌 만큼 작자 (엄격히는 역자)의 독자에 대한 일방향적 통보 행위라고 할 것이다. (5)는 사건시가 발화시보다 앞서고 (6)은 일치한다. 그것은 주로 통합 용언의 동작류적 특성에 따라 결정된다[33].

[＋상관성]의 장면보다 [－상관성]의 장면에 우세하게 나타나고 시제와는 무관한 '-옷-'의 기능은 무엇일까? 그것은 '-옷-'이 소거된 활용형과의 비교에 의해서 파악되어야 한다.

(1)～(6)의 활용형에서 '-옷-'이 제거된 어형을 제시한다.

(1′) … 일우게 ᄒᆞ시이다 cf. (1)
(2′) … 奇特ᄒᆞ시다 cf. (2)
(3′) … ᄀᆞᆮᄒᆞ시이다 cf. (3)
(4′) … 긔시이다 cf. (4)
(5′) … ᄀᆞᆯ히에 ᄒᆞ시다 cf. (5)
(6′) … 업스시다 cf. (6)

이들은 모두 설명법 어미 '-다'에 의한 부정법의 형태다. '-옷-'이 쓰인 문맥에 이런 활용형이 나타나는 것은 기대할 수도 없고 그럴 필요도 없다. 같은 상황에 나타나는 같은 품사의 같은 활용형의 용례와 비교할 수밖에

33) 『처용가』의 아래 용례도 통합 용언이 [－상태성]의 동작류를 표시하므로 사건시가 발화시에 선행하는 것으로 해석해야 한다. '消滅ᄒᆞ시리로다'와 같은 풀이 (박병채 1968: 138)은 적어도 문법적 관점에서는 허용되지 않는다.
三災八難이 一時 消滅ᄒᆞ샷다 (樂學軌範)

없다.

(7) "내 億劫엣 顚倒想올 슬우샤 僧祇롤 디나디 아니ᄒᆞ야셔 法身올 <u>얻게</u> <u>ᄒᆞ시이다</u>" (口訣文省略) (楞嚴 3: 111-2) cf. (1)

(8) "太子ㅅ 모미 傷ᄒᆞ야 命이 <u>머디</u> <u>아니ᄒᆞ시이다</u>" (釋詳 11: 21b) cf. (2), (3)

(9) 王이 이 돌해 刻히샤 南郊애 무더 두라 <u>ᄒᆞ시다</u> (月釋 2: 49b) cf. (5), (6)

(7)은 아난이 세존 앞에서 부처를 기리는 말인데 (1)과 같이 사건시는 발화시에 선행한다. (8)은 대신이 왕에게 하는 말로서 사건시와 발화시가 일치한다. (9)는 지문의 용례로서 작자의 말이다. 'ᄒᆞ다'의 동작류적 특성이 [−상태성]이므로 사건시는 발화시에 선행하는 것으로 해석된다. (7)~(9)의 '-옷-'이 결여된 어형은 그것이 포함된 (1)~(6)의 어형보다 양방향적 통보 기능이 강한 점이 지적될 수 있다. 그러면 '-옷-'이 포함된 어형의 일방향적 통보 기능은 어디서 비롯되는 것일까?

화자가 사태를 경이의 대상으로 파악할 때 '-옷-'이 선택되는 것이 아닌가 한다. (1)~(3), (5), (6)은 모두 부처의 행적을 경이의 대상으로 인식하는 용례로 간주된다. (2)를 (8)과 비교해 보면 전자는 부처가 아라한을 이루어 내는 것을 경이의 대상으로 생각하기 때문에 '-옷-'이 쓰였으나 (8)은 신하들이 태자의 죽음을 당연한 것으로 생각하기 때문에 '-옷-'이 결여된 것이다. 따라서 전자에는 '놀랍게도'와 같은 적극적 정감성(Emotionalität) 표시의 부사가 삽입될 수 있다. 그러나 후자에서는 태자의 죽음이 기대된 것이므로 '슬프게도'와 같은 소극적 정감성 표시의 부사가 자연스럽지 못하다[34]. (4)는 다른 용례와 성격이 다르다. 화자의 정

34) 화자의 사태 내지 명제에 대한 주관적 평가를 표시하는 이른바 "Modalwörter" (양태어)

감이 표시된다고 하기보다 상태성의 관점에서 사태를 판단하는 것으로 풀이된다. 따라서 이 텍스트에는 '틀림없이' 등의 양태성을 띤 부사를 삽입하는 것이 더 자연스럽다. '-옷-'의 일방향적 통보 기능은 이러한 화자의 정감적 내지 양태적 사태 파악의 태도와 직접 관련된다.

'-옷-'에 이어 '-ㅅ-'의 의미를 살펴보기로 하자.

(10) 네 鳳翔都애 이셔 金閨엣 籍을 다뭇 <u>通ᄒᆞ소라</u> (原詩省略) (杜諺 7: 26b)

(11) "우리ᄃᆞᆯ토 울워ᅀᆞᆸ논 젼ᄎᆞ로 舍利 얻ᄌᆞᄫᆞ다가 塔 일어 供養ᄒᆞᅀᆞ ᄫᆞ려 ᄒᆞ야 머리셔 <u>오소이다</u> (釋詳 23: 52-3)

(12) 우리 무른 스싀로 두루 ᄇᆞ터ᄃᆞᆫ녀 世上ㅅ 이레 제여곰 <u>艱難ᄒᆞ소라</u> (原詩省略) (杜諺 15: 51a)

(13) 도ᄌᆞᄀᆞᆯ 수머 ᄒᆞᆫ번 <u>흐러나소니</u> 주리며 치우메 기리 서르 ᄇᆞ라노라 (原詩省略) (杜諺 8: 29a)

(10), (11), (13)은 사건시가 발화시보다 앞선다[35]. 그것은 통합되는 용언의 동작류가 [−상태성]을 띠고 있기 때문이다. 이러한 시제성은 직설 감동법 '通ᄒᆞ노소라', 회상 감동법 '通ᄒᆞ다소라'와의 계열 관계를 통해서 확인된다. (12)는 사건시와 발화시가 일치하는데 그것은 '艱難ᄒᆞ다'의 동작류가 [+상태성]을 띠었기 때문이다. 이때는 회상 감동법 '… ᄒᆞ다소라'와 계열 관계를 형성한다. 이러한 시제상의 특성은 '-옷-'을 검토하는 마당에

는 양태성 (樣態性, Modalität)과 정감성 (情感性, Emotionalität)의 두 가지 하위 구분이 가능하며, 후자는 "기쁨"과 관계되는 적극적 정감 (positive Emotionen)과 "슬픔"과 관계되는 소극적 정감 (negative Emotionen)의 두 가지가 있다. 자세한 것은 Helbig/Buscha (1975: 448-51) 참조.

35) 『동동』(動動)에 나타나는 다음 용례는 (11)과 같이 사건시가 발화시보다 앞서는 것으로 해석해야 한다. '오십시다'와 같은 청유법적 해석 (양주동 1947: 77-8; 박병채 1968: 72-3)은 문법적 관점에서는 허용되지 않는다. 허웅 (975: 954)에도 이런 점이 지적되어 있다.

德이여 福이라 호늘 나ᅀᆞ라 <u>오소이다</u> (樂學軌範)

서 나타났었다.

선어말 어미 '-오-'와 통합되는 '-ㅅ-'의 의미를 밝혀 내는 일은 '-ㅅ-'이 결여된, 다시 말하면 '-오-'만을 취하는 어형과 비교하는 일이다. (10)~(13)에서 '-ㅅ-'을 제거해 보자.

(10′) … 通호라 cf. (10)
(11′) … 오이다 cf. (11)
(12′) … 艱難호라 cf. (12)
(13′) … ᄒᆞ러나니 cf. (13)

위의 용례에 준하는 실제의 예문과 비교해 보자.

(14) "내 지븨 이실 ᄶᅧ긔 受苦호미 이러호니 이런 因緣으로 道理ᄅᆞᆯ 得 호라" (月釋 10: 26a)
(15) "나는 齊米ᄅᆞᆯ 求ᄒᆞ야 온 디 아니라 大王을 보ᅀᆞᄫᆞ라 오이다" (月釋 8: 90b)
(16) "하ᄂᆞᆯ 우콰 하ᄂᆞᆯ 아래 나ᄲᅮᆫ 尊호라" (月釋 2: 38b)
(17) "ᄂᆞᆷ 죵 ᄠᅳ디 이실ᄊᆡ 가져 가니 엇뎨 잡ᄂᆞᆫ다" (月釋 2: 13a)

'-옷-'이 결여된 경우와 마찬가지로, 밑줄 친 단어의 사건시는 [－상태성]의 용언일 때는 발화시에 선행하고 (14, 15, 17), [＋상태성]일 때는 서로 일치한다 (16). '-ㅅ-' 삽입형과 비교해 볼 때, 시제가 공통되고 장면도 다 같이 [＋상관성]을 띤 대화란 점에서 또한 공통성을 보여 준다. 또 주체도 다 같이 화자이므로 통사상의 차이도 발견할 수 없다. '-옷-'의 경우와 같이 화자의 정감성 내지 양태적 태도와 관련시키지 않을 수 없다.

(10)은 두보 자신이 옛날 봉상 (鳳翔)의 행재 (行在)에 있을 때는 벼슬

아치로서 신분증을 보이며 시어 (侍御)와 함께 마음대로 궁문 (宮門)에 드나들었다는 뜻이다[36]. 과거의 그러한 행동을 현재의 처지와 비교하여 자랑스럽게 생각하는 화자의 정감적 태도가 엿보인다. 그런데 (14)는 화색비구니 (華色比丘尼)가 대중에게 하는 말로서 자기가 도리를 얻게 된 경위를 단순하게 진술한 것이다. 이때도 화자가 자기의 행위를 긍정적으로 보거나 적극적으로 확인하는 입장에 서게 되면 '得ᄒᆞ소라'와 같이 말할 수 있다.

(11)은 시차파국 (時遮頗國) 등이 사병 (四兵)을 일으켜 구시왕 (拘尸王)에게 와서 하는 말인데 자기들의 행위를 적극적으로 확인하는 화자의 태도가 관찰된다. '틀림없이' 등의 양태 부사를 보충할 수 있기 때문이다. 한편 '-ᄉ-'이 결여된 (15)는 비구 (比丘)가 원앙 부인에게 하는 말인데, 정감성을 부여할 의도가 없었다고 해석할 수밖에 없다. (11)과 비교할 때, '-ᄉ-'이 삽입되지 않아야 할 이유를 찾기가 힘들지만 화자는 '-ᄉ-' 삽입형을 선택하지 않았다. 화자가 아무리 사태를 양태적 내지 정감적으로 파악한다고 하더라도 그것이 언어 형태로 실현되지 않을 수도 있다. (15)는 이런 관점에서 설명될 수 있을 것이다.

(12)는 다른 사람은 잘되었는데 우리들은 그들과는 달리 각자가 모두 세상의 어지러운 처지에 표박 (飄泊)하는 신세임을 한탄하는 것이다. 한편 (16)은 석가모니가 태어나면서 하는 말이다. 형태가 결여되었으므로 정감성을 부여할 의도가 없다고 보아야 할 것이다. (13)은 형제가 도적을 피하여 서로 흩어지게 된 것을 안타까이 여기는 태도가 보인다. 그런데 (17)은 석가의 전신인 앵무가 사리불의 전신인 밭 임자에게 하는 말로 화자의 행위가 단순하게 진술된 것으로 보려고 한다. 의문법과 명령법에 나타나는 '-ᄉ-'은 양태적 태도와 주로 관련되지 않나 한다.

---

36) '-ᄉ-', '-돗-'이 삽입된 『두시언해』의 용례에 대한 풀이에는 이병주 교수의 가르침에 힘입었다.

(18) "므슴 方便올 브터 三摩地예 드슨다" (楞嚴 5: 31b)

이 용례는 '-ㅅ-'이 결여된 다음과 같은 용례와의 비교에 의해 그 의미가 파악되어야 한다.

(19) "엇던 行業을 지서 惡道애 뻐러딘다" (月釋 21: 56a)

(19)의 통사 구조는 (18)과 하등 다른 점이 없다. '-ㅅ-'의 결여가 통사 구조에 영향을 미치는 것이 아님을 알 수 있다. 시제나 장면상의 차이도 보여 주지 않는다. 화자의 청자에 대한 태도에서 의미상의 특수성을 찾아내어야 할 것이다.

용례가 하나뿐이어서 용법을 일반화시키기가 주저되는 점도 없지 않으나 (18)에 대한 답변에 유의할 필요가 있다.

(18′) "부톄 圓通올 무르실씨 내 證호맨 音聲이 上이로소이다" (口訣文省略) (楞嚴 5: 33a)[37]

(18)은 세존이 모든 대보살에게 하는 말인데 그 답변이 (18′)와 같이 '-도소이다'로 끝나 있다. (18)은 정감성보다는 양태성과 더 밀접하지 않나 한다. 무슨 방편으로 삼마지에 들었는지 확신성 있게 답변해 달라는 화자의 의도가 작용한 것으로 해석된다. 따라서 이에 응하는 답변도 '-도소이다'로 나타난 것이 아닌가 한다. 이는 청자가 화자의 통보 의향(communicative intention)을 인식한 유형적인 증거가 되기도 한다[38]. 곧 음성이 상(上)이라는 것을 틀림없이 알았다는 의미로 해석된다. 이에

37) 32장부터 이러한 용례가 반복되어 나온다.

38) 발화는 반드시 발신자의 통보 의향을 포함하며 발화를 이해한다는 것은 수신자가 발신자의 통보 의향을 인식함을 의미한다 (Lyons 1977: 733).

대해 용례 (19)는 확신성이 결여된 질문이다. 따라서 그 답변도 (18)과는 달리 나타난다.

(19′) "산것 주기며 허러 구짓는 두 業으로 報롤 <u>受호라</u>" (月釋 21: 56ab)

(19)는 광목 (光目)이 비자 (婢子)에게 양태성의 개입 없이 단순하게 질문한 것인데 비자의 답변인 (19′)에서도 단순한 설명법 어미로 상응하고 있다. (18), (18′)와는 좋은 대조를 보여준다.

명령법에서도 같은 해석이 가능하지 않을까 한다.

(20) "너희돌히 <u>아라스라</u> 내 지븨 이실 쩌긔 受苦호미 이러호니 이런 因緣으로 道理를 得호라" (月釋 10: 26a)

(21) "너희 <u>아라라</u> 一切天人의 블로 如來ㅅ 棺올 몯 스숩는 거시라" (釋詳 23: 45b)

(21)은 '-ㅅ-'이 결여된 어형이지만 (20)과 비교할 때 통사 구조나 장면상의 성격이 바뀌지 않고 있다. (20)은 파라문이 석녀 (釋女)에게 자기가 득도하게 된 경위를 일깨워 주는 것이다. 청자에게 신념 있게 행동해 주기를 바라는 의도의 작용과 관련시켜야 한다. (21)과 같이 확인법을 취한 명령법에서도 그러한 용법이 나타나지 않는 것은 아니나 '-ㅅ-'의 삽입은 그것을 한층 더 분명하게 뒷받침하는 것이다.

이리하여 같은 화자의 같은 청자에 대한 말에서도 '-ㅅ-'이 개입될 수도 있고 결여될 수도 있는 것이다.

(22) "너희돌히 … 노외야 므숨 게을이 <u>먹디</u> <u>마라스라</u>" (釋詳 23: 12a)

(23) "내 聖師ㅣ 드외야 닐흔 아홉히예 호욜 이롤 호마 마초니 너희

돌히 힘뻐ᄉᆞ라 바미 ᄒᆞ마 반이어다 게으른 뜯 먹디 마아라" (釋詳 23: 13ab)

두 용례 모두 부처가 대중을 상대로 하는 말이다. (22)에는 '먹디 말-'에 '-ㅅ-'이 개입된 데 대해 (23)에는 빠져 있다. 더욱이 (23)은 '힘뻐ᄉᆞ라'에서는 '-ㅅ-'이 삽입되어 있으나 '먹디 마아라'에는 빠져 있다. 이는 언어 형태와 화자의 의도 사이에는 1 : 1의 대응 관계가 성립되지 않는다는 사실을 가르쳐 주는 구체적 증거가 된다[39]. 또 이는 '-ㅅ-'의 기능이 동요되고 있다는 증거도 될 수 있다.

이른바 부정법 (1)에 속하는 '-옷-, -ㅅ-'은 화자가 사태를 정감적 내지 양태적으로 인식할 때 쓰이는 의미상의 공통성을 띠고 있음을 알 수 있었다. 주체가 비화자일 때 나타나는 '-옷-'은 일방향적 통보 기능과 함께 정감성의 용법이 우세하였으며 주체가 화자일 때 나타나는 '-ㅅ-'은 정감성과 양태성이 교착 (交錯)되는 양상을 보여준다. 한편 의문법과 명령법에서는 양태성만 파악되는 것으로 해석해 보았다.

4.3.2. 직설 감동법

직설 감동법 (直說感動法)이라 함은 직설법 '-ᄂᆞ-'를 선접한, 도표에 제시된 실재형 'ᄒᆞ놋다, ᄒᆞ노소이다, ᄒᆞ노소니[1]; ᄒᆞ노소라, ᄒᆞᄂᆞᆫ다, ᄒᆞ노소니[2]'를 총괄하는 것이다.

(1) "네 오히려 아디 몯ᄒᆞ놋다" (/汝猶不知로다) (楞嚴 3: 77a)

(2) "부톄 … 오ᄂᆞᆯ ᄯᅩ 우업슨 ᄆᆞᆺ 큰 法輪을 옮기시노소이다" (口訣文省略) (法華 2: 47a)

---

39) Lyons (1977: 733)은 문법 구조와 언표 내적 효력 (illocutional force) 사이에는 1 : 1의 대응이 성립되지 않는다고 말하고 있다.

(3) "一切 善根이 ᄀᆞ자 無常心을 돕습노소이다" (/一切具善根ᄒᆞ야 以助無常上心이로소이다) (法華 5: 186a, 185a)

위의 용례들은 [+상관성]의 장면에 나타난 것이다. (1)은 부처의 아난에 대한 말인데 대화라기보다는 일방향적 통보 행위에 가깝다. (2), (3)은 'ᄒᆞᄂᆞᆺ다'의 '-오-' 통합형과 형식이 같다. 그러나 통사 구조는 달라서 (2)의 주체는 '부처', (3)의 주체는 문면에 나타나 있지는 않지만 '十方諸天'으로 간주된다. 특히 (2)의 주체가 화자 자신이 될 수 없음은 존경법의 선어말 어미 '-(으)시-'의 나타남에 의해서도 뒷받침된다. (2)도 (1)과 같이 일방향적 통보 행위에 가깝다. 이는 오부중비구니 (五部衆比丘尼) 등이 사리불에게 하는 말이다. 그런데 (3)은 미륵보살이 부처에게 하는 말로서 (1), (2)보다는 양방향적 통보 행위의 성격이 짙다. 이 말에 이어 바로 부처의 말이 계속되기 때문이다.

다음의 용례는 독백으로 간주된다.

(4) 俱夷 너기샤ᄃᆡ 〈이 男子ㅣ 精誠이 至極ᄒᆞᆯᄊᆡ 보ᄇᆡ롤 아니 앗기ᄂᆞᆺ다〉 ᄒᆞ야 (月釋 1: 11ab)

(5) 聖主ㅅ 나라해 盜賊이 하니 賢臣의 벼스리 놉ᄂᆞᆺ다 (原詩省略) (杜諺 24: 2b)

(4)는 '너기샤ᄃᆡ'로 미루어 독백이다. (5)는 [+상태성]의 용언에 '-ᄂᆞᆺ다'가 통합된 것인데 '현신의 벼슬이 높아 가는구나'와 같이 [−상태성]의 동작류의 기능을 보여 준다. 이것도 두보 자신의 독백으로 볼 수 있다. 두 용례의 주체는 비화자이다. (4)의 것은 '남자', (5)의 것은 '현신의 벼슬'이다.

앞에서 우리는 '-ᄂᆞᆺ도-'를 '-ᄂᆞᆺ-'의 수의 변형으로 다룬 일이 있거니와 (§2.2.3.2), 이는 통사적 측면에서 뒷받침된다.

(6) 구룸 낀 그르매는 돐비치 軒檻애 오르놋도다 (原詩省略) (杜諺 8: 25b)

이것도 두보 자신의 독백으로 간주될 수 있는 용례인데 주체는 '돐빛'으로서 비화자이다.

다음은 지문이다.

(7) 다오매 섈리 가놋다 (/驟趍於盡ㅣ로다) (楞嚴 2: 7ab)

(8) 넌즈시 本來ㅅ 무수물 일허 브리놋다 (/等閑히 失却本來心이로다) (南明下: 34a)

(7)은 협주에 나타나는 것으로서 지문이고 (8)은 본문의 지문이다. 이들은 주체가 문면 (文面)에 나타나 있지 않지만 비화자로 간주된다.

(9) "西方애 聖人이 나시노소니 이 後로 千年이면 그 法이 이에 나오리로소이다" (月釋 2: 49ab)

(10) 하놀히 서늘커놀 白鶴이 華表애 도라오노소니 히 디거든 靑龍을 믈 가온디 보리로다 (原詩省略) (杜諺 15: 35a)

(9)는 주체가 비화자 ('성인')인 점에서 그리고 존경법의 선어말 어미 '-(으)시-'가 통합되어 있다는 점에서 '*나시노소니'의 동화형일 시 분명하며, (10)은 '白鶴'이 주체로 간주되므로 '*도라오노소니'의 동화형으로 보아야 한다.

직설 감동법에 나타나는 '-옷-'의 용법도 부정 감동법 (1)의 '-옷-'과 크게 다르지 않다. [+상관성]의 장면보다는 [−상관성]이나 이에 가까운 발화 행위에 쓰이고 있다. 주체가 비화자인 점도 부정 감동법 (1)의 '-옷-'과 공통된다. 부정법의 '-옷-'이 비화자인 주체와 호응한다는 것은 그것이 존경법의 '-(으)샤'와 공존된다는 점에 의해서 뒷받침된다. 차이점이라고는 시제인데 그것은 선어말 어미 '-ᄂᆞ(ㄴ)-'의 삽입 여부에 의존하는 것이다.

그러면 직설법에 나타나는 '-옷-'의 기능은 무엇일까? 부정법의 경우와 마찬가지로 '-옷-'이 결여된 어형과의 비교에 의해 구명되어야 한다.

(11) "내 正히 니ᄅᆞ고져커늘 네 이제 ᄯᅩ 묻ᄂᆞ다" (月釋 23: 97a)
(12) "世尊이 弟子 阿難 羅雲이ᄃᆞᆯ 더브르샤… ᄒᆞ마 오시ᄂᆞ이다" (月釋 10: 8a)
(13) 미햇 새 놀애 브르ᄂᆞ다 (口訣文省略) (金三 3: 14a)
(14) "諸佛도 出家ᄒᆞ샤ᅀᅡ 道理를 닷ᄀᆞ시ᄂᆞ니 나도 그리 호리라" (釋詳 6: 12a)

(11)은 부처가 목련에게 하는 말인데 2인칭 대명사 '너'가 주체로 되어 있는 점 등 (1)과 통사 구조가 일치한다. (12)는 대칭왕 (大稱王)이 정반왕에게 하는 말로서 (2), (3)과 같이 주체가 3인칭 [세존]이며, (13)은 송(頌)에 나타나는 것인데 (7), (8)과 같은 지문의 범주에 넣을 수 있다. (14)도 (9), (10)과 통사 구조 면에서 차이가 없다. '-옷-'이 결여된 어형은 그것이 삽입된 어형과 통사적 측면에서는 차이가 없으나 양방향적 통보 기능이 우세하다.

직설 감동법의 '-놋-'에서 관찰되는 일방향적 통보 기능은 부정 감동법 (1)의 경우와 마찬가지로 화자의 태도와 상관성을 띠고 있다. 부정 감동법 (1)과 같이 화자의 정감이 적극적 내지 소극적으로 표시된다고 생각한다. (2), (3), (4), (5), (6), (9)는 '놀랍게도, 뜻밖에도, 신기하게도' 등의 적극적인 정감성 부사를 삽입할 수 있고, (1), (7), (8)은 '유감스럽게도, 아쉽게도' 등의 소극적 정감성 부사의 보충이 가능하다. (9)는 주 (周)의 소왕(昭王)이 천지 (天地)에 서기 (瑞氣)가 가득 차는 것을 보고 군신에게 물으니 태사 벼슬로 있던 소유 (蘇由)가 왕에게 사뢰는 말인데 정감성보다는 양태성과 관련된다. '확실히, 틀림없이' 등의 부사를 사용할 수 있기 때문이다. 이에 대해 (12), (13), (14)는 정감성 부사의 삽입을 허용하지 않는다. 텍스트의 앞뒤를 고려할 때 화자는 사태를 그저 단순하게 인식하였음이 틀림없다. 따라서 '-ᄂᆞ-'가 선택된 것이 아닌가 한다. (11)은 앞에 'ᄀᆞ장 됴타 훤히 묻ᄂᆞ다'가 오는 것을 보아 사태를 정감적으로 파악한 것이 틀림없으나 '-놋-'이 쓰이지 않았다. 앞의 부정 감동법 (1)에서 본 바와 같이 그것은 화자에게 의존하는 것이다.

직설법의 '-놋-'에 '-오-'가 통합된 형식을 검토해 보기로 한다.

(15) ᄀᆞᄉᆞᆯ 오매 서르 도라본ᄃᆡᆫ 오히려 다봇 불여 ᄃᆞᆫ니ᄃᆞᆺ ᄒᆞ니 丹砂에 나ᅀᅡ 가디 몯호ᄆᆞᆯ 葛洪을 붓그리노소라 (原詩省略) (杜諺 21: 34a)

(16) "우리도 이 偈ᄅᆞᆯ 좃ᄌᆞᄫᅡ 외오노소라" (月釋 8: 100b)

(17) 方舟호매 비츨 ᄡᅳ디 아니ᄒᆞ노소니 ᄀᆞ장 눈 ᄠᅧ 보니 다 믌겨리 업도다 (原詩省略) (杜諺15: 31a)

(15), (17)의 주체는 두보 자신으로서 화자이며 (16)은 안락국 (安樂國)이 팔채녀 (八婇女)들에게 게 (偈)를 어디서 들었느냐고 묻자 그 경위를 설명하는 말로서 주체는 역시 화자 자신이다[40]. 직설법의 '-오-' 통합형의 기능 또한 '-옷-'이 결여된 어형 '붓그리노라, 외오노라, ᄡᅳ디 아니ᄒᆞ노니'와의 비교에 의해 파악되어야 한다. (15), (16)은 정감성으로써, (17)은 양태성으로써 사태를 파악한 것으로 보인다. (15)는 '유감스럽게도', (16)은 '기꺼이', (17)은 '자신감에 넘쳐' 등의 정감 내지 양태 표시의 부사를 보

40) 다음의 용례는 (10)과 같이 주체를 3인칭 ('災禍')로 잡아야지 1인칭 ('우리')로 간주해서는 안 된다. 따라서 '오노소니'는 '*오노ᄉᆞ니'의 동화형인 것이다 (§2.2.3.3).
六師ᄋᆡ 무리…너교ᄃᆡ 〈우리 이제 衰ᄒᆞᆫ 災禍ㅣ ᄒᆞ마 오노소니 이제 天人大衆中에 가ᅀᅡ ᄒᆞ리로다〉 ᄒᆞ고 (釋詳 11: 14b)

충할 수 있기 때문이다.

직설 의문법의 '-ㅅ-'도 부정 감동법 (1)의 '-ㅅ-'과는 물론, '-옷-'과 그 의미가 같지 않은가 한다.

(18) "너희ᄃᆞᆯ히 므스글 <u>보ᄂᆞ손다</u>" (月釋 10: 28a)

부정 감동법의 'ᄒᆞ손다'와 같이 알려진 용례는 하나밖에 없다. (18)은 오백군적 (五百群賊)이 서로 "우리ᄃᆞᆯ히 여러 ᄒᆡᄅᆞᆯ 도ᄌᆞᆨᄒᆞ디 이 ᄀᆞᆮᄒᆞ니 본 적 업다"라고 말하는 것을 위두두적이 듣고 묻는 말이다.

이곳에 나타나는 '-ㅅ-'의 의미는 '-ㅅ-'이 결여된 다음과 같은 용례와의 비교에 의해 파악되어야 한다.

(19) "므스글 <u>얻는다</u>" (月釋 1: 36b)

이는 한 비구가 허공을 만지는 것을 다른 사람 ('놈')이 보고 묻는 말이다. (18)과 비교할 때 통사 구조나 시제에 있어 하등의 차이가 없다. 화자의 청자에 대한 태도에서 의미상의 특수성을 찾아내어야 한다.

(18)에 대한 답변에 유의할 필요가 있다.

(20) "ᄒᆞᆫ 노미 큰 象 ᄐᆞ고 오시며 … ᄒᆞ나히<u>로소니</u> 우리ᄃᆞᆯ히 … <u>굿디 아니ᄒᆞ리로소이다</u>" (月釋 10: 28ab)

부정 감동법 (1)의 '-ㅅ-'과 마찬가지로 (§4.3.1), '-도소니, -도소이다'로 나타난다. 이는 '-ㅅ-'과 '-돗-'의 의미상의 공통성을 뒷받침하는 좋은 사례가 되기도 한다 (뒤에 나옴). (18)에서 화자는 청자에게 무슨 희한한 일이 있기에 그렇게도 놀라워하는지 확신성 있게 답변할 것을 요구하게 되니 그 답변도 또한 확신성 있게 진술되어야 하므로 '-돗-'이 삽입된 것이 아닌가 한다.

한편 (19)에 대한 답변은 '내 몸 얻노라'이다. 물음에서도 답변에서도 양태성이나 정감성에 관련된 화자의 의도를 읽어 내기 힘들어 보인다. 이렇게 '-ㅅ-'의 의미를 그것이 결여된 어형의 물음과 답변과의 비교에 의하여 살펴보았다.

직설법에 나타나는 '-옷-', '-ㅅ-'의 의미도 부정법의 그것과 같다. 화자가 사태를 정감적 내지 양태적으로 파악할 때 나타나는 것이다. 주체가 비화자일 때는 일방향적 통보 기능과 함께 정감성이 우세하였고 의문법에서는 양태적이었으며 주체가 화자일 때는 두 가지의 기능을 쉽사리 구별하기 힘듦을 지적할 수 있다.

4.3.3. 추측 감동법 (1)

추측 감동법 (推測感動法) (1)은 추측법의 선어말 어미 '-(으)리-'가 선접된, 도표의 실재형 'ᄒᆞ리샷다, ᄒᆞ리샤ᄉᆞ이다'를 가리킨다.

(1) "十方如來도 後에 반ᄃᆞ기 煩惱ᄒᆞ시리샤ᄉᆞ이다" (/十方如來도 後應煩惱ㅣ샤ᄉᆞ이다) (圓覺上 1-1: 10b, 8a)

(2) 기피 아ᄅᆞ샤 아ᄅᆡ브터 마ᄌᆞ시다 어루 술오리샷다 (/可謂深知宿契矣샷다) (法華 4: 70ab)

(1)은 텍스트의 앞부분이 '菩薩ㅅ 詰難ᄒᆞ샤ᄆᆞᆫ ᄠᅳ데 니ᄅᆞ샤ᄃᆡ'인 점으로 보아 일방향적 통보 행위일 가능성이 짙다. (2)는 협주의 지문으로 [-상관성]의 장면에 나타난 것이다. '-(으)리-'가 표시하는 시제는 (1)에서는 시간 부사 '후에' 등으로 미루어 볼 때 발화시 이후이며 (2)는 그 사건시가 발화시와 일치하는 것으로 생각한다.

추측 감동법 (1)에 나타나는 '-옷-', 자세히 말하면 '-(으)샷-'의 의미는 이것이 결여된 '煩惱ᄒᆞ시리이다, 술오리라'와의 비교에 의하여 구명되어야 한다. 그러나 제시된 용례만으로 충분하다. 양태 부사 '반ᄃᆞ기, 어루' 등으로 미루어 양태성의 관점에서 사태를 파악하는 것이다.

4.3.4. 회상 감동법

회상 감동법 (回想感動法)은 회상법 '-더-'가 선접된, 도표의 실재형 'ᄒᆞ닷다, ᄒᆞ다ᄉᆞ이다, ᄒᆞ다소라, ᄒᆞ다소이다'를 대상으로 하는 것이다.

(1) 〈如來 恩惠ᄅᆞᆯ 아ᄅᆞ샤 … 父母孝養 ᄒᆞ시닷다〉ᄒᆞ고 (月釋 21: 208a)

(2) 〈우리ᄃᆞᆯ히 요ᄉᆞᅀᅵ예 大師 겨신 ᄯᅡᄒᆞᆯ 모ᄅᆞ다니 忉利天에 겨시닷다〉 (月釋 21: 201a)

(1)은 방일중생 (放逸衆生)이 삼천대천 세계 (三千大千世界)에 들리는 부처의 비파 [琴] 소리를 듣고 부처의 행적을 찬양 · 독백하는 것이며 (2)는 여래가 곧 열반에 든다는 구마라 (鳩摩羅)의 전언을 듣고 중생들이 독백하는 말이다. 주체는 모두 비화자다.

(3) "내 지순 큰 罪ᄅᆞᆯ 이제 比丘끠 懺悔ᄒᆞ노니 내 ᄒᆞ던 이리 甚히 외다ᄉᆞ이다" (釋詳 24: 17-8)

(4) "(어마님) 주거 化樂天宮에 나시리어늘 天宮에 몯 보ᅀᆞᄫᆞ니 도ᄅᆞ혀 地獄애 겨시다ᄉᆞ이다" (月釋 23: 86b)

(3)은 왕이 비구에게 합장하고 하는 말로서 일방향적 통보 행위다. (4)는 목련 (目蓮)이 생전에 불도를 열심히 받들어서 화락 천궁 (化樂天宮)에 태어날 줄 알았던 그의 어머니에게 고합치면서 하는 말이다. 목련이

처음 어머니를 대했을 때 '어마님 어마님 사라 겨싫 저긔 …'로 시작하는 것을 보면 이 텍스트의 통보 기능이 얼마나 일방향적이냐 하는 것을 알 수 있다. 두 용례 다 정상적인 대화의 상황에 놓여 있다고 하기 어렵다. (1), (2)의 범주에 넣어 처리할 수 있다. 주체는 모두 비화자적인 것이다. (3)의 주체는 '일' (____ 참조), (4)의 주체는 2인칭의 용법을 띤 '어머니'다.

(5) 쟝츠 나비 희다 너기다니 또 거므니 잇닷다 (口訣文省略) (金三 4: 22b)

위의 용례는 '頌'으로서 지문의 범주에 넣을 수 있다. 주체는 '거므니'이다.

회상 감동법의 '-옷-'도 독백이나 이와 비슷한 일방향적 진술에 나타나므로 [−상관성]의 장면적 특성이 절대적이라 할 수 있다. 주체의 사건시는 화자의 경험 시점과 일치한다[41]. (1)은 동작이, (2), (4), (5)는 존재가, (3)은 상태가 경험 당시 각각 현재적임을 표시한다.

회상 감동법에 나타나는 '-옷-'의 기능도 앞서 말한 부정법, 직설법, 추측법과 같이 '-옷-'이 결여된 어형과의 비교에 의해서만 해명되어야 한다.

(6) "그딋 ᄯᆞ롤 맛고져 ᄒᆞ더이다" (釋詳 6: 15a)
(7) "즈믄 디위 블러도 맛ᄌᆞᄫᆞᆯ 사ᄅᆞ미 업더이다" (月釋 23: 83b)

(6)은 파라문이 호미에게 하는 말이다. (3), (4)와 비교해보면 완전한 양방향적 통보 행위나. (7)은 목련이 부처에게 하는 말인데 (5)와 비교될 수 있다. 역시 [+상관성]의 자질을 띠고 있다. '-닷-'의 통보 기능이 일방향적임은 다른 서법에서와 같이 그의 화용적 기능과 관련이 있다. (1), (2), (5)에는 '놀랍게도, 뜻밖에도' 등의 적극적 정감 표시의 부사가, (3),

41) 중세어의 회상법의 시제에 대해서는 이미 언급한 바 있다 (§3.3).

(4)에는 '유감스럽게도, 슬프게도' 등의 소극적 정감 표시의 부사가 각각 보충될 수 있다. 그러나 (6), (7)은 텍스트상으로 볼 때 이러한 부사의 보충이 자연스럽지 못하거나 어려워 보인다.

'-닷-'에 '-오-'가 통합되는 용례를 검토해 보자.

(8) 스믈ᄒᆡ롤 조차 ᄃᆞᆫ녀 훤히 長安에셔 <u>醉ᄒᆞ다소라</u> (原詩省略) (杜諺 16: 18a)

(9) 부텨 니르시논 解脫ᄋᆞᆯ 우리도 得ᄒᆞ야 涅槃애 다ᄃᆞᄅᆞᆯ가 <u>ᄒᆞ다소니</u> 오ᄂᆞᆳ날 이 ᄠᅳ들 몯 아ᅀᆞᄫᆞ리로다 (釋詳 13: 43b)

(8)은 주체가 두보로서 화자 자신이며 (9)는 대중 가운데서 두 사람이 독백하는 상황에 쓰인 것이다. 두 용례의 시제는 'ᄒᆞ닷다'와 일치한다. 회상 감동법의 '-오-' 통합형은 '-옷-'이 결여된 어형과의 비교에 의해 그 의미를 분명히 할 수 있다.

(10) 네 가난호미 다 甚ᄒᆞ야 ᄒᆡ 편안티 아니호ᄆᆞᆯ ᄒᆞᆫ가지로 <u>시름ᄒᆞ다라</u> (原詩省略) (杜諺 24: 5b)

(11) "내 샹녜 이리 <u>니르다니</u> 舍利弗아 아라라" (釋詳 13: 60a)

(10)의 주체는 두보 자신으로서 (8)과 비교될 수 있고, (11)은 (9)와 관련시킬 수도 있다. '-닷-'의 '-오-' 통합형도 부정 감동법 (1), 직설 감동법과 같이 화자의 정감적 내지 양태적 태도와 관련된다. (8)은 적극적 정감 표시의 부사를 보충할 수 있다. 이에 비교됨 직한 (10)은 화자의 정감이 상당히 소극적으로, 곧 슬픈 모습으로 부각되어 있다. 직설 감동법의 (15)를 참조하면 (§4.3.2), 마땅히 '시름ᄒᆞ닷다'로 나타나야 할 것이다. 그것은 화자에게 달려 있다. 어조 등 다른 수단에 의하여 정감성이 표현되었다고

생각하면 '-닷-'을 선택하지 않을 수도 있다. (9)는 '틀림없이' 등의 양태 부사를 넣을 수 있다는 점에서 오히려 양태성으로써 설명해야 할 것이다.

4.3.5. 추측 회상 감동법

추측 회상 감동법 (推測回想感動法)이란 추측 회상법 '-(으)리러-'[42]가 선접된 도표의 실재형 'ᄒᆞ리랏다, ᄒᆞ리라ᄉᆞ이다'를 대상으로 하는 것이다.

(1) "ᄒᆞ다가 우리 큰 法 즐길 ᄆᆞᅀᆞᄆᆞᆯ 두던댄 부톄 날 爲ᄒᆞ샤 大乘法을 니ᄅᆞ시리라ᄉᆞ이다" (口訣文省略) (法華 2: 231b)[43]

(2) ᄒᆞ다가 내 큰 法 즐기던댄 오로 맛디샤미 오라시리랏다 (口訣文省略) (法華 2: 231-2)

(1)은 불제자들의 일방향적 진술이다. (2)는 본문에 대한 협주의 용례로서 지문 내지 독백으로 볼 수 있다. 시제는 경험시 이후이다.

위의 용례의 의미는 '-옷-'이 결여된 'ᄒᆞ리러라'와의 비교에 의존해야 한다.

(3) "得大勢여 … 여러가짓 됴ᄒᆞᆫ 根源을 시므고 後에 ᄯᅩ 千萬億佛을 맛ᄂᆞᅀᆞ바 ᄯᅩ … 이 經典을 닐어 功德이 이러 당다이 부톄 ᄃᆞ외리러라" (釋詳 19: 33-4)

(4) 녜 梵摩羅國 林淨寺애 光有聖人이 五百弟子 ᄃᆞ려 거사 大乘小乘法을 니ᄅᆞ샤 衆生ᄋᆞᆯ 敎化ᄒᆞ시더니 그 數ㅣ 몯내 혜리러라 (月釋 8: 89-90)

---

42) 추측 회상법에 대하여는 §3.5 참조.

43) 같은 『법화경』을 저본으로 한 『월인석보』에는 다음과 같이 표현되어 있다.
"ᄒᆞ다가 우리 큰 法 즐기는 ᄆᆞᅀᆞ미 잇던댄 부톄 우리 爲ᄒᆞ야 大乘法을 니ᄅᆞ시다ᄉᆞ이다" (月釋 13: 36a)

(3)은 대화란 점에서 (1)과, (4)는 지문이란 점에서 (2)와 각각 그 통보 행위가 비슷하다. 지금까지 검토한 용례에서는 '-옷-'의 삽입 여부가 통사 구조에 영향을 미치지 않았는데 추측 회상 감동법의 경우는 통사 구조에 큰 차이가 있다. 'ᄒᆞ리랏다'의 구문은 가상의 종속절을 이끌고 있다[44] (_____ 참조). 이러한 특수성이 어디에 말미암는가 하는 것은 쉽게 단정할 수 없지만 'ᄒᆞ리랏다'도 다른 '-옷-' 통합형과 마찬가지로 화자의 태도와 관련지어 설명해야 한다.

(1)은 어떤 일이 충족되었더라면 틀림없이 성취할 수 있었을 것이라고 화자가 아쉬워하는 것이다. 그런데 '-옷-'이 결여된 (3)은 경험시 이후에 일어날 일을 추정하는 것이다. (2)는 (1)의 협주인데 같은 해석을 내릴 수 있다. 내가 큰 법을 즐겼더라면 오로지 맡기심이 오랠 터인데 그렇지 못해 유감스럽다는 것이다. '틀림없이' 등의 부사가 삽입될 수 있다는 점을 고려하면 양태성을 표현한다고 할 수 있으나 화자의 깊은 의도는 정감성으로 해석된다. '아쉽다, 유감스럽다' 등의 의미가 함축되어 있기 때문이다. 이에 대해 (4)는 과거의 사실을 단순히 추정하는 것이다[45]. 일방향적 통보 기능과 함께 화자의 정감적 · 양태적 태도의 반영이 'ᄒᆞ리랏다'의 용법이라고 하겠다[46].

'ᄒᆞ리랏다'의 '-오- '통합형 '*ᄒᆞ리로소라'는 아직 그 실례를 찾지 못했으나 충분히 기대될 수 있는 어형이다 (§2.2.3.2).

---

44) 이인모 (1976: 164)에도 '-(으)리랏다'가 서상법만으로 쓰인다는 점이 지적되어 있다. 'ᄒᆞ리러니라'도 'ᄒᆞ리랏다'와 통사 구조가 같을 수가 있다 (§4.1.4).

45) 용례 (4)는 [−상관성]의 장면에 나타나는 것이다. 이에 대해서는 §3.5 참조.

46) 청산별곡의 다음 구절도 추측 회상법에 '-옷-'이 통합된 것으로 이해된다 (이인모 1973: 116-22).

살어리 살어리랏다 靑山애 살어리랏다

우리가 검토한 '-옷-'의 기능에 의하면 이 용례는 독백에 가까운 일방향적 통보 기능을 수행하는 것으로 간주해야 한다.

4.3.6. 확인 감동법[47]

확인 감동법 (確認感動法)이란 확인법의 선어말 어미 '-거-'가 선접된 'ᄒᆞ과소라'를 대상으로 하는 것이다. 확인법의 선어말 어미 '-거-'의 '-옷-' 통합형 '*ᄒᆞ곳다'는 나타나지 않고 이에 '-오-'가 붙은 'ᄒᆞ과소라'만이 실재한다.

(1) 江淹鮑照의 詃 體ㅣ 流轉호매 서르 도라본뎐 아ᄃᆞᆯ 업소ᄆᆞᆯ 免콰소라 (原詩省略) (杜諺 21: 31b)

주체는 주의 '言甫ㅣ 與曜로 皆有傳業之子也ㅣ라'를 참고하면 두보 자신임에 틀림없으며[48], 그것이 나타내는 시제는 발화시 직전이거나 이에 일치하는 것이 아닌가 한다.

(2) 정히 이 江南애 風景이 됴ᄒᆞ니 ᄯᅩ 너를 맛보과라 (原詩省略) (杜諺 16: 52b)

(2)는 두보가 이구년을 다시 만나게 됨을 확인하는 정도에 그치지만 (1)에는 정감성이 반영되어 있다. 이 시는 두보가 필요 (畢曜)와 함께 자기들의 학문을 계승해 줄 아들들이 있음을 서로 다행스럽게 생각하는 의미가 함축되어 있다.

4.3.7. 부정 감동법 (2)

부정 감동법 (2)는 어떠한 기본 서법 형태소도 포함하지 않은 도표의

47) 중세어의 확인법에 대하여는 §4.2 참조.
48) 허웅 (1975: 798)에도 같은 사실이 지적되어 있으나 형태소를 식별하는 기준은 다르다 (뒤에 나옴).

실재형 'ᄒᆞ도다, ᄒᆞ도소이다[1], ᄒᆞ도소녀, ᄒᆞ도소니; ᄒᆞ도소이다[2]'를 가리킨다 (§2.1.1; §2.2.3.4).

(1) "잘 오도다 羅卜아" (月釋 23: 76b)

(2) "그듸 精舍 지수려 터흘 ᄀᆞᆺ 始作ᄒᆞ야 되어늘 여슷 하ᄂᆞ래 그듸 가들 ᄶᅵ비 볼셔 이도다 (釋詳 6: 35ab)

(3) 〈내 地藏威神力을 보니 恒河沙劫에 다 닐우미 어렵도다〉 (月釋 21: 172a)

(4) 〈恭敬ᄒᆞᅀᆞᆸᄂᆞᆫ 法이 이러ᄒᆞᆫ 거시로다〉 (釋詳 6: 21a)

(1)은 세존이 출가하는 나복 (羅卜)에게 하는 일방향적 통보 행위다. (2)는 수달의 물음에 대한 사리불의 답변인데 대화라기보다는 일방향적 통보 행위의 성격이 강하다. (3)은 세존이 관세음보살에게 지장경을 유포할 것을 권고한 뒤에 게 (偈)로써 하는 말인데 독백으로 볼 수 있다. (4)는 수타 회천 (首陀會天)이 수달의 버릇없는 행동을 보고 네 사람으로 화신하여 세존을 옹위하니 수달이 마음이 편치 않아 (4)와 같이 말하고 마침내 세존을 받들었다는 이야기인데 수달의 말은 완전히 독백이다.

위의 용례들의 시제는 부정 감동법 (1)과 완전히 일치한다. (1)은 사건시가 발화시와 거의 일치하거나 발화시 직전으로 해석된다. (2)는 시간 부사 '볼셔' 등으로 미루어 사건시가 발화시보다 훨씬 앞선다. 그런데 (3), (4)의 사건시는 발화시와 일치한다. 이는 부정 감동법 (1)과 같이 용언의 동작류적 특성과 관련된다. 주체는 모두 비화자다. (1)은 2인칭, (2)~(4)는 3인칭이다 (______ 참조).

'ᄒᆞ도다'의 ᄒᆞ쇼셔체도 양방향적 통보 기능이 다소 우세하다는 점 이외에는 ᄒᆞ라체와 큰 차이가 없다.

(5) "小人이 미실 지븨 잇디 아니ᄒᆞ다니 얼우시니 어제 ᄒᆞᆫ 디위 쇽졀 업시 ᄃᆞ니시도쇠이다 (初朴上: 52b)

(6) "太子ㅣ 그런 사ᄅᆞ미시면 이 이리 어렵도소이다" (釋詳 11: 19b)

(7) "天女를 보건댄 내 겨지비ᅀᅡ 눈먼 獼猴 ᄀᆞᆮ도소이다 (月釋 7: 12b)

(8) "羅卜이롦 디면 내 빗소배셔 난 아기로소이다" (月釋 23: 86a)

(5)는 [+상관성]의 장면에서 나타나는 것이며, (6)은 대신이 태자의 말에 응수하는 것이다. 더욱이 태자의 말이 "난 모미 ᄢᅳᆺᄒᆞ도다"와 같이 '-도다'로 끝나 있는 것은 '-도소이다'와의 존비법상의 관련성을 잘 뒷받침한다 (§2.2.3.2). (7)은 난타가 부처에게, (8)은 옥주의 말에 대해 나복의 어머니가 의견을 진술하는 것으로서 일방향적 통보 기능이 짙다.

시제는 ᄒᆞ라체와 같이 용언의 동작류적 특성에 말미암는다. (5)는 시간 부사 '어제'를 고려하면 사건시는 발화시보다 앞서며 (6), (8)은 일치한다. (7)은 사정이 좀 다르다. 부처가 천녀를 보고 온 난타에게 "네 겨지븨 고ᄫᆞ미 天女와 엇더ᄒᆞ더뇨"라고 묻자 (7)과 같이 답변한 것이다. 이때의 '-돗-'은 형용사 'ᄀᆞᆮ-'에 통합되기는 했어도 눈먼 미후 같이 느낀 것은 천녀를 본 당시이므로 회상법 '-더-'로 바꾸어도 무방하다. 그러나 이러한 용법은 드물고 형용사나 지정사와 통합될 때에는 사건시가 발화시와 일치한다[49]. ᄒᆞ쇼셔체에 있어서도 주체는 비화자이다 (_____ 참조).

다음으로 의문법에 나타나는 어형을 검토해 보기로 한다.

(9) "ᄒᆞᆫ 大藏敎ㅣ 이 사괴 기시어시니 아래 이 無ㆆ 字도 사기도소니야" (口訣文省略) (蒙法: 60b)

(10) "趙州ㅅ ᄠᅳ든 果然 그러ᄒᆞ도소니야 아니ᄒᆞ도소니야" (口訣文省略)

49) 남광우 (1975)에서는 '-도소이다'의 의미를 '-더이다, ㅂ디다'로 풀이하고 있으나 우리의 용례 (7)이 나와 있지 않는데도 이렇게 본 것은 재고해야 할 것이다.

(蒙法: 57a)

용례가 모두 구체적 상황을 파악하기 힘든 『몽산법어』(蒙山法語)에서만 나타난다. ‘ᄒᆞ리로소녀’ (뒤에 나옴)로 미루어 정상적 대화로 생각된다. 시제는, (9)에서는 사건시가 발화시에 선행하고 (10)에서는 일치한다. 전자는 통합 용언이 [−상태성]을 띠고 있을 뿐 아니라 시간 부사 ‘아래’로 미루어 그러함이 틀림없으며 후자는 [+상태성]의 동작류를 표시하는 데 말미암는다. 주체는 2인칭 내지 3인칭으로 상정된다.

(11) 尙書의 功業이 千古ㅅ 사ᄅᆞ미게 건너 뛰도소니 荊州를 雄히 눌러쇼물 내 한 아비를 니섯도다 (原詩省略) (杜諺 25: 48a)

(12) 우리 셜흔 사ᄅᆞ미 각각 돈 일빅곰 내면 대됴히 돈이 삼쳔나치로소니 유예 ᄡᅳ리로다 (初朴 上: 1-2)

(11)은 독백으로 생각된다. 이곳의 ‘尙書’는 형남(荊南) 절도사 위백옥(衛白玉)을 가리킨다. 그가 형주를 다스린 두보의 먼 조상 두예(杜預)의 뒤를 계승하게 되었음을 찬양한 것이다. (12)는 봄을 맞아 돈을 거두어 봄놀이하러 가자는 것을 대중에게 제의하는 것으로 일방향적 통보 기능이 짙다. ‘ᄒᆞ도소니’에 ‘ᄒᆞ도다’ 등이 호응한다는 것은 두 어형에 나타나는 ‘-돗-’의 공통 기능을 암시하기도 한다. (11)도 그러하다. 시제와 주체는 앞의 경우에 유추해서 생각할 수 있다[50].

부정 감동법 (2)에 나타나는 ‘-돗-’의 의미는 무엇일까? 그것은 ‘-돗-’이 결여된 ‘ᄒᆞ다, ᄒᆞ녀, ᄒᆞ니’와 같은, 부정법 어형에 준하는 용례와의 비교에 의존해야 한다. 한편 ‘-옷-’이 삽입된 부정 감동법 (1)의 어형 ‘ᄒᆞ샷다’

50) 이런 예들은 『두시언해』의 도처에서 찾을 수 있다. 손쉽게 찾을 수 있는 것으로 이병주(1970: 134, 188, 190, 295, 298, 319) 참조.

의 용례와도 긴밀한 관련을 맺어야 한다.

(6)을 부정 감동법 (1)의 용례 (8) (§4.3.1)과 비교해 보자. 편의상 그 용례를 다시 든다.

(13) "太子ㅅ 모미 傷ᄒᆞ야 命이 머디 아니ᄒᆞ시이다" (釋詳 11: 21b)

(6)은 부왕의 중병에 필요한 눈동자와 골수를 제공하겠다는 태자의 말을 듣고 대신들이 하는 말이다. 계속하여 천하에 아까운 것이 목숨 같은 것이 없다고 하는 것을 보면 화자의 소극적 정감을 읽을 수 있다. 그러나 대신들의 의도는 태자를 제거하는 데 목적이 있었던 것이니 궁극적으로는 화자의 적극적 정감이 함축되어 있다. 이에 대해 (13)은 태자의 죽음을 당연한 것으로 파악한 것이다. 따라서 (6)에는 '-돗-'이 삽입되었고 (13)에는 그것이 결여된 것이 아닌가 한다.

화자의 의도와 관련된 이러한 의미는 부정 감동법 (1)에서도 파악할 수 있다 (§4.3.1). 이러한 정감성을 표시하는 것은 (6) 이외에도 (1), (2), (5)를 추가할 수 있다. (1), (2)는 '다행히도' 등의 부사가, (5)는 '뜻밖에도' 등의 부사가 보충될 수 있기 때문이다. (3), (4), (7), (8)은 오히려 양태적 의미와 관련되지 않나 한다. '진실로, 정말' 등의 부사가 어울릴 수 있음을 보아서이다.

의문법에서는 양태적 의미가 파악된다. (9), (10)을 다음 용례와 비교해 보자.

(14) 이는 萬丈 히믈 得ᄒᆞ니야 馬祖 히믈 得ᄒᆞ니야 (蒙法: 31ab)

구체적 상황을 파악하기 힘들기 때문에 단정할 수 없으나 (9), (10)은 청자에게 확신성 있는 답변을 요구하고 (14)는 단순한 물음으로 간주된다. 부정 감동법 (1)의 'ᄒᆞ손다'와 직설 감동법의 'ᄒᆞᄂᆞ손다'에서 볼 수 있었던 용법과 궤 (軌)를 같이하는 것이 아닌가 한다 (§4.3.1; §4.3.2).

접속 어미의 어형 'ᄒᆞ도소니'는 '-돗-'이 결여된 'ᄒᆞ니'와의 비교에 의해 그 의미가 구명되어야 한다.

(15) "이 ᄀᆞ장 됴ᄒᆞᆫ 藥이니 色香美味 다 ᄀᆞᄌᆞ니 너희둘히 머그라" (月釋 17: 18a)

이는 독약을 잘못 먹은 아들에게 아버지가 구료 (救療)할 약을 주면서 하는 말인데 (12)와 다른 점은 [+상관성]의 장면인 대화에 나타나는 것이다. '-돗-'이 삽입되면 일방향적 진술의 성격이 짙어지고 따라서 화자의 정감적 내지 양태적 의도가 나타나는 것이 아닌가 한다. (11)에서는 적극적 감정성이, (12)에서는 양태성이 각각 파악된다. 전자에는 '놀랍게도'와 같은 부사의 보충이 가능하고, 후자에는 '틀림없이' 등의 부사가 어울릴 수 있기 때문이다.

지금까지 논의해 온 '-돗-'은 부정 감동법 (1)의 '-옷-', 곧 '-샷-'으로 바꾸어도 조금도 의미의 차이를 가져오지 않는다. 이는 '-돗-'과 '-옷-'의 의미상의 동질성을 보증해 주는 것이다 (뒤에 나옴).

'ᄒᆞ도다'에 '-오-'가 통합된 형식을 검토해 본다. 이 형식에는 '*ᄒᆞ도소라'의 ᄒᆞ쇼셔체인 'ᄒᆞ도소이다[2]'만 들 수 있을 듯하다.

(16) "내 몬져 드도소이다" (釋詳 24: 18b)

이 용례는 "뭇 처ᅀᅥ믜 뉘 몬져 이 門 안해 드뇨"라는 왕의 물음에 대해 모진 놈이 답하는 것이다. 시제는 시간 부사 '몬져'가 아니라 하더라도 통합 용언이 [−상태성]을 띠고 있으므로 사건시는 발화시에 선행한다.

이런 점에서 위의 용례는 부정 감동법 (2)의 테두리에 들어오며 주체가 화자인 점에서 '-오-'의 통합형으로 간주할 수 있다. 이 형식의 의미는 '-돗-'이 결여된 '호이다' 어형과의 비교에 의해서도 구명될 수 있고, '-ㅅ-'이 대치된 'ᄒᆞ소이다'와의 관련에 의해서도 그 성격이 규정될 수 있다.

부정 감동법 (1)의 용례 (14)~(16) (§4.3.1)은 화자가 자신에 관한 일을 단순히 서술하는 데 대해 '*ᄒᆞ도소라'에 준하는 용례는 양태성과 관련된 의미를 표시한다. 위의 용례 (16)은 '틀림없이, 정말로' 등의 부사를 보충할 수 있다. 이 경우 'ᄃᆞ소이다'로 바꾸어도 의미상의 차이가 있는 것 같지 않다. 이는 부정 감동법 (2)의 '*ᄒᆞ도소라'의 의미가 부정 감동법 (1)의 'ᄒᆞ소라'와 동질적임을 말하는 것이다 (뒤에 나옴).

4.3.8. 추측 감동법 (2)

추측 감동법 (2)는 추측법의 선어말 어미 '-(으)리-'가 선접된 도표의 실재형 'ᄒᆞ리로다, ᄒᆞ리로소이다[1], ᄒᆞ리로소녀, ᄒᆞ리로소니잇가, ᄒᆞ리로소니; ᄒᆞ리로쇵다, ᄒᆞ리로소이다[2]'를 대상으로 하는 것이다.

(1) 〈내 ᄯᆞᆯ 勝鬘이 聰明ᄒᆞ니 부텨옷 보ᅀᆞᄫᆞ면 당다이 得道ᄅᆞᆯ ᄲᆞᆯ리 ᄒᆞ리니 사ᄅᆞᆷ ᄇᆞ려 <u>닐어ᅀᅡ</u> <u>ᄒᆞ리로다</u>〉 (釋詳 6: 40b)

(2) 壯ᄒᆞᆫ 양ᄌᆡ 머므디 아니호미 ᄃᆞᆮᄂᆞᆫ ᄆᆞᆯ ᄀᆞᄐᆞᆫ 젼ᄎᆞ로 <u>가ᄌᆞᆯ비디</u> <u>몯ᄒᆞ리로다</u> (口訣文省略) (楞嚴 2: 5b)

(1)은 파사닉왕 (波斯匿王)과 말리부인 (末利夫人)이 부처를 뵙고 하는 말이다. 정상적 대화라면 ᄒᆞ쇼셔체를 써야 할 터인데 ᄒᆞ라체로 되어 있는 것은 청자를 별로 의식하지 않는 독백임에 그 원인이 있지 않나 한다. (2)는 협주의 지문으로서 [−상관성]의 용례다. (1)의 사건시는 발화시 이후이며 (2)는 발화시와 일치한다. 주체는 둘 다 '일반 사람들'로 상정된다.

(3) "父王이 오놀 … 菩提心을 어루 發ᄒᆞ시리로소이다" (/父王이 … 發 … 菩提心이샤ᄉᆞ이다) (法華 7: 135-6)

(4) "聖子ㅣ 나샤 輪王이 ᄃᆞ외시리니 出家ᄒᆞ시면 正覺올 일우시리로소이다" (月釋 2: 23b)

(5) "우리둘히 이 노ᄆᆞᆯ 자ᄇᆞ면 사ᄅᆞᆷ 옷바비ᅀᅡ 닐굽뉘라도 궂디 아니ᄒᆞ리로소이다" (月釋 10: 28b)

위의 용례들은 모두 'ᄒᆞ리로다'의 ᄒᆞ쇼셔체이다. (3)은 두 아들이 공중에서 내려와 어머니에게 합장하면서 하는 말인데 일방향적 통보 행위다. (4)는 점치는 사람이 왕에게 해몽하는 것으로 일방향적 진술의 성격이 짙다. (5)는 오백 군적 (群賊)이 위두 도적에게 하는 말인데 역시 일방향적 통보 행위의 범주에 든다. 시제는 (3)에서는 사건시가 발화시와 일치하거나 직후일 것으로 짐작되며 (4), (5)는 발화시 이후다. 주체는, (3), (4)는 3인칭임에 틀림없으나 (_____ 참조), (5)는 설명이 필요하다. 중세어의 '궂다'는 자동사와 타동사에 통용되므로 이의 주어는 타동사일 때는 '우리들ㅎ'로, 자동사일 때는 '옷밥'으로 잡을 수 있다. 전자라면 '-돗-'에 '-오-'가 붙은 'ᄒᆞ리로소이다[2]'로 볼 수 있고 후자라면 'ᄒᆞ리로소이다[1]'이 된다. 여기서는 우선 후자로 간주해 둔다[51].

의문법에 나타나는 추측 감동법 (2)의 '-(으)리롯-'의 '-롯(돗)-'도 부정법 (2)의 '-롯(돗)-'과 크게 다름이 없다.

(6) "어마니ᄆᆞᆯ 아라 보리로소니잇가" (月釋 23: 86b)

(7) "이제 모댓ᄂᆞᆫ 이 世界며 다ᄅᆞᆫ 世界옛 諸佛菩薩天龍鬼神을 네 數를 알리로소니여 모ᄅᆞ리소니여" (釋詳 11: 45)[52]

---

51) '궂다'의 통사 특성에 대하여는 허웅 (1955: 26-7) 참조 [붙임말 6].

52) 같은 불경을 저본으로 하고 있는『월인석보』(21: 14a)에는 '알리로소녀'로 나와 있다. 이를 통하여 'ᄒᆞ리로소니여'는 'ᄒᆞ리로소녀'의 수의 변형임을 알 수 있다.

(8) "네 바ᄅᆞ 알리로소녀" (初朴 上: 14b)

(6)은 옥주가 목련에게 묻는 말인데 답변은 '몰라 보애라'이다. (7)은 세존이 문수 사리에게 묻는 말로서 답변은 "내 神力으로 一千劫에 혜여도 몯내 알리로소이다"로 되어 있다. (8)은 형과 동생의 대화인데 답변은 '알리로다'이다. 이로써 우리는 부정 감동법 (2)의 'ᄒᆞ도소녀'와 함께 추측 감동법 (2)의 'ᄒᆞ리로소녀'는 정상적인 [+상관성]의 통보 기능을 수행하고 있음을 확인할 수 있다. (6)은 어머니를 만나기 바로 전에 묻는 말이니 사건시는 발화시에 후행한다. 그러나 (7), (8)은 발화시와 일치하는 것으로 생각된다. 그것은 '알다, 모ᄅᆞ다'의 동작류적 특성이 [+상태성]임에 연유하지 않나 한다. 위의 용례의 주체는 모두 말받는 상대인 제2인칭이다. 기대되는 답변의 주체는 제1인칭으로서 '-오-'가 통합된 활용형을 요구하게 된다 (뒤에 나옴).

(9) "이 世界옌 千佛이 나리로소니 이 劫 일후므란 賢劫이라 ᄒᆞ져" (月釋 1: 40ab)

(10) "관인ᄃᆞᆯ히 ᄒᆞ마 긔산ᄒᆞ리로소니 ᄲᆞᆯ리 수울 ᄃᆞᆯ어 가져 오라" (初朴上: 1a)

(11) "네 이런 왼 일ᄃᆞᆯ히 녀느 일훔 사ᄅᆞᆷ ᄀᆞᆮ호ᄆᆞᆯ 잢간도 몯 보리로소니 오ᄂᆞᆯ브터 後엔 나혼 아ᄃᆞᆯᄀᆞ티 호리라" (月釋 13: 24-5)

(12) 이런 ᄃᆞ로 반ᄃᆞ기 ᄀᆞᅀᅵ 이시리어늘 ᄀᆞ술 어더도 得디 몯ᄒᆞ리로소니 아니 和혼 디 아니로다 (口訣文省略) (楞嚴 2: 102a)

(9)는 사선천 (四禪天)이 자기 무리들에게 일방향적으로 하는 말이다. (10), (11)도 그러한 상황 가운데서 나타난 것이 아닌가 한다. 사건시는 모두 발화시 이후이며 주체는 2인칭 (11), 3인칭 (9, 10) 내지 그와 가까운 것 (12)으로 보인다.

추측 감동법 (2)에 나타나는 '-롯(돗)-'의 의미는 부정 감동법 (2)의 '-돗-'과 비슷하다. '-롯-'은 그것이 결여된 'ᄒᆞ리라, ᄒᆞ려, ᄒᆞ리니'와의 비교에 의해 파악되어야 하고 '-옷-'이 삽입된 추측 감동법 (1)의 어형과도 관련시킬 필요가 있다.

(13) "魔鬼神ᄃᆞᆯ히 다 믈러 흐터 가리이다" (月釋 21: 126b)

(14) "이 世界ᄃᆞᆯᄒᆞᆯ 어루 ᄉᆞ랑ᄒᆞ야 그 數를 알려 몯ᄒᆞ려" (月釋 17: 5a)

(15) "네 오ᄂᆞᆫ 뉘예 佛事ᄅᆞᆯ ᄀᆞ장ᄒᆞ리니 나 滅度ᄒᆞᆫ 後에 내 弟子ᄅᆞᆯ 너ᄅᆞᆯ 마ᄶᅵ노라" (釋詳 11: 14a)

(13)은 주명 (主命)이라는 귀왕 (鬼王)이 세존에게 하는 말로서 (3)과 비교될 수 있다. 후자는 부왕의 행위를 긍정적으로 받아들이면서 그것을 추측·확인하는 것이다. '어루' 등의 양태 부사의 쓰임이 그것을 뒷받침한다. 이에 대해 (13)은 텍스트상으로 볼 때 화자의 양태적 태도 같은 것이 읽혀지지 않는다. 단순한 추정으로 간주된다. (14)는 세존이 선남자에게 하는 말인데 (7), (8)과 비교할 수 있다. 이들은 같은 동사 '알다'에 '-돗-' 삽입형과 결여형이 교체·통합된 용례다. '-돗-'의 통합 여부가 통사 구조에 미치는 영향은 전혀 없다.

그런데 (14)에 대한 답변은 다음과 같다.

(16) "… 世尊하 이 ᄀᆞᆮᄒᆞᆫ 世界ᄃᆞᆯ히 無量無邊ᄒᆞ도소이다" (月釋 17: 5b)

'ᄒᆞ도소이다'로 끝나 있는 것은 (14)도 (7), (8)과 같이 '알리로소녀, 몯ᄒᆞ리로소녀'로도 나타날 수 있다는 사실을 의미한다. 이는 화자에게 달려 있다. 어조 등 다른 수단에 의해 화자의 양태적 태도가 표시되었기 때문에 답변에서 '-돗-'이 삽입되었다고도 할 수 있고 화자는 의도의 개입 없이 물었는데 청자는 그것을 개입시켜서 발화했다고도 할 수 있다. (15)는 세존이 금상 (金像)에게 하는 말로서 (9)～(12)의 비교 대상이 된다. 전자는 화자가 주체의 미래의 행위를 범상한 것으로 파악하고 있기 때문에 '-돗-'이 결여되었으나 후자는 화자의 양태적 태도와 깊이 관련되어 있다. '틀림없이' 등의 양태 부사의 삽입이 가능하다는 점에서 그러하다.

이상의 논의에 입각할 때 추측 감동법 (2)는 추측 감동법 (1) (§4.3.3)로 바꾸어도 의미의 변화를 가져오지 않는다. 후자의 용례가 극히 드물기는 하지마는 이러한 사실은 두 추측법의 가치의 동질성과 직접 관계가 있다 (뒤에 나옴).

'ᄒᆞ리로다'에 '-오-'가 붙은 '*ᄒᆞ리로소라'의 형식을 검토해 보자. '-오-' 통합형은 ᄒᆞ쇼셔체인 'ᄒᆞ리로소이다[2]'와, ᄒᆞ야쎠체인 'ᄒᆞ리로쇵다'만 보인다[53].

(17) "(어마니ᄆᆞᆯ) 地獄애도 몯 <u>보ᅀᆞᄫᆞ리로소이다</u>" (月釋 23: 81b)

(18) "나ᄂᆞᆫ … 바리 알ᄑᆞᆯ씨 길흘 몯 <u>녀리로소이다</u> 이 ᄡᅡ히 어드메잇고" (月釋 8: 93-4)

(17)은 목련이 지옥에서 어머니를 찾아 헤매며 부르짖는 말로서 거의 독백에 가깝다. (18)은 원앙 부인이 왕과 함께 범마라국 (梵摩羅國) 임정사 (林淨寺)로 가는 도중에 비구에게 하는 말인데 일방향적 진술에 가깝다. 시제는, (17)은 발화시 이후이고 (18)은 발화시와 일치한다.

앞서 든 '*ᄒᆞ리로소라'의 ᄒᆞ야쎠체 용례 (7) (§2.2.3.2)을 다시 취해 보기로 하자.

(19) "어제 그듸 마ᄅᆞᆯ 드로니 ᄆᆞᅀᆞ매 來往ᄒᆞ야 닛디 <u>몯ᄒᆞ리로쇵다</u>" (口訣文省略) (內訓 2下: 37a)

---

53) '-오-'가 통합된 'ᄒᆞ리로다'의 ᄒᆞ라체는 '*ᄒᆞ리로소라'로 가정한 바 있는데 (§2.2.3.2), 이 어형은 실지로 나타나는 일이 없고 제1인칭과 호응하는 'ᄒᆞ리로다'의 어형만 보인다.
내 바ᄅᆞ <u>알리로다</u> (初朴 上: 14b)
ᄒᆞ라체에서는 '*ᄒᆞ리로소라'와 'ᄒᆞ리로다'가 형태상의 합류를 경험했는지도 알 수 없으나 'ᄒᆞ리로다'는 일단 '-오-'가 통합되지 않은 형식으로 다룬다.

이 용례는 주체가 화자로서 '-오-'가 통합된 ᄒᆞ야쎠체다. '-롯(돗)-'에는 회상의 의미가 파악된다. '-돗-'이 단독으로 쓰였을 때 회상의 용법이 있었음(§4.3.7의 용례 (7))과 관련이 있다. 위의 용례의 사건시는 경험시와 일치하거나 그 이후인 것으로 생각된다. 'ᄒᆞ리로다'의 '-오-' 통합형은 '-롯(돗)-'이 결여된 '*ᄒᆞ리오이다, *ᄒᆞ리욍다'와의 비교에 의해 그 의미가 구명되어야 한다. 그러나 현실적으로 '-오-'가 '-(으)리-'에 선행하므로 '호리라, *호링다, 호리이다'와의 비교에 의존해야 한다. 구체적인 인례 (引例) 없이도 의미 파악이 가능하다.

(17), (18)에는 정감성이, (19)에는 양태성이 각각 파악된다. 전자에는 '슬프게도, 유감스럽게도' 등의 부사를, 후자에는 '정말' 등의 부사를 각각 보충할 수 있음을 고려할 때 그러하다.

4.3.9. 총괄

저자는 지금까지 제2장에서 식별된 감동법 관련의 형태소들의 통보상의 제약과 시제상의 문제를 살펴보고 의미상의 특수성을 화자의 사태에 대한 태도, 곧 화용상의 제약과 관련시켜 구명해 보았다. 도표 1 (§2.2.3)을 의미상의 공통성에 따라 조정해 본다.

저자의 검토 결과에 의하면 부정 감동법 (1)과 (2), 추측 감동법 (1)과 (2)는 서로 통합 (統合, intergration)될 수 있다. 통보 면에서뿐만 아니라 시제에 있어서도 공통성을 띠고 있으며, 화용상으로도 차이점을 발견할 수 없기 때문이다. 그러면 부정 감동법과 추측 감동법의 두 가지 형태는 수의적 변이형일 수밖에 없는데 이를 어떻게 설명해야 할까? 이를 구결문과 번역문과의 관계에서 살펴보려고 한다.

앞에서 우리는 '-(으)샷-'이 당시의 언중에게 '-(으)샤-'와 '-옷-'의 통합체로보다는 오히려 한 단위로 인식되었음 직한 논의 (§2.2.3.2)를 본 일이 있다. 15세기의 언어 자료의 대부분은 구결문이 먼저 이루어지고 이에 맞추어 한글 번역이 이루어졌으리라는 소론[54]이 있다. 이에 의하면 당시 하나의 단위로 굳어진 '-(으)샤-'이 번역문에 그대로 나타나는 점은 구결문의 절대적 영향과 관계된다. '-(으)샤-'으로 나타난 구결문이 번역문에 그대로 반영된 부정 감동법 (1)의 용례 (1), (3), (5) (§4.3.1)와 추측 감동법 (1)의 용례 (1), (2) (§4.3.3)가 그것이다.

이해의 편의를 위하여 해당 용례를 다시 가져온다.

(1) 172쪽 (1)의 예

"諸衆生ᄋᆞᆯ 너비 引導ᄒᆞ샤 菩提ᄅᆞᆯ ᄲᆞᆯ리 일우게 ᄒᆞ샤ᅀᅵ이다" (/廣導諸衆生ᄒᆞ야 令速成菩提케 ᄒᆞ샤ᄉᆞ이다) (法華 4: 169ab)

(2) 172쪽 (3)의 예

"입시욼 비치 … 頻婆果ㅣ ᄀᆞᆮᄒᆞ샤ᅀᅵ이다" (/唇色 … 如頻婆果ᄒᆞ샤ᄉᆞ이다) (法華 7: 148a)

(3) 173쪽 (5)의 예

우흐론 日月에 니를오 아래론 輪圍예 니를오 가온ᄃᆡ론 萬物에 니르어 낫나치 子細히 ᄀᆞᆯᄒᆡ에 ᄒᆞ샷다 (/上極日 月ᄒᆞ고 下極輪圍ᄒᆞ고 中極萬物히 令一一詳擇也ㅣ 셔터) (楞嚴 2: 34ab)

(4) 187쪽 (1)의 예

"十方如來도 後에 반ᄃᆞ기 煩惱ᄒᆞ시리샤ᄉᆞ이다" (/十方如來도 後應煩惱ㅣ샤ᄉᆞ이다) (圓覺上 1-1: 10b, 8a)

(5) 187쪽 (2)의 예

기피 아ᄅᆞ샤 아릐브터 마ᄌᆞ시다 이루 ᄉᆞᆯ오리샷다 (/可謂深知宿契矣샷다) (法華 4: 70ab)

『석보상절』과 『월인석보』에 나타나는 '-(으)샤-' 용례도 구결문이나 다

54) 안병희 (1965b: 66/1992b: 11-27)에 의문법 어미를 중심으로 이런 사실이 지적되어 있다.

른 사정의 영향을 받았을 가능성이 충분히 있다[55]. 그러나 추측 감동법 (2)의 용례 (3)은 사정이 다르다. 구결문에는 ‘(으)샷-’인데 번역문에는 ‘-돗-’이 선택되어 있다. 이는 역자가 구결문에 구애되지 않고 당시의 구어를 반영한 것으로 해석할 수 있다[56]. 중세어의 자료상의 특이성에 비추어 볼 때도 부정 감동법과 추측 감동법의 두 가지 형식의 통합・서술이 합리화될 수 있음을 확인하였다.

도표 1 (§2.2.3)을 실재형을 중심으로 다시 정리하면 도표 2와 같다. ∥는 수의적 교체를 의미한다.

도표 2를 토대로 하여 지금까지 논의된 결과를 요약하고 명칭에 대해 생각해 보기로 한다.

▌도표 2▐

구분 / 어말 어미 / 서법	‘옷, 돗, ㅅ’ 형태				‘옷, 돗, ㅅ’과 ‘-오-’ 통합 형태	
	설명법	의문법	명령법	접 속	설명법	접 속
부정법	ᄒᆞ샷다, ᄒᆞ샤ᄉᆞ이다∥ ᄒᆞ도다, ᄒᆞ도소이다[1]	ᄒᆞ도소녀, ᄒᆞᄉᆞᆫ다	ᄒᆞ야ᄉᆞ라	ᄒᆞ도소니	ᄒᆞ소라, ᄒᆞ소이다∥ ᄒᆞ도소이다[2]	ᄒᆞ소니
직설법	ᄒᆞ놋다, ᄒᆞ노소이다	ᄒᆞᄂᆞᆫ다		ᄒᆞ노소니[1]	ᄒᆞ노소라	ᄒᆞ노소니[2]
추측법	ᄒᆞ리샷다, ᄒᆞ리샤ᄉᆞ이다∥ ᄒᆞ리로다, ᄒᆞ리로소이다[1]	ᄒᆞ리로소녀 ᄒᆞ리로소니 잇가		ᄒᆞ리로소니	ᄒᆞ리로쇵다, ᄒᆞ리로소이다[2]	
회상법	ᄒᆞ닷다, ᄒᆞ다ᄉᆞ이다				ᄒᆞ다소라	ᄒᆞ다소니
추측 회상법	ᄒᆞ리랏다, ᄒᆞ리라ᄉᆞ이다					
확인법					ᄒᆞ과소라	

55) 부정 감동법 (1)의 용례 (2), (4), (6) 참조 (§4.3.1).

56) 구결문의 ‘-도다’가 번역문에서 ‘-놋다’로 바뀐 예문이 있는데 이는 언해 과정에서 생겨난 것으로 보인다. 직설 감동법의 용례 (1), (3), (7), (8) 참조 (§4.3.2).

1. 감동법의 형태소에는 '-옷-'//'-돗-'과 '-ㅅ-'이 있다. 전자의 두 형태는 서로 수의적으로 교체되는 관계에 있다. '-옷-'이 보수성이 짙은 문어체적 형태라면 '-돗-'은 구어적 특성을 가졌다고 할 수 있다. '-ㅅ-'은 '-돗-'과 수의적 교체 관계에 서는 일도 없지 않으나 선어말 어미 '-오-'가 통합된 설명법에 국한되어 있다. 따라서 'ᄒᆞ야ᄉᆞ라, ᄒᆞ손다, ᄒᆞ소니, ᄒᆞᄂᆞ손다'에 나타나는 '-ㅅ-'은 '-옷-//-돗-'과 형태론적으로 제약되어 있다고 할 것이다.

2. 감동법은 [−상관성]의 장면과 일방향적 통보 기능이 우세한 [+상관성]의 장면에서 많이 나타난다.

3. 감동법의 사건시는 부정법에서는 용언의 동작류에 따라 결정된다. [−상태성]의 동작류를 띤 용언은 직설법 'ᄒᆞ놋다', 회상법 'ᄒᆞ닷다', 추측법 'ᄒᆞ리샷다//ᄒᆞ리로다' 등과의 계열 관계를 통해서 과거 시제를 표시하고 [+상태성]의 용언은 회상법, 추측법 등과의 계열 관계를 통해서 현재 시제를 표시한다. 그리고 다른 기본 서법에서는 그것의 시제상의 특성에 의존한다.

4. 감동법은 설명법에서 주체가 비1인칭일 때는 정감성이 우세하며 1인칭일 때는 양태성이 우세하다. 그 밖의 환경에서는 양태성이 절대적이다. 감동법 형태소는 화자가 사태를 정감적으로 파악할 때 쓰인다고 할 수 있다. 이러한 점에 연유하여 통보 행위가 일방향성을 띠게 된다고 할 수 있다.

/

종선의 "감상법" 내지 "강조 · 영탄법"은 어떤 의미에서는 타당한 명칭이라 할 수 있다. 설명법에서 주체가 비1인칭일 때는 정감의 용법이 우세하고 나머지 경우에는 정감성과 양태성이 다 같이 파악되기 때문이다. 저자는 전자에 치중하여 "감동법"이라 부르고자 한다. 감탄법이라 하지 않는 것은 어말 어미에 의존하는 현대어의 감탄법 어미와 구별하기 위해서이다. 선어말 어미에 의존하는 중세어의 구조적 양상을 존중한 것이다.

설명법뿐만 아니라 의문법, 명령법, 접속 어미에 두루 나타나는 중세어의 감동법 체계가 어말 어미에 의존하는 문체법으로서의 감탄법 어미로 변모하는 과정은 이곳에서 다루지 않는다. 또 중세어에는 우리가 확인한 감동법 이외 일련의 감탄법 어미가 있다 (허웅 1975: 930-1). 이들 어미와 우리의 감동법이 갖는 상관관계는 이곳에서 다루지 않는다.

4.4. 총괄—강조법의 체계—

종전의 중세어 문법에서 막연히 "확정법" 내지 "정립법", "강조" 내지 "완료", "감상법" 내지 "강조·영탄법"으로 불려 오던 일련의 어형을 현대어에 관한 지식을 발판으로 하여 형태론적 배려를 심화시키고 (§2.2), 통보상의 제약과 화용상의 특수성을 구명해 보았다. 원칙법, 확인법, 감동법이란 이름 아래 고찰해 왔던 '-(으)니-, -거/어-', '-옷-//돗-, -ㅅ-'의 구조적 양상과 의미상의 특수성을 총괄하여 중세어의 양태·정감의 서법 범주를 체계화해 보려고 한다.

4.4.1. 구조적 양상의 공통성

원칙법, 확인법, 감동법은 부정법, 직설법, 추측법과 같은 시제와 깊은 관련을 맺고 있는 기본 서법 범주를 바탕으로 형성된다. 구체적으로 말하면, 원칙법은 직설법, 회상법, 추측법, 추측 회상법과 확인법을, 확인법은 부정법과 추측법을, 감동법은 부정법, 직설법, 회상법, 추측법, 추측 회상법과 확인법을 각각 토대로 하고 있다. 유의할 것은 원칙법과 감동법이 확인법을 바탕으로 성립되는 일이다. 부차 서법 형태소와 기본 서법 형태소와의 통합 양상을 그림으로 표시하면 다음과 같다. 부정법의 형태는 ∅로 표시한다. 화살표로써 통합 방향을 지시하기로 한다.

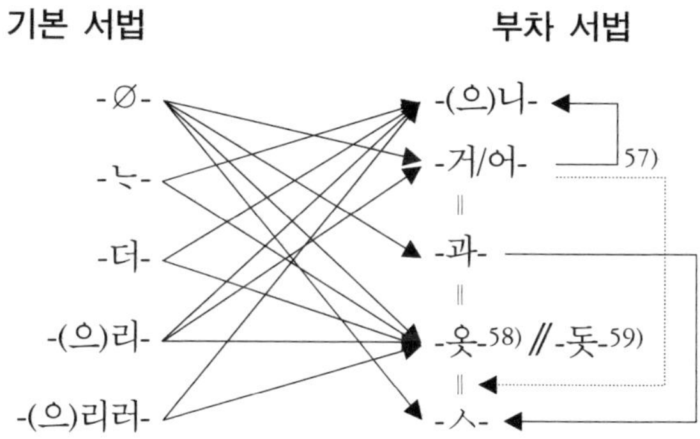

4.4.2. 의미상의 공통성

부차 서법의 형태소가 삽입된 텍스트는 대체로 일방향적 특성이 강한 통보 행위에서 나타난다. 이러한 일방향적 특성은 이들 형태소들이 받는 화용상 (話用上)의 제약과 깊은 관련이 있는 것으로 해석하였다. 이들이 결여되면 양방향적 통보 기능을 발휘하는 일이 많기 때문이다. 부차 서법 형태소는 시제와는 직접 관계가 없고 오히려 화자의 사태에 대한 태도가 반영되는 것으로 보았다. 원칙법과 확인법에서는 양태성을 읽을 수 있었고 감동법에서는 정감성을 지배적으로 파악할 수 있었다. 통보 면과 화용 면의 제약이 가해지는 텍스트에 부차 서법의 형태소가 선택되는 것이라고 할 수 있다. 거꾸로 부차 서법의 형태소들이 주어지면 위와 같은 통보 화용상의 제약이 가해지는 것으로도 볼 수 있다.

감동법에서 본 바와 같이 정감성과 양태성은 교착 (交錯)되는 측면이

57) 점선은 『두시언해』 권 21에 나타나는 '-갓다'를 가리킨다 (§4.2.3).
58) '-(으)리-'와 "-옷//돗-"의 통합은 'ᄒᆞ리로다'를 가리킨다 (§2.2.3.2).
59) '-(으)리러-'와 "-옷//돗-"의 통합은 'ᄒᆞ리랏다'를 가리킨다 (§2.2.3.2).

많았고 비종결 어미에서는 양태성이 거의 절대적이어서 확인법의 형태소가 표시하는 의미와 차이점을 발견하기가 쉽지 않았다. 이는 양태성을 표시하는 원칙법, 확인법과, 정감성을 표시하는 감동법을 하나로 묶게 하는 의미상의 특수성이 되기도 한다[60]. 앞서 살펴본 기본 서법 형태소에 후행한다는 구조적 양상의 공통성과 이곳의 의미상의 특수성에 입각하여 "강조법"으로 처리한다. 현대어의 강조법은 원칙법과 확인법밖에 없는데 (고영근 1965: 3.6.2/1999: 210), 중세어는 감동법이 추가되어 셋이 있음을 확인할 수 있는 것이다.

강조법의 의미를 보다 명백히 하기 위하여 통보 기능과 화용상의 특성을 도식화하기로 한다.

서 법 \ 의미 특성	일방향성 (통보 기능)	양태・정감성 (화용 특성)
원 칙 법	[−강]	[+객관적 믿음]
확 인 법	[+강]	[−객관적 믿음]
감 동 법	[+강]	정감성 ∽ 양태성

통보 기능의 일방향성에 [강] (强)의 자질로써 차이를 둔 것은 원칙법이 다른 두 가지 부차 서법보다 일방향성이 덜하다는, 다시 말하면 양방향성에 가까운 통보 기능을 띠었음을 명시하기 위한 것이다. 원칙법과 확인법은 양태성이란 공통된 의미, 곧 [믿음]의 자질을 설정할 수 있으나 객관성을 띠었느냐 주관성을 띠었느냐에 따라 구분되므로 [객관적]이란 자질이 설정될 수 있는 것이다. 감동법의 정감성과 양태성은 엇갈리는

57) 점선은 『두시언해』 권 21에 나타나는 '-것다'를 가리킨다 (§4.2.3).
58) '-(으)리-'와 '-옷//돗-'의 통합은 'ᄒᆞ리로다'를 가리킨다 (§2.2.3.2).
59) '-(으)리러-'와 '-옷//돗-'의 통합은 'ᄒᆞ리랏다'를 가리킨다 (§2.2.3.2).
60) 사람에 따라서는 양태성과 정감성을 양태어 (Modalwörter)라는 상위 개념에 종속시키기도 한다. 정감성을 경우에 따라서는 양태성에 부수해서 나타나는 정감적인 태도의 표현으로 보는 것이다. 자세한 것은 Helbig/Buscha (1974: 448-9) 참조.

경우도 없지 않으나 대부분 상보적이라는 점을 감안하여 ∽ 표시를 한 것이다. 그리고 감동법의 양태성은 [−객관적 믿음]에 소속된다.

붙임말

[1] 137쪽, 본문 첫째 문단

어미 '-ㄴ'과 '-니'가 환경에 따라 기능이 다르다고 해석한 허웅의 견해에 대하여는 『주시경학보』 4 (1989)에 기고한 『우리 옛말본』에 대한 서평과 『이승욱선생 회갑기념논총』에 기고한 "문법형태의 기능분석 방법론 논의" (두 글은 『단어·문장·텍스트』, 한국문화사, 2004, 26, 416쪽에 실려 있다)에서 소견의 한 가닥을 베푼 바 있다.

[2] 139쪽 본문 다섯째 문단, 141쪽 본문 여섯째 문단, 145쪽 본문 둘째 문단, 148쪽 본문 첫째 문단

저자는 『관악어문연구』 7 (1982)에 기고한 "서술성 어미와 관형사형 어미의 상관관계"에서 이 책에서 실마리를 잡은 둘째 설명법 어미의 기능을 더 면밀하게 검토하였다. 위의 기고문에서는 이 책에서 원칙법으로 해석했던 것 (144-5쪽 (1), (2)를 보라)을 둘째 설명법으로 고쳐 해석한 것이 있다 (위의 책 『단어·문장·텍스트』, 170, 172쪽 (7)-3, (7)-4를 보라). 또 동사에 붙는 '-ᄂᆞ니라'와 형용사와 지정사에 붙는 '-(으)니라'가 대화에서 단순한 설명법과 원칙법의 두 가지 기능을 짊어지고 있다는 것은 큰 부담이 된다고 말하고 그것이 바로 둘째 설명법 '-ᄂᆞ니라'의 기능을 퇴화시킨 동인이 된다는 해석을 가하기도 하였다 (위의 책 170, 203쪽). 저자는 15세기의 중요 문헌을 대상으로 하여 둘째 설명법은 부정법에서 가장 우세를 보이고 직설법에서는 [−상관성]의 장면에서는 우세를 보이나 [+상관성]의 장면에서는 약세를 보인다는 통계치를 제시하기도 하였다 (위의 책, 174쪽).

[3] 143쪽, 각주 6

『청주 북일면 순천 김씨묘 출토 간찰』 (충북대학교 박물관, 1981)에 'ᄒᆞ뇌'의 예가 많이 나타난다 (221, 252쪽 등). 그리고 이 자료에는 저자가 재구한 '*ᄒᆞ늬'의 예가 문증되고 (187, 192쪽), 'ᄒᆞ리'의 예도 보인다 (191쪽). 한편 17세기 전반의 자료로 간주되는 진주 하씨묘 출토 『현풍 곽씨 어간』 (백두현, 『현풍 곽씨 언간』 판독문, 『어문논총』 31, 경북어문학회, 1997)에도 'ᄒᆞ뇌' 어형이 많이 보인다 (27,

29쪽 등). 또 이 언간에는 중세어의 '*ᄒᆞ니'와 청주 간찰의 'ᄒᆞ니'에 대응됨 직한 'ᄒᆞ뇌'형이 나타난다 (18, 25, 45쪽). 나아가 이 자료에는 'ᄒᆞ리로쇠, ᄒᆞ소' 등의 어형도 보인다. 16, 7세기의 위의 자료들에 나타나는 'j' 후행 어미들이 중세어의 반말과 가치가 같은지, 아니면 현대어의 하게체와 같은 가치를 지니고 있는지에 대한 문제는 뒷날로 미루기로 한다.

[3-1] 152쪽, 첫째 문단

저자의 원칙법은 조선어학회의 『큰사전』의 정의에 뿌리를 두고 있다. 최근 조규태는 "현대 국어의 안맺음씨끝 '-니-'에 대한 연구", 『한글』 258 (2002)와 "중세국어의 선어말 어미 '-으니'에 대하여", 『배달말』 39 (2006)에서 저자의 원칙법을 "단정법"으로 보아야 한다고 하였고 박진호의 "선어말어미 '-ᄂᆞ-' 다시 보기", 구결학회 겨울 공동 연구회 발표 논문 (2009)에서는 원칙법이 '-(으)니-'에 기댄다는 저자의 견해를 부인하고 직설법 '-ᄂᆞ-'에 의하여 표시된다는 견해를 내어 놓았다. 전자는 양태성의 관점에서 "단정법"을 해석할 필요가 있고 후자는 '-(으)니-'의 기능이 무엇인지 밝혀야 설득력을 얻을 수 있다.

[4] 152쪽 둘째 문단, 169쪽 둘째 문단

저자는 이 책에서 다룬 서법적 의미를 더 분명히 한다는 의도에서 "서법과 양태의 상관관계" (위의 『단어 · 문장 · 텍스트』, 247쪽에 옮겨 실음)를 『국어학 신연구』 (탑출판사, 1986)에 기고하였다. 이곳에서는 "서법" (敍法)이란 활용형에 나타나는 문법 범주임에 대하여 "양태" (樣態)란 활용형뿐만 아니라 어휘 범주 및 어순 등에 두루 확인되는 의미 범주임을 분명히 하였다. 중세 국어뿐만 아니라 현대 국어의 서법 형태소를 총괄하여 국어의 서법 체계 전반을 의미상의 관점에서 마무리하는 태도를 취하였다. 특히 저자가 본시의 124쪽에서 서실법에 포괄한 직설법과 회상법의 양태성 문제, 원칙법과 확인법의 양태성 문제 등을 좀 더 분명히 하였다.

[5] 170쪽, 본문 셋째 문단

저자는 이 책의 초판에서 확인법의 의미를 분석할 때 상황의 특수성과 양태 부사의 삽입 가능성 여부를 기준으로 제시하였는데 〈보정판〉부터는 현대어로 옮기는 문제를 논의해 보려고 한다. 이 문제는 이미 저자의 『표준 중세국어문법론』(제3판) (2010)에서 해결의 한 가닥을 보인 바 있다 (286쪽 각주 20). ᄒᆞ라체의 설명법의 추측 확인법은 현대어와 대체로 일치하기 때문에 해석상의 문제가 크지 않다. 그러나 부정 확인법은 동작류에 따라 시제가 달리 표시되기 때문에 문제를 내포하고 있다. 대체로 [－상태성]의 동작류를 띠었을 때에는 '-었것다'로, [＋상태성]의 동작류를 띠었을 때에는 '-것다'로 해석된다. 부정 확인법 (cf. 4.2.1, 154-9쪽)의 번호를 그대로 가져옴으로써 서로 대조할 수 있게 하였다.

(1) 니를어다 : 이르렀것다, (2) 일허다 : 잃었것다, (4) 머거다 : 먹었것다, (6) 맛거다 : 맞것다, (7) 잇거다 : 있것다, (8) (분별) 업거다 : (걱정이) 없어졌것다, (9) (쉬나ᄆᆞᆫ ᄒᆡ)어다 : (50여 년이) 되었것다, (10) 오라거다 : 오래 되었것다, (19) 얻과라 : 얻었것다, (23) ᄆᆞᆾ과라 : 마쳤것다

ᄒᆞ라체 밖의 활용형에 나타나는 부정 확인법과 추측 확인법은 양태 부사의 삽입을 통하여 해석할 수밖에 없다. 그것은 대응되는 확인법의 형태가 이 환경에서 완전히 자취를 감추었기 때문이다.

[6] 200쪽, 각주 51

저자는 『한글』 192 (1986)에 기고한 "능격성과 국어의 통사구조" (위의 『단어·문장·텍스트』, 131쪽에 옮겨 실음)에서 자동사와 타동사로 두루 쓰이는 동사를 "능격 동사"로 불러 그 통사적 기능을 밝혀 본 일이 있다.

제5장

동작상 형태의 의미 분석

제 5 장 동작상 형태의 의미 분석

5.0. 문제의 소재

중세어의 동작상의 형태는 이른바 완료상의 표현으로 알려져 온 '-어 잇다'만 의미 분석이 시도되어 있다. 이 표현을 다룬 가장 포괄적 업적은 河野六郎 (1946)이다. 그러나 이 업적은 용언의 동작류에 대한 인식이 철저하지 못하고 의미 파악에 있어 문맥적 내지 언어 외적 양상에 지나치게 의존한 점이 많아 보이므로 그 서술이 만족스럽지 못한 처지에 있다.

저자는 앞서 책정한 모든 동작상의 형태 (§2.3)를 대상으로 하여 이들의 동작상적 의미를 살펴보려고 한다. 그 의미 내용에 따라 "완료상", "진행상", "전망상"의 셋으로 구분하여 개별 형태의 의미 특성을 구명하기로 한다. 각 형태의 번호는 동작상 형태의 식별에서 사용한 것을 그대로 이용하기로 한다 (§2.3). 이곳에서도 제3장에서 제시한 시간 자질의 부호 S (발화시), E, E_1, E_2 (사건시), e (경험시) (§3.0)를 사용한다. 그리고 동작상의 의미를 분명히 하기 위하여 시간 부사 및 동작의 양상 관련의 부사에 유의하거나 보충하는 일에도 부단한 주의를 기울일 것이다.

5.1. 완료상

완료상은 단어 접속의 연결 어미에 의한 우언적 (迂言的) 표현과 문장 접속의 연결 어미에서 나타난다. 완료상 표현의 대표적인 것은 ③ '-어 잇다'와 ④ '-어 겨시다'이다. 이 두 표현은 보충법에 의해서 '잇-'이 '겨-'로 교체되는 형태론적 차이만 있을 뿐 의미가 공통되므로 통합하여 서술한다.

③ -어 잇다, ④ -어 겨시다

(1) (世尊) "迦葉比丘ㅣ <u>왯ᄂᆞ니여</u>"
 (阿難) "<u>몯왯ᄂᆞ이다</u>" (釋詳 23: 39a)

(2) 娑羅樹林이 네 雙ᄋᆞ로 ᄒᆞ야 七寶床ㅅ 四方애 各各 ᄒᆞᆫ 雙곰 <u>셔엣더니</u> (釋詳 23: 17b)

(3) ᄣᅡ해 <u>무텻던</u> 보배 절로 나며 (月釋 2: 45b)

(4) 阿育王ᄋᆡ 아ᅀᆞ 善容이 뫼해 山行 <u>갯다가</u> 보니 (釋詳 24: 25b)

(5) "이어긔 안자 이셔 사ᄉᆞ미 ᄒᆞᆯ레 ᄒᆞ거든 보고 ᄆᆞᅀᆞᄆᆞᆯ 몯 치자바 得道ᄅᆞᆯ <u>몯ᄒᆞ얫노이다</u>" (釋詳 24: 26ab)

(6) 大愛道ㅣ 드르시고 ᄒᆞᆫ 말도 <u>몯ᄒᆞ야</u> <u>잇더시니</u> (釋詳 6: 7b)

(7) 三乘十二分敎ᄂᆞᆫ 法華애 <u>사겻ᄂᆞ니라</u> (金三 2: 41a)

(8) 닐굽 山 바ᄭᅴᅀᅡ 鹹水 바다히 잇거든 娑竭羅龍王이 <u>위두ᄒᆞ야</u> <u>잇ᄂᆞ니</u> 녀느 龍이 다 臣下ㅣ라 (月釋 1: 23-4)

(1)~(3)은 현대어에서도 목격되는 용례이다. '와 있느냐, 서 있더니, 묻히어 있던'과 같이 현대어와 직접 연결된다. (1)은 오지 못한 상태가 지속됨을 의미한다. 물음과 답변이 '-어 잇다'로 되어 있음은 '-어 잇다'의 용법이 화자·청자에게 같은 가치를 띤 문법 형태로 인식됨을 방증하는 것이다. (2)에서는 '선 상태'가, (3)에서는 '묻힌 상태'가 S나 E_2 당시에 지

속되고 있는 것이다. (4)도 E_2 당시 '사냥 간 상태'가 지속되고 있다고 할 수 있다. 현대어로는 '가 있다가'로 번역이 된다. (5)는 '이어긔' 등의 장소 지시어 등을 고려할 때 '득도 못한 상태'가 S 당시에 지속되고 있는 것이다. 이 용례도 앞의 (1)과 같이 '-어 잇다'에 의한 물음에 대한 답변이다. 만약 '득도 (得道) 못한 사실'이 S 당시 현전 (現前)하여 있지 않았다면 '몯ᄒᆞ라'로 나타나야 할 것이고 물음도 'ᄒᆞᆫ다'가 되어야 할 것이다 (§3.1).

(6)~(8)은 현대어의 감각으로는 쉽게 수용되지 않는 용례다. (6)은 '못하고 있으시더니', (7)은 '새겨져 있느니라', (8)은 '으뜸이었으니'로 옮겨진다. (6)은 '한마디도 못한 상태', (7)은 '새겨진 상태'가 E_2 당시 내지 S 당시 지속되고 있는 것으로 보인다. (8)은 형용사에 '-어 잇다'가 붙은 것인데 동작의 완료로 해석하기 어렵다. E_2 당시의 주체의 상태 내지 처지를 서술한 것으로 중세어에서 흔히 목격되는 용례다[1] [붙임말 1].

'-어 잇다'는 완료된 동작이나 상태가 사건 당시 내지 발화 당시에 지속되고 있음을 표시하는 데 쓰인다고 할 수 있다[2] [붙임말 1-1]. 이러한 의미는 이른바 부착 동사 (附着動詞)에서 디 뚜렷이 드러난다.

(9) "우리도 兵馬 뒷ᄂᆞ소니 저티 아니ᄒᆞ리이다" (釋詳 23: 54b)
(10) 그저긔 世尊이 師子床ᄋᆡ 겨샤 眞金 소ᄂᆞ로 니버 겨신 僧伽梨衣ᄅᆞᆯ 아ᅀᆞ시고 (釋詳 23: 8b)
(11) "내 이제…會中에 오ᄉᆞᆯ 드리웻ᄂᆞ니 네 내 오ᄉᆞᆯ 보라" (楞嚴 3: 83b)
(12) 俱夷 곳 닐굽 줄기ᄅᆞᆯ 가져 겨샤ᄃᆡ (月釋 1: 9b)

부착 동사의 동작류는 [−상태성] [+순간성] [+결과성]이기 때문에 현대어에서도 이러한 단어와 결합되는 문법 형태들은 원래의 기능이 잘 나

1) 河野六郎 (1946: 12; 1979: 476)에는 이런 용례는 완료라는 이름이 맞지 않으므로 현재의 상태를 서술하는 것으로 봄이 좋다고 하였다.
2) 이러한 점을 중시하여 이숭녕 (1961a: 205-6)은 '-어 잇다'를 지속상이라고 하였다.

타나지 않는 일이 많다 (고영근 1980b/1995: 212-33). 이를테면 '돈을 백 원 가지고 있다', '돈 가진 사람은 누구요?'에 나타나는 '-고 있다'나 '-(으)ㄴ'은 진행상이나 단순 과거를 표시하는 일이 많은데 이 경우는 완료된 결과나 상태의 지속을 표시하는 것이다. (9), (10)은 '두고 있으니, 입고 계신, 드리고 있으니, 가지고 계시되'로 옮겨진다. 이러한 의미를 뒷받침하는 것은 (9)에서는 발화시 관련 부사 '지금'을 보충할 수 있고 (10)에서는 사건시 관련 부사 '그저긔', (11)에서는 발화시 관련 부사 '이제'가 이미 쓰여 있고 (12)는 '그저긔'를 보충할 수 있다는 점에 있다. '-어 잇다'가 부착 동사에 결합되어도 본래의 의미를 상실하지 않음은 '-어 잇다'의 동작상과 부착 동사의 동작류적 특성이 비슷함을 말하는 것이다.

(13) "尊者ㅣ 世尊을 보ᅀᆞᄫᅡ 겨시니잇가" (釋詳 24: 44b)
(14) 그ᄣᅢ 波斯匿王ㅅ 누의 숭 ᄃᆞ외야 나히 一百 셜흐니어니 잇더니 긔 부텨를 아래 보ᅀᆞᄫᆡᆺ더라 (釋詳 24: 18-9)

위의 용례는 S나 E 이전에 사건이 일어났음을 보이는 것들이라 하겠다. (13)은 부정 의문법 '보ᅀᆞᄫᆞ니잇가'로 바꾸어도 좋다. 대화의 내용이 S보다 훨씬 이전에 있었던 사실을 소재로 하고 있기 때문이다. (14)는 [−상관성]의 자질을 띤 지문이기는 하지만 S—정확히는 작자의 집필 당시—보다 훨씬 앞서 있다. 이 경우의 '-어 잇다'가 과거 시제를 표시한다 함은 과거 관련 부사 '아래'의 쓰임으로도 충분히 설명될 수 있다.

(15) 現在ᄂᆞᆫ 나타 잇ᄂᆞᆫ 뉘오 (月釋 2: 21b)
(16) 未來는 아니 왯ᄂᆞᆫ 뉘오 (月釋 2: 21b)
(17) 사ᄅᆞᄆᆞᆫ 일셰만 사라 잇고 프른 ᄒᆞᆫ ᄀᆞ숤장 사라 잇ᄂᆞ니 (初朴 上: 1a)

(15), (16)은 [－상관성]과 [－지시성]을 띠고 있고 (17)은 [－지시성]의 구문에 나타난 것이다. 완료된 동작의 지속이 S뿐만 아니라 E와도 무관하다. 이와 같이 '-어 잇다'는 [－지시성]의 구문에서 보편적 사실의 지속 양상을 표시하는 데도 쓰인다고 기술해 볼 수 있다.

나머지의 완료상 형태는 번호 순서대로 용례를 제시하고 의미를 음미하기로 한다.

① -어 ᄇᆞ리다

(1) 부텨ᄂᆞᆫ 煩惱ᄅᆞᆯ <u>ᄲᅥ러</u> <u>ᄇᆞ리실ᄊᆡ</u> 죽사릿 受苦ᄅᆞᆯ 아니ᄒᆞ거시니와 (月釋 1: 12a)

(2) "네 … 地獄ᄋᆞᆯ <u>ᄇᆞᆺ아</u> <u>ᄇᆞ려</u> 하ᄂᆞᆯ해 나 勝妙樂ᄋᆞᆯ 受케 ᄒᆞ라" (月釋 21: 181ab)

② -어 디다

(3) 닐굽 히 ᄃᆞᄃᆞ면 ᄆᆡ히어 돌히여 다 <u>노가</u> <u>디여</u> (月釋 1: 48b)

⑥ -어 두다, -어 놓다

(4) 올ᄒᆞᆫ녁 피 <u>닫다마</u> <u>두고</u> 닐오ᄃᆡ (月釋 1: 7b)

(5) 도ᄁᆞᆺ 漿은 자바다가 <u>디여</u> <u>논ᄂᆞ다</u> [놓ᄂᆞ다] (杜諺 22: 20b)

⑦ -어 내다

(6) 勞度差ㅣ ᄯᅩ ᄒᆞᆫ 쇼ᄅᆞᆯ <u>지ᅀᅥ</u> <u>내니</u> (釋詳 6: 32b)

(1), (2)의 '-어 ᄇᆞ리다'는 사태가 화자에게 부담이 되어 그것을 제거할 필요가 있다고 생각될 때 쓰인다[3]. 행동의 완료와 함께 화자의 양태적

---

3) 현대어의 '버리다'에 대한 의미 해석은 이기동 (1976) 참조.

태도가 결부되어 있는 것이다. (3)의 '-어 디다'는 한 상태에서 다른 상태로 변화하는 과정을 보이고자 하는 화자의 의도가 작용할 때 쓰인다 [붙임말 2]. (4)의 '-어 두다'는 화자가 완료된 행동을 그대로 유지하고자 할 때 나타나는 것이다. (5)의 '-어 놓다'도 같이 해석할 수 있다[4]. (7)의 '-어 내다'는 어려운 일을 극복하여 어떤 경지에 도달하고자 하는 의도가 작용할 때 쓰인다.

이미 언급한 '-어 잇다'는 화자가 종결된 사태를 양태성의 개입 없이 단순히 지속된다고 파악할 때 쓰인다고 할 수 있으나 나머지 표현들은 동작의 종결과 함께 화자의 양태적 태도가 결부되어 있는 것이다[5].

다음으로 문장 접속의 연결 어미에서 나타나는 완료적 용법을 살펴보기로 하자 [붙임말 3, 3-1].

① -에셔

(1) 수메셔 드르시고 (龍歌 108)

(2) 大衆이 … 金棺올 뫼ᅀᆞᄫᅡ 이셔 (釋詳 23: 36-7)

② -억

(3) 어드워 空이 ᄃᆞ외야 (口訣文省略) (楞嚴 2: 18b)

③ -어다가

(4) 爲頭 도ᄌᆞ기 나롤 자바다가 겨집 사마 사더니 (月釋 10: 25a)

④ -거ᅀᅡ/-어ᅀᅡ

(5) 밀므리 사ᄋᆞ리로ᄃᆡ 나거ᅀᅡ ᄌᆞᄆᆞ니이다 (龍歌 67)

---

4) 현대어의 '놓다'와 '두다'의 의미분석은 油谷幸利 (1979), 이기동 (1979) 참조.

5) 현대어의 조동사의 의미를 화자의 주관적 태도와 관련시켜 해석한 것은 이익섭 (1970), 이기동 (1976) 참조.

⑤ -고셔

(6) 아ᄃᆞᆨᄒᆞᆫ 사ᄅᆞ미 이에 나ᄆᆞᆯ 아디 몯고셔 佛道애 허믈 닐위며 (口訣文省略) (法華 3: 180ab)

⑥ -곡

(7) "너희 出家ᄒᆞ거든 날 ᄇᆞ리곡 머리 가디 말라" (釋詳 11: 37a)

⑬ -다가

(8) 두 ᄒᆡ 돌다가 세 ᄒᆡ 도ᄃᆞ면 (月釋 1: 48b)

⑯ -다가며

(9) 나다가며 本來 잇ᄂᆞ니 뉘 ᄒᆞ오ᅀᅡ 업스리오 (月釋 13: 32a)

⑰ -ㄴ다마다

(10) 說法ᄒᆞ신다미다 다 能히 놀애로 브르ᅀᆞᆸᄂᆞ니라 (月釋 1: 15a)

⑱ -(ᄋᆞ)락

(11) 亂離ᄒᆞᆫ 저긔 ᄯᅩ 모ᄃᆞ락 흗노니 (杜諺 8: 57ab)

(1)은 (2)로도 나타나는데 연결 어미로보다는 '-에'에 이른바 첨사 '셔'가 붙은 것으로도 볼 수 있고 '-어 잇다'의 활용형으로 처리할 수도 있다(허웅 1975: 377). 그러나 이 형태를 현대어의 '-어서'와 관련시켜 본다면 기능상으로는 하나의 어미로 볼 수 있다. (1)은 현대어의 '숨어서, 숨어가지고', (2)는 '뫼시고서'로 옮길 수 있다. '숨다'와 '뫼ᅀᆞᆸ다'가 [−상태성][+순간성]의 자질을 공통적으로 가지고 있지마는 전자는 [−결과성], 후자는 [+결과성]이라는 상이한 자질을 띠고 있으므로 현대어로 달리 이

해된다. 그러나 '숨은 상태'와 '모신 상태'가 S나 E 당시 지속된다는 점은 공통된다. 이는 이 어미가 '-어 잇다'의 활용형이거나 그것이 굳어지는 단계에 있는 형태임에 원인이 있을 것이다.

(3)은 '어두워진 뒤'로 받아들여지는데 어두워지는 일이 이미 완결되어 있음을 의미한다[6]. (4)는 현대어의 '-어다가'와 같이 잡은 행위가 끝났음을 지시한다. 잡은 결과가 지속되는 것은 이의 동작류적 특성에 말미암는다. (5)는 '나간 뒤에야'로 풀이된다. '-거ᅀᅡ'의 이러한 의미 때문에 종래 '거'를 시제 표시의 형태소로 보아 온 것이다[7]. '-거ᅀᅡ'의 '거'는 용언의 어휘·형태적 자질이 [−타동사]라는 사실 이외는 아무것도 지시하지 않는다 (고영근 1980d/1999: 458-60). '-거ᅀᅡ'는 하나의 연결 어미로서 동작상의 기능도 동시에 가지고 있을 뿐이다. (6)도 (1), (2)의 '-에셔'와 같이 동작의 완료를 표시한다. '알지 못한 상태'가 지속되는 것은 '알다'의 동작류적 성격이 [+상태성][+결과성]이기 때문이다. (7)도 (6)과 같이 해석되는데 '버리고서'의 의미를 표시한다[8].

(8)은 현대어 문법에서 중단형으로 부르고 있지만 이는 주절의 동작과 비교할 때 나타나는 의미라고 하겠다. E_1 당시 이미 '두 해가 돋는 일'은 끝난 것이다. (9), (10)은 현대어의 문법에서 연발형이라 부르고 있지만 이것 역시 주절과의 관련 아래서 붙여진 이름이다. E_2 당시 동작은 이미 끝난 것이다[9]. (11)도 연발형에 속할 수 있는 것으로서 같은 해석을 받을 수 있다. '설법하시자마자, 모이자마자'로 옮겨진다.

---

6) 이숭녕 (1961a: 206)에는 '-억'을 완료상을 지속시키는 것으로 해석하고 있다.

7) 대표적으로 나진석 (1971: 257-80) 참조.

8) 이숭녕 (1961a: 207)에는 '-곡'을 '-억'과 함께 완료상으로 보고 있다.

9) 이숭녕 (1961a: 207)에는 순간상의 적례 (適例)로서 이 형태를 들고 있다.

5.2. 진행상

진행상도 앞의 완료상과 같이 단어 접속의 연결 어미에 의한 우언적 표현과 문장 접속의 연결 어미에서 나타난다.

중세어의 진행상은 현대어처럼 체계 있게 나타나지 않는다. 현대어는 대체로 '-어 있다'는 완료상, '-고 있다'는 진행상의 표현이라고 말할 수 있는 데 대해, 중세어는 완료상만 '-어 잇다'로 부각될 뿐 진행상은 그 형태가 뚜렷하지 못하다. 현대어의 '-고 있다'나 '-는 중이다'에 대응하는 것은 대부분 직설법 '-ᄂᆞ-'이다. 완료상의 형태 '-어 잇다'도 진행상의 의미를 표시하는 일이 있으며 현대어의 '-고 잇다'도 드물기는 하지만 보인다.

③ -어 잇다

(1) 阿難이 出家ᄒᆞᆫ 後로 스므나ᄆᆞᆫ 히ᄅᆞᆯ 부텨 좃ᄌᆞᄫᅡ 이셔 듣ᄌᆞᄫᆞᆫ 이리 ᄆᆞᆺ 하ᄃᆡ (釋詳 24: 2a)

(2) 王이 듣고 깃기 그 나모 미틔 가 누늘 長常 ᄡᅡᆯ아 잇더라 (釋詳 24: 42ab)

(3) (世尊) "너희 一切天人大衆이 내 紫磨黃金色앳 모ᄆᆞᆯ 보라" ᄒᆞ시니 一切大衆ᄃᆞᆯ히 울워러 과ᄒᆞᅀᆞᄫᅢᆺ거늘 世尊이 즉자히 … 光明을 펴샤 (釋詳 23: 9a)

⑪ -고 잇다

(4)-1 "내 지븨 이셔 環刀ㅣ며 막다히ᄅᆞᆯ 두르고 이셔도 두립더니 …" (月釋 7: 5b)

(4)-2 "네 내 옷 닙고 내 宮殿에 드러 내 풍류바지 ᄃᆞ리고 됴ᄒᆞᆫ 차반 먹고 이쇼ᄃᆡ 엇뎨 몯 듣고 몯 보노라 ᄒᆞᄂᆞ다" (釋詳 24: 28b)

(4)-3 平床 우희 옷도 ᄆᆞᅀᆞᆷ 난 조초 ᄀᆞ라닙고 됴ᄒᆞᆫ 香 퓌우고 잇거니

貪慾이 언제 업스료 (釋詳 24: 26b)

⑤ -어 가다, -어 오다

(5) 殘花ᄂᆞᆫ ᄒᆞ마 업서 가ᄂᆞᆫ 고지라 (南明 上: 5a)

(6) 네 가 妻子ᄅᆞᆯ 마자 오거늘 (杜諺 8: 40a)

⑫ -곰 ᄒᆞ다

(7) ᄒᆞᆫ 부체ᄅᆞᆯ 다ᄃᆞ니 ᄒᆞᆫ 부체 열이곰 ᄒᆞᆯ씩 (月釋 7: 9b)

(1)~(3)은 주로 완료상을 표시하는 '-어 잇다'가 진행상으로 나타난 것이다. (1)은 '부처를 좇고 있어서'로 받아들여지는데 E_2 당시 동작이 반복해서 진행되고 있었음을 의미한다. 이 환경에서는 '-ᄂᆞ-'에 의한 진행상의 표시가 가능하지 않다 (*좃ᄌᆞ바 잇ᄂᆞ어, *좃ᄌᆞᆸᄂᆞ어)[10]. (2)는 [－상관성]의 장면인 지문에 나타나는 용례인데 과거의 어느 시점에서 동작이 반복·진행되었음을 의미한다. 현대어로는 '(항상) 쳐다보고 있었다'로 해석된다. (3)은 작자가 E_2 당시 주체의 동작이 계속 진행되고 있다고 생각하여 이렇게 표현한 것이다. 현대어로는 '칭찬하고 있거늘'로 해석된다. 이 용례도 다른 것과 같이 '-ᄂᆞ-'에 의한 진행상의 표시가 가능하지 않다 (*과ᄒᆞᅀᆞ뱃ᄂᆞ거늘, *과ᄒᆞᅀᆞᆸᄂᆞ거늘).

(4)-1~3은 '막대를 휘두르고 있어도', '먹고 있으되', '피우고 있거니'로 해석되는데 앞의 '-어 잇다'에 의한 용례들과 같이 E_2 당시 동작이 진행되고 있었음을 간취할 수 있다. 이 환경에서도 '-ᄂᆞ-'에 의한 진행상의 표시는 불가하다 (*두르고 잇ᄂᆞ어도, *두르ᄂᆞ어도)[11]. (1)~(4)의 용례가 진

10) 중세어의 직설법 '-ᄂᆞ-'는 설명법 어미 '-다, -(으)니라', 원칙법의 선어말 어미 '-(으)니-', 1·3인칭 의문법 어미 '-(으)녀', 접속 어미 '-(으)니', 관형사형 어미 '-(으)ㄴ' 앞에서만 나타난다. 자세한 것은 §2.1.2 참조.

11) '-ᄂᆞ-'가 나타나지 못하는 환경에서 '-어 잇다'와 '-고 잇다'에 의한 진행상의 표시가 가능

행상을 표시한다고 함은 진행상 관련의 부사 '한창, 계속하여' 등이 보충될 수 있음에 의해 뒷받침된다.

(6), (7)은 '-어 가다, -어 오다'에 의해 진행상이 표시되는 것이다. 전자는 주체가 화자로부터 멀어져 가고 있다고 판단될 때, 후자는 화자에게 접근해서 동작이 진행되고 있다고 생각될 때 쓰이는 것 같다[12]. '-어 잇다' 이외의 조동사에 의한 완료상의 표현과 같이 화자의 사태에 대한 태도가 반영되는 것으로 해석된다.

(8)은 현대어의 '-곤 하다'와 의미가 같다. 동작의 습관적인 반복을 표시하는 것이다. 용례 (1)~(3)에 이 표현을 대치하여도 의미의 차이를 가져오는 것 같지 않다. 이 경우는 반복성을 띤 부사 '자꾸'의 보충이 가능하다 [붙임말 3, 3-1].

문장 접속의 연결 어미에 의한 진행상의 의미를 살펴보자.

⑦ -(으)며셔, -(으)며

(1) 말ᄒᆞ며 우숨 <u>우ᅀᅳ며셔</u> 주규믈 行ᄒᆞ니 (杜諺 6: 39a)

(2) (耶輸) 目連일 맛디시고 <u>울며</u> 여희시니라 (釋詳 6: 9b)

⑭ -(으)락~(으)락

(3) 그 金像이 象 우희 <u>오ᄅᆞ락</u> 아래 <u>내리락</u> ᄒᆞ야 (釋詳 11: 13b)

⑮ -엄

(4) ᄒᆞᆫ 니비 나ᄆᆞᆺ가시 사바ᄂᆞᆯ 다ᄅᆞ니 ᄭᅩ리 <u>자밤</u> 서르 니ᅀᅳ니 (南明 上: 27b)

(1)은 E_1과 E_2의 동작이 시간의 선후 없이 동시에 진행됨을 의미하고

했던 것은 이 환경에서부터 '-고 잇다'에 의한 진행상의 표시가 시작되지 않았을까 하는 추측을 가능하게 한다. 뒷날을 기다린다.

12) 현대어의 '가다/오다'의 의미에 대해서는 이기동 (1977) 참조.

(2)도 같이 해석될 수 있다[13]. (3)은 E_1과 E_2의 동작이 역시 시간의 선후 없이 교대로 반복됨을 가리키고 있다. (4)도 원숭이들이 나뭇가지를 잡고 꼬리를 잡는 행위가 거의 동시에 일어나는 것으로 해석된다.

5.3. 전망상

전망상에도 조동사와의 통합에 의한 표현과 연결 어미에 의한 표시 방법이 있다.

⑧ -게(긔) ᄃᆞ외다

(1) 모딘 잠개 나ᅀᅡ드디 몯게 ᄃᆞ외니 (月千 其 69)

⑨ -게 ᄒᆞ다

(2) 사ᄅᆞᆷ마다 수ᄫᅵ 알에 ᄒᆞ야 進上ᄒᆞᅀᆞᄫᆞ니 (月釋 序: 12-3)

⑩ -긧다

(3) 사ᄅᆞᆷ마다 수ᄫᅵ 아라 三寶애 나ᅀᅡ가 븓긧고 ᄇᆞ라노라 (釋詳 序: 6b)

(1)은 모진 무기가 태자에게 대들지 못하도록 되어 있다는 뜻이다. 이러한 텍스트에 '미리, 아직' 등의 예정의 의미를 표시하는 부사가 어울릴 수 있다 함은 이의 전망적 의미를 한층 강하게 뒷받침한다. '대들지 못하는 일'이 미리 결정되어 있는 것이다.

현대어의 다음 용례는 '-게 되다'가 '예정' 내지 미래 지향적인 전망상을 의미한다는 것을 보여 준다.

---

13) 이숭녕 (1961a: 221)에는 지속상으로 처리하고 있다.

(1′) 우리도 이 자리에 앉게 되었다.

(1″) 우리도 이 자리에 앉아 있었다.

(1′)는 S (발화시) 이전에 '앉는 일'이 예정되어 있음을 의미하는 데 대해, (1″)는 S 이전에 '앉는 일'이 이미 끝나서 그 결과가 지속되고 있음을 가리킨다. '-게 ᄃᆞ외다'가 전망상의 의미를 띠는 것은 동사에 붙어 피동의 의미를 나타낼 경우에 국한된다. (2)는 (1)과는 달리 사동의 의미가 표시된다. 이 용례도 '안 상태'가 아니라 아는 경지에 도달하는 것이 예정되어 있다는 뜻이다. 이 경우에도 예정을 의미하는 '앞으로'와 같은 부사의 보충이 가능하다.

(3)은 사람들이 삼보 (三寶)에 의지하는 일이 아직 성취된 것이 아니라 그렇게 되기를 바라는 것이다. 이 경우에도 '앞으로'와 같은 부사의 보충이 가능하다.

다음은 문장 접속의 연결 어미의 용례이다.

⑧ -고져

(1) "世尊하 願ᄒᆞᆫᄃᆞᆫ 듣ᄌᆞᆸ고져 ᄒᆞ노이다" (月釋 21: 158-9)

⑨ -과뎌

(2) "큰 利益을 얻과져 ᄒᆞ노이다" (月釋 21: 128b)

⑩ -(으)려

(3) "沙彌 사모려 ᄒᆞᄂᆞ다" (釋詳 6: 2a)

⑪ -(으)라

(4) "우리 出家ᄒᆞ라 오니" (月釋 7: 3b)

⑫ -ᄃᆞ록

(5) 그 ᄯᅳ니미 몯 보ᄃᆞ록 가ᄃᆡ (釋詳 11: 29b)

(1)은 현대어 문법에서 의도형으로 불리는 것인데 듣는 행위는 예정에 불과하다. 이 경우도 '앞으로'와 같은 부사의 삽입이 가능하다. (2), (3)도 같은 범주에 넣을 수 있다. (4)는 목적형으로 처리되는 것인데 출가하는 일은 아직 이루어지지 않은, 예정·계획된 일에 지나지 않는다. (5)는 도급형의 직접적 소급형으로서 보지 못하는 행위는 주절시 (E_2) 이후이다. 다른 형태는 화자의 양태적 태도에 관련되는 의지적 요소도 수반하고 있는데 이 형태만은 그러한 요소를 찾기가 어렵다 [붙임말 3-2].

5.4. 총 괄

중세어의 동작상 형태들을 완료상, 진행상, 전망상 (예정상)으로 나누어 그 의미를 살펴보았다. 세 동작상이 공통적으로 단어 접속의 연결 어미 '-어, -고, -게'와 조동사의 통합에 의한 우언적 표현을 가지고 있다. 이들은 서로 계열 관계를 유지하면서 세 가지 동작상을 표시하는 것이다. 문장 접속의 연결 어미에서도 계열 관계에 의해 세 가지 동작상이 표시된다 [붙임말 3-3].

완료상의 대표적 형태는 '-어 잇다'이며 나머지 표현들은 동작의 완료 이외, 화자의 사태에 대한 주관적 판단 내용, 곧 양태성도 함께 결부되어 있다. 문장 접속의 연결 어미에서는 완료상의 의미만 파악되고 양태성은 읽혀지지 않는다.

진행상은 그 형태가 뚜렷하지 못하다. '-어 잇다'에 의존하기도 하고 '-고 잇다, -곰 ᄒᆞ다, -어 오/가다'에 의한 표현도 있다. '-어 오/가다'만 화자의 양태적 태도가 결부되어 있다. 문장 접속의 연결 어미에는 동작상의 의미만 파악되고 양태적 속성은 찾을 수 없다.

전망상 내지 예정상은 조동사에 의한 표현이거나 연결 어미에서나 화자의 양태적 태도가 결부되어 있다. 이는 전망상이 아직 성취되지 않은 사건의 동작상을 표시하는 데 그 원인이 있다. 이러한 현상은 미래 시제 형태에 [−사실성]과 같은 양태성의 자질이 결부되는 것과 동궤 (同軌)의 일이다 (§3.6).

중세어의 동작상은 크게 완료상과 미완료상으로 나뉘고 미완료상에는 다시 진행상과 전망상이 있는 것으로 보고자 한다. 이는 마치 중세어의 시제 관련의 기본 서법이 과거와 비과거로, 비과거는 다시 현재와 미래로 나뉘는 것과 같다 (§3.6). 이러한 관계를 수형도로 보이고 해당 항목을 배치하면 다음과 같다.

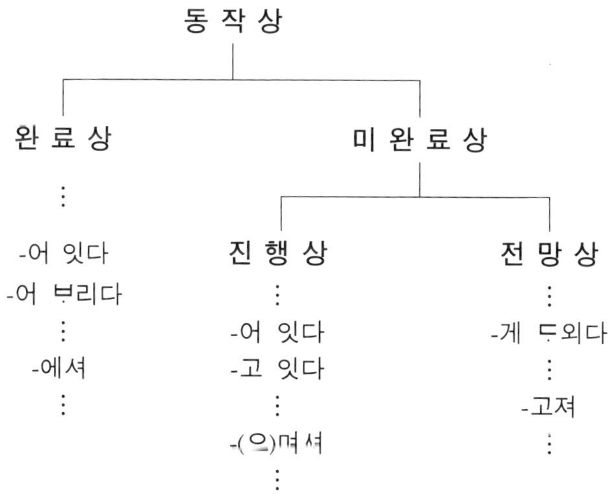

붙임말

[1] 219쪽, 본문 둘째 문단

저자는 (5)~(8)이 현대어의 감각으로 쉽게 수용되지 않는 예라고 하였는데 최근 이에 대한 특이한 해석이 나오고 있다. 박진호는 『주시경학보』 13 (1994)에 기고한 "중세국어의 피동적 '-어 잇-' 구문"에서 저자가 든 '사겻ᄂᆞ니라'와 같은 성격의 예문을 들고 논항의 합류라는 개념으로 구문상의 특이성을 설명하고 있다. 곧 (7)의 '사기-'의 목적어 논항이 모문 동사 '잇-'의 논항에 합류되었다는 설명 방식이 그것이다. 현대어로 쉽게 번역되지 않는 (5), (6)도 비슷한 성격의 구문이다. 그러나 (8)은 그렇게 설명되지 않는다. 중세어의 '-어 잇-' 구문의 동작상적 특징이 보다 더 높은 차원에서 접근되어야 할 필요성을 느낀다.

[1-1] 219쪽, 본문 셋째 문단

중세어의 '-어 잇다'에 대하여는 그사이 많은 업적이 쌓였다. 저자는 『한국어의 시제 서법 동작상』 (태학사, 2004/2007: 363-79)에서 현대어와 관련하여 '-어 잇다'에 두 기능을 준 바 있고 그 기능 변화에도 주목하였다 (같은 책, 421-518). 그런데 저자가 위의 책의 초판을 낸 뒤에 미처 보지 못하였거나 그사이 발표된 업적에 대하여 [붙임말]을 통하여 저자의 견해를 피력한 바 있다 (같은 책, 566-9).

[2] 222쪽, 본문 첫째 문단

이 책의 초판에서는 '-어 디다'를 진행상으로 처리하였는데 잘못되었음을 알고 재판의 [補說]에서 그 경위를 밝힌 바 있다. 〈補正版〉부터는 예문과 설명을 완료상 쪽으로 돌리고 각주를 버렸다. 용례 (3)의 '노가 디여'는 산과 돌이 녹지 않은 상태에서 녹는 상태로 이행하는 의미를 표시한다. 한 상태에서 다른 상태로 변화하는 과정을 표시하는 동사를 흔히 "변화 동사" (mutative Verben)이라고 하는데 이런 동사는 "기동 동사" (起動動詞, ingressive Verben 또는 inchoative Verben), "종료 동사" (egressive Verben), "사역 동사" (kausative Verben) 또는 "작위 동사" (作爲動詞, faktitive Verben)과 함께 "완료 동사" (perfektive Verben)에 귀속시키고 있다 (Helbig/Buscha 1975: 69-70 참조). 이런 관점에 설 때, '-어 디다'에 기댄 동작상의 의미는 완료상에 속한다고 할 수 있다.

[3] 222쪽 본문 셋째 문단, 227쪽 본문 셋째 문단

중세어의 연결 어미의 동작상에 대하여는 남윤진의 "15세기 국어의 접속어미에 대한 연구" (『국어연구』 93)에서도 부분적으로 다루어져 있다.

[3-1] 222쪽 본문 셋째 문단, 227쪽 본문 셋째 문단

현대어의 연결 어미의 동작상에 대하여는 박소영의 "연결어미의 관점 상 기능", 『형태론』 5.2 (2003, 297-326)에서 자세히 다루었다. 이곳에서는 VP 층위의 접속문을 이끄는 연결 어미 '-면서', '-어서', '-고'에 결합되는 사건 구조의 종류는 매우 제약되어 있으며 사건 구조의 종류에 따라 동일한 연결 어미의 종류가 달라지는 양상을 구명하였다. 사건 유형에 따라 연결 어미의 의미가 다르게 나타나는 원인은 연결 어미 가운데 내재되어 있는 관점상 기능으로 설명할 수 있다는 해석을 가하였다.

[3-2] 230쪽, 본문 둘째 문단

이곳의 전망상은 졸저 『한국어의 시제 서법 동작상』 (태학사, 2004/2007: 20, 각주 19)에서 "예정상"으로 대치하였다. 예정상을 관점상으로 볼 수 있는가에 대하여는 긍정론과 부정론이 대립되어 있다. 예정상을 동작상에 편입한 것은 M. Deutschbein의 "Aspekte und Aktionsarten im Neuenglischen", *Englische Studien* 54.1, 1939, 80-6이며 B. Comrie와 W. Klein도 같은 태도를 취하고 있다. 관련 논의는 앞의 졸저를 보라. 저자는 오래전부터 예정상을 관점상으로 보는 태도를 취하여 왔다 (남기심 · 고영근, 『표준국어문법론』, 태학사, 1985). 앞으로 논의가 계속되어 예정상의 관점상 문제가 해결되기 바란다.

[3-3] 230쪽, 본문 넷째 문단

앞에서 본 바와 같이 (129쪽), 바이비 (J. Bybee)는 범언어적 관점에서 동작상이 어간에 가까이 붙고 그 다음에 시제와 서법이 붙는다고 하였다. '-어 잇-'과 같은 우언적 동작상 표지는 고대로부터 현대에 이르기까지 존속되어 온 동작상의 표시법이었다. 중세 민족어의 예로는 'ᄒᆞ야 잇ᄂᆞ니라' (동작상 〈진행 완료〉—기본 서법 (직설법)—부차 서법 (원칙법))를 들 수 있고 현대어로는 '자고 있었습닌(니+ㄴ)다' (동작상 〈진행〉—시제 (과거)—기본 서법 (직설법)—부차 서법 (원칙법))를 들 수 있다. 이렇게 보면 우리말도 다른 언어와 같이 어간 가까이에 동작상 형태가 붙는다는 것을 확인할 수 있다. 관련 논의는 졸고, 「언어 유형론과 개별 언어의 문법기술」(2009) (『관악어문연구』 34)를 보라.

제6장

결 론

제6장 결 론

6.0. 요 약

지금까지 저자는 현대어의 해당 문법 현상과 유기적 (有機的)으로 관련시키고 장면의 성격과 화자의 태도를 배려하는 관점에서 중세어의 서법과 동작상의 형태론과 통사론, 그리고 의미론에 관련된 제 문제를 구명해 보았다. 형태론과 통사・의미론으로 구분하여 논의한 결과를 약설 (略說)하고 중세어의 서법들 상호 간과, 이들과 동작상이 맺는 상관관계를 설명해 보려 한다.

1. 중세어의 기본 서법 (基本敍法) 형태소에는 ∅, 직설법 '-ᄂᆞ-', 회상법 '-더-', 추측법 '-(으)리-', 추측 회상법 '-(으)리러-'가 있다. 부정법의 형태소 ∅는 동사에서 직설법 '-ᄂᆞ-', 회상법 '-더-', 추측법 '-(으)리-'와의 계열 관계를 통해서 나타나는 것이다. 직설법 '-ᄂᆞ-'는 동사에서 나타난다. 형용사와 지정사에서는 회상법과 추측법과의 계열 관계에 의해서 ∅의 모습으로 실현된다.

기본 서법 형태소의 식별 과정을 통해서 설명법 어미로서 보편적인 '-다' 이외, '-(으)니라' 형태를 발견할 수 있었다. 또 추측 의문법과 추측 관형사형 어미의 기저형이 '*-(으)리녀', '*-(으)린'이란 사실도 확인해 보았다.

기본 서법 형태소는 기본적으로 화자의 사태에 대한 사실성의 여부에 관련된 의미를 표시하는 것이나 시간 내용도 함께 나타낸다 [붙임말 1]. [−상관성]의 장면이나 [−지시성]의 구문에 나타나는 기본 서법 형태소는 원칙적으로 시제로 보지 않는 입장을 취하였다. 시간 내용은 발화시와 경험시에 따라 다르다. 발화시를 기준으로 하면 부정법은 과거 시제, 직설법은 현재 시제, 추측법은 미래 시제를 표시한다. 경험시 기준으로는 회상법은 현재 시제, 추측 회상법은 미래 시제를 각각 지시하는 것이다. 그러나 이들도 발화시 기준으로는 과거 시제로 해석된다. 경험시 기준의 과거 시제는 완료상의 표현 '-어 잇다'로 나타나는 일도 없지 아니하나 현대어와 같은 체계적 형성은 보이지 않는다.

이상은 종결 어미, 곧 비내포문의 시제이나 접속 어미, 관형사형 어미, 동명사형 어미, 간접 인용 구문 등의 내포문의 시제는 대체로 주절시를 기준으로 결정할 수 있다.

2. 중세 국어의 부차 서법 (副次敍法) 형태소에는 원칙법 '-(으)니', 확인법 '-거/어/나-', 감동법 '-돗-//-옷-, -ㅅ-'이 있다. 이들은 원칙적으로 기본 서법 형태소에 후행한다.

부차 서법 형태소는 보통 일방향적 통보 기능 (通報機能)이 강한 텍스트에서 나타난다. 동시에 이들 형태소는 화용상의 제약을 받는데 화자의 사태에 대한 양태적 및 정감적 태도를 읽을 수 있는 것이다. 원칙법과 확인법에는 양태성이 파악되는데 전자에는 객관적 믿음, 후자에는 주관적 믿음으로 화용상의 차이를 설명할 수 있다. 감동법에는 화자의 정감성이 지배적으로 파악된다. 감동법의 형태소는 또 주관적 믿음에 관련된 양태성이 나타나는 경우도 없지 않다. 확인법과 감동법은 이렇게 교착(交錯)되는 측면을 보여 주기도 하는 것이다.

부차 서법에도 시제가 인식되지 않는 바 아니나 이는 그에 선행하는 부정법 ∅가 다른 기본 서법 형태소와 계열 관계를 형성함으로써 나타나는 것이라 해석한다.

3. 중세어의 동작상의 형태는 단어 접속의 연결 어미와 조동사와의 통합에 의한 복합 표현이 계열적으로 대립되어 있고 문장 접속의 연결 어미에서도 계열 관계에 의한 동작상의 범주를 확인할 수 있다.

중세어의 동작상은 완료상과 미완료상으로 나뉘고 미완료상에는 다시 진행상과 전망상을 들 수 있다. 완료상은 '-어 잇다'로 대표할 수 있으나 진행상은 현대어만큼 그 형태가 뚜렷하지 못하다.

6.1. 종합적 논의

위의 약설(略說)을 토대로 하여 기본 서법, 부차 서법, 그리고 동작상들이 맺는 상관관계를 논의해 본다.

기본 서법 가운데서 부정법, 직설법, 회상법은 이에 대응하는 부차 서법과 [+사실성]을 공통 기반으로 하고 있다. 양자를 구별하는 기준은 믿음과 정감에 관련된 화자의 양태적 태도라고 할 수 있다. 이러한 양태성이 반영되면 (2)와 같은 부차 서법 형태소가 선택되고 그것이 결여되면 (1)과 같이 기본 서법 형태소만이 나타나는 것이다.

(1) ᄒᆞ다, ᄒᆞᄂᆞ다, ᄒᆞ더라
(2a) ᄒᆞᄂᆞ니라, ᄒᆞ더니라 (원칙법) cf. ᄒᆞᄂᆞ다, ᄒᆞ더라
(2b) ᄒᆞ거다/ᄒᆞ야다/오나다 (확인법) cf. ᄒᆞ다
(2c) ᄒᆞ샷다//ᄒᆞ도다, ᄒᆞ놋다, ᄒᆞ닷다 cf. ᄒᆞ다, ᄒᆞᄂᆞ다, ᄒᆞ더라

한편 기본 서법 가운데서 추측법은 이에 대응하는 부차 서법과 [—사실성]을 공통 기반으로 하고 있다. 믿음과 정감의 양태적 태도가 반영되면 (4)와 같이 부차 서법이 선택되고 그렇지 않으면 (3)과 같이 기본 서법만으로 충분하다.

(3) ᄒᆞ리라, ᄒᆞ리러라
(4a) ᄒᆞ리어다/ᄒᆞ려다 cf. ᄒᆞ리라
(4b) ᄒᆞ리샷다 // ᄒᆞ리로다, ᄒᆞ리랏다 cf. ᄒᆞ리라, ᄒᆞ리러라

중세어의 시제는 기본 서법 형태소에 의해 표시되고 동작상은 조동사에 의한 복합 구성과 연결 어미에 의해 나타난다고 하였다. 이들이 맺는 상관관계도 밝혀 둘 필요가 있다[1]. 선어말 어미 '-오-'를 취한 동사 'ᄒᆞ다'로써 기본 서법의 각 형태를 보이고 동작상의 형태는 대표적으로 완료상 '-어 잇다'[2]와 진행상 '-(으)며셔'를 든다.

(1a) 호라
(1b)-1 ᄒᆞ야 이쇼라
(1b)-2 ᄒᆞ며셔 … 호라
(2a) ᄒᆞ노라
(2b)-1 ᄒᆞ야 잇노라
(2b)-2 ᄒᆞ며셔 … ᄒᆞ노라
(3a) ᄒᆞ다라

1) 이숭녕 (1961a: 203-4)에서 이미 연결 어미에 의한 동작상을 시제와 관련시켜 그 상관관계를 구명하고 있다.
2) '잇다'는 다른 동사와 같이 부정법에 의한 시제 표시가 보편적이 아니다 (§3.1.1). 그러나 '이쇼라'는 현대어의 '있었다' (과거)의 의미를, '잇노라'는 '있다' (현재)를 의미하는 것으로 간주하고 완료상의 대표 형태인 '-어 잇다'를 보기로 드는 것이다. 자세한 논의는 §3.2의 각주 19 참조.

(3b)-1　ᄒᆞ야 잇다라

(3b)-2　ᄒᆞ며셔 … ᄒᆞ다라

(4a)　　호리라

(4b)-1　ᄒᆞ야 이쇼리라

(4b)-2　ᄒᆞ며셔 … 호리라

(1a), (2a), (3a), (4a)는 각각 발화시 내지 경험시 기준의 현재, 과거, 미래 시제를 표시한다. (1b)-1, (2b)-1, (3b)-1, (4b)-1은 각각 과거, 현재, 미래에 있어서 완료상을, (1b)-2, (2b)-2, (3b)-2, (4b)-2는 각각 과거, 현재, 미래에 있어서 진행상을 표시한다. 동작상 형태의 시제는 그 자체가 표시하는 것이 아니고 종결 어미의 시제에 따라 결정되는 것이다. 따라서 (1b)-1은 과거 완료상, (1b)-2는 과거 진행상, (2b)-1은 현재 완료상, (2b)-2는 현재 진행상, (3b)-1은 경험시 기준의 현재 완료상, (3b)-2는 경험시 기준의 현재 진행상, (4b)-1은 미래 완료상, (4b)-2는 미래 진행상으로 해석할 수 있다.

각 동작상 형태의 시제를 결정하는 것은 조동사에 의한 복합 표현에서는 조동사의 시제에 의해, 연결 어미에서는 주절의 시제에 각각 의존한다.

6.2. 여론 (餘論)

저자는 중세어의 서법 범주를 체계하하고 그 의미·기능을 구명함에 있어서 미진했던 몇 가지 문제를 들어 후일의 과제로 삼고자 한다.

확인법의 형태소 '-거/어/나-'를 식별할 때는 기본 서법 형태소 '-ᄂᆞ-, -더-' 등과의 계열 관계를 고려했는데 의미를 분석하는 마당에서는 부정법 형태에 후행하는 것으로 다루었다. 이는 분명히 모순이다. 형태소 식별 과정에서 계열 관계를 기준으로 하였으면 의미 분석에서도 같은 기준이 적용되어야 하기 때문이다. 형태소의 식별을 ∅ 형태와의 관련 아래서 통합 관계만으로 행하든지 확인법을 시제 관련의 범주로 처리하는 두 가지 길이 있을 수 있다. 구조적으로는 기본 서법과 계열 관계를 어느 정도 형성하지만 의미와 기능상의 공통성을 찾기 어려우므로 전자의 방법에 의한 분석의 정밀화가 요망된다[3] [붙임말 2].

저자는 기본 서법 형태소의 시제를 구명하는 마당에서 [−상관성]의 장면에 나타나는 일련의 형태들에 대하여 정확한 시제를 부여하지 못하였다. 과거의 일을 설화하는 작자의 말, 곧 지문에 나타나는 서법 형태소에 대한 시간 내용을 정확하게 규정하지 못한 것이다. 이는 다른 분야, 이를테면 문체론이나 텍스트 (Text)의 분석에 관한 지식[4]이 뒷받침되면 어느 정도 분명한 해답을 기대할 수 있을 것이다 [붙임말 3].

3) 이러한 모순을 지양하기 위하여 ∅ 형태의 설정을 이미 시사한 바 있다 (§2.2.4).

4) 이 방면에 대하여는 대화와 문학 작품의 시제를 분석한 Weinrich (1977) 참조.

붙임말

[1] 238쪽, 본문 둘째 문단

저자의 중세어의 시제, 서법, 동작상에 대한 포괄적인 분석이 나온 이후, 앞의 3장에서 본 한재영, 이토 등 몇 사람이 특정한 형태에 대한 집중적인 천착 (穿鑿)을 시도한 일이 있고 최근에 와서는 최동주의 「국어 시상형태의 통시적 변화에 관한 연구」 (서울대학교 언어학과 박사 논문, 1995)에서 중세 국어와 현대 국어의 시상체계를 유기적으로 관련시키고 그 변천의 양상을 구명하려는 노력을 접할 수 있다. 최동주는 중세어의 시제를, 동사의 경우는 '과거 (∅, 더): 현재 (ᄂᆞ): 미래 (리)'로, 형용사와 지정사의 경우는, '과거 (더): 현재 (∅): 미래'의 3원적 체계로 파악하되, 동사의 두 과거 형태는 동작상에 의해 완료상과 비완료상으로 구별되는 것으로 보았다. 무표적인 ∅에 대하여 두 가지 기능을 주는 점은 저자와 차이가 없으나, 중세어의 시제 체계를 시제와 동작상의 관점에서만 파악하였다는 점에서 차이를 보이고 있다.

저자는 기본 서법이 화자의 사태에 대한 사실성 여부에 관련된 의미와 함께 시간 내용도 표시한다고 하였다. 이 자리에서 이 문제에 대한 설명을 보충함으로써 다른 사람들과의 견해의 차이점을 분명히 해 두려고 한다. 부정법, 직설법, 회상법에는 [+사실성]의 의미가 공통되어 있는데 이를 시제의 관점에서 구별 (재해석)할 필요가 있을 때에는 과거 사실성 (부정법의 경우), 현재 사실성 (직설법의 경우), 경험 당시의 현재 사실성 (회상법의 경우)와 같이 말할 수 있다. 그리고 추측법은 위의 세 기본 서법과 대립하여 [−사실성], 곧 비현실성의 의미를 바탕으로 하고 있는데 이를 시제의 관점에서 해석하면 미래 시제가 된다는 뜻이다. 그러니까 기본 서법이 공유하고 있는 문법 범주는 어디까지나 서법 범주이고, 이를 시제의 관점에서 해석하면 현재, 과거, 미래의 의미를 줄 수 있다는 것이다. 기본 서법에 나타나는 시제적인 의미는 서법을 시제의 관점에서 해석할 때 도출되는 부차적인 기능이라고 말할 수 있다. 앞으로도 계속 다양한 견해가 속출되어 중세어의 시제와 서법, 동작상의 문제가 보다 분명하게 드러나기를 바라는 바이다.

[2] 242쪽, 본문 첫째 문단

저자는 확인법 형태소 '거/어/나'를 식별할 때에는 이들이 결여된 부정법과 통합 관계에 기대기도 하였고 'ᄂᆞ, 더, 리'와의 계열 관계에 기대기도 하였는데 의미·기능을 파악하는 마당에서는 부정법 ∅에 후행하는 것, 곧 통합 관계만으로 처리하였다. 이는 형태소 분석과 의미 분석의 형평성을 어겼다는 오해를 받을 수 있기 때문에 형태소 분석을 할 때에도 부정법과의 통합 관계에 의존하는 방법론의 보완이 필요하다고 하였다. 저자가 이런 태도를 취한 것은 앞의 제2장 [붙임말 7]에서도 언급한 바 있지만 부정법이란 다른 서법 형태소의 존재 때문에 상대적으로 설정되는 무표항인 만큼 이를 기반으로 형태소를 분별하는 것이 얼마나 이로울까 하는 생각에서 취해진 조처였다. 허웅이 "삽입모음고" (『논문집』 7, 서울대학교) (앞의 제2장 [붙임말 7] 참조)에서 특별히 무표적인 ∅를 두지 않고 'ᄋᆞ/으'와 대립시킨 것도 저자와 같은 생각이 들었기 때문이 아닌가 한다. 사실 형태소 분석이란 의미·기능을 전제로 하지 않고 수행되기 때문에 누구든지 이렇게 할 수 있다. 그러나 확인법에 의해서 표시되는 의미가 단순한 시제를 뛰어 넘어 화자의 양태적 태도와 유관한 측면이 있기 때문에 의미 기능을 파악하는 마당에서는 통합 관계에 의존하였다.

초판에서 미루어 둔 숙제를 해결한다는 뜻에서 통합 관계에 의한 확인법의 식별 과정을 보충하기로 한다. 확인법 가운데서 선어말 어미 '오'와 화합된 '과라, 가니, 간'은 '거/어/나'에 미루어 분석할 수 있기 때문에 따로 언급하지 않는다.

동 사: ᄒᆞ∅거다/ᄒᆞ∅야다/오∅나다, cf. ᄒᆞ∅다, 오∅다
형용사: 하∅거다 cf. 하∅다
지정사: 사ᄅᆞ미∅어다 cf. 사ᄅᆞ미∅라

동사의 부정법 ∅는 과거 시제를 표시하기 때문에 이를 '거/어/나'가 들어간 어형과 비교하면 통합 관계에 기대어 '거/어/나'가 분석되어 나온다. 이렇게 하면 'ᄂᆞ, 더, 리'와 직접 비교함으로써 결과되는 초판의 한 가지 불합리를 극복할 수 있다.

형용사와 지정사는 초판에서 특별히 다루지 않았는데 이곳에서 보충하기로 한다. 형용사와 지정사의 부정법 ∅는 현재 시제로 해석되기 때문에 통합 관계만으로 확인법 '어' (<'거')가 석출된다.

감동법 가운데의 부정법도 확인법과 같은 방식으로 분석을 합리화할 수 있다.

동 사: ᄒᆞ∅샷다, ᄒᆞ∅도다 cf. ᄒᆞ∅다; ᄒᆞ놋다, ᄒᆞ닷다, ᄒᆞ리샷다/ᄒᆞ리로다, ᄒᆞ리랏다

형용사: 하∅도다 cf. 하∅다; 하닷다, 하리로다

지정사: 사ᄅᆞ미∅로다 cf. 사ᄅᆞ미∅라; 사ᄅᆞ미랏다, 사ᄅᆞ미리랏다

동사의 '샷다'와 '도다'는 초판에서 부정법 (1), (2)로 구분한 것이다. 전자는 보수형, 후자는 개신형으로 사용상의 차이 밖에는 기본적인 의미상의 차이가 없었던 것으로 다루었다. 동사에서 부정법은 과거를 표시하기 때문에 통합 관계에 기대어 '샷, 도'가 분별된다. 형용사와 지정사에서는 부정법이 현재를 표시하기 때문에 역시 통합 관계에 기대어 '도'가 분별된다. 한편 세 품사에 나타나는 부정법은 직설법 내지 회상법, 추측법과 계열 관계를 이루어 분석되기도 한다.

이렇게 부정법을 확인법과 감동법에 걸쳐 설정하면 제4장의 총괄 (208쪽)에 나오는 그림의 기본 서법과 부차 서법과의 상관관계와 일치되어 반듯한 체계를 이루게 된다. 그러나 가시적인 형태와 교체되지 않는 부정법 ∅를 형태소 분석에서 너무 적극적으로 사용하게 되면 오히려 화자의 직관과 배치되는 가공적인 체계를 낳게 된다는 부작용도 만만치 않다는 것도 유의해 두어야 한다. 많은 언어학자들이 ∅ 형태의 사용을 자제해 온 것도 이런 사실과 관련이 있어 보인다.

[3] 242쪽, 본문 둘째 문단

이 책의 첫머리에서도 언급하였지만 (7쪽), 저자는 자료의 채취와 정리 과정에서 장면의 특이성을 많이 참작하였다. 같은 종결 어미라 하더라도 대화문과 같이 상관적 장면에 나타나는 것과, 지문과 같이 단독적 장면에 나타나는 것을 분리하여 기능을 밝히는 태도를 취하였다. 그런데 이 책에서는 대화문에 나타나는 시제의 기능만 적극적으로 다루고 지문의 형태에 대하여는 그 시제적 성격을 분명하게 규정하지 못하였다. 이 문제는 현대어 작품을 다룰 때에도 같이 적용되는 원리다. 저자는 아직 이 문제를 적극적으로 다루지 못하였다. 다만 중세어의 대표적 산문 자료인 『석보상절』을 '텍스트 이론'에 기대어 분석할 때 이 문제를 간접적으로 건드려 본 일이 있다 (『단어 · 문장 · 텍스트』, 한국문화사, 265쪽을 보라). 현대어를 이런 방식으로 분석한 것으로는 김정남의 "현대소설의 지문에 나타나는 시상의 양상과 기

능" (『텍스트언어학 1』 317쪽)이 있다. 중세어와 현대어의 방면에 대한 정보는 앞 책의 [붙임말] (427쪽)과 이토 (伊藤英人)의 "중세한국어 직설법의 용법에 대하여" (『국어학논집 1』, 1993의 각주 1)에서 얻을 수 있다.

中世語 引用 資料 目錄

약호

〈金三〉(금삼), 金剛經三家解 (금강경 삼가해) (1482):

卷 2~5: 한글학회 영인본 (1961).

〈南明〉(남명), 南明集諺解 (남명집 언해) (1482):

권 하: 단국대학교 국어국문학과 (1972).

권 상: 위와 같음 (1973).

〈內訓〉(내훈), 內訓 (내훈) (1475), 연세대학교 인문과학 연구소 영인본 (1969).

〈初老〉(초노), 飜譯老乞大 (번역 노걸대) (중종조):

권 상: 중앙대학교 대학원 영인본 (1972).

권 하: 인하대학교 인문과학 연구소 영인본 (1974).

〈論諺〉(논언), 論語諺解 (논어 언해) (1590), 대제각 영인본 (1976).

〈楞嚴〉(능엄), 楞嚴經諺解 (능엄경 언해) (1461), 대제각 영인본 (1977).

〈杜諺〉(두언), 杜詩諺解 (두시 언해) (1481):

권 6: 「國語學資料選集」(II) (국어학회 편)의 영인본 (1971).

권 7, 8: 통문관 영인본 (1954).

권 11: 세종대왕기념사업회 영인본 (1978).

권 15, 16: 통문관 영인본 (1959).

권 20~25: 통문관 영인본 (1955).

〈牧牛〉(목우), 牧牛子修心訣 (목우자 수심결) (1467), 鳳栖寺 (봉서사) 후쇄본.

〈蒙法〉(몽법), 蒙山法語諺解 (몽산법어약록) (1467), 통문관 영인본 (1954)

〈初朴上〉(초박 상), 飜譯朴通事上 (번역 박통사 상) (1517 이전?), 경북대학교 대학원 영인본 (1959).

〈法語〉(법어), 四法語諺解 (사법어 언해) (1467), 鳳栖寺 (봉서사), 후쇄본.

〈法華〉(법화), 法華經諺解 (법화경언해) (1463), 동국대학교 영인본 (1960).

〈釋詳〉(석상), 釋譜詳節 (석보상절) (1447):

권 6, 9, 13, 19: 한글학회 영인본 (1961).

권 11: 어문학회 (대구) 영인본 (1959).

군 23, 24: 金英培 (김영배) 저「釋譜詳節 第二三・二四註解」(일조각 1972)에 실린 영인본.

〈心經〉(심경), 般若心經諺解 (반야심경 언해) (1464), 홍문각 영인본.

〈永嘉〉(영가), 禪宗永嘉集諺解 (선종 영가집 언해) (1464), 장수사 후쇄본.

〈月釋〉(월석), 月印釋譜 (월인석보) (1459):

권 1, 2: 서강대학교 인문과학연구소 영인본 (1972).

권 7, 8: 연세대학교 동방학연구소 영인본 (1957).

권 9, 10: 위와 같음 (1956).

권 13, 14: 연세대학교 도서관 소장.

권 17, 18: 연세대학교 동방학연구소 영인본 (1957)과 "한글" 150 (1972)에 영인된 권 17의 낙장 부분.

권 21: 공주 갑사의 후쇄본과 이의 낙장 부분을 광흥사 후쇄본으로 보완한 충남대학교 문리과대학의 월인석보 권 21 (補錄) (1955).

권 23:「東方學志」6에 붙은 영인본 (1963).

〈龍歌〉(용가), 龍飛御天歌 (용비어천가) (1447),「國語學資料選集」(I) (국어학회 편)의 영인본 (1972).

〈圓覺〉(원각), 圓覺經諺解 (원각경 언해) (1465), 대제각 영인본 (1977).

〈月千〉(월천), 月印千江之曲 (월인천강지곡) (1447), "國語學" 1 (1962)에 붙은 영인본.

〈訓正〉(훈정), 諺解本訓民正音 (언해본 훈민정음) (세종・세조 연간), 서강대학교 인문과학 연구소 영인본 (1972).

참고 문헌

강인선 (1977), 「15세기 국어의 인용구조 연구」, 서울대학교 언어학과 석사학위 논문.

고영근 (高永根) (1961), "월인석보와 석보상절의 한 비교", 『한글』 128.

_____ (1965), "現代國語의 敍法體系에 對한 硏究－先語末語尾의 것을 中心으로－", 『國語硏究』 15.

_____ (1966), "現代國語의 直說法에 대하여", 『국어국문학』 31.

_____ (1967), "現代國語의 先語末語尾에 對한 構造的 硏究－特히 排列의 차례를 中心으로－", 『語學硏究』 3-1.

_____ (1971), "國語 敍實法에 나타나는 "話式"의 範疇에 대하여", 『金亨奎博士頌壽紀念論叢』.

_____ (1974a), "現代國語의 終結語尾에 대한 構造的 硏究", 『語學硏究』 10-1.

_____ (1974b), "現代國語의 尊卑法에 대한 硏究", 『語學硏究』 10-2.

_____ (1975), "現代國語의 語末語尾에 대한 構造的 硏究－非終結語尾의 것을 중심으로－", 『應用言語學』 7-1.

_____ (1976), "現代國語의 文體法에 대한 硏究－敍法體系(續)－", 『語學硏究』 12-1.

_____ (1978), "形態素의 分析限界", 『언어학』 3.

_____ (1980a), "處所理論과 相", 『蘭汀南廣祐博士華甲紀念論叢』, 一潮閣.

_____ (1980b), "국어 進行相 형태의 處所論的 해석", 『語學硏究』 16-1.

_____ (1980c), "中世語의 樣態·情感의 敍法에 대한 硏究", 『人文論叢』 5 (서울大學校 人文科學硏究所).

_____ (1980d), "中世語의 語尾活用에 나타나는 '-거/어-'의 交替에 대하여", 『國語學』 9.

_____ (1983), 『國語文法의 硏究－그 어제와 오늘－』, 탑출판사.

_____ (1995), 『단어·문장·텍스트』, 한국문화사.

_____ (1999), 『國語形態論硏究』, 서울대학교 출판부.

高永根・金完鎭・安秉禧・李秉根・李翊燮 (1979), "國語學硏究의 方向定立을 위한 基礎的 硏究", 『冠岳語文硏究』 4.

김완진 (金完鎭) (1957), "-n, -l 동명사의 통사론적 기능과 발달에 대하여", 『國語硏究』 2.

김정수 (편) (1979), "'우리옛말본'에서 구속형식과 준자립형식 찾아보기 (油印)".

_____ (1980), "17세기 초기의 높임법, 인칭법, 주체대상법을 나타내는 안맺음 씨끝에 대한 연구", 『한글』 167.

김충회 (金忠會) (1972), "十五世紀 國語의 敍法體系試論", 『國文學論集』 5・6 (檀國大學校).

김형규 (金亨奎) (1962), 『國語史硏究』 (改訂), 一潮閣.

나진석 (1971), 『우리말의 때매김 연구』, 과학사.

남광우 (南廣祐) (1975), 『古語辭典』 (補訂), 一潮閣.

남기심 (南基心) (1973), 『國語完形補文法硏究』, 啓明大學出版部.

_____ (1978), 『現代文法의 時制問題에 관한 硏究』, 塔出版社.

박병채 (朴炳采) (1968), 『高麗歌謠語釋硏究』, 宣明文化社.

박선자 (1977), 「우리말 어찌씨 연구」, 부산대학교 문학석사 논문.

서정수 (1976), "국어 시상형태소의 의미 분석", 『문법연구』 3.

안동환 (An, Dong-hwan) (1980), "Semantics of Korean Tense Markers", Ph.D. Dissertation, Georgetown University.

안병희 (安秉禧) (1959), "十五世紀 國語의 活用語幹에 대한 形態論的 硏究", 『國語硏究』 7, 1978년 『國語學硏究選書 2』 (탑출판사)로 補註 붙여 출판됨.

_____ (1960), "여요 (麗謠) 二제", 『한글』 127.

_____ (1962), "中世國語 動詞 『ᄒᆞ』의 語幹交替에 대하여", 『文湖』 2 (건국대학교 국어국문학회).

_____ (1963), ""ᄌᆞ갸"語攷", 『국어국문학』 26.

_____ (1965a), "十五世紀國語의 恭遜法에 대하여", 『국어국문학』 28.

_____ (1965b), "後期中世國語의 疑問法에 대하여", 『學術誌』 6 (建國大學校).

_____ (1967), "韓國語發達史 (文法史)", 『言語・文法史』, 高麗大學校 민족문화연구소.

_____ (1979), "中世國語의 한글 資料에 대한 綜合的 考察", 『奎章閣』 3 (서울대학교 圖書館).

_____ (1992a), 『國語史硏究』, 文學과 知性社.
_____ (1992b), 『國語史資料硏究』, 文學과 知性社.
양동휘 (1978), "국어 관형절의 시제", 『한글』 162.
양주동 (1947), 『麗謠箋注』, 乙酉文化社.
유창식 (兪昌植) (1956), "時制 體系에 關한 試論-特히 李朝初期의 時制形態를 中心으로-", 『論文集』 1 (慶北大學校).
유창돈 (兪昌惇) (1963), "선행어미 -가/거-, -아/어-, -나- 고찰", 『한글』 132.
_____ (1964a), 『李朝國語史硏究』, 宣明文化社.
_____ (1964b), 『李朝語辭典』, 延世大學校出版部.
이기동 (1976), "조동사의 의미분석", 『문법연구』 3.
_____ (1977), "조동사 "오다" "가다"의 의미분석", 『말』 2.
_____ (1978), "조동사 "지다"의 의미연구", 『한글』 161.
_____ (1979), "조동사 "놓다"의 의미연구", 『한글』 163.
이기문 (李基文) (1972), 『改訂國語史概說』, 民衆書舘.
이기용 (李基用) (1976), "時間論: '지금'의 意味", 『語學硏究』 12-2.
이남덕 (李男德) (1967), "15世紀 國語의 直說法 終結語尾 變化에 대하여", 『梨大論叢』 11.
_____ (1971), "十五世紀 國語의 情動法硏究", 문교부연구보고서, 『어문학계』 6.
이병주 (李丙疇) (1970), 『杜詩諺解批注』, 通文館.
이숭녕 (李崇寧) (1961a), 『中世國語文法』, 乙酉文化社.
_____ (1961b), ""샷다"考", 『震檀學報』 22.
_____ (1966), 『國語學論叢』, 東亞出版社.
_____ (1972), 『國語學硏究』, 螢雪出版社.
이승욱 (李承旭) (1958), "國語의 時制硏究", 『國語硏究』 6.
_____ (1967), "15世紀 國語의 先語末接尾辭 〈-가/거〉", 『國語學論文集』 1 (檀國大學校).
_____ (1973), 『國語文法體系의 史的 硏究』, 一潮閣.
_____ (1977), "敍法과 時相法의 交叉現象", 『李崇寧先生古稀紀念國語國文學論叢』.
이익섭 (李翊燮) (1970), "새국어문법", 서울대학교 재일교포예비교육과정부.
이인모 (李仁模) (1976), 『古典國語의 硏究 (增補改訂版)』, 宣明文化社.

이종철 (李鍾徹) (1964), "現代國語의 時制와 相의 硏究", 『國語硏究』 12.
이필영 (李弼永) (1981), "國語關係冠形節에 대한 硏究", 『國語硏究』 48.
이희승 (1949), 『초급국어문법』, 박문출판사.
_____ (1957), 『새고등문법』, 일조각.
정병욱 (1980), "용비어천가"의 결미법에 대한 고찰", 『陶南學報』 3.
정인승 (1956), 『표준고등말본』, 신구문화사.
최태영 (1965), "中世國語의 prefinal ending "-거-"에 대한 硏究", 『國語硏究』 17.
최현배 (1937, 1961), 『우리말본』, 정음사.
허 웅 (1955), 『용비어천가(주해)』, 정음사.
_____ (1958), "插入母音攷", 『論文集 (人文社會科學)』 7 (서울大學校).
_____ (1962), "또 다시 人稱・對象活用語尾에 對하여", 『語文學』 10.
_____ (1963), 『中世國語硏究』, 정음사.
_____ (1975), 『우리옛말본』, 샘문화사.
허웅・이강로 (1962), 『註解 月印千江之曲』, 新丘文化社.
현평효 (1974), "濟州道方言의 定動詞語尾硏究".
大江孝男 (1972), "用言語尾の 意味と體系 - 現代朝鮮語の 連用形語尾について", 『現代言語學』, 三省堂.
油谷幸利 (1978), "現代韓國語의 動詞分類", 『朝鮮學報』 87.
_____ (1979), ""-어 놓다"と "-어 두다"の 意味分析", 『朝鮮學報』 91.
前間恭作 (1924), "龍歌古語箋", 『東洋文庫論叢』 2.
池上嘉彦 (1975), 『意味論』, 東京: 大修館書店.
河野六郎 (1946), "中期朝鮮語の 完了時稱に就いて", 『東洋語硏究』 1.
_____ (1948), "朝鮮語の 過去 deに就いて", 『東洋語硏究』 4.
_____ (1950), "On the Intensive Stem of Middle Korean", 『言語硏究』 16 (日本言語學會).
_____ (1951), "中期朝鮮語の 時稱體系に就いて", 『東洋學報』 34 卷 1-4 號.
_____ (1979), 『河野六郎著作集』 1 (朝鮮語學論文集), 平凡社.

Abraham, W. (Hrsg) (1974), *Terminologie zur neueren Linguistik,* Tübingen: Max Niemeyer Verlag.
Anderson, J. (1973), *An Essay Concerning Aspect*. The Hague: Mouton.

Apel, K. (Hrsg) (1976), *Sprachpragmatik und Philosophie*, Frankfurt am Main: Suhrkamp Verlag.

Bünting, K. (1978), *Einführung in die Linguistik*, 7. ergänzte und erweiterte Auflage, Kronberg: Athenäum Verlag.

Comrie, B. (1976), *Aspect*, Cambridge University Press.

Dressler, W. U. (Hrsg) (1978), *Current Trends in Textlinguistics*, Berlin: Walter de Gruyter.

Eichler, W./K. Bünting (1976), *Deutsche Grammatik,* Kronberg/Ts: Skriptor Verlag.

Habel, C./S. Kangießer (Hrsg) (1978), *Sprachdynamik und Sprachstruktu*r, Tübingen: Max Niemeyer Verlag.

Halliday, M. A. K. (1970), Funtional diversity in language as seen from consideration of modality and mood in English, *Foundations of Language* 6: 322-65.

Harweg, R. (1976), Aspekte als Zeitstufen und Zeitstufen als Aspekte, *Linguistic*s 181: 5-28.

Helbig, G./J. Buscha (1975), *Deutsche Grammatik*, Leipzig: VEB Verlag Enzyklopädie.

Jespersen, O. (1965), *The Philosophy of Gramma*r, New York: The Norton Library.

Kangießer, S. (1972), *Aspekte der synchronen und diachronen Linguistik*, Tübingen: Max Niemeyer Verlag.

_____ (1976a), Spracherklärungen und Sprachbeschreibungen, In: Wunderlich (Hrsg) (1976).

_____ (1976b), Sprachliche Universalien und diachrone Prozesse, In: K. Apel (Hrsg) (1976).

Kiefer, F. (Hrsg) (1976), *Morphologie und generative Grammatik*, Frankfurt am Main: Athenaion.

Lewin, B. (1970), *Morphologie des koreanischen Verb*s, Wiesbaden: Otto Harraswitz.

Lee, Ki-Moon (1977), *Geschichte der koreanischen Sprache*/dt. Übers. Hrsg von Bruno Lewin, Wiesbaden: Reichert Verlag.

Lieb, H. (1974, 1976), Grammars as Theories: The Case for Axiomatic Grammar (Part I, II), *Theoretical Linguistics*, 1, 3.

Lyons, J. (1968), *Introduction to Theoretical Linguistics*, Cambridge University Press.

_____ (1977), *Semantics* 2, Cambridge University Press.

Nida, E. (1949), *Morphology*, Ann Arbor: The University of Michigan Press.

_____ (1975), *Exploring Semantic Structure*, München: Wilhelm Fink Verlag.

Petöfi, J. S. (1978), A Formal Semiotic Text as an Integrated Theory, in: W.U. Dressler (ed) (1978).

Ramstedt, G. J. (1939), *A Korean Grammar*, Helsinki: Suomalais- Ugrilainen Seura.

Reichenbach, H. (1947), *Elements of Symbolic Logic*, New York: The Free Press.
Saporta, S. (1962), On the Use of Zero in Morphemics, *Proceedings of the 9th International Congress of Linguists*, Cambridge, Mass.
Schnelle, H. (1973), *Sprachphilosophie und Linguistik*, Hamburg: Rowohlt.
Sérébrennikow (Hrsg) (1973), *Allgemeine Sprachwissenschaft* Band 1/dt. Übers. Hrsg. von Hans Zigmund und Günter Feudel, München: Wilhelm Fink Verlag.
Smith, C. S. (1978), The Syntax and Interpretation of Temporal Expression in English, *Linguistics and Philosophy* 2-1: 43-99.
Viehweger, D. (1977), *Probleme der semantischen Analyse*, Berlin: Akademie Verlag.
Weinrich, H. (1977), *Tempus, Besprochene und erzählte Welt*, 3. Aufl, Stuttgart: Kohlhammer.
White, Alan R. (1975), *Modal Thinkings*, New York: Cornell University Press.
Wunderlich, D. (1970), *Tempus und Zeitreferenz im Deutschen*, München: Max Hueber Verlag.
______ (1974), *Grundlagen der Linguistik*, Hamburg: Rowohlt.
______ (1976), *Studien zur Sprechakttheorie*, Frankfurt am Main: Suhrkamp Verlag.
______ (Hrsg) (1976), *Wissenschaftstheorie der Linguistik*, Kronberg: Athenäum Verlag.

Zusammenfassung

Tempus, Modus, und Aspekt im Mittelkoreanischen

von
Yong-Kun Ko
Fakultät für Humanistik
Staatliche Universität Seoul

Jipmoondang
Seoul, 2011

Diese Arbeit wurde 1981 der Staatlichen Universität Seoul zur Erlangung des Doktorgrades vorgelegt. Sie ist entstanden mit Hilfe eines Stipendiums und durch Bücherspenden der Alexander von Humboldt-Stiftung (1976~77) sowie durch eine Sachbeihilfe des Erziehungsministeriums der Republik Korea (1980~81).

Inhalt

I. Ziel und Vorgehensweise

1.1. Das Tempus in der Koreanischen Sprache der Gegenwart und im Mittelkoreanischen wird grundsätzlich auf der Basis des Modussystems ausgedrückt, dagegen wird der Aspekt durch die Umschreibungsformen der Verbalendungen sowie durch konjunkionale Endungen ausgedrückt. Unter Berücksichtigung dieses Umstandes wurden Tempus, Modus und Aspekt im Mittelkoreanischen untersucht.

1.2. Diese Arbeit ist von den folgenden Prinzipien ausgegangen:

1) Verständnis der grammatischen Erscheinungen des Mittelkoreanischen sowie der Bedeutung der Texte aufgrund der Kenntnisse der Gegenwartssprache und der daraus resultierenden Beurteilungen hinsichtlich Grammatikalität und der Adäquatheit der Bedeutung;

2) Identifikation der Morpheme und Analyse ihrer Bedeutungen hinsichtlich der syntagmatischen und der paradigmatischen Relationen; darüberhinaus ggf. Berücksichtigung der kommunikativ-pragmatischen Bedingungen.

II. Morphologie

2.0. Im zweiten Kapitel wurden die modibezogenen Morpheme und aspektbezogenen Formen identifiziert. Die modibezogenen Morpheme werden in den Verbalflexionen identifiziert. Sie können in zwei Gruppen eingeteilt werden: Hauptmodi und Nebenmodi.

2.1. Morpheme der Hauptmodi

Die Hauptmodi enthalten Aorist, Indikativ, Retrospektiv, Präsumptiv und Präsumptiv-retrospektiv.

Die Aoristform, die durch paradigmatische Relation mit anderen Hauptmodi in der deklarativen Endung *-ta*[1], der interrogativen Endung

1) Ich wähle die Transliteration des Spät. MK von B. Lewin (hrsg), Geschichte der koreanischen Sprache, Deutsche Übersetzung 1977.

-*nyə*, der konjunktionalen Endung -*ni* und der attributiven Endung -*n* realisiert wird, ist Null (Ø). Die Indikativform, die an prozessiven Verben und dem Verb der Befindlichkeit *is*- in den obengenannten Endungen realisiert wird, ist -*nʌ*-. Die Form -*nʌ*- wird in -*n*- vor der präfinalen Endung -*o*- umgeformt. Die Retrospektivform, die in den obengenannten und einigen anderen konjunktionalen Endungen identifiziert wird, ist -*tə*-. Die Form -*tə*- wird in -*ta*- abgewandelt, wenn das Subjekt des Satzes die erste Person ist. Die Präsumptivform, die in den obengenannten und einigen anderen konjunktionalen Endungen identifiziert wird, ist -*ri*-. Bei der Identifikation des Präsumptivs -*ri*- kann man sagen, daß die jeweils unterliegenden Formen (underlying forms) der präsumptiven Interrogativform und der präsumptiven Attributivform *-*rinyə* und *-*rin* sind. Diese Tatsache kann aus dem regelmäßigen Paradigma der Hauptmodi induziert werden. Darüberhinaus bleibt ihre Spur im Mittelkoreanischen als -*ri*...*nyə* in *hʌrirosonyə* und **hʌryənyə* und *rin* in *hʌrin* erhalten.

Die präsumptiv-retrospektive Form, die nur in der deklarativen Endung -*ta*, und in den konjunktionalen Endungen -*ni*, und -*ntain* identifiziert wird, ist -*rirə*-. Sie ist die Zusammensetzung des Präsumptivs mit dem Retrospektiv.

2.2. Morpheme der Nebenmodi

Die Nebenmodi enthalten Apodiktiv, Assertiv und Affektiv.

Die Apodiktivform, die sich nur im Deklarativ identifizieren läßt, ist -*ni*-. Obwohl man auch ähnliche Formen im Interrogativ und in attributiven Formen findet, handelt es sich bei diesen nicht um einen Apodiktiv hinsichtlich des strukturellen und semantischen Aspekts. Die apodiktive Form steht nach dem Indikativ, dem Retrospektiv, dem Präsumptiv und dem Assertiv.

Die Assertivform, die sich im Deklarativ, Interrogativ, sowie im Imperativ, in konjunktionaler und attributiver Form identifizieren läßt, ist *kə*/*ə*. Die Formen *kə* und *ə* werden je nach Art der Verben ausgewählt, an die sie angehängt werden. Die Form *kə* wird den nichttransitiven Verben angefügt, d.h. den intransitiven Verben, den qualitativen Verben, den Verben der Befindlichkeit und der Kopula. Dagegen wird die Form *ə* für transitive Verben benutzt. Deshalb kann man sagen, daß die Formen *kə* und *ə* das lexikalisch-morphologische Merkmal 〔±trans〕

besitzen. Die Endungen mit den Formen *kə/ə* in den übrigen Umgebungen dürfen nicht als Assertiv angesehen werden, denn sie enthalten keine entsprechenden Formen hinsichtlich der syntagmatischen sowie paradigmatischen Relation.

Die Assertivform steht nach Aorist und Präsumptiv.

Die affektiven Formen im Mittelkoreanschen sind wesentlich komplizierter als die der Gegenwartssprache. Die affektiven Ausdrücke, die man durch die Indentifikation von Morphemen bekommen kann, sind *-os-//-tos-*, *-s-*. Die Formen *-os-* und *-tos-* wechseln einander fakultativ ohne großen Unterschied in der Bedeutung ab. Die erstere ist ein bißchen veralteter als die letztere. Da die die Form *-s-* in einigen bestimmten Umgebungen realisiert wird, kann man sagen, daß sie gegenüber den Formen *-os-//-tos-* morphologisch bedingt ist. Die affektiven Formen werden im Deklarativ, Interrogativ, Imperativ und in konjunktionalen Endungen verwendet. Sie stehen nach allen Hauptmodi.

2.3. Formen des Aspekts

Die Aspektformen im Mittelkoreanischen werden wie in der Gegenwartssprache in den Umschreibungsformen der Verbalflexion und den konjunktionalen Endungen identifiziert. Die ersten Formen bestehen aus den Zusammensetzungen der zeitbezogenen Konverben *-ə* (어), *-ko* (고), *-kəy* (게) mit den Hilfsverben: *-e pʌri-* (-어 ᄇᆞ리-), *-ə is-* (-어 잇-) ……, *-ko is-* (-고 잇-)……, *-kəy tʌoy-* (-게 ᄃᆞ외-), *-kəy hʌ-* (-게 ᄒᆞ-). Zu den zweiten Formen gehören die konjunktionalen Endungen: *-əsyə...*, *-myəsyə...*, *ryə...*

III. Hauptmodi: Zeitinhalt

3.0. Im dritten Kapitel wurden die Zeitinhalte der Tempusausdrücke behandelt. Die Tempusrelationen werden in den Hauptmodi repräsentiert. Um die Zeitinhalte der Hauptmodi im Mittelkoreanischen systematisch erfassen zu können, muß man Stilfaktoren unterscheiden, denn manche Morpheme der Hauptmodi erscheinen nicht nur in der wechselseitigen Kommunikation wie im Dialog, sondern werden auch bei einseitiger Kommunikation wie bei der Erzählung und Darstellung verwendet.

Darüberhinaus drücken die Hauptmodi die allgemeingültigen Sachverhalte aus. Das ist ebenfalls ein wichtiger Faktor für die Systematisierung der Tempusrelationen im Mittelkoreanischen.

3.1. Zeitinhalt des Aorists

Wenn die Aoristform den Verben mit den Aktionsarten mit dem Merkmal 〔−statisch〕 angefügt wird, ist ihr Zeitinhalt das Präteritum. Wird sie dagegen den Verben mit den Aktionsarten mit dem Merkmal 〔+statisch〕 angefügt, dückt sie das Präsens aus. In eingebetteten Sätzen mit konjunktionalen, attributiven und verbalnominalen Endungen sowie bei indirekter Rede hägt ihr Zeitinhalt von dem der Hauptsätze ab. In der einseitige Kommunikation ist der Zeitinhalt der Aoristform weniger eindeutig als in der wechselseitigen Kommunikation. In der einseitigen Kommunikation darf die Aoristform durch eine andere Form wie z.B. die Retrospektivform ersetzt werden.

3.2. Zeitinhalt des Indikativs

Die Indikativform wird, im Unterschied zur Aoristform, hauptsächlich in wechselseitiger Kommunikation verwendet. Die Indikativform wird den Verben mit den Aktionsarten mit dem Merkmal 〔−statisch〕 und einigen Verben mit den Aktionarten 〔+statisch〕 angefügt. Ihr Zeitinhalt ist das Präsens. In eingebetteten Sätzen hängt ihr Zeitinhalt von dem der Hauptsätze ab.

3.3. Zeitinhalt und syntaktisch-semantische Restriktionen des Retrospektivs

Die Retrospektivform wird benutzt, wenn der Sprechende einen Sachverhalt erfahren hat und sich später zurückerinnert. Der Retrospektiv im Mittelkoreanischen darf, im Unterschied zur Gegenwartssprache, sowohl in den Sätzen, in denen die erste Person als Subjekt auftritt, erscheinen, als auch in Sätzen mit qualitativen Verben der Subjektivität. Die Retrospektivform wird auch in der einseitigen Kommunikation verwendet. In dieser Situation darf sie durch die Aoristform ersetzt werden. Der Zeitinhalt des Retrospektivs kann verschieden hinsichtlich des Sprechzeitpunktes und des Erfahrungszeitpuktes bestimmt werden: er kann in bezug auf den Sprechzeitpunkt als Präteritum interpretiert werden; er kann aber auch als Präsens in bezug auf den Erfahrungszeitpunkt angesehen werden. Der Zeitinhalt der eingebetteten Sätze hängt, wie bei den anderen Hauptmodi auch, von dem der Hauptsätze ab.

3.4. Bedeutung und Zeitinhalt des Präsumptivs

Die Präsumptivform drückt nicht nur den zukünftigen Zeitinhalt, sondern auch das Nichtfaktum ([−Faktum]) wie Vermutung, Possibilität und Intention aus. In der attributiven Endung werden nur zukünftige Bedeutung und atemporaler Zeitinhalt erfaßt. Die letztere Bedeutung erscheint in Sätzen mit nichtdeiktischem Charakter.

3.5. Bedeutung und Zeitinhalt des Präsumptiv-retrospektivs

Da die präsumptiv-retrospektivs Form eine Zusammensetzung des Präsumptivs und des Retrospektivs ist, können ihr Zeitinhalt und ihre Bedeutung als Präsumptiv und Retrospektiv interpretiert werden.

3.6. Die Zeitrelationen im Mittelkoreanischen werden in den Hauptmodi ausgedrückt. Das Präsens wird durch Indikativ und Retrospektiv ausgedrückt, das Präteritum durch Aorist und Retrospektiv, das Futur durch den Präsumptiv. Die semantische Eigenschaft der Hauptmodi bezieht sich grundsätzlich auf ein Faktum: Aorist, Indikativ und Retrospektiv auf [+Faktum] (Wirklichkeit), Präsumptiv und Präsumptiv-retrospektiv auf [−Faktum] (Unwirklichkeit). Die Hauptmodi können auch hinsichtlich des Aspekts interpretiert werden: Aorist als Perfektiv, Indikativ und Retrospektiv als Progressiv, Präsumptiv und Präsumptiv-retrospektiv als Prospektiv.

IV. Nebenmodi: Modalität und Emotionalität

4.0. Im vierten Kapitel wurde die überzeugungsbezogene Modalität und Emotionalität behandelt. Sie wird durch die Nebenmodi ausgedrückt.

4.1. Apodiktiv

Die kommunikative Funktion der Texte, in denen der Apodiktiv realisiert wird, ist in der Regel einseitig. Das Tempus des Apodiktivs hängt von dem der vorangehenden Hauptmodi ab. Die Apodiktivform wird da verwendet, wo der Sprechende die Sachverhalte als allgemeingültig bzw. entscheidend einschätzt und daher den Hörer darauf konzentrieren möchte. Deshalb dürfen in den apodiktiven Sätzen die bestätigungs- bzw. verstärkungsbezogenen sogenannten modalen Adverbien wie *bestimmt, natürlich* usw. mitverwendet werden.

4.2. Assertiv

Die kommunikative Funktion des Assertivs ist beinahe einseitig im Vergleich zum Apodiktiv. Man kann sagen, daß sein Tempus von den vorangehenden Hauptmodi, wie z.B. Aorist und Präsumptiv abhängt. Die pragmatische Eigenschaft muß sich auf die Einschätzung des Sprechenden zur Aussage beziehen. Der Assertiv wird meistens benutzt, wenn der Sprechende den Sachverhalt als entscheidend bzw. bestimmt einschätzt und sich selbst versichern will. Daher kann man in solchen Texten die einschätzungbezogenen modalen Adverbien wie *freilich, allerdings* usw. anwenden.

4.3. Affektiv

Die kommunikative Funktion des Affektivs ist einseitiger als diejenige des Assertivs. Diese Eigentümlichkeit wird deutlich in den Texten ausgedrückt, in denen keine erste Person als Subjekt auftritt. Das Tempus hängt von den vorangehenden Hauptmodi ab. In den affektiven Ausdrücken sind Emotionalität und Modalität enthalten: die Emotionalität wird hauptsächlich in den deklarativen Sätzen ausgedrückt, deren Subjekt keine erste Person ist; die Modalität erscheint meistens in den übrigen Umgebungen. Unter Umständen ist es schwer, die Grenze zwischen Modalität und Emotionalität zu ziehen. Während sich die Texte der Emotionalität mit emotionsbezogenen Adverbien wie *erstaunlicherweise, bedauerlicherweise* usw. sehr natürlich vertragen, verbinden sich die Texte der Modalität mit den modalen Adverbien wie bei dem Assertiv.

4.4. Die drei Modi, die oben Apodiktiv, Assertiv und Affektiv genannt wurden, haben gemeinsame Eigentümlichkeiten in struktureller, pragmatischer und kommunikativer Hinsicht.

1) Strukturell kommen sie grundsätzlich nach den Hauptmodi vor;

2) Pragmatisch drücken sie die Modalität und Emotionalität des

Sprechenden zur Aussage bzw. zum Geschehen aus;

3) Im Hinblick auf die Kommunikation erscheinen sie in Texten mit einseitiger Funktion. Auf Grund der obengenannten drei Punkte fasse ich die drei Nebenmodiformen zum **Intensiven Modus** zusammen.

V. Bedeutung der Aspektformen

5.0. Im fünften Kapitel wurden die Bedeutungen der Aspktformen analysiert und verschiedene Aspektkategorien systematisiert: Progressiv, Perfektiv, und Prospektiv.

5.1. Perfektiv

Die ersten Formen des Perfektivs sind aus Zusammensetzungen des perfektbezogenen Konverbs -*ə* mit dem Hilfsverb *is-* usw. entstanden. Unter diesen Formen ist die repräsentative Form -*ə is-*. Sie bedeutet nur die Dauer einer beendeten Handlung bzw. eines Zustandes. Die übrigen perfektiven Formen drücken zusätzlich eine subjektive Einschätzung des Sprechenden in bezug auf einen Sachverhalt sowie das Ende der Handlung aus; -*ə pʌri*-wird verwendet, wenn der Sprechende ein lästiges Ding wegwerfen will. In der konjunktionalen Endung erscheint nur die perfektive Bedeutung ohne irgendwelche Modalitäten. Eine der zweiten Formen -*əsyə* drückt den Sachverhalt aus, daß die Handlung der Hauptsätze früher als die der Nebensätze beendet ist.

5.2. Progressiv

Die ersten Formen des Progressivs im Mittelkoreanischen sind nicht deutlicher als in der Gegenwartssprache. Die Formen, die der progressiven Form der Gegenwartssprache -*ko iss-* entsprechen, erscheinen meistens als Indikativform -*nʌ*-. Die repräsentative Form des Perfektivs -*ə is-* hat ebenfalls eine progressive Bedeutung; die direkte Ursprungsform -*ko is-* der progressiven Form -*ko iss-*, die eine Zusammensetzung des präsensbezogenen Konverbs -*ko* mit dem Hilfsverb *is-* ist, wird selten verwendet.

Die Form -*ko is-* drückt den reinen Ablauf oder Verlauf des Geschehens aus. *-myəsyə*, eine zweite der progressiven Formen bezeichnet den gleichzeitigen Ablauf zweier Handlungen.

5.3. Prospektiv

Die ersten Formen des Prospektivs sind entstanden aus Zusammensetzungen des futurbezogenen Konverbs *-kəi* mit den Hilfsverben *tʌoi-* oder *hʌ-*. Diese Ausdrücke besitzen prospektive Bedeutung sowie Modalität. Die zweiten Formen drücken sowohl den prospektiven Aspekt als auch Modalität aus, z.B. die Form *-ryə* die prospektive Bedeutung und die Intention des Sprechenden.

VI. Abschluß

Im Abschluß wurde der Zusammenhang zwischen Hauptmodi, Nebenmodi und Aspektformen aufgeklärt.

Unter den Hauptmodi besitzen Aorist, Indikativ und Retrospektiv die gemeinsame Eigentümlichkeit 〔+Faktum〕 mit den ihnen entsprechenden Nebenmodi. Zwei Modi können durch die überzeugungsbezogene und emotionsbezogene Modalität unterscheiden werden. Wenn solche Modalität im Texte reflektiert wird, werden die Nebenmodi wie (2) ausgewählt; wenn sie nicht reflektiert wird, erscheinen die Hauptmodi wie (1).

(1) *hʌta, hʌnʌta, hʌtəra*

(2a) *hʌnʌnira, hʌtənira* (Apodiktiv) *vgl. hʌnʌta, hʌtəra*

(2b) *hʌkəta/hʌyata* (Assertiv) *vgl. hʌta*

Andererseits besitzt der Präsumptiv gemeinsam mit den entsprechenden Nebenmodi die semantische Eigentümlichkeit 〔−Faktum〕 ; wenn Überzeugung und Emotion reflektiert werden, werden die Nebenmodi wie (4) ausgewählt; wenn es keine solche Modaalität gibt, genügen die Hauptmodi wie (3).

(3) *hʌrira, hʌrirəra*

(4a) *hʌriəta/hʌryəta* (Assertiv) *vgl. hʌrira*

(4b) *hʌrisyasta//hʌrirota, hʌrirasta* (Affektiv) *vgl. hʌrira, hʌrirəra*

Es wurde argumentiert, daß die Tempusrelationen durch die Hauptmodi und die Aspekte durch Umschreibungsformen mit den Hilfsverben sowie durch die konjunktionalen Endungen ausgedrückt werden. Das soll den Zusammenhang zwischen Tempus und Aspekt aufklären. Die Hauptmodiformen sind als hʌta mit der sprecherbezogenen präfinalen Endung *-o-* aufgenommen worden; von den Aspektformen ist eine repräsentative Form der perfektiven Aspekte *-ə is-* und eine Form der progressiven Aspekte *-myəsyə* exemplarisch aufgenommen worden.

(1a) *hora*

(1b)-1 *hʌya isyorira*

(1b)-2 *hʌmyəsyə··hora*

(2a) *hʌnora*

(2b)-1 *hʌya isnora*

(2b)-2 *hʌmyəsyə··hanora*

(3a) *hʌtara*

(3b)-1 *hʌya istara*

(3b)-2 *hʌmyəsyə··hʌtara*

(4a) *horira*

(4b)-1 *hʌya isyorira*

(4b)-2 *hʌmyəsyə··horira*

(1a), (2a), (3a) und (4a) drücken jeweils Präteritum, Präsens, und Futur in bezug auf die Sprechzeit bzw. Erfahrungszeit aus. (1b)-1, (2b)-1, (3b)-1 und (4b)-1 repräsentieren jeweils die perfektiven Aspekte in Vergangenheit, Gegenwart und Zukunft; (1b)-2, (2b)-2, (3b)-2 und (4b)-2 repräsentieren die progressiven Aspekte mit gleichen Zeitinhalten. Die Zwitinhalte der Aspektformen werden durch die Hilfsverben in den Umschreibungsformen ausgedrückt; in den konjunktionalen Endungen werden sie durch das Tempus der Hauptsätze repräsentiert.

Abstract

Tense, Mood, and Aspect in Middle Korean

Yong-Kun Ko
College of Humanities
Seoul National University

Jipmoondang
Seoul, 2011

This work was submitted as a dissertation at the Seoul National University in 1981. It was supported by the grant of the Alexander von Humboldt-Foundation (1976~1977) and by the Ministry of Education of Republic of Korea (1980~1981).

Contents

I. Aims and Methods

1.1. In Contemporary Korean and Middle Korean, tense is expressed principally through a systems of moods, while aspect is expressed by the periphrastic expressions as well as by the conjunctional endings. From this background, I examine tense, mood and aspect in Middle Korean.

1.2. This work is based on the following principles:

1) Understanding of the grammatical phenomena of Middle Korean as well as the meaning of texts based on the knowledge of Contemporary Korean and its resultant intuition from the viewpoint of grammaticality and appropriateness of the meaning.

2) Identification of the morphemes and analysis of the meaning from the viewpoint of syntagmatic and paradigmatic relations; additionally, communicative-pragmatic factors are taken into consideration.

II. Morphology

2.0. In the second chapter, the mood morphemes and aspect forms are identified. The mood morphemes are discovered in verbal inflection. They are classified into two groups; primary moods and secondary moods.

2.1. Morphemes of the primary moods

The primary moods comprise of aorist, indicative, retrospective, presumptive and presumptive-retrospective.

Aorist, which is realized by the paradigmatic relation with another primary mood in the declarative ending *-ta*[+], the

[+] I take the transliteration of Late MK by B. Lewin (Hg), *Geschichte der koreanischenSprache*, Deutsche Ubersetzung

interrogative ending *-nyə*, the conjunctional ending *-ni*, and the adnominal ending *-n*, is marked as *ø*. Indicative *-nʌ-*, which appears in action verbs and in the verb of existence *-is* in above mentioned endings, alternates with *-n-* before the pre-final ending *-o-*. Retrospective *-tə-* occurs in the above mentioned and in other conjunctional endings. Retrospective *-tə-* alternates with *-ta-*, if the subject of the sentence is the first person (namely, the speaker). Presumptive -ri-, which occurs in the same position as above mentioned, alternates with **-rinyə* in presumptive interrogative endings and **-rin* in presumptive adnominal form. This phenomenon can be observed in the regularly recurring paradigm of primary moods. In Middle Korean we can trace *-ri···nyə* in *-hΛrirosonyə* and *-rin-* in *-hΛrin.*

Presumptive-retrospective *-rirə-* occurs only in the declarative ending *-ta* and in the conjuntional *-ni* and *-ntain.* It is a compound of presumptive and retrospective.

2.2. Morphemes of secondary moods

The secondary moods comprise of apodictive, assertive, and affective. Apodictive *-ni-* can be observed only in the declarative ending. Though similar forms appear in interrogative and in adnominal endings, it is not apodictive from the viewpoint of structural and semantic aspects. Apodictive appears after indicative, retrospective, presumptive, and assertive.

Assertive *-kə/ə-* can be identified in declarative, interrogative, and imperative endings as well as in conjunctional and adnominal forms. The forms *kə* and *ə* are used according to the kinds of the verbs to which they are attached. The *kə* is attached to non-transitive, i.e. intransitive verbs, descriptive verbs, verbs of existence and copula. Therefore, one can say that *kə* and *ə* have their own lexical-morphological features [±trans]. The endings with *kə/ə* in other environments should not be seen as assertive because they do not bear the forms corresponding to assertive in terms of syntagmatic and paradigmatic relations. Assertive appears after aorist and presumptive.

The affective of Middle Korean is more complicated than that of Contemporary Korean. Affective is expressed by morphemes like *-os-//-tos-* and *-s-*. The *-os-* and *-tos-* alternate optionally without any difference in meaning. Practically *-os-* is somewhat older than *-tos-*. In comparison with *-os-//-tos-*, the form *-s-* occurs only in particular environment, which is conditioned morphologically. The affective appears in declarative, interrogative, imperative and conjunctional endings. They occur after the other varieties of the primary moods.

2.3. Forms of Aspect

The forms of aspect in Middle Korean are used the way as in Contemporary Korean in the periphrastic endings of the verbal inflections and in the conjunctional endings. The former forms are made up with the composition of temporal conjunctional *-ə*, *-ko* and *-kəy* with auxiliary verbs: *-əpΛri-*, *-ə is···*, *-ko is-···*, *-kəy tΛoy-*, *-kəyhΛ*. The latter forms are of the conjunctional endings: *-əsyə···*, *myəsyə···*, *ryə···*.

III. Primary Moods: Temporal References

3.0. The third chapter deals with the temporal references. The primary moods also represent tenses. In order to understand the temporal references of primary-moods in Middle Korean systematically, the factors of style must be discerned, because many morphemes in primary moods appear not only in dialogue, two-sided communication, but also in one-sided communications as in the narrative and the description. Furthermore the primary moods express tenses of the generally accepted truth, i.e. factual situation. This is an important factor for the systematization of tenses in Middle Korean.

3.1. Temporal References of Aorist

When aorist is used in the actionality [Aktionsart] of feature [−static], it indicates past tense. On the contrary, if aorist is used in the actionality of feature [+static], it indicates present tense. In embedded sentences with conjunctions or adnominal endings, and in verbal nominal endings as well as in indirect speech, their temporal references depend on those of main sentences. In one-sided communications the tense reference of aorist is not so clear as in the two-sided communication. In one-sided communication, aorist may be replaced by retrospective, for example.

3.2. Temporal References of Indicative

In contrast to aorist, indicative is used primarily in two-sided communication. Indicative is marked in verbs with the feature of actionality [−static] and some verbs with the feature of actionalty [+static]. Indicative refers present. In embedded sentences the temporal reference of indicative depends on the main sentence.

3.3. Temporal References of the Retrospective and Its Syntactic/semantic Restrictions

When the speakers experience an event and later reflect on it, retrospective is used. Different from Contemporary Korean, retrospective in Middle Korean appears not only in sentences in which the speaker (first person in general) is a subject, but also in sentences with subjective descriptive verbs. Retrospective is also used in one-sided communication. In this case it can be replaced by the aorist form. The temporal references of retrospective can be interpreted differently according to the utterance time and experience time: it can be interpreted as past from the viewpoint of the utterance time; it can also be treated as present from the viewpoint of the experience time. The temporal reference of retrospective in embedded sentences depends on the main sentence as is the case with other primary-moods.

3.4. Meaning and Temporal Reference of Presumptive

Presumptive expresses not only the future tense, but also non-facts [−factivity], such supposition, possibility and intention. In adnominal ending, presumptive refers only the futurity and non-temporal expression. The latter meaning appears in sentences with non-deictic character.

3.5. Meaning and Temporal References of Presumptive-Retrospective

Since the presumptive-retrospective is a compound of presumptive and retrospective, its temporal reference and meaning can be interpreted as presumptive and retrospective.

3.6. The temporal relation in Middle Korean is expressed in primary moods. The present tense is expressed by indicative and retrospective, the past tense by aorist and retrospective, and the future tense by presumptive. In principle, the semantic features of primary moods refer to factivity: aorist, indicative and retrospective on 〔+factivity〕 (reality), presumptive and presumptive-retrospective on 〔−factivity〕 (irreality). The primary moods can also be interpreted from the viewpoint of the aspects: aorist as perfective, indicative and retrospective as progressive, presumptive and presumptive-retrospective as prospective.

IV. Secondary Moods: Modality and Emotionality

4.0. The fourth chapter deals with the secondary moods, which are related with epistemic modality and emotionality.

4.1. Apodictive

The communicative function of the text, in which apodictive is used, is generally one-sided. The tense of apodictive depends on that of the preceding primary moods. Apodictive is used when the speaker judges some events as accepted generally or absolutely true, in order to attract the hearer's attention. It refers to the modality which is demonstrable and self-evident. Therefore, in apodictive sentences the modal adverbs like *certainly, really,* and *naturally* are often used.

4.2. Assertive

The communicative function of assertive is nearly one-sided in comparison to apodictive. One can say that its tense depends on the preceding primary moods such as aorist and presumptive. The pragmatic features must refer to the evaluation of the speaker to the proposition. Assertive is normally used when the speaker asserts or insures himself with certainty that something is or is not the case.

In some assertive sentences, adverbs such as *indeed, in fact* and *clearly* can be used.

4.3. Affective

The communicative function of affective is more one-sided than that of assertive. This feature is expressed clearly in texts in which the first person never occurs as a subject. The tense depends on the preceding primary moods. Affective expresses emotionality and modality: emotionality is expressed primarily in declarative endings, in which the subject is not the first person. In contrast, modality appears most in other environments. In some cases it is difficult to distinguish between modality and emotionality. While texts of emotionality go well with the emotional adverbs such as *amazingly* and *regretfully*, those of modality contain the modal adverbs which occur in the text of assertive.

4.4. These three secondary moods of apodictive, assertive, and affective share common features from the viewpoint of the structural, pragmatic, and communicative aspects.

1) Structurally they occur principally after the primary moods.

2) Pragmatically they express modality and emotionality of the speaker in reference to proposition or event.

3) From the viewpoint of communication, they occur in texts with one-sided function.

With regard to the above mentioned three features, I summarize the secondary moods as **I n t e n s i v e M o o d**.

V. Meaning of Aspects

The fifth chapter analyzes the meaning of aspect and systematizes its various categories: perfective, progressive, and prospective.

5.1. Perfective

The first forms of perfective are made up with a perfect converb -*ə* and an auxiliary verb meaning existence *-is-*. Among the forms of perfective, *ə* is the most representative. It expresses simply the duration of a completed action or state. The other forms of perfective express additionally a subjective evaluation of the speaker in reference to a factual event as well as the completion of an action: if the speaker wants to remove annoying things, -*ə pΛri-* is used. In the conjunctional ending appears only the perfective meaning without any modality. One of the second forms, -*əsyə*, expresses the situation when the action of the main sentence is finished earlier than that of the subordinated sentence.

5.2. Progressive

The first forms of progressive in Middle Korean are not as clear as in Contemporary Korean. The forms, which correspond to progressive in Contemporary Korean *-ko iss-*, appear generally as indicative *-nʌ-*. The representative form of perfective, -əis- has also progressive: its original form *-ko is-* of the Contemporary progressive *-ko iss-*, which is a compound of the present converb *-ko* with the auxiliary verb of existence, was seldom used in Middle Korean.

The form *-ko is-* expresses simple progression or proceeding of an action or an event. The second form of progressive *-myəsyə* expresses simultaneous progression of two actions.

5.3. Prospective

The first forms of prospective are compound of a future conveb *-kəi* and the auxiliary *tʌoi-* ('become') or *hʌ-* ('do'). These expressions contain the prospective meaning as well as modality. The second forms express both the prospective aspect and modality. For instance, the form *-ryə* expresses prospective meaning and intention of the subject or the speaker.

VI. Conclusion

In conclusion, the relationship among primary moods, secondary moods, and aspects is explained. Among primary moods, aorist, indicative and retrospective share the common features [+factivity] with the corresponding secondary moods. Two moods can be distinguished by the modality of knowledge or belief and emotion. If such moods are reflected in text, the secondary moods are chosen as (2); when they are not reflected, then the primary-moods occur as (1)

(1) *hʌta, hʌnʌta, hʌtəra*

(2a) *hΛnΛnira, hΛtənira* (apodictive), vgl. *hΛnΛta, hΛtəra*
(2b) *hΛkəta/hΛyata* (assertive) vgl. *hΛta*

On the other hand, the presumptive shares the semantic feature 〔− factivity〕 with the corresponding secondary-mood; when knowledge or belief and emotion are reflected, the secondary moods like (4) occur; when there is no such modality, the primary moods like (3) are used.

(3) *hΛrira, hΛrirəra*
(4a) *hΛriəta/hΛryəta* (assertive) vgl. *hΛrira*
(4b) *hΛrisyasta//hΛrirota, hΛrirasta (affective)* vgl. *hΛrira, hΛrirəra*

It is argued that the temporal references are expressed by primary moods and the aspect by modal auxiliaries as well as by conjunctional endings. The close relationship between tense and aspect needs to be explained. The primary moods are taken as *hΛta* with the speaker-related prefinal ending -o-; for the aspects the perfective -ə *is* and progressive *myəsyə* is taken up exemplarily.

(1a) *hora*
(1b)-1 *hΛya isyorira*
(1b)-2 *hΛmyəsyə…hora*
(2a) *hΛnora*
(2b)-1 *hΛja isnora*
(2b)-2 *hΛmyəsyə…hanora*
(3a) *hΛtara*
(3b)-1 *hΛya istara*
(3b)-2 *hΛmyəsyə…hΛtara*
(4a) *horira*
(4b)-1 *hΛya isyorira*
(4b)-2 *hΛmyəsyə…horira*

(1a), (2a), (3a) and (4a) refer past, present, and future in terms of time of utterance and experience time. (1b)-1, (2b)-1, (3b)-1 and (4b)-1 refer perfective in past, present, and future. (1b)-2, (2b)-2, (3b)-2, (4b)-2 represent the progressive aspect with the same temporal reference. The temporal reference of aspect is expressed by periphrastic forms by auxiliary verbs; in conjunctional endings the temporal reference of aspect is expressed by the tense of the main sentence.

부록 1

중세어의 동사 형태부에 나타나는 모음 동화*

—서법 어소의 확인과 관련하여—

1. 들어가기

15, 6세기의 중세 문헌의 동사 형태부1)에는 19세기 후반 이래의 문헌과 현대의 여러 방언에서 활발하게 실현되고 있는 움라우트를 방불케 하는 음운 현상이 나타나는가 하면 또 매개 모음의 속성을 지닌 'ᄋᆞ'가 앞서는 문법 어소2)에 동화되었으리라고 추측할 수 있는 예들을 더러 볼 수 있다. 대표적으로 'ᄒᆞ샤식이다'와 'ᄒᆞ노소이다'가 그러한 예이다.

'ᄒᆞ샤식이다'는 'ᄒᆞ샷다'의 ᄒᆞ쇼셔체 'ᄒᆞ샤ᄉᆞ이다'가 움라우트되었다고 간주되는 예이다. 이 어형은 'ᄒᆞ+샤+옷+ᄋᆞ이+다'로 분석해 왔는데3), 그

---

* 이 글은 『國語史와 借字表記』 (태학사, 1995)에 기고했던 것을 그대로 옮겨 실었다.

1) 이곳의 "형태부"란 의미부에 상대되는 개념으로서 굴절 접사 (피동, 사동 접사 제외)를 가리키는 뜻으로 사용한다. 문법의 하위 부문으로서의 "형태부" (morphological component)의 혼동을 피하기 위하여 이곳의 형태부는 특별히 "동사 형태부"라 부르기로 한다.

2) 앞으로 필자는 학계에서 통용되고 있는 "형태소"라는 말 대신에 "어소" (語素)라는 용어를 사용하기로 한다. 이 용어를 택한 까닭은 고영근 (1993)에서 자세히 베풀었다. 따라서 종전의 "실질 형태소/어휘 형태소, 형식 형태소/문법 형태소"란 말도 "실질 어소/어휘 어소, 형식 어소/문법 어소"란 말로 바꾸어 부르기로 한다. 그 밖의 용어도 필자가 위의 책에서 새로 제안한 용어를 따르기로 한다. 선어말 어미를 "선행토"로 바꾼 것도 그러한 생각의 한 가닥이 표출된 것이다.

3) 이 어형의 분석 절차에 대하여는 고영근 (1981: 45, 1987: 224 [補說5], 1998: 45, 본서

렇다면 문법 어소의 사이 (흔히 형태소의 경계)에서 움라우트된다는 특징을 지니고 있다. 지금까지 논의된 움라우트의 적용 범주는 어휘 어소 내부 및 어휘 어소와 문법 어소 사이였었는데 이곳의 움라우트는 문법 어소 사이인 점이 다르다. 그것은 어쨌든 'ᄒᆞ샤싀이다'는 동화주가 'ㅣ' (/i/)이고 피동화주가 후설 모음 'ᆞ'이며 양자 사이의 개재 자음이 변자음(邊子音, grave) 'ㆁ'이라는 점에서 'ᄒᆞ샤ᄉᆞ이다'에서 결과된 움라우트임이 틀림없다[4]. 'ᄒᆞ노소이다'는 'ᄒᆞ+ㄴ+옷+ᄋᆞ이+다'로 분석되는 'ᄒᆞ노ᄉᆞ이다'에서 매개 모음 'ᆞ'가 선행하는 감동법의 선행토 '옷'에 동화된 어형이 아닐까 추측되어 왔다[5]. 이러한 처리는 당시의 음운 현상과 유기적인 관련을 맺지 않은 상태에서 시도된 만큼 아직도 가설적인 단계를 벗어나지 못하고 있다. 앞의 어형이 참된 의미의 움라우트로 인정되려면 '싀'가 이중 모음이 아닌 단모음이었다는 증거를 대어야 할 것이고 뒤의 어형이 모음 동화에 의해 결과되었다면 중세의 문헌에서 이와 비슷한 동화 현상을 찾아내어야 한다는 점에서 그렇게 볼 수 있다. 사실 위의 두 문제는 그러한 가능성만 제기되어 있을 뿐이고[6], 아직도 이에 대한 적절한 해결 방책을 제시하지 못하고 있다.

필자는 그사이 이루어진 국어 음운사와 방언 음운론 방면의 업적을 디딤돌로 삼아 15, 6세기 중세어의 동사 형태부의 움라우트 어형과 모음 동화 어형에 대한 설명을 시도해 볼까 한다. 이러한 작업은 일차적으로 서법 어소의 식별에 얽힌 문제의 해결에 이바지할 수 있으며 부차적으로

52쪽)을 보라.

4) 국어의 움라우트의 적용 범위와 성립 조건에 대하여는 최명옥 (1989)에 자세히 논의되어 있다.

5) 'ᄒᆞ노소이다'의 분석 절차에 대하여는 고영근 (1981: 40, 1987: 225 [補說5], 1998: 46, 67, 본서 52, 75쪽)을 보라.

6) 이 문제의 실마리는 일찍이 안병희 (1967: 215)에서 비쳐진 바 있고 필자가 중세어의 감동법을 분석하는 마당 (1981/1987: 40 각주 81, 1998: 46, 68, 본서 53, 76쪽)에서 음운론적 방면의 접근 필요성을 비친 바 있다.

는 중세어의 음운 현상의 기제 (機制)를 파악하고 형태부와 음운부의 상호 의존성을 확인하는 길로 이어질 수 있다.

2. 중세어의 동사 형태부의 i-움라우트

중세어의 동사 형태부에서 i-움라우트 현상으로 간주되는 어형에는 앞의 'ᄒᆞ샤ᄉᆡ이다'를 비롯하여 다음과 같은 것을 더 들 수 있다[7].

(1) a. ᄒᆞᄂᆞ이다 > ᄒᆞᄂᆡ이다
 b. ᄒᆞ노이다 > ᄒᆞ뇌이다
(2) a. ᄒᆞ더이다 > ᄒᆞ데이다
 b. ᄒᆞ다이다 > ᄒᆞ대이다
(3) ᄒᆞ과이다 > ᄒᆞ괘이다
(4) ᄒᆞ샤ᄉᆞ이다 > ᄒᆞ샤ᄉᆡ이다
(5) ᄒᆞ노소이다 > ᄒᆞ노쇠이다
(6) ᄒᆞ도소이다 > ᄒᆞ도쇠이다
(7) ᄒᆞ사이다 > ᄒᆞ새이다

(1)~(4)는 중세어의 서법 어소인 직설법 'ᄂᆞ', 회상법 '다' (<더+오), 확인법 '과' (<거+오), 부정 감동법 (1) 'ᄋᆞᆺ' (>샤+ᄋᆞᆺ)에 각각 ᄒᆞ쇼셔체의 표지 '이'가 연결될 때 움라우트가 실현된 것이다. 이 가운데서 (1)a, (2)a는 선행토 '오'가 결여된, 다시 말하면 주어 명사구가 비화자 (非話者)일 때 선택되는 어형이고 (1)b, (2)b는 선행토 '오'가 사용된, 다시 말하면 주어 명사구가 화자일 때 선택되는 어형이다. (5)는 직설 감동법 'ᄂᆞᆺ'의 후행

7) 자료는 허웅 (1975, 1985, 1989), 최전승 (1978), 고영근 (1981/1987: 39, 1998: 45, 본서 51-2쪽) 등에 기대어 다시 정리한 것이다.

매개 모음 동화형 '노소' (뒤에 나옴)에, (6)은 부정 감동법 (2)[8]의 동화형 '도소'에 ᄒᆞ쇼셔체의 표지 '이'가 연결될 때 각각 움라우트가 실현된 것이다. (7)은 제안토의 불연속 형태인 '사…다'에 역시 ᄒᆞ야쎠체의 표지 '이'가 끼어들 때 움라우트가 실현되었다고 볼 수 있는 예이다[9].

(1)~(7)에 대한 실지의 용례를 보이기로 한다[10].

(1′) a. 阿難大衆이 다 술오ᄃᆡ 소리 잇ᄂᆡ이다 (/阿難大衆이 俱言호ᄃᆡ 有聲ᄒᆡ이다) (능엄경언해 4, 126) / 阿難大衆이 다 술오ᄃᆡ 소리 잇ᄂᆞ이다 (/阿難大衆이 俱言호ᄃᆡ 有聲ᄒᆡ이다) (같음)

b. 온 후의ᄂᆞᆫ 긔별 몰라 ᄒᆞᄋᆞᆸᄂᆡ이다 (순천김씨 간찰, 191[11])

(2′) a. 政이 잇데이다 (/有政이레이다) (논어언해 3, 41)

b. ᄇᆞ리여 겨신ᄃᆡ 몰라 보ᅀᆞ오라 가디 몯ᄒᆡ야 잇대이다 (번역박통사 상, 58뒤)

(3′) 오ᄂᆞᆯ나래ᅀᅡ 내좋내 能히 빈브르디 몯ᄃᆞᆺ ᄒᆞᆫ돌 알와이다 (/今日에ᅀᅡ 乃知…終不能飽ᄐᆞᆺ ᄒᆞᆫ돌쾌이다) (능엄경언해 1, 93) / 여긔 널

8) 중세어의 감동법을 두 가지로 나누는 문제에 대하여는 고영근 (1981/1987: 122, 140, 149-50, 1998: 153, 178, 183-6, 본서 172, 193, 204-6쪽)을 보라.

9) 이런 현상에 대하여 안병희 (1967: 215)에서는 움라우트 (Umlaut)되어 있다고 하였고 허웅 (1975: 952)에서는 역행 동화된 것으로 처리하였으며 이어 같은 책 (657쪽, 각주 28)에서는 일종의 움라우트로 보아지나 하강적 겹홀소리로 바꾸었다는 차이점이 있다고 하면서 음운론적인 기제를 명세하고 있다. 두 사람의 움라우트와 역행 동화는 같은 뜻으로 사용된 것으로 보인다.

10) 허웅 (1985: 427)에는 ᄒᆞ야쎠체의 '댕다, 로쇵다, 뇡다'와 반말의 '뇌'도 모두 "ㅣ-치닮음", 곧 움라우트로 처리하고 있으나 이는 제외해야 한다. 움라우트가 일어난 어형과 그렇지 않은 어형 사이에는 기능상의 차이가 인정되어서는 안 되는데 위의 형태는 움라우트되었다고 하는 어형이 ᄒᆞ야쎠체와 반말이라는 점에서 기능이 전혀 다르다. 최전승 (1978: 193)에서는 형태부의 역행 동화로서 중세어의 감동법의 선행토가 쓰인 '게라'의 ᄒᆞ쇼셔체 '게이다'를 들고 있는데 이 역시 제외해야 한다. 그 근거는 허웅 (1975: 931, 943)에 자세하게 베풀어져 있다.

11) 이곳의 숫자는 조건상 교수가 편찬한 『청주 북일면 순천김씨묘 출토간찰』 (1981, 충북대학교 박물관)에서 매긴 간찰 번호이다.

이괘이다 (번역노걸대 상, 39)

(4′) 입시울 비치 … 頻婆ㅣ 곧ᄒᆞ샤시이다 (/脣色 … 如頻婆果ᄒᆞ샤ᄉᆞ이다) (법화7, 148) / 陛下 ᄊᆞ샤미 당다이 긔샤시이다 (월석 2, 65)

(5′) 季氏ㅣ 쟝ᄎᆞ 顓臾에 事를 두려 ᄒᆞ노쇠이다 (/李氏ㅣ 將有事於顓臾ㅣ로소이다) (논어언해 4, 16)

(6′) 곧 녯 사ᄅᆞ미 ᄆᆞᅀᆞ미로쇠이다 (/卽古人之心이로소이다) (내훈 2하: 24) / 얼우시니 어제 ᄒᆞᆫ 디위 속졀업시 ᄃᆞᆫ니시도쇠이다 (번역박통사 상, 58뒤)

(7′) 우리 모다 홈ᄭᅴ 가새이다 (번역박통사 상, 9앞)

앞에서 필자는 ᄒᆞ쇼셔체의 표지 '이'에 영향을 받아 실현된 선행 음절 '식' 등을 움라우트라고 하였지만 이는 참된 의미의 움라우트라고 하기가 어렵다. 원래 움라우트는 'ᄋᆡ' 등이 반드시 전설 모음으로 음운화된 다음에 일어날 수 있는 음운 현상이기 때문이다[12]. 중세어의 하향 이중 모음이 글자의 모양 그대로 이중 모음이 아니라 현대와 같은 단모음이었다는 주장이 없는 바 아니나[13], 아직도 전통적인 이중 모음론을 뒤엎을 만한 충분한 반증이 제시되어 있지 않다고 생각한다. 필자는 이숭녕 (1949/1988) 이래의 이중 모음론을 수용하는 관점에서 위의 움라우트 실현형에 대한 음운론적 해석을 꾀해 보려고 한다. 이렇게 본다면 중세어의 동사 형태부의 움라우트는 움라우트라기보다는 최근 학계의 한 모퉁이에서 일고 있는 'ㅣ'-모음 역행 동화라고 하는 편이 현상에 알맞은 처리라 생각한다. 이 현상은 동화된 음운 연쇄가 반드시 전설 모음임을 전제로 하지 않는다[14]. 다시 말하면 'ㅣ'-모음 역행 동화는 피동화주 모음에 전설성의

12) 문헌어와 방언에 대한 움라우트 연구는 연구사를 엮을 정도로 많은 업적을 쌓아 왔고 그 성과 또한 눈여겨볼 만한 것이 많다. 최명옥 (1988, 1989)에 그사이의 연구 성과와 함께 문제점이 종합되어 있다.

13) 강길운 (1992: 1-115)에서 종래의 이중 모음론에 대한 반론을 볼 수 있다.

/j/를 첨가시키는 현상이라는 뜻이다[15].

그렇다면 (1)~(7)은 다음과 같은 음운 연쇄를 표기한 것으로 보인다[16].

(1″) a. hʌnʌjŋita

b. hʌnojŋita

(2″) a. hʌtəjŋita

b. hʌtajŋita

(3″) hʌkoajŋita

(4″) hʌsjasʌjŋita

(5″) hʌnosojŋita

(6″) hʌtosojŋita

(7″) hʌsajŋita

이상의 사실을 기초로 할 때 15, 6세기의 동사 형태부의 'ㅣ'-모음 역행 동화는 동화주가 /i/이고 개재 자음이 모두 변자음 /ŋ/이며 피동화주

---

14) 이러한 견해는 최전승 (1978, 1986, 1987, 1989) 등의 일련의 논의에서 얼굴을 내밀었으며, 백두현 (1989), 한영균 (1991b)에서도 그러한 견해가 받아들여지고 있다. 특히 최전승 (1978: 175)에서는 'ㅣ'-모음 역행 동화를 전설 모음화를 전제로 하는 원래의 움라우트와 구별하기 위하여 "일차적 움라우트"라 불렀다. 한편 최명옥 (1980: 183 각주 18)에서는 동해안 방언의 음운 현상을 다루는 자리에서 'ㅣ'역행 동화에 대하여 후설 모음에 'ㅣ'가 삽입되는 과정과 두 모음이 축약되는 두 가지 과정을 포함할 수 있다고 하였다. 또 김주필 (1994: 120-40, 특히 주3)에서는 동화라는 범주에 소속시키는 위의 견해들의 잘못을 지적하고 "구개성 반모음 첨가 현상"이라 부를 것을 제안하였으며 이병근 교수도 사석에서 동화가 아닌 단순한 j 첨가라는 사실을 강조한 바 있다. 용어에 있어서는 차이가 없지 않으나 최전승의 "일차적 움라우트"나 백두현과 한영균의 "ㅣ-모음 역행 동화"는 내용상으로 최명옥과 김주필의 견해와 근본적으로 차이가 있어 보이지 않는다.

15) 중세어의 하향 이중 모음의 부음에 대하여는 /i/라는 견해가 없지 않으나 (김종규 1989), 이곳에서는 김완진 (1964/1971: 45-65)에 기대기로 한다.

16) (1′)b, (2′)a, (5′)는 표기상으로 'ㆁ'이 나타나지 않으나 음운론적으로는 실재한 것으로 간주한다.

가 후설 저모음 /a/, /ʌ/, /o/와 후설 고모음 /ə/[17]의 조건을 갖추고 있으므로 움라우트의 테두리에 넣을 수 있다. 후설 고모음의 움라우트는 16세기 말엽에 나왔으리라 추정되는 『논어언해』에서 나타난다. 그러나 피동화주가 아직 단모음화되기 전에 일어난 변화이므로 'ㅣ'-모음 역행 동화로 처리하는 것이다. 15세기 말부터 나타나는 '베혀, 새괸' 등의 어소 내부의 움라우트의 예[18]도 중세어의 동사 형태부에 나타나는 (1)~(7)과 같은 'ㅣ'-모음 역행 동화와 질서를 같이하는 것으로 보인다. 차이점은 전자가 시대가 내려올수록 음운 규칙으로서 자리를 잡아 전체 어휘에 확산되어 움라우트로 자리를 잡았음에 대하여 후자는 '이' 모음 역행 동화로서 개별적·단속적 (斷續的)인 양상을 보이고 말았다는 것이다. 19세기 후반의 전라 방언을 배경으로 한 판소리 사설에는 'ㅣ'-모음 역행 동화가 일어나고 있으면서 동시에 피동화주의 '의, 위'가 분명히 이중 모음으로 실재한 예가 나타난다. 이를테면 '듸듸다 (<드듸다), 귀경 (<구경)'에 나타나는 '듸, 귀'는 이중 모음임에도 불구하고 'ㅣ'-모음 역행 동화가 실현되어 있다[19]. 이 역시 15세기 말 이래의 어소 내부의 'ㅣ'-모음 역행 동화와 행태를 같이하는 것이다[20]. 충남 방언을 비롯한 현대의 몇 방언에는 움라우트가 실현되면서 피동화주의 하향 이중 모음의 부음 /j/가 분명히 들린다는 보고가 있는데 이러한 사실은 중세어의 동사 형태부의 'ㅣ'-모음 역행 동화의 실상을 파악하는 데 큰 도움이 되어 보인다[21].

---

17) 중세어의 모음 체계에 대하여는 논의가 많다. 김영진 (1990)에 여러 견해가 종합되어 있다. 이곳에서는 고전적 모음 체계를 전개한 이숭녕 (1954/1988: 275-362)를 따르기로 한다.

18) 관련 용례는 최전승 (1978: 177)과 홍윤표 (1994: 320)에서 얻었다.

19) 예는 최전승 (1986: 150, 160)에서 가져왔다.

20) 한영균 (1991b)에서는 이중 모음의 단모음화가 점진적으로 일어났다는 전제 아래에서 16세기 문헌인 『번역소학』에서 'ᄃᆞ외다'가 '도외다, 도의다, 도ᄋᆡ다, 되다' 등의 여러 가지 다른 표기를 보여 준다는 사실을 기초로 하여 '외'의 단모음화가 'oj > ∅i > ∅'의 과정을 밟았으리라 추측한 바 있다.

21) 곽충구 (1982)를 보라. 최전승 (1986: 162, 각주 48)에 이 방면의 정보가 잘 정리되어 있다.

앞에서 필자는 15, 6세기의 동사 형태부의 'ㅣ'-모음 역행 동화가 개별적·단속적인 음운 현상이라고 하였다. 이는 다른 환경과는 달리 동사 형태부에서만 잠깐 보이고 더 이상 확산되어 음운 규칙으로 자리를 잡지 못하였다는 뜻이다. 그런데 15세기에는 일부 문헌에서만 'ㅣ'-모음 역행 동화가 일어났고 같은 문헌이라 하더라도 극히 부분적으로만 실현되며 같은 장이라 하더라도 역행 동화형과 비역행 동화형이 공존하고 있다.

(4′), (5′), (6′)의 앞의 예들은, 구결문은 역행 동화를 보여 주지 않는 데 대하여 번역문은 모두 역행 동화가 실현되어 있다. 한편 구결문에는 역행 동화가 일어났으나 번역문에는 그것이 반영되지 않은 예도 있다. (3′)의 앞의 예는 구결문에서는 '乃知… 혼돌쾌이다'와 같이 역행 동화가 일어났으나 번역문에서는 '알와이다'와 같이 역행 동화가 실현되지 않았다. (1′a)의 앞의 예는 구결문과 번역문이 다 같이 역행 동화가 되어 있다. 그런데 뒤의 예는 구결문에는 동화된 어형이 보이나 번역문에는 비동화형으로 실현되어 있다. 더욱이 이 예는 앞의 예에 바로 이어진다. 구결문의 비동화형이 번역문에서 동화형으로 나타나고 구결문의 동화형이 번역문에서 비동화형으로 나타나며 더욱이 같은 장, 같은 원문의 번역에서 동화형과 비동화형이 공존한다는 것은 무엇을 뜻하는가?

동사 형태부의 'ㅣ'-모음 역행 동화는 16세기를 거쳐 17세기의 문헌인 『첩해신어』(1676)와 『박통사언해』(1677) 등에도 보인다. ᄒᆞ쇼셔체의 직설법 '닉이다, 닝이다'가 그러한 예이다[22].

(8) 아므 일도 업시 완닉이다 (첩해신어 2, 1)

(9) 太醫 여긔 왓닉이다 (박통사언해 중, 14)

그런데 (8)은 『개수첩해신어』(1748)에서는 다음과 같이 초판의 역행 동

22) 관련되는 예는 최전승 (1978)과 한글학회 지음, 『우리말 큰사전』 4 (옛말과 이두) (1992)에서 접할 수 있다.

화를 비역행 동화로 바꾸었다[23].

(8′) 無事히 <u>왼ᄂᆞ이다</u> (개수첩해신어 2, 1)

'ㅐ, ㅔ' 등의 이중 모음의 단모음화 연대를 18세기 말로 잡는다고 할 때[24], 17세기 중엽의 문헌인 『첩해신어』의 움라우트 표기는 15, 6세기와 같이 앞의 음절에 반모음 /j/를 삽입시키는 역행 동화 현상에 지나지 않았을 것이 틀림없다. 더욱이 『개수첩해신어』에서 비동화형으로 고친 것은 초판의 역행 동화형이 참된 움라우트가 아님을 뒷받침한다고 하겠다. 구결문의 비동화형이 번역문에서 동화형으로 바뀐 것은 번역에 즈음하여 다른 방언 (지역/사회)을 배경으로 하는 화자의 말씨가 개입되었다고 생각할 수 있고 거꾸로 구결문의 동화형이 번역문에서 비동화형으로 바뀐 것은 서울 공통어를 배경으로 하는 화자의 말씨가 개입되었다고 해석할 수 있다. 그리고 같은 장에서 두 어형이 공존하는 것은 같은 화자의 상황에 따른 말씨의 차이로 해석할 수 있다. 같은 사람이 말을 할 때 한번은 방언형을 썼다가 다시 표준어로 바꾸어 말하는 상황과 비슷해 보인다.

이런 말씨의 변동은 같은 판소리 사설에 나타나는 움라우트 어형과 비움라우트 어형의 공존과 그 사정이 매우 유사하다[25].

(10) a. ᄋᆡ비~아비, 쇠경~소경, ᄉᆡ겨 보면~삭인 듯, 기가 ᄆᆡ켜~기가 막켜

b. 동방ᄉᆡᆨ이 오래 사ᄂᆞᆫ - 이ᄂᆞᆫ 동방삭이라, 풍닝이~풍낭이

---

23) 『개수첩해신어』에 대하여는 야스다 (安田 章) (1987)을 보라.

24) 잠정적으로 이기문 (1972: 202)의 견해를 따른다. 그러나 이 문제는 아직도 밝혀야 할 문제가 많은 것으로 보인다. 이 방면에 대한 최근의 연구는 백두현 (1989), 한영균 (1991a)를 보라.

25) 관련 자료는 최전승 (1986: 121-46)에서 가져왔다.

(10)a는 어소 내부에서 움라우트형과 비움라우트형이 공존하는 것이고 (10)b는 어휘 어소와 문법 어소 사이에서 두 어형이 공존하는 것이다. 우리의 'ㅣ'-모음 역행 동화는 동사 형태부에서 실현되는 데 대하여 전남 방언은 어소 내부와 어소 사이에서 일어난다는 점이 다르다.

3. 중세어의 '오' 모음 동화

앞에서 던진 두 번째의 물음인 모음 동화 현상에 대하여 살펴보기로 한다. 중세어의 동사 형태부에서 '오'-순행 동화를 겪었다고 간주되는 어형에는 앞의 'ᄒᆞ노소이다'를 비롯하여 다음과 같은 것을 더 들 수 있다.

(11) a. *ᄒᆞ노ᄉᆞ이다 > ᄒᆞ노소이다
b. *ᄒᆞ노ᄉᆞ니 > ᄒᆞ노소니

(12) a. *ᄒᆞ도ᄉᆞ이다 > ᄒᆞ도소이다
b. *ᄒᆞ도ᄉᆞ녀 > ᄒᆞ도소녀
c. *ᄒᆞ도ᄉᆞ니 > ᄒᆞ도소니

(13) a. *ᄒᆞ리로ᄉᆞ이다 > ᄒᆞ리로소이다
b. *ᄒᆞ리로ᄉᆞ녀 > ᄒᆞ리로소녀
c. *ᄒᆞ리로ᄉᆞ니 > ᄒᆞ리로소니

(11)은 직설 감동법이다[26]. 직설 감동법이라 함은 직설법 'ᄂᆞ'의 음운론적 이형태 'ㄴ'이 감동법의 선행토 '옷'에 앞섬을 뜻한다. (11)a는 평술형이고 (11)b는 접속형이다. 전자는 앞에서 본 바와 같이 'ᄋᆞ이다'에서

26) 직설 감동법을 비롯한 중세어의 감동법 전반에 대하여는 고영근 (1981/1987: 121-52, 본서 170-208쪽)을 보라.

나타나는 매개 모음 'ᄋᆞ'가 선행하는 감동법 어소 '옷'의 '오'에 영향을 입어서 실현된 것이다. 후자는 'ᄋᆞ니'에 나타나는 매개 모음 'ᄋᆞ'가 선행하는 감동법 '옷'에 영향을 받아 실현된 것이다. (12)는 부정 감동법 (2)이다. (12)a는 평술형, (12)b는 의문형, (12)c는 접속형이다. 평술형은 'ᄋᆞ이다'의 매개 모음 'ᄋᆞ'가 선행하는 부정 감동법 어소 '돗'의 '오'에 동화된 것이다. 의문형은 'ᄋᆞ녀'의 매개 모음 'ᄋᆞ'가 선행하는 부정 감동법 '옷'에 동화된 것이다. 접속형은 'ᄋᆞ니'의 매개 모음 'ᄋᆞ'가 '돗'에 동화되어 실현된 것이다. (13)은 추측 감동법 (2)이다. (13)a는 평술형, (13)b는 의문형, (13)c는 접속형이다. 평술형은 'ᄋᆞ이다'의 'ᄋᆞ'가 추측 감동법의 선행토 '리롯'의 '오'에 동화된 것이고 의문형은 'ᄋᆞ녀'의 'ᄋᆞ'가 역시 선행토 '리롯'의 '오'에 동화된 것이며 접속형은 'ᄋᆞ니'의 'ᄋᆞ'가 선행토에 동화된 것이다 [붙임말 1].

(11)~(13)에 해당하는 예를 들면 다음과 같다.

(11′) a. **부톄** … 오늘 ᄯᅩ 우 업슨 ᄆᆞᆺ 큰 法輪을 <u>옮기시노소이다</u> (법화경언해 2, 47앞)

b. 西方애 聖人이 나시노소니 이 後로 千年이면 **그 法이** 이에 <u>나오리로소이다</u> (월인석보 2, 49앞뒤)

(12′) a. 太子ㅣ 그런 사ᄅᆞ미시면 **이 이리** <u>어렵도소이다</u> (석보상절 11, 19뒤)

b. **趙州ㅅ ᄠᅳ든** 果然 <u>그러ᄒᆞ도소니야</u> <u>아니ᄒᆞ도소니아</u> (몽산법어, 57앞)

c. **尙書의 功業이** 千古ㅅ 사ᄅᆞ미게 건너 <u>쀠도소니</u> 荊州를 雄히 눌러쇼ᄆᆞᆯ 내 한아비ᄅᆞᆯ 니ᅀᅥᆺ도다 (두시언해 25, 48앞)

(13′) a. **父王이** 오늘 … 菩提心ᄋᆞᆯ 어루 <u>發ᄒᆞ시리로소이다</u> (법화경언해 7, 135-6)

b. **네** 바ᄅᆞ 알리로소녀 (번역박통사 상, 14뒤)

c. 이 世界옌 **千佛이** 나리로소니 이 劫 일후므란 賢劫이라 ᄒᆞ져 (월인석보 1, 40)

(11′)~(13′)는 주어 명사구가 모두 2, 3인칭이다 (진한 부분을 보라). 이는 위의 예들에 나타나는 '노소, 도소/로소'의 음운 연쇄 가운데 적어도 화자 표지의 선행토 '오'가 들어 있지 않음을 의미한다.

중세 문헌에는 감동법의 선행토 '옷'에 화자 표지의 선행토가 통합되어 결과적으로 동화형으로 간주되는 앞의 음운 연쇄 '노소, 도소/로소'와 형태가 같아지는 일이 있다. 다음의 예가 그러하다.

(14) a. **우리도** 이 偈를 좃ᄌᆞᄫᅡ 외오노소라 (월인석보 8, 100뒤)

b. **내** 몬져 드도소이다 (석보상절 24, 18뒤)

c. **나**ᄂᆞᆫ … 바리 알풀씨 길흘 몬 녀리로소이다 (월인석보 8, 93-94)

(14)는 모두 주어 명사구가 1인칭이다 (진한 부분을 보라). 같은 형태가 통사 기능을 달리할 때에는 그렇게 된 연유를 캐어 보아야 한다. (14)는 감동법의 '옷, 돗'에 화자 표지의 '오'가 붙었기 때문에 특별히 논의할 필요가 없다. 그러나 (11)~(13)은 사정이 단순치 않다. 이곳에 나타나는 '노소, 도소/로소'의 '소'에 대한 분석을 행할 필요가 있다. '노소'의 경우는 'ᄒᆞ샷다, ᄒᆞ닷다' 등에 미룰 때 '옷'이 석출되고 이에 보조를 같이한다면 '도소/로소' 등에서도 '돗'이 확인된다. 그러면 남는 것은 '오'인데 주어 명사구가 비화자이기 때문에 (14)에서 확인되는 화자 표지의 선행토로는 볼 수 없다. '오'의 후행토가 매개 모음 'ᄋᆞ/으'를 요구하는 ᄒᆞ쇼셔체의 선행토 '이/잇', 의문토 '녀', 접속토 '니'라는 점에서 이곳의 '오'는 매개 모음

'ᄋᆞ'의 이체 (異體)임이 틀림없다. 그렇다면 이는 'ᄋᆞ'가 선행하는 감동토 '옷/돗'의 '오'에 영향을 받아 동화되었다는 결론에 이르게 된다[27].

이곳에서 해결해야 할 문제는 두 가지다. 하나는 문법 어소 사이에서 매개 모음이 사용될 수 있는가 하는 점이고 다른 하나는 '오'-순행 동화가 중세어의 다른 곳에서 확인되는가 하는 점이다. 문법 어소 뒤에서 매개 모음이 삽입되는 예는 찾기가 어렵지 않다. 이른바 낮춤의 선행토 '숩'은 '돗/옷'과 같이 받침을 가지고 있는데 다음과 같은 예가 발견된다.

(15) a. 맛나ᄉᆞᄫᆞ시니 (월인석보 2, 9뒤)
b. ᄃᆞᄉᆞᄫᆞ니이다 (월인천강지곡 기 87)
c. 侍衛ᄒᆞᄉᆞᄫᆞ며 (석보상절 6, 17앞)

(15)a는 분리적 선행토 '시'와, (b)는 교착적 선행토 '니'와 결합될 때 각각 문법 어소 '숩' 뒤에 매개 모음이 사용된 것이고[28], (c)는 완성토 '며' 앞에 매개 모음이 사용된 것이다. 이런 점으로 미루어 볼 때 문법 어소인 감동법의 '옷/돗' 뒤에 매개 모음을 설정하는 것이 조금도 무리한 일이 아님을 알 수 있다.

'오'-모음 동화는 15세기부터 간간이 보이며 16세기에 많이 나타난다. 우선 어소의 내부에서 일어나는 동화 현상을 보기로 한다.

(16) a. 가. 노로 (<노ᄅᆞ) (훈민정음해례, 용자례)
나. 모로ᄂᆞᆫ (<모ᄅᆞᄂᆞᆫ) (번역박통사, 상 21뒤)

---

27) '노소, 도소/로소' 계열의 감동법을 통사 기능에 따라 식별하는 문제는 이미 고영근 (1981/1987: 40-4, 본서 54-7쪽)에서 자세히 논의한 바 있다.

28) '숩'과 '시'가 연결될 때 매개 모음을 요구하지 않는 일도 있다. '予는 내 ᄒᆞ숩시논 ᄠᅳ디시니라' (훈민정음언해), 'ᄒᆞ숩신 世尊' (개간 법화경언해 1, 34, 안병희 1992: 286)에 나타나는 '숩시논'과 '숩신'이 그러한 예이다. 어소 배열 규칙을 어김과 함께 기능도 달라졌다. 이에 대한 새로운 해석이 요망된다.

다. 외ᄡᅩ로 (<외ᄡᆞ로) (금강경삼가해 1, 11뒤)

b. 가. 계도록 (<계ᄃᆞ록) (월인석보 7, 9뒤), ᄆᆞᆾ도록 (<ᄆᆞᆾᄃᆞ록) (초간두시언해 16, 66앞)

나. 돕소와 (<돕ᄉᆞ와) (법화경언해 2, 175)[29], 두리ᅀᅩ와 (<두리ᅀᆞ와) (번역소학 9, 46앞), 깁소오ᄆᆞᆯ (<깁ᄉᆞ오ᄆᆞᆯ) (두시언해 20, 42뒤), 내 … 묻조오이다 (<묻ᄌᆞ오이다) (번역소학 9, 42앞)

다. ᄒᆞ녀고론 (월인석보 2,43뒤), 밧고로도 (몽산법어 64앞), 안호로 (금강경삼가해 4, 17앞), ᄡᅡ호로 (번역박통사 상 8앞), 아ᄒᆡᄃᆞᆯ호로 (번역소학 9, 7앞), 두 소노로 (소학언해 2, 59앞)

(16)a가는 15세기 중엽부터 보인다. ‘놀이’ 등으로 형태 변화를 하는 것으로 보아 ‘노ᄅᆞ’가 원래의 형태임이 틀림없다. 그렇게 본다면 ‘노로’는 ‘노ᄅᆞ’에서 선행 모음 ‘오’에 영향을 받은 순행 동화임이 틀림없다[30]. (나)의 ‘모로다’는 15세기에 모두 ‘모ᄅᆞ다’로 나타난다는 점에서 역시 ‘노로’와 성격을 같이한다. (다)는 15세기 후기 문헌인 『금강경삼가해』부터 보이는데 이곳에는 같은 장에서 비동화형 ‘외ᄡᆞ로’와 공존한다. 비슷한 예로 ‘ᄡᅩ로 (<ᄡᆞ로), 갓고로 (<갓ᄀᆞ로), 보야호로 (<보야ᄒᆞ로)’를 들 수 있다[31]. (15)b는 앞의 (a)와는 달리 문법 어소 내부에서 ‘오’-모음 동화가 일어났다. (가)의 ‘도록’는 접속토 내부에서 ‘오’-모음 역행 동화가 일어난 것이다. 이 형태는 15세기 중엽부터 ‘ᄃᆞ록’과 공존하였는데 다른 동화형과는 달리 뒤에 동화형이 그대로 고정되었다[32]. 위의 예들은 모두 개재

29) 이 예는 유창돈의 『이조어 사전』과 한글학회의 『우리말 큰사전』에서 가져왔으나 원전에 해당 쪽수가 없다. 권차나 쪽수가 잘못 적힌 것임에 틀림없다.

30) 이 문제는 일찍이 이기문 (1962: 123, 각주 3)에서 논의된 바 있다.

31) 이들 예에 대하여 김주필 (1993: 196)에서는 부사격 토 ‘오로’ (뒤에 나옴)도 포함하여 동화주가 ‘오’이고 개재 자음이 ‘ㄹ’인 경우에 ‘오’-모음 역행 동화가 일어난다고 하였다.

32) 이 문제에 대하여는 뒤의 ‘오로’와 함께 이기문 (1959)에서 변화의 기제가 자세히 논의된

자음이 'ㄹ'이라는 특징을 지니고 있다. (나)는 낮춤의 선행토 'ᄉᆞ오' (/sʌo/) 등의 내부에서 일어난 동화이다. 'ᆞ'가 뒤에 오는 '오'의 영향을 받아 역행 동화되었다. 이 현상도 15세기 중엽부터 보이기는 하나 비동화형과 공존하였으며 16세기 문헌에는 사용 빈도가 높았다. (다)의 부사격 토 '오로'는 앞의 (16)a, b가와 같이 'ㄹ'을 사이에 두고 앞의 모음 'ᆞ/ㅡ'를 동화시킨 것이다. 이 현상 역시 15세기 중엽부터 'ᄋᆞ로/으로'와 공존하였는데 16세기의 『번역박통사』, 『번역노걸대』, 『번역소학』, 『소학언해』 등에서 매우 빈번하게 얼굴을 내밀고 있다[33]. 그렇다고 하더라도 항상 'ᄋᆞ로/으로'와 공존하고 있어 개별성, 단속성을 벗어나지 못하고 있다.

한편 15, 6세기의 중세 문헌에는 어소 사이에서 모음 동화가 일어나는 현상이 보인다.

(17) a. 모도와 (<모도아) (금강경삼가해 1, 5앞), 견주워 (<견주어) (같은책 2, 65앞)[34], 보와든 (<보아든) (번역박통사 상, 25앞), 두워 (<두어) (번역노걸대 상, 34앞)

b. 돕ᄉᆞᆸ놋다 (<돕ᄉᆞᆸ놋다) (두시언해 21, 8뒤), 노ᄉᆞᆸ놋다 (<놓ᄉᆞᆸ놋다) (같은책, 같은권, 11앞)

c. 고돈 (<고ᄃᆞᆫ) (번역노걸대 하, 13뒤)

(17)a는 '오/우'로 끝난 어간이 접속토 '아/어'와 결합할 때 순행 동화를 일으켜 같은 모음을 다음 음절에 옮긴 어형이다. 이런 동화는 『금강경삼가해』에서 출현하는 것으로 알려져 있으며[35], 16세기 문헌에 꽤 많이 나

바 있다.

33) 이러한 표기를 음운 변화가 반영된 것으로 보아야 할지 아니면 단순한 표기법상의 조작으로 보아야 할지 함부로 말할 수 없다. 중세어의 표기법을 음운 현상과 관련하여 보다 정밀하게 파악할 필요가 있다.

34) 『금강경삼가해』의 예는 김주필 (1993: 196)에서 가져왔다.

35) 앞서 든 김주필 (1993)에서 이런 정보를 얻을 수 있다.

타난다. 이런 예 또한 비동화형과 공존함은 물론이다. (b)는 모음 '오'를 가진 어간 '돕, 놓'이 낮춤의 선행토 '숩'에 영향을 미쳐 순행 동화를 일으킨 것이다. (c)는 어간 '곧'의 '오'가 관형사형 어미 '은'에 영향을 미쳐 결과된 어형이다. 이런 예는 매우 드물기는 하지만 중세어의 음운 현상의 한 가닥을 파악하는 데 큰 도움이 된다[36].

(16), (17)에서 확인된 '오'-모음 동화는 우리가 확인한 동사 형태부의 동화 현상을 절대적으로 뒷받침할 수 있는 충분한 근거는 되지 못한다. 어소 내부에서 모음 동화가 확인되기는 하나, (16)a의 가와 나만 순행 동화이고 나머지는 역행 동화라는 점에서 그러하다. 어소 사이의 모음 동화도 동사 형태부의 동화 현상을 적극적으로 지지해 줄 수 있는 자료가 많지 않다. (17)은 어휘 어소와 문법 어소 사이의 동화로서 순행 동화라는 점만이 동사 형태부의 동화와 유사성을 지니고 있다. 형태부의 어소 사이에서 일어나는 순행 동화는 목격할 수 없다. 어소 내부에서든 어소 사이에서든 모음 동화가 실재한다는 것은 동사 형태부의 어소 사이의 모음 역행 동화를 어느 정도 합리화시킬 수 있는 근거가 된다고 본다. (16), (17)에서 확인한 모음 동화는 개별적 · 수의적이어서 비동화형과 공존하지마는 형태부의 '오'-모음 동화는 그런 수의성을 보이지 않는다는 차이점이 있다.

4. 마무리

이상 필자는 15, 6세기 자료를 중심으로 중세어의 서법 어소의 확인 과정에서 숙제로 남겨 두었던 '이'-움라우트 현상과 '오'-모음 순행 동화

36) 16세기 문헌에는 동화 현상으로 설명하기 어려운 '젓솝거니와 (소학언해 2, 4뒤), 받좁논 (소학언해 3, 27앞)'과 같은 예가 보인다. 유추적 표기일 가능성이 많으나 좀 더 생각해 볼 필요가 있다 [붙임말 2].

현상을 뒷받침할 수 있는 방향의 작업을 진행해 왔다. 논의된 바를 간추림으로써 결론에 가름할까 한다.

1. 중세어의 동사 형태부에 나타나는 i 움라우트 현상은 진정한 움라우트가 아니라 선행 음절에 j를 삽입하는 '이'-모음 역행 동화이다.

2. 15, 6세기의 '이'-모음 역행 동화는 체계적·필연적 음운 변화라기보다는 지역이나 계층, 상황의 요인으로 결과된 개별적·단속적 음운 현상에 지나지 않았다. 그런 요인 때문에 같은 문헌에서도 비동화형과 동화형이 공존하였으며 같은 문헌이 나중에 개수자가 달라짐에 따라 비동화형으로 복귀된 예가 없지 않았다.

3. 15, 6세기의 '오'-모음 동화는 앞뒤의 음절에 포함된 '오'가 동화주가 되어 'ᄋᆞ/으'를 포함한 음절을 동화시키는 것과 앞 음절의 '오/우'가 뒤의 접속토에 그대로 얹히는 두 유형이 있다.

4. 15, 6세기에 실재해 있었던 모음 동화가 동사 형태부의 문법 어소 사이에서 가상한 모음 동화와 거리가 있지마는 중세의 당시에 '오'-모음 동화가 실재하였음을 어느 정도는 뒷받침할 수 있다. 그러나 실재의 모음 동화가 수의성을 띤 데 대하여 동사 형태부의 모음 동화는 언제나 동화된 상태로 나타났다는 점이 다르다.

우리가 확인한 두 가지 음운 현상은 그사이 매우 직관적으로 처리되었었다. 우리의 작업을 통하여 중세에도 (문헌에 따라서는 근대 초기에도) 19세기 후반의 전라 방언이나 현대의 충남 방언에서 목격하는 '이'-모음 역행 동화가 비록 개별적·단속적이기는 하였지만 존재하였음을 확인할 수 있었다. 서법 어소의 식별 과정에서 나타나는 구조적 상관성과 실재적인 자료를 근거로 할 때, 중세의 문헌에는 동사 형태부의 어소 사이에서 '오'-모음 역행 동화를 인정할 수 있음을 알 수 있었다. 사실 동사 형태부의 구성 어소들은 어휘 어소 내부나 어휘 어소와 문법 어소 사이와는 달리 그 분포가 매우 제약되어 있다. 감동법의 '옷/돗'은 분리적 어소인 '시, 숩'과는 달리 ᄒᆞ쇼셔체의 '이', 의문토, 접속토 등 제한된 토와만 결합되기 때문에 일단 동화되면 언어 대중에게는 전체가 사서부 (흔히 어휘부)에 저장되어 있다고 생각될 수 있다. 이런 점 때문에 15세기에 비동화형이 표기상으로 반영되지 않은 것이 아닌가 한다. 감동법의 '오'-순행동화는 15세기 이전 단계에 이루어져 전체가 하나의 단위처럼 굳어져 있었던 것으로 보인다.

어소를 식별하다 보면 음운 현상에 대한 깊은 이해를 필요로 하는 일이 많다. 이 때문에 최근에는 종전의 형태론에서 다루어지던 문제가 음운론의 영역이 된 것이 많고, 반면 형태론도 우리가 생각하는 전통적 개념과는 그 성격이 많이 달라졌다. 형태론을 어떻게 규정하든 적어도 어소를 식별하는 데 있어서는 음운론적 정보가 필수적이다. 이는 문법의 하위 부문으로서의 형태부와 음운부와의 상호 의존 관계는 물론 두 방면 종사자들의 부단한 정보 교환을 뜻하기도 한다. 필자가 서법 어소를 분석하는 마당에서 남겨 둔 두 가지 음운론적 문제를 어느 정도 올바르게 풀었는가 하는 것은 대방가 (大方家)의 질정 (叱正)에 맡길 수밖에 없다. 그러나 이 작업을 통하여 서법 어소를 식별할 때 미진하였던 음운론적 문제의 윤곽을 어느 정도 그려 낼 수 있었으며 이에 기대어 종전에 필자가 식별한 직설법, 회상법, 확인법, 감동법의 어소의 실상이 크게 잘못되지 아니하였음을 확인할 수 있었다.

■ 참고 문헌

강길운 (1992), 『훈민정음과 음운체계』, 형설출판사.

고영근 (1981/1987), 『중세국어의 시상과 서법』 (보설판), 탑출판사.

_____ (1993), 『우리말의 총체서술과 문법체계』, 일지사.

_____ (1998), 『중세국어의 시상과 서법』 (보정판), 탑출판사.

곽충구 (1982), "아산지역어의 이중모음 변화와 이중모음화", 『방언』 6.

김영진 (1990), "모음체계", 『국어연구 어디까지 왔나』, 동아출판사.

김완진 (1971), 『국어음운체계의 연구』, 일조각.

김종규 (1989), "중세국어 모음의 연결제약과 음운현상", 『국어연구』 90.

김주필 (1993), "금강경삼가해" 〈문헌해제〉, 『국어사 자료와 국어학의 연구』 〈안병희선생 회갑기념 논총〉, 문학과 지성사.

_____ (1994), 「17, 8세기 국어의 구개음화와 관련음운현상에 대한 통시론적 연구」, 서울대학교 박사논문.

백두현 (1989), 「영남문헌어의 통시적 음운연구」, 경북대학교 박사논문.

안병희 (1967), "문법사", 『한국민족문화사대계』 5, 고대민족문화연구소.

_____ (1994), 『국어사자료연구』, 문학과 지성사.

야스다 (安田 章) (1987), "改修捷解新語 解題", 京都大學文學部 編, 『改修捷解新語』 (本文・國語索引・解題).

이기문 (1959), "16세기 국어의 연구", 『문리논집』 4 (고려대학교).

_____ (1962), "중세국어의 특수어간 교체에 대하여", 『진단학보』 23.

_____ (1972), 『국어사개설』 (개정판), 민중서관.

이병근 (1979), 『음운현상에 있어서의 제약』, 탑출판사.

이숭녕 (1949), "애, 에, 외의 음가변이론", 『한글』 106, 이숭녕 (1988)에 실림.

_____ (1954), "15세기의 모음체계와 이중모음의 Kontraktion적 발달에 대하여", 『동빙휘지』 1. 이숭녕 (1988)에 실림.

_____ (1988), 『국어학자료선집 (1)』 〈음운편 I〉, 민음사.

전광현 (1967), "17세기 국어의 연구", 『국어연구』 19.

정승철 (1994), 「제주도 방언의 통시음운론」, 서울대학교 박사논문.

최명옥 (1988), "국어움라우트의 연구사적 검토", 『진단학보』 65.

_____ (1989), "국어움라우트의 연구사적 고찰", 『주시경학보』 3.

최전승 (1978), “국어 i-Umlaut 현상의 통시적 고찰”, 『국어문학』 19, 전북대 국문과.
_____ (1986), 『19세기 후기 전라방언의 음운현상과 그 역사성』, 한신문화사.
_____ (1987), “이중모음 ‘외, 위’의 단모음화과정과 모음체계의 변화”, 『어학』 14, 전북대 어학 연구소.
_____ (1989), “i-umlaut 현상의 기원과 전파의 방향”, 『한국언어문학』 27.
한영균 (1991a), “이중모음의 단모음화 과정에 대한 삽의”, 『국어학의 새로운 인식과 전개』, 민음사.
_____ (1991b), “움라우트의 음운사적 해석에 대하여”, 『주시경학보』 8.
허 웅 (1965), 『국어음운학』, 정음사.
_____ (1975), 『우리옛말본』, 샘문화사.
_____ (1989), 『16세기 우리옛말본』, 샘문화사.
홍윤표 (1994), 『근대국어연구 (1)』, 태학사.

붙임말

[1] 289쪽, 본문 첫째 문단

저자는 계열 관계와 통합 관계에 기대어 중세어의 감동법의 체계를 세우고 이를 바탕으로 감동법 형태소를 분별해 내는 작업을 시도한 바 있다 (본서 59쪽 도표 1). 그러는 과정에서 중세어에는 문증되지 않는 가상형을 각 어미에 걸쳐 재구해 보기도 하였다. 저자가 재구한 가상형 가운데서 부정 감동법 (2) '*ᄒᆞ도ᄉᆞ이다'가 고려시대의 구결 자료인 기림사본 능엄경 (13~15세기 초)에서 문증된다는 사실이 이승희의 "중세국어 감동법연구" (『국어연구』 139, 1996, 46-7쪽)에서 지적되었다. 이런 점에 기댄다면, 설명법, 의문법, 접속 어미에 걸쳐 분포되어 있었던 어미 '도ᄉᆞ'가, 어미 '도소'로 변화한 연대가 늦어도 15세기 이전이라는 사실을 확인할 수 있다. 그리고 이 환경에서 'ᄋᆞ'가 '오'로 순행 동화하는 개재 자음이 'ㅅ'라는 사실이 석주연의 "중세국어 원순 동화에 대한 일 고찰" (『관악어문연구』 21, 1996, 225-6쪽)에서 지적된 바 있다. 후기 중세어에는 'ㄹ'을 매개로 한 모음 동화 현상이 있는데 위의 'ㅅ' 매개의 모음 동화와 함께 국어의 모음 동화 현상의 전반에 대한 폭넓은 천착이 있기를 기대한다. 관련된 논의는 제2장 [붙임말 19]에서도 볼 수 있다.

[2] 274쪽, 각주 36

저자는 16세기 문헌에 나타나는 '젓ᄉᆞᆸ거니와, 받ᄌᆞᆸ논'에서 모음 동화가 일어나는 현상에 대하여 유추로 설명할 수 있다는 가능성을 비치면서 단정을 삼갔다. 이 문제에 대하여 석주연은 앞의 글에서 한 가지 해결 방안을 제안하였다. 곧 위의 비동화형의 활용형인 '젓ᄉᆞ와니와, 받ᄌᆞ와' 등에 나타나는 'ᄋᆞ'가 원순 모음 '오'에 이끌려 역행 동화되고 그것이 전체 활용형에 영향을 미쳐 자음 어미 위에서도 동화형이 실현된 것으로 해석하였다.

부록 2

민족 문학 작품과 서사 시제

1. 들어가기

한글 창제 이후만 대상으로 하여도 여러 갈래의 문학 작품이 창작되어 왔다. 신화, 민담, 전설 등의 구비 문학에까지 범위를 넓히면 그 숫자는 훨씬 불어난다. 작가가 사건을 체험하여 그것을 한 편의 작품으로 재현시키고자 하는 의도가 작용하면 줄거리를 세우고 등장인물이 배치되어 한 편의 작품이 이루어진다. 한 작품은 시술자 (敍述者)[1]의 말씨와 등장인물의 말씨로 구성된다. 서술자는 기록 문학[2]에서는 작자가 되겠고 구비 문학에서는 전통적으로 이야기꾼으로 불러 왔다. 일단 기록 문학에 국한할 때 서술자의 말씨는 그 나름의 정형화된 틀을 지니고 있다. '임진왜란'이란 같은 사건을 소재로 한 소설과 역사서를 시상법[3]에 초점을 맞추어 그 특징을 소묘해 보기로 한다.

---

1) 이곳의 '서술자'는 독일어의 'Erzähler', 영어의 'narrator'에 해당한다. '설화자'라 부르기도 하나 '서술자'가 합당하다고 생각한다. 이지영 (2002)에서는 서술자와 설화자를 구별한다. 후자는 '화자—청자'의 관계로 규정되고 전자는 '서술자—독자'의 관계로 규정된다는 것이다.

2) '기록 문학'이란 문자로 기록된 문학 작품을 가리키는 것으로 옹 (1982)/이기우 · 임명진 (역) (1982)의 '문자 문화' (literacy)와 겹치는 면이 있다.

3) 이곳의 '시상법' (時相法)은 '시제 (Tempus), 동작상 (Aspekt), 서법 (Modus)'를 총괄하는 의미로 사용한다. 경우에 따라서는 '시제'라는 용어로서 '시상법'을 대신하는 일도 있을 것이다. 관련 논의는 고영근 (2004/2007: 463)을 보라.

다음은 소설가 박종화의 대하 역사 소설 『임진왜란』[4]의 한 구절이다.

(1) 송상현은 하회를 좀더 기다려 보기로 했다. 어느덧 으스름달은 중천에 떠 올랐다. 산과 골짜기와 들엔 담담한 묵화를 쳐 놓은 듯 부유스름한 잿빛 같은 달빛이 흘렀다. 동래 금정산에도 달빛은 산등성에 비쳤다. 천년 묵은 범어사의 맑은 종소리도 창황한 왜병의 변을 만나서 소리마저 멎었건만 소쩍새 소리와 뻐꾹새 울음소리는 드물게 일어나는 "패앵"하는 총소리 속에서도 아직도 한많은 울음을 울어 댄다. (『임진왜란』 2, 247-8쪽)

위의 (1)은 임진왜란이 일어난 1592년 4월 13일 다음날 동래 부사 송상현 (宋象賢)이 경상 감사 김수의 구원병을 기다리는 장면을 묘사한 것이다. 종결형을 대상으로 할 때 시제 형태가 모두 5개인데 그중 직설법 현재형[5]은 마지막 '울어 댄다'뿐이고 나머지는 모두 직설법 과거형이다. 과거의 사건에 대한 묘사이기 때문에 '울어 댄다'도 1)~4)와 보조를 맞추어 '울어 댔다'로 표현하는 것이 옳겠으나 이곳에는 직설법 현재형으로 표현되어 있다. 과거의 사건을 현재형으로 표현해도 독자들은 그것이 잘못이라고 생각하지 않는다.

(1)과 같은 문학 작품의 시상법은 비문학류, 이를테면 역사서와 비교하면 그 특징을 잘 알 수 있다.

(2) 1592년 (선조 25년) 4월에 약 20만 명의 왜군이 부산을 침략하였다. 뜻밖에 적군을 맞이한 부산의 군민 (軍民)들은 첨사 정발 (鄭撥)의 지휘 아래 장렬하게 싸웠으나 성은 끝내 함락당하고 말았다.

---

4) 2004년 9월 6일 주식회사 '이끌리오 달궁'에서 발행한 박종화의 『임진왜란』 전 10권을 가리킨다.

5) 이곳의 '직설법, 회상법' 등의 서법 체계는 고영근 (1965/1999가: 151)에 기대었다.

부산을 유린한 왜군은 동래성으로 밀려 들었다. 이곳 군민들은 동래 부사 송상현 (宋象賢)의 지휘 아래 치열하게 항전하였으나 중과부적으로 패하고 말았다. (『다시 찾는 우리 역사』 312쪽)

위의 (2)는 사학자 한영우의 『다시 찾는 우리 역사』[6]에서 뽑은 것이다. 여기에는 과거 시제 종결형이 4개이지만 어느 것도 현재형으로 바꿀 수 없다. '임진왜란'이라는 같은 역사적 사건을 소재로 하였지만 문학 작품이냐 사실 기록의 역사서냐에 따라 시상법의 사용에 차이가 있다는 사실에 주목하기로 한다.

한편 다음과 같이 일정한 지식을 전달하는 제보 텍스트는 현재로 나타난다[7].

(3) 갈무리된 말은 한 개인에게만 있는 것이 아니다. 이것은 한 나라 (겨레)에 붙은 모든 사람에 공통적이다. 따라서 한 나라 (겨레)의 사람들은 이 공통된 말의 구조에 이끌려 어떠한 공통된 정신, 생각, 마음을 가지게 되는데 이것이 그 나라 (겨레)의 얼 (정신)이요, 마음이요, 생각 방식이다. (허웅, 『언어학』, 샘문화사, 1981: 52)

(3)에서 밑줄 그은 부분은 '아니었다, (공통적)이었다, (방식)이었다'로 바꿀 수 없다. 과거 사실을 객관적으로 서술하는 (2)와는 반대이다.

일기문에서는 일반적으로 직설 설명법 '하다' (뒤에 나옴)로 나타남이 보통이나 현재형 '한다'와 섞여 쓰일 수 있다.

(4) 맑다. 두계 (斗溪)가 오다. 진단학보 제1권이 나왔다. (문면 부분 수

6) 1997년 경세원에서 나온 초쇄본을 이용하였다.

7) 텍스트 유형에 대하여는 고영근 (1999나: 252-68)을 보고 텍스트 유형에 따른 시제의 분포에 대하여는 김홍수 (2005)를 보라.

정) (이병기, 「日記抄」, 『가람文選』, 신구문화사, 1966, 130쪽)

첫머리에는 직설법 '하다'로 나타나나 뒤에는 직설법 과거형이 왔다. 경우에 따라서는 직설법 현재형이 나타날 수 있다.

(4′) 흐리다. 싸락눈이 오고 굵은 눈이 온다. 오후 5시 백합원에서 고(故) 소월 김윤식 군의 추도회를 여는 데 참석하다. 모인 이가 40여 명 추도사를 하다. (문면 부분 수정) (위와 같은 책, 131쪽)

두 번째 문장이 직설법 현재형으로 나와 있다.

우리 민족어에는 시제를 표시하는 문법 형태가 발달되어 있지만 텍스트 유형에 따라 다 쓰이는 일도 있고 그중 하나만 허용하는 것이 있으며 극단적으로는 시제의 연결을 허락하지 않는 일도 있다[8].

필자는 1981년에 중세어의 시상법을 체계화한 일이 있는데 다만 단독적 장면 ([−상관성]의 장면)에 나타나는 기본 서법 형태소에 대하여는 그 시제적 기능을 정확하게 규정하지 못하였다[9]. 이곳의 단독적 장면은 서술자의 언어인 지문 (地文)이 사용된 장면을 가리킨다. 이에 대하여 상관적 장면은 등장인물의 대화가 이루어지는 장면을 뜻한다. 그리고 민족어 시상법의 지역적 내지 역사적 시상법의 변종을 총체 서술하는 자리에서도[10] 나라 안팎의 관련 저술만 들고 단독적 장면에 나타나는 시상법의 성격 규명은 숙제로 남겨 두면서 문학 연구나 텍스트 과학의 발전을 위해서도 이

8) 이를테면 "준비한 야채를 곱게 다져 팬에 각각 볶아 소금, 후춧가루로 간한다"와 같은 호소 텍스트는 두부 스테이크를 만드는 법을 설명한 한 구절인데 역시 과거 시제형 '간했다'로 바꿀 수 없다. 형태는 평서문으로 되어 있지만 '후춧가루로 간하라'라는 명령의 의미로 해석되기 때문이다.

9) 고영근 (1981/1998: 213, 216, 본서 242, 245)를 보라.

10) 고영근 (2004/2007: 72, 574-5)를 보라. 필자는 앞 책의 '머리말'에서 서사물의 시상법을 다루지 못한 것이 가장 아쉽다는 여운을 남기기도 하였다 (p. vii).

방면의 연구가 활성화되어야 한다고 강조한 바 있다. 본고는 위의 작업을 수행할 때 미루어 두었던 숙제를 풀어 본다는 뜻에서 작성된 것이다.

우선 현대의 남북의 소설 작품을 대상으로 단독적 장면의 시상법을 규명하고 차례로 개화기, 중세 및 근대의 한글 자료에 나타나는 시상법의 특징을 밝혀 보고자 한다. 이에 앞서 필자는 지문의 시제를 밝힐 수 있는 기초적 지식을 정리하고 이와 함께 나라 안팎의 연구 동향을 점검함으로써 연구사적 의의를 분명히 하고자 한다. 지문은 화자가 등장인물이 아니라는 점에서 3인칭 서사물 (Erzählung)에 속한다[11]. 서사물에 사용된 시상법은 '서사 시제' (erzählende Tempus)라 불러 작업에 임하기로 한다[12].

우리 민족어 문학 작품의 서사 시제에 대한 관심은 정렬모 (1946: 127)에서 비롯되는 것이 아닌가 한다. 정렬모는 "충무공이 외적을 이김"에 나타나는 '이김'을 '현재꼴'이라 규정하고 '지나간 사건'을 표현하는 것으로 처리하였다. "다만 일일이 과거꼴을 쓰기가 귀찮거나 또는 특히 가상(假想) 현재로 보는 편이 흥미가 깊을 경우에 쓴 것"이라고 하여 '현사법'(現寫法)이라 불렀다. '이기다'와 같은 직설법을 들었다면 몰라도 명사형을 예로 든 것이 문제점으로 지적될 수 있다. 한편 『조선어문법』 (1960: 316)에서는 (1)과 같은 예문을 들고 "과거에 있었던 사실을 바로 눈앞에 보는 듯이 묘사함으로써 이야기에 나오는 장면을 매우 생기 있게 만든다"고 말하고 이를 '력사적 현재'라 불렀다. 필자는 현대어의 서법 체계를 세우는 자리에서[13] (1)과 같은 예문을 들고 과거의 사실을 좀 더 생생하게 표현할 필요가 있을 때 사용되는 '역사적 현재'로 해석한 바 있다. 필자는 동사에 바로 붙는 '-다'를 직설법으로 처리하되 현재, 과거,

---

11) 관련 논의는 프랭스 (1982)/崔翔圭 (1988: 28)을 보라.

12) 서사 문학의 개념에 대하여는 의견이 구구하다. 최근의 이 방면의 논의는 정항균 (2000), 강헌국 (2003)을 보라. 그리고 서사 시제에 대하여는 잠정적으로 바인리히 (1964/2001)로 미룬다 (뒤에 나옴).

13) 고영근 (1965/1999가: 8-69)를 보라.

미래를 대신할 수 있다고 하였다[14]. 그로부터 10여 년 후 서정수 (1976: 116)에서 우리 민족어의 현재 시제형을 '∅'로 표시하고 과거 상황이 주어지면 과거사의 서술에 쓰일 수 있다고 말하고 일본어의 현재형 'V-u'에 대하여도 같이 해석하였다[15]. 이전의 역사적 현재와 같으나 그 사용 제약을 명시하였다는 특징이 있다. 그러나 과거 상황이 뒤에 나오는 경우는 어떻게 설명하는지 언급이 없다.

1980년대 중반에 미주의 한국어 학자 루코프가 이 문제를 본격적으로 다루었다. 루코프 (1986)에서는 브론츠웨어 (1970)에 기대어 우리 민족의 현대 문학 작품을 영어로 번역할 때 부딪히는 시상법의 문제를 거론하였다. 앞의 (1)과 같이 시제 교체가 가능한 것이 있는가 하면 (2)와 같이 불가능한 예가 있음을 지적하였다. 전자를 이동적 용법, 후자를 관습적 용법 (customary)이라 불러 우리 민족어의 서사 시제를 폭넓게 다루었다. 곧 김정남 (1993)에서 비판을 받게 되지만 루코프는 서사적 상황에서도 지시성을 대동하는 구문에서는 상담적 상황과 같이 시제의 교체가 일어나지 않는다는 사실을 포착하지 못하였다. 바로 뒤이어 정희자 (1987)에서는 역사 소설, 민담, 단편 소설 등을 대상으로 일반적인 배경 정보 (ordinary background information)에서는 과거 시제로, 중요한 배경 정보 (significant background information)에서는 현재형이 사용된다고 말하고 시제형 교체 조건을 명세하였다. 한때 서사 시제의 현재형을 배경 정보의 성격과 관련시키기도 하였으나 이인영 (1993)에서 지적한 바와 같이 그것이 반드시 중요한 부분만을 표시한다고 보기 어려운 면이 적지 않다. 김정남 (1993)에서는 루코프와 정희자의 업적을 발판으로 삼되 시제를 정보와 관련시키는 정희자 (1987)을 비판하는 관점에서 시상법의 교체가 가능한 것과 불가능한 것으로 갈라 보았다. 전자는 관습적 용법으

14) 동사에 붙는 '-다'에 대하여는 논의가 많다. 고영근 (2006)과 임홍빈 (2009)를 비교하여 보라.

15) 서정수 (1976)의 견해는 서정수 (2006: 275-7)에 더 부연되어 있다.

로, 후자는 이동적 용법으로 보았다. 특히 관습적 용법에서는 지시성이 포착되는 구문은 시제의 교체가 일어날 수 없다는 점을 분명히 하였다. 이지영 (2002)에서는 플라이쉬맨 (1990)의 역사적 현재 (historical present)와 서사적 현재 (narrative present)가 민족 문학 작품의 서사적 문맥에 적용될 수 있다고 보고 서사 문맥의 현재 시제는 일상어와는 달리 유표적이고 과거 시제는 무표적이라고 하였다. 그러나 서사적 문맥에서 현재 시제가 표시되는 현상을 '의식의 흐름'으로 설명하는 것이 주관적이라는 혐의를 벗기가 어렵다. 서사 시제에 대하여는 일본의 한국어 학계에서도 주목된 바 있다. 하마노우에 (1992)에서는 앞의 정희자 (1987)과 같이 과거 시제형을 전경과 배경에 관련하여 다루었고 하마노우에 (1994)에서는 비과거형이 오히려 유표적이고 과거형이 비과거형으로 바뀌는 것을 연극적 잠재력과 관련시켰다[16]. 요컨대 서사 시제에 있어서는 앞의 (1)과 같이 현재 시제가 유표적, 과거 시제가 무표적이라는 점에 의견의 일치를 보고 있다. 그러나 과연 무표적/유표적이라는 도식만으로 민족어 문학 작품의 서사 시제의 본질을 밝힐 수 있을까.

위에서 보는 바와 같이 현대 문학 작품은 지문 시제의 사용 제약을 밝히는 노력을 발견할 수 있으나 중세어는 필자가 앞에서 지적한 정도의 인식에서 거의 나아가지 못하고 있다. 대부분의 중세어 문법가는 대화문과 지문에 나타나는 형태를 동일시하여 같은 층위에서 처리하여 왔다[17]. 전일 필자가 대화와 지문에 나타나는 형태를 가려 낸 것은 중세어의 서사 시제를 밝히기 위한 기반 구축이었다[18]. 이 자리에서 필자는 지문,

16) 서사적 상황에 나타나는 직설법 현재 시제에 대하여는 김흥수 (2005)에서도 비슷한 해석을 볼 수 있다.

17) 대표적으로 허웅 (1975: 877-905)의 '때매김법'에는 대화와 지문에 나타나는 시상법 관련의 형태를 섞어서 다루고 있다. 대표적으로 회상법 '-더-'가 그러하다. 한재영 (1986)에서는 양자를 통합하는 근거가 더 분명히 제시되어 있으며 최동주 (1988, 1995)도 같은 태도를 취하고 있다. 일상어의 화자와 서사물의 서술자를 동일시할 수 있다고 하였다. 그러나 이번 발상법은 적어도 시제를 서사적 상황과 관련시켜 다루는 마당에는 극복된 지 오래라는 사실을 기억할 필요가 있다.

곧 [-상관성]에 나타나는 시제의 성격을 분명히 밝히지 못하였다고 말하고 문체론이나 텍스트 분석에 대한 지식이 뒷받침되면 어느 정도 분명한 해답을 기대할 수 있을 것이라고 하였다. 그리고 각주를 통하여 뒤에서 언급할 바인리히 (1977)을 인용하였으며 고영근 (1998: 216, 본서 245쪽)에서는 국내의 이 방면 연구 업적을 소개한 일이 있다. 주목할 것은 일본의 한국어 학계의 업적인 이토 (1994가)에서 필자의 작업과 관련하여 'ᄒᆞᄂᆞ다'와 'ᄒᆞ다'의 분포를 대화와 지문에 걸쳐 통계를 제시한 것이다.

필자는 먼저 우리 민족의 현대 문학 작품을 중심으로 서사 시제를 밝혀 보려고 한다. 현대 문학 작품은 남북과 재외 교민 사회에서 창작된 작품을 가리킨다. 이어 중세 및 근대의 한글 자료를 대상으로 서사 시제의 형성과 변천의 문제를 다룸으로써 주로 문학 작품에서 실현되는 우리 민족어의 서사 시제를 총체 서술하고자 한다[19].

2. 서사 시제 논의를 위한 기초적 문제

필자는 고영근 (1965/1999가: 168)에서 현대 민족어의 서법 체계를 세울 때, 특히 종결 평서형을 지문과 대화로 나누어 그 기능적 특수성을 가려 낸 바 있다. 고영근 (1976/1999가: 303)에서는 수신자를 다섯 갈래로 나누되 수신자를 직접 의식하지 않는 장면을 "단독적 장면"이라 부르고 수신자를 직접 의식하는 장면을 "상관적 장면"이라 부른 일이 있으며[20], 이러한 장면의 체계는 고영근 (1981/1998: 5)에서 "단독적 발화 장

18) 고영근 (1981/1998, 1982/2004: 163-212)를 보라.

19) 필자는 고영근 (1993)에서는 지역별, 시대별로 분화되어 있는 우리 민족어의 모든 문법 현상을 총체 서술하는 모형을 제시한 바 있고 고영근 (2004/2007)에서는 시상법을 총체 서술하는 사례 연구를 수행한 바 있다.

20) 당시 필자가 참고한 문법서는 정렬모 (1946)이었다. 이 책에서는 지문과 같이 상대방을 고려하지 않고 사물에 대하여 단정을 나타내는 경우를 "홀로가름"이라 하였고 상대방을

면", "상관적 발화 장면"과 같이 문구 수정이 가미되어 중세어의 시상법 체계를 마무리한 일이 있다.

지난 60년대 중반부터 서사 시제 연구에서 가장 많이 참고의 대상이 되는 업적은 바인리히 (1964/1977: 18-21, 2001: 29-33)이다[21]. 바인리히는 시제 (Tempus)를 크게 시제군 I (Tempus Gruppe I)과 시제군 II (Tempus Gruppe II)로 나누고 전자에는 독일어의 현재 (Präsens), 완료 (Perfekt), 미래 (Futur)와 미래 II를 넣었고 후자에는 독일어의 다른 시제, 곧 과거 (Präteritum), 대과거 (Plusquamperfekt), 조건법 (Konditional)을 넣었다. 그러는 한편, 바인리히는 시제군 I에 대하여는 "상담 시제" (相談時制) (besprechende Tempora)[22]로, 시제군 II에 대하여는 "서사 시제" (敍事時制) (erzählende Tempora)로 해석하였다. 다른 한편, 바인리히는 두 시제가 실현되는 장면을 "세계" (Welt)라 불러 상담 시제를 "상담된 세계의 시제" (Tempora der besprochenen Welt), 서사 시제를 "서사된 세계의 시제" (Tempora der erzählten Welt)라 불렀다[23]. 바인리히의 시제 체계는 텍스트 언어학에 근거한 독일어 문법인

고려하는 경우는 "더불가름"이라 하여 수신자를 둘로 나누었다. 정렬모가 세운 두 갈래의 수신자는 언어학 연구실 (1961: 280)에서 청자 (듣는 사람), 청중, 독자의 셋으로 분류되어 있다.

21) 이 책은 1964년의 초판 이래 6판을 거듭하였다. 제2판은 1971년에 나왔는데 많이 고쳤다. 2001년에 나온 6판은 출판사도 바뀌고 내용도 6장 'Relief im Satz'가 삭제되는 등 변동이 많다. 이곳에서는 1977년판을 이용하되 변동이 있을 때에는 6판을 참고하기로 한다. 이 책은 그사이 스페인어 (1968), 프랑스어 (1973), 이탈리아어 (1978), 일본어 (1982)로 번역된 바 있다 (6판 머리말 참조). 그리고 바인리히의 시제 이론은 바인리히 (1970)의 "Time and Tense"를 통하여서도 그 얼개를 알 수 있다.

22) 바인리히 (1970)에는 "besprechende Tempora"가 "commentary" (discursive speech)로 번역되어 있다. 전자를 "상담 시제"라 부르는 데 대하여 이의를 제기하는 일도 있다. 본고의 내용을 검토한 장윤희 교수는 "담화 시제" 내지 "대담 시제"라 부르는 것이 좋지 않겠느냐는 견해를 피력한 바 있다. 필자의 번역은 일본어의 번역을 따른 것으로 '서로 이야기 (담화)한다'는 뜻이니 큰 문제가 없다고 생각한다.

23) 바인리히 (1964)에 대하여는 많은 서평이 나왔다. 샤우베커 (1968)에서는 비인도유럽어인 Hopi어 가운데는 일상어를 이야기할 때와 신화 (Mithen), 역사 (Geschichte)를 이야기할 때에는 각각 다른 형태의 동사 범주가 사용되며 인디언 언어에서는 회화 (Unterhaltung, conversation)와 서사 (Erzählung, narration)에 각각 독립된 동사 범주가 확인된다는 정

바인리히 (1993: 198-239)에 전면적으로 응용되어 있다. 바인리히는 두 시제의 대립을 "발화 행위" (Sprechhaltung)의 차이에서 유래하는 것으로 보고 상담 시제는 수신자 (청자)에게 "긴장" (Gespanntheit)을 유발시키고 서사 시제는 수신자에게 긴장을 풀어 주는, 곧 "해이" (解弛) (Entspannung)[24]시키는 것으로 보았다[25].

필자는 이미 "대화"와 "지문"을 "상관적 발화 장면"과 "단독적 발화 장면"으로 수정 · 확대하여 현대어와 중세어의 시상법을 논의하였다고 하였다[26]. 바인리히의 "발화 행위"는 사태의 성격을 반영하는 필자의 "통보 행위" (Kommunikation)의 양방향성과 일방향성에 일치한다. 바인리히의 "세계"란 필자의 "장면"을 달리 표현한 데 지나지 않는다. "단독적"과 "상관적"이라는 표현은 시상법뿐만 아니라 두 장면에 실현되는 문법 현상을 모두 포괄하는 데는 적절한 개념이라고 하겠으나 시상법만을 가리키는 데는 그 외연이 너무 넓다고 보아 바인리히의 견해를 따라 "상관적 발화 장면의 시제"는 "상담 시제"로, "단독적 발화 장면"의 시제는 "서사 시제"로 바꾸기로 한다.

우리 민족어의 서사 시제에 대한 관심이 상당히 늦게 표명되었음과 보조를 같이하여 국제 학계에서도 이 방면 연구가 그렇게 빠르다고 할 수 없다. 서사 시제에 대한 연구는 전후 독일어 사용권에서 처음 시작되었다[27]. 뮐러 (1947)은 본 (Bonn) 대학 정교수 취임 연설인데 서사 문학

보도 제공하고 있다. 이와 아울러 샤우베커는 각 언어에 있어서 세계를 서술하는 동화, 전설, 역사 서술, 로망, 소설에서는 부차 시제가 사용된다는 점도 지적하였다. 폴라크 (1968)은 100여 쪽에 달하는 일종의 서평 논문이다. 이 밖에도 Hiltty, Heger, Togeby, Nickel, Schmidt 등 모두 7편의 서평이 있다.

24) 독일어의 "Gespanntheit"과 "Entspannung"은 바인리히 (1970)에 "tension"과 "relaxation"으로 번역되어 있다.

25) 카스파리스 (1975: 142 참조)에서 지적된 바와 같이, 바인리히 (1964)와 같은 해에 나온 조오스 (1964)는 전자와 독립적으로 이루어졌음에도 불구하고 형식과 기능으로 양분하는 태도는 바인리히의 것과 큰 차이가 없음이 지적되고 있다. 그러나 조오스의 견해는 바인리히와 비교할 때 영향력에 있어서 비교가 되지 않는다.

26) 고영근 (1965/1999: 168, 1976/1999: 303, 1981/1998: 5, 본서 7쪽)을 보라.

(Erzählkunst)의 시제를 처음으로 다룬 것으로 알려져 있다. 뮐러는 '서사'(Erzählen)를 수신자가 감각적으로 인식할 수 없는 사건을 현실화하는 것으로 규정하고 서사 문학에 나타나는 시간의 의미를 다각도로 탐색하였다. 뒤이어 함부르거 (1957)에서는 1950년대 전반에 쌓은 몇 편의 논문을 종합하여 『문학의 논리』 (*die Logik der Dichtung*)를 저술하였다. 그는 전통적 삼분법—Lylik, Epik, Dramatik— 대신 "허구적/모방적" (Epik ohne Ich-Roman) (Dramatik)인 것과 "존재적" (existentiel) (Lylik, Ich-Roman)인 것으로 구분함으로써 어학 (Sprachwissenschaft)과 문학 (Literaturwissenschaft)을 통합시킬 수 있는 가능성을 제시하였다[28]. 함부르거 (1968)에서는 이를 대폭 개편하여 픽션에서 문제되는 시간성과 역사적 현재에 대하여 그 나름의 견해를 피력하였다. 픽션이나 서사시 (Epik)에서의 과거 시제는 과거의 일을 표현하는 것이 아니며 (S. 62), 시간과 공간을 표시하는 지시 부사는 지시적 기능이 상실된다는 등 이전의 시제 연구에서 미치지 못하였던 새로운 면을 많이 부각시켰다. 특히 픽션의 과거 시제가 진정한 과거가 아니라는 언급은 그 뒤의 서사 작품의 시제 연구에 큰 영향을 미쳤다. 밴비니스트 (1959/1966)/황경자 (1992: 336-60)에서는 같은 역사적 사실을 소재로 하더라도 앞의 (1), (2)의 텍스트와 같이 시제가 달리 선택된다는 사실을 지적하였다. 밴비니스트의 위의 책은 일본의 구도 (1995: 23)의 성립에 큰 영향을 미쳤다. 마르땡 (1971)은 기욤 (1969/1970/1992[29])와 기타 관련 업적을 이론적 기저로 삼아 중세 프랑스어의 서사 시제를 다룬 것이다. 이 밖에도 당시까지 나온 시상법 관련의 중요 업적, 이를테면 Agrell, Koschmieder, Hjelmslev, Bally, Heger, Benveniste, Dubois 등의 업적이 인용되어 있다. 인도·유럽어에서는 서사 시제를 중세의 서

27) 관련 정보는 파스칼 (1962)의 각주 1을 보라.
28) 함부르거 (1957)에 대하여도 두 편의 서평, 곧 쉬탄첼 (1959), 파스칼 (1962)이 있다. 위의 두 서평은 함부르거의 시학 이론을 이해하는 데 도움을 줄 수 있다.
29) 기욤의 언어 이론은 박형달 (1987)과 기욤 (1992)/박형달 역주 (2001)을 보라.

사물에 적용하고 있는데 우리는 21세기에 접어들어서도 관련 업적이 나오지 않은 것은 반성의 여지가 충분하다고 하겠다.

카스파리스 (1975)는 영어 사용권에 영향을 미치지 않은 바인리히의 시제 이론을 영어에 적용함으로써 시제 해석에 있어 새로운 안목을 제공하였다. 영미 비평은 독일어 사용권에 비하여 문학 작품의 시제 기능에 대하여 관심이 적다고 말하고 시제류가 실현되는 발화 상황 (speech situation)을 "준상담적" (quasi-discursive), "서사적" (narrative), "준서사적" (quasi-narrative), "상담적" (discursive)인 부류로 나누어 시제 형태의 분포를 검토하였다. 이는 필자가 앞에서 제시한 수신자에 따른 다섯 가지 발화 장면과 대체로 일치하는 것으로서 참고할 만한 분류법으로 보인다. 카스파리스는 전통적으로 사용되어 온 "역사적 현재"란 말 대신에 "narrative tense"란 말을 쓸 것을 제안하였다. 구술 중심의 역사적 현재와 문자 중심의 역사적 현재가 어떻게 달리 실현되는가 하는 문제에도 관심을 기울여야 한다고 하였다. 이를테면 정신문화연구원 (현재의 '한국학중앙연구원')의 『한국구비문학대계』에 나타나는 서술자의 시제가 기록 문학의 서술자의 시제와 어떻게 다른가를 알아보는 데 참고가 될 것으로 보인다[30].

브론츠웨어 (1970)에서는 구조 언어학 내지 후기 구조 언어학의 지식으로써 문학 텍스트를 분석하는 사례를 보여 주고 있다. 문학어와 비문학어의 관계를 논의하고 "continuum theory"를 적용할 것을 제안하였다. 양자의 관계가 칼로 자르듯이 경계를 지을 수 없다는 뜻으로 이해된다. 언어학적 기술이 문학 작품의 분석에 유용하기는 해도 모두 해결되지 않으며 "전경" (foreground)은 "일탈" (deviation)과 동의어라고 하였다. 그러니까 과거 시제로 일관하다가 현재 시제로 바뀌는 현상을 일탈로 해석하는 것이다. 이곳의 "일탈"은 앞에서 언급한 바 있는 "유표적"이란 말과 동의어이다. 자유 간접 화법[31], 미래 시간 부사와 과거 시제의 공존을 소설 안의 시간과

---

30) 이지영 (2002)가 이런 태도로 민족 문학의 서사 시제를 다루었다.

소설 밖의 시간과의 의식을 반영하는 것이라고 하였으며 군데군데 바인리히 (1964)의 시제 체계를 소개하면서 문제점을 제시하기도 하였다. 시간 부사를 상담 시제와 서사 시제에 따라 분류한 것은 바로 자유 간접 화법을 이해하는 기반이 된다는 점에서 민족어의 문학 작품의 분석에 참고 대상이 될 것으로 보인다. 이를 민족어의 시간 부사로 대치하면 다음과 같다.

(5) 텍스트 유형과 시간 부사

I	II
지금 오늘 내일 다음 주일 내년	당시 그때 다음날, 이튿날 그다음 주일 이듬해

비서사적 텍스트에서는 부류 I의 부사는 정상적이나 부류 II의 부사는 비정상적이고 서사적 텍스트에서는 부류 I의 부사가 비정상적이라는 견해를 통하여 우리는 시간 부사가 텍스트 종류에 민감하게 반응한다는 사실을 확인할 수 있다. 결론적으로 브론츠웨어는 소설의 시제 사용은 서술 시점[32]뿐만 아니라 주인공의 태도 표시와도 관련이 있고 픽션과 시가에서 중요 역할을 한다는 점을 강조하였다.

서사 시제의 연구에서 참고의 대상이 되는 것은 벨로스 (1978)이다. 벨로스는 서사 시제를 '서사적 절대적 시간' (narrative absolute tense, NAT)이라 부르고 서사문에 사용된 시제가 변칙적이라고 인식되어 온 그동안의 관행을 밴비니스트 (1959)와 바인리히 (1964)에서 규칙적으로 해석하였으나 역사적 현재의 해석에 있어서는 두 사람의 이론이 적용되지

31) "자유 간접 화법"에 대한 정보는 토도로브 (1973)/곽광수 (역) (1985: 63), 리몬-케논 (1983)/최상규 (역) (1985: 161-70)을 보라.

32) '시점'에 대한 포괄적 설명은 조남현 (2004: 126-39)를 보고 담화 유형과 시점과의 관계에 대하여는 김홍수 (2004)를 보라.

않는다고 말하고 이를 화용론적으로 해석해야 한다고 하였다. 다시 말하면 서사적 절대 시제는 서사 담화 (narrative utterance)의 불확실한 화용론의 표면적 실현이며 사회적으로는 방언적이라고 하였다. 벨로스는 앞의 샤우베커 (1968)과 같이 (각주 14), 미주의 인디언어인 Menomini어와 Peruvian 인디언어는 서사적 서법 (narrative mood)를 사용한다고 지적하면서 영어의 서사 시제에는 그런 점이 파악되지 않는다고 하였다. 인디언어의 경우뿐만 아니라 아이누어에도 그런 사실이 있다는 것이 보고되어 있다. 아이누민족은 구비 서사시를 유카르 (yukar)라고 하는데 일상 구어와는 다른 특이한 어법을 사용한다고 한다[33]. 각 민족의 서사물에 나타나는 서사적 서법은 근대 이전의 우리 민족의 문학 작품의 서사 시제를 논의하는 데 참고되며 특히 서사 시제의 범언어적 유형론을 가능하게 하는 중요 자료로 활용될 수 있다. (뒤에 나옴). 쉬프린 (1981) 역시 서사 시제 연구의 중요 업적이다. 역사적 현재는 단순히 과거 시제를 대치하는 문체적 장치라고 하였다. 계량적 분석을 통하여 역사적 현재는 화자가 그들의 경험을 표시하는 데 사용하는 문법적 수단으로 볼 수 있다고 하였다.

리쾨르의 『시간과 이야기』 3부작 (1983, 1984, 1985)는 서사 시제 연구에 있어서 분수령을 이루는 대작이다. 리쾨르는 시간이라는 주제와 시제라는 형식을 한데 아우르는 통합 이론을 제시하였다고 평가받고 있다. 리쾨르는 철학적 해석학의 넓은 틀 속에서 시간의 아포리아에 대해 이야기가 어떤 해결책을 제시할 수 있는지를 탐구한다. 그에 따르면 시간은 근본적으로 "화음을 이루는 불협 화음"이고 이야기는 "불협 화음을 내는 화음"으로서 시간의 단일성, 전체성, 비가시성 등의 아포리아에 대한 서사적 해결책을 제시한다는 것이다. 리쾨르는 이야기를 정태적인 구조가 아니라 이야기하는 활동 (재현 활동)이라는 역동성으로 파악한다. "삼중의 미메시스" (미메시스 1－전형상화/미메시스 2－형상화/미메시스 3－재

33) 조동일 (1997: 151)에 의하였다.

형상화)라는 개념도 거기서 비롯된다. 또한 이야기를 대상 지시 차원에서 허구 이야기와 역사 이야기로 구분하는 것도 구조주의 서사학을 넘어서기 위한 노력을 보여주는 부분이다. 리쾨르는 제3장 '시간과의 유희' (『시간과 이야기』 2)에서 벤베니스트, 함부르거, 바인리히 등의 견해를 종합하여 서사 시제에 대한 자신의 견해를 제시하였으며 특히 바인리히의 상담 시제와 서사 시제를 자세히 소개하고 전자가 긴장된 태도를 수반하는 것이라면 후자는 이완된 태도로 파악된다고 한다. 제4부 '이야기된 시간' (『시간과 이야기』 3)에서 아우구스티누스와 아리스토텔레스, 칸트와 후설의 시간성에 대한 논쟁을 개관하고 하이데거의 통속적 시간 개념을 검토한 다음, 역사 이야기와 허구 이야기가 교차하는 대상 지시라는 개념으로 시간론과 이야기론의 종합을 시도한다. 리쾨르가 서사 시제의 시간성 문제를 해결하기 위해 철학자들의 시간에 대한 이해를 끌어들인 것이 서사 시제를 해명하는 데 어느 정도 기여하였는가는 별도의 논의를 필요로 할 것이다. 이를테면 바인리히의 서사 시간은 여러 나라말로 번역되고 그것을 실제의 문학 작품에 응용하여 많은 성과를 거둔 것과 비교할 때 더욱 그러하다.

바쉬 (1986)은 인간의 통보 행위를 일상적 통보 행위 (the normal, reffering mode of communication)와 허구적 통보 행위 (the fictional mode of communication)로 구별하여 허구 (fiction)에 나타나는 시제와 동작상을 다루었다. 두 통보 행위는 필자의 "상관적 장면"과 "단독적 장면"이나, 바인리히 (1970)의 "상담적"과 "서사적" 태도와 비슷하며 라이온스의 "역사적" (historical) 및 "경험적" (experiential) 기술 방식과 비슷한 면이 있다. 바쉬는 양자의 경계가 분명히 그어지지 않는다는 점도 지적하였다. 문법은 직접적으로는 문체론에 관심을 두지 않으나 문체적인 차이를 통합하는 방향으로 머리를 틀어 볼 필요가 있다는 견해도 비치었다. 시제는 본질적으로 지시성을 띠고 있기 때문에 현재, 과거, 미래와 같은 구분이 가능하나 지시성이 결여된 서사물에는 적용되지 않기 때문에 양자를 통합할 필요성을 제기하였다. '[시간성]' (temporality)의 있고 없음 (有無)를 기준으로 하여 상담 시제와 서사 시제를 한 그릇에 담는 다음과 같은 통합 이론을 세웠다.

(6) 일상 시제와 서사 시간의 통합

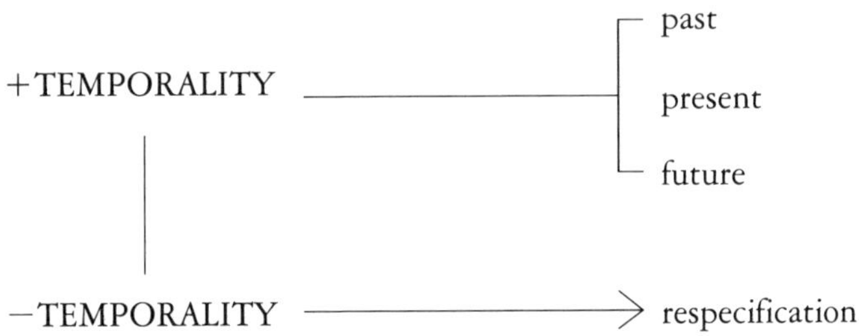

'respecification'은 서사 시제에 대하여는 상담 시제와 달리 그 나름의 시제적 질서를 다시 규정한다는 뜻으로 이해된다.

바쉬는 동작상에 대하여도 다음과 같은 방식의 통합 이론을 세웠다.

(7) 일상 동작상과 서사 동작상의 통합

두 종류의 시제와 동작상을 통합 기술할 것인가, 아니면 분리할 것인가는 문법 체계를 어떻게 세우는가에 달려 있어 보인다. 바쉬는 같은 동사라도 대화에 쓰이느냐, 지문에 쓰이느냐에 따라 동작류가 달리 파악된다는 점도 지적하였으며 허구 시제의 특징도 거론하였다. 바쉬 역시 이전의 다른 문법가들과 같이 바인리히 (1970)을 발판으로 삼되 영어의 픽션의 시제와 동작상을 통합하는 모형을 보여 주고 있다. 바쉬는 (6)과 (7)을 통하여 서사 세계에 나타나는 시제와 동작상을 문법에 끌어들이는 모형을 제시한 것이다. 필자가 서사 시제에 관심을 기울이는 것도 서사 시제를 문법에 끌어들이는 시도의 한 고리임은 물론이다.

플라이쉬맨 (1990)은 언어학과 문학의 엄격한 분리를 완화할 목적으로 중세 로망스 문학으로부터 현대에 이르는 작품을 대상으로 서사 문학 작품의 시제를 다룬 것이다. 그는 시간 자질을 발화시 (S), 참조시 (R), 사건시 (E)를 세운 라이헨바흐 (Reichenbach)를 비판하면서 시제를 담화-텍스트 층위로 확대할 필요성을 제기하였다. 플라이쉬맨은 문학 이론가는 문학 작품의 전국적 (全局的, global) 특징에 관심을 기울이고 언어학자는 작품의 내적 구조에 주목한다고 하였으며 지문에서는 지시성이 상실된다는 점도 지적하였다. 필자가 중세어의 지문에 나타나는 시상법 형태에 대하여 정확한 시제성을 부여하지 못한 것이 모두 지시성과 관련되었다 (앞에 나온). 플라이쉬맨은 벤비니스트와 바인리히의 서사 시제와 상념 시제의 용어를 비교하는가 하면 이야기하는 시간 (speaker now)과 그 이야기의 사건이 일어난다고 상정하는 시간 (story now)를 구별하였다. 이 밖에 시제의 교체를 전경과 배경에 관련시켜 해석하는 면도 보인다. 앞에서 소개한 정희자 (1987)과 비슷한 접근법이다. 이러한 접근법은 김홍수 (2005)에서도 보인다.

이인영 (1993)은 러시아어를 중심으로 그사이에 이루어진 "역사적 현재"에 관한 연구를 기반으로 하여 동작상과 역사적 현재, 양태 (modality)로서의 역사적 현재를 다루었고 역사적 현재와 관점의 문제를 논의하였으며 특히 역사적 현재를 자유 간접 화법 (의사 직접 화법)과 관련하여 다루었다. 이인영은 역사적 현재는 담화를 떠나서는 존재할 수 없다고 말하고 텍스트 형성상의 기능을 부각시켰다. 한편 이인영은 역사적 현재를 전경화와 관련시켜 해석하는 견해를 비판하고 '두드러지게 하기'라는 인

지적 관점을 도입하였다[34]. 역사적 현재를 영화 내레이션에 있어서의 몽타주 기법에 비유하면서 일종의 "낯설게 하기"에 의한 클로즈업을 통하여 인지를 극대화시키는 것으로 보았다. 현재로서는 이 방법이 서사 시제를 설명하는 데 가장 설명력이 강한 것으로 보인다 (뒤에 나옴). 캐니필 (1995)는 텍스트 유형에 따라 영어의 동작상이 어떻게 달리 실현되는가 하는 문제를 제기하였다. 앞에서 든 (1), (2), (3), (4)는 텍스트 유형이 다름에 따라 시제가 달리 표시되는 대표적인 예이다. 우리 민족어의 경우, 현재까지 텍스트 유형을 구별하지 않고 시상법을 논해 왔다. 텍스트 언어학이 수용되어 그 성과가 많이 쌓여 있는 마당에 이제는 텍스트 유형에 따른 문법 형태의 분포와 기능을 자세히 검토해 볼 필요가 있어 보인다. 구도 (1995) 역시 텍스트 유형에 따른 시제의 기능을 구명하였다.

최근에 나온 하르베크 (2008, 2009가, 나, 다)는 신화 (Mithos)와 역사 (Geschichte)의 시간 (Zeit) 문제를 다루어 특히 서사 시제 연구에 새로운 지평을 열었다. 하르베크 (2008)은 신화 속의 시간과 역사 속의 시간에 대한 구별을 시도하였는데 후자는 저자와 수용자를 연결시키지만 전자는 그렇지 않다는 등의 총설적 문제를 다루었다. 하르베크 (2009가)는 유럽의 고대와 중세의 역사 편년을 다루었는데 신화와 역사를 구별하는 문제를 다루었다. 하르베크 (2009나)는 미주의 아즈텍과 마야를 포함하여 동양의 신화와 역사의 시간 문제를 다루었다. 하르베크 (2009다)는 유럽의 근대 픽션과 역사의 시간 문제를 다루었다. 토마스 만의『마의 산』(*Zauberberg*) 등의 로망에 나타나는 서사 시간과 러셀의 자서전과 드레스덴의 폭격 등에 관한 실기 등을 중심으로 역사 속의 시간 문제를 다루었다. 하르베크의 4권의 저술은 역사 소설의 시간 문제를 다루는 데 많은 시사를 얻을 수 있어 보인다.

---

34) 이인영 (1993)에서는 Chvany가 '전경화'의 의미를 '연쇄성, 중요성, 두드러지게 하기'의 셋을 들었다고 말하고 역사적 현재의 전경화의 기제로는 '두드러지게 하기'에서 찾아야 한다고 하였다.

3. 현대 민족어 소설과 서사 시제

이상과 같이 서사 시제를 논한 외국의 중요 업적을 검토하여 보았다. 이곳에서는 먼저 앞에서 부각시킨 이론적 문제점을 기반으로 삼아 주로 20세기 중반 이후에 나온 남북과 재외 교민의 민족어 소설을 중심으로 서사 시제의 면모를 검토해 봄으로써 우리 민족어 문학 작품의 서사 문법[35]의 한 국면을 확인해 보기로 한다.

다음은 20세기 전반부터 작품 활동을 한 소설가 황순원의 「소나기」(1952)[36]의 앞부분에서 뽑은 것이다.

(8) 벌써 며칠째 소녀는 학교서 돌아오는 길에 물장난이었다. 그런데 **어제**까지는 개울 기슭에서 하더니 오늘은 장검다리 한가운데 앉아서 하고 있다. 소년은 개울둑에 앉아 버렸다. … 소녀가 비키기를 기다리자는 것이다. **다음날**은 좀 늦게 개울가로 나왔다.
이날은 소녀가 징검다리 한가운데 앉아 세수를 하고 있었다. (「소나기」 306쪽)

(8)은 「소나기」의 첫머리 다음 부분에서 따온 텍스트이다. 문장 종결형(문체법)을 보면 직설법 과거형과 직설법 현재형이 교대로 실현되어 있다. '이었다'와 '버렸다'는 직설법 과거, '하고 있었다'는 직설법 과거 진행형이다. '하고 있다'는 직설법 현재 진행형이고 '기다리자는 것이다'는 관형 구성에 의한 직설법 현재형이다. 이런 경우, 직설법 과거 시제로 일관하여도 독자들은 그것이 서사 문법에 어그러진다고 생각하지 않으며 현재 시제로 통일되어도 마찬가지다. 이런 경우는 형태만 시제형이지 시제의 고유한 특성인 지시성이 거의 파악되지 않는다. 앞에서 든 (1)의 예와 같

35) 서사 문법에 대하여는 프랭스 (1982)/최상규 (역) (1982: 122-56)을 보라.
36) 출전은 삼성판 『韓國現代文學全集』 15 (1978)이다.

은 성격의 서사 시제이다. 이곳에서 주목할 것은 서사물인데도 화자 시점의 부사와 서술자 시점의 부사가 섞여 있다. 지문은 서술자의 말이기 때문에 부사도 서술자 시점의 부사가 와야 한다. '어제, 오늘'은 화자 시점인데도 서술자의 말에 나타났고 '다음날'은 서술자 시점의 부사이다. 전형적인 자유 간접 화법인 셈이다. 앞의 시제형의 교체와 함께 두 시간 부사가 교체되어도 거부 반응을 일으키지 않는다. 앞의 이인영 (1993)에서 본 역사적 현재를 자유 간접 화법과 관련하여 해석한 것이 우리의 민족 문학 작품에 거의 그대로 적용됨을 확인할 수 있다.

한편, 「소나기」에는 직설법 현재형으로 일관하는 것도 있고 과거형으로 일관하는 것도 보인다.

(9) 가. 소녀는 소년이 개울둑에 앉아 있는 걸 아는지 모르는지 그냥 날쌔게 물만 움켜 낸다. 그러나 번번이 허탕이다. 그대로 재미있는 양, 자꾸 물만 움킨다. **어제**처럼 개울을 건너는 사람이 있어야 길을 비킬 모양이다. (「소나기」 306쪽)

나. 산마루께로 올라갔다. 맞은편 골짜기에 오순도순 초가집이 몇 모여 있었다. 누가 말한 것도 아닌데 바우에 나란히 걸터앉았다. 별로 주위가 조용해진 것 같았다. 따가운 가을 햇살만이 말라가는 풀냄새를 퍼뜨리고 있었다. (「소나기」 309쪽)

(9가)는 전체가 직설법 현재형으로, (9나)는 직설법 과거형과 과거 완료형 및 과거 진행형으로 일관하고 있다. (9가)를 모두 '내었다, (허탕)이었다, 움켰다, (모양)이었다'로 바꾸어도 독자들은 이의를 제기하지 않는다. 서사 문법의 한 국면을 확인할 수 있다. (9나) 역시 '올라간다, 모여 있다, 걸터앉는다, 같다, 퍼뜨리고 있다' 로 교체하여도 작품 이해에 조금도 걸림돌이 되지 않는다. 이러한 시제 배치법은 20세기 말경에 나온 최명

희의 『혼불』 (1996)[37]에서도 볼 수 있을 정도로 보편적이다.

(9나′) 그다지 쾌청한 날씨는 아니었다. 거기다가 대숲에서는 제법 바람 소리까지 일었다. 하기야 대숲에서 바람 소리가 일고 있는 것이 굳이 날씨 때문이랄 수는 없었다. 청명하고 볕발이 고른 날에도 대숲에서는 늘 그렇게 소소 (蕭蕭)한 바람이 술렁이었다. (『혼불』 I, 11쪽)

그러나 대화는 지문과 성격을 달리한다.

(9′) "도라지꽃이 이렇게 예쁜 줄은 몰랐네. 난 보랏빛이 좋아 … 근데 이 양산같이 생긴 노란꽃이 머지" (「소나기」 309쪽)

위의 (9′)는 앞에서 든 작품 「소나기」의 대화의 한 부분이다. 만약 밑줄 그은 활용형을 각각 다음과 같이 현재형과 과거형으로 바꾸면 대화의 내용을 변질시키기 때문에 시상법의 교체를 허용하지 않는다.

(9″) "*도라지꽃이 이렇게 예쁜 줄은 모르네. 난 보랏빛이 좋았어 … 근데 이 양산같이 생긴 노란꽃이 머였지"

같은 시제 형태가 장면의 성격에 따라 기능을 달리하는 것은 바인리히 (1964)의 이론을 따르면 통보 상황의 "긴장" (緊張)과 "이완" (弛緩) (앞에 나옴)으로 설명할 수 있다. 서사 문법의 또 한 면모를 확인할 수 있다.

해방 후 남쪽에서 나온 소설 작품을 검토해 보면 대체로 위와 같은 경향을 발견한다. 그러면 북쪽과 재외 교민의 작품을 보기로 한다.

37) 1997년 도서출판 한길사에서 나온 판을 이용하였다.

(10) 어디를 바라보나 눈길이 모자라는 검푸른 바다였다. 수백만대군이 추켜든 창끝마냥 하늘을 찌르고 일어선 상록수밀림이 사방천리 아득한 하늘밑에까지 완만한 기복을 이루며 밀려 가 있다. 숲머리를 덮은 백설은 창끝에 불린 서리마냥 장엄한 기상우에 위험을 더 보태여준다. (『한 자위단원의 운명』 3쪽) (원문대로)

(10)은 북한의 '3대 불후의 고전적 명작' 가운데 하나로 손꼽히는 『한 자위단원의 운명』[38]의 시작 부분에서 따온 것이다. 첫 문장의 '(바다)였다'는 직설법 과거형이고 둘째 문장은 직설법 현재 완료형, 셋째 문장은 직설법 현재형이다. 북쪽의 서사 시제 배치도 남쪽과 차이가 없다. (10)과 같이 두 시제형이 섞이는 것이 많고 현재형과 과거형으로 일관하는 일도 적지 않게 보인다.

다음은 중국 조선족의 작품에서 따온 것이다. 중국 조선족 사회는 해방 전부터 문단이 형성되어 많은 문학 작품이 창작되었으며[39], 해방 후에도 문학 활동이 꾸준히 이어졌다[40]. 이곳에서는 『연변문예』 (1954년 5월호)에 발표된 김창걸 (1911~1991)의 「행복을 아는 사람들」[41]을 중심으로 중국 조선족 민족 문학 작품의 서사 시제의 사용 양상을 엿보기로 한다.

(11) 가. 상훈이는 들릴락 말락 좋다고 대답하는 수 밖에 없었다. 그리고 홍당무 같이 붉어진 얼굴을 보이기 괴로워 머리를 수그렸다. 빰에서 경련이 일어났다. (「행복을 아는 사람들」 389쪽) (원

38) 1989년 도서출판 黃土에서 낸 영인본을 이용하였다.
39) 해방 전의 만주 지역의 민족 문학 연구에 대하여는 채훈 (1990)을 보라.
40) 해방 전과 해방 후의 옛 만주 지역의 민족 문학은 전 23권으로 편찬된 『20세기 중국 조선족 문학자료 전집』 (중국조선민족문화예술출판사, 2003)에 집성되어 있다.
41) 이 작품은 앞의 전집 제3집에 실려 있다.

문대로)

나. 상훈이는 깨달았다. 五十 만이 아니라 바로 五億 인민이 한 태양 모주석을 받들고 나간다. 한마음 한뜻으로 일체의 장애를 박차고 나아간다. 인류의 가장 아름다운 리상을 향하여 씩씩하게 팔을 걷고 나아간다. 자기도 이 五억 인민 대렬 속의 한사람이다. (위와 같은 작품 401-2쪽) (원문대로)

다. 리론상으로는 국가와 인민의 수요에 선뜻 나서야 된다는것을 부인할 수 없다. 그러나 아무리 생각했댔자 자기가 곧 고중 교원으로 가는 것이 사회의 수요일리는 만무하지 않는가? 거기에는 성적이 수수한 사람이 가야할 것이 아닌가? (위와 같은 작품, 394쪽)

(11가)는 직설법 과거형으로 일관하여 있다. (9나)와 같은 유형이다. (11나)는 처음 문장은 직설법 과거형, 나머지는 직설법 현재형이다. (1)과 같은 유형의 시제 배치이다. 중국 조선족 사회에서 나온 작품의 서사 시제도 북한은 물론 남한과 차이가 없다. (11다)는 직설법 현재형으로 일관하여 있다. 심리 묘사란 점과 관련하여 해석할 수 있다.

다음은 옛 소련의 고려인 사회에서 창작된 김용택의 단편 「그를 어데서 찾는담」[42]에서 뽑은 서사 시제의 사용 양상이다. 옛 소련의 고려인들은 1937년 중앙아시아로 강제 이주하기 전에는 연해주 일대에서 신문 「선봉」 등을 발판으로 삼아 문학 활동을 하였으며 강제 이주 후에는 『레닌기치』 (지금은 고려일보)를 통하여 작품을 발표하였다. 그리고 사할린에서도 『레닌의 길로』 (지금은 새고려일보) 등을 통하여 민족 문학의 명맥을 이어 나갔다.

42) 이 작품은 김연수 엮음, 『在蘇韓人作品集』 (1989, 인문당)에서 뽑았다. 이 작품의 연대는 명기되어 있지 않으나 해방후 작품으로 보고 인용하였다.

(12) 가. 신랑집앞은 인산인해를 이루었다. 신랑신부가 들어가는 길량편에 사람들이 가득하였다. 행복에 찬 신랑은 가볍게 신부를 안고 걸어 들어갔다. 누이동생들은 그가 가는 길에 꽃보라를 던져주었다. (「그를 어데서 찾는담」 84쪽) (원문대로)

나. 또다시 사진기자의 우렁찬 목소리가 울렸다. 그는 곁에 서있는 차녀가 쥔 국화묶음속에서 (한)[43] 송이 빼어 아버지의 앞가슴주머니에 꼽아주었다. 손님들은 떠들썩 웃어댄다. (「그를 어데서 찾는담」 82쪽) (원문대로)

다. 혼자 왜놈들과 싸운다는 것은 사실상 무의미한 일이나 다름없는 것이다. 범도 자신도 이를 깨닫지 못한 것은 아니다. 그러나 범도가 생각한 바를 고려한다면 또 그렇게 무의미한 일도 아니었다. (김세일, 장편소설 『홍범도』 1[44], 133쪽) (원문대로)

(12가)는 (9나), (11가)와 같이 직설법 과거 시제로 일관한 텍스트이다. (12나)는 직설법 과거 시제가 주축이 된 텍스트에 직설법 현재형이 나타난 예이다. (1), (10), (11나)와 같은 유형의 시제 배치이다. (12다)는 옛 고려인 사회의 항일 영웅인 홍범도를 소설화한 작품에서 뽑은 것이다. 앞의 (2)와 같이 단순한 역사서가 아니고 (1)과 같은 역사 소설이기 때문에 직설법 현재형이 나타난 것으로 해석한다. 같은 '아니다'인데도 불구하고 앞의 것은 현재형으로, 뒤의 것은 과거형으로 실현되었다.

1950년대 이후의 남북 및 교민 사회의 서사 시제의 양상은 어디에 뿌리를 둘 수 있을까. 사실주의 문학의 대표작이고 날이 갈수록 독자를 많이 확보하고 있으며 고등학교 교과서에서도 실려 있는 1930년대의 작품인 염상섭의 『三代』(1932)[45]를 검토해 보기로 한다.

43) 작품집에는 '송이'밖에 나와 있지 않으나 '한'이 빠진 것으로 보고 보충하였다.

44) 『홍범도』는 1989년 서울의 신학문사에서 나왔다. 『레닌기치』에 1965년부터 239회로 연재되었다 (김연수 엮음, 1989의 머리에 있는 '재소 한글 소설가' 참조).

(13) 가. 있는 사람을 따라 다니며 얻어먹기도 싫다. … 덕기는 자기를 빗대 놓고서나 하는 말 같아서 듣기 싫었다. 그뿐 아니라 언제든지 뺏어 먹고 쓰고 할 것은 다 하면서 게걸대고 입바른 소리를 툭툭하는 것이 밉살맞기도 하였다. 있는 사람의 통성으로 자기에게 좀 고분고분하게 굴어 주었으면 좋았다. (『三代』 10쪽)

나. 덕기는 일어서며 하품 섞인 소리로 대답을 한다. 아내도 뒤따라 들어와서 부리나케 자리를 개 앉는다. 안방 식구는 내다보지도 않는다. 안방식구란 덕기의 서조모 (庶祖母) 식구다(이다). 말하자면 서시어머니가 안방에 있을 터이나 덕기의 모친은 건너가 보려고도 아니하고 나어린 시어머니는 조를 차려서 들어와 보려니 하고 버티고 앉았는지 내다보지도 않는다. (『三代』 19쪽).

(13가)는 직설법 과거형이 셋이고 현재형은 첫머리에 하나만 나와 있다. (1)과는 달리 직설법 현재형이 앞서고 과거형이 뒤에 나와 있다. (13나)는 직설법 현재형으로 일관하여 있다. (9가)와 같은 배치이다.

20세기 중반에도 작가에 따라서는 서사 시제를 직설법 현재형으로 일관하는 일이 더러 보인다. 최인훈의 『광장』 (1961)[46]의 첫머리를 보자.

(13나′) 바다는 크레파스보다 진한, 푸르고 육중한 비늘을 무겁게 뒤채면서, 숨을 쉰다. … 석방 포로 이명준 (李明俊)은, 오른편에 곧장 갑판으로 통한 사닥다리를 타고 내려가, 배뒤쪽 난간에 가서, 거기 기대어 선다. 담배를 꺼내 물고 라이타를 켜댔으나

45) 1959년 민중서관에서 나온 『韓國文學全集』 3을 가리킨다.
46) 문학과 지성사에서 펴낸 4판 54쇄 (2008)을 이용하였다.

바람에 이내 꺼지고 하여. 몇 번이고 그르친 끝에, 그 자리에 쭈그리고 앉아서 오른팔로 얼굴을 가리고 간신히 당긴다. 그 때다 (이다). 또 그 눈이다. 배가 떠나고부터 가끔 나타나는 허깨비다 (이다). (『광장』 21쪽)

이렇게 현재형으로 계속하다가 조금 나아가면 직설법 과거형과 지그재그로 섞여 나온다. (13나), (13나')와 같이 현재형으로 계속되는 시제의 배열을 어떻게 해석해야 할까 (뒤에 나옴).

4. 『無情』과 신소설의 서사 시제

『無情』은 한국 최초의 근대 소설이라고 평가를 받고 있다. 형식과 내용에 있어 이전의 신소설 및 이후의 현대 소설과 일정한 차별성이 확인되기 때문이다[47]. 그러나 형식적으로 볼 때, 『無情』은 신소설과 공통되는 요소가 많다고 보아 같이 다루기로 한다[48].

(14) 가. 형식은 말이 막혔다. 우선은 남의 폐간을 꿰뚫어볼 듯한 두 눈으로 형식의 얼굴을 유심하게 들여다 본다. 형식은 눈이 부신 듯이 고개를 숙인다. (『無情』 13쪽)

나. 밤은 서늘하다. 종로 야시에는 '싸구려' 하는 물건 파는 소리와 길다란 칼을 내어 두르며 약 광고하는 소리도 들린다. …사람들은 저녁의 서늘한 맛에 취하여 아무 목적 없이 왔

47) 『無情』의 문학사적 의의에 대하여는 조연현 (1978가)를 보라.

48) 1979년 우진사에서 낸 『〈定本〉 무정』을 이용하였다. 이 책은 1917년 매일신보에 연재된 것을 대본으로 하고 1918년 광익서점에서 발행한 초판 단행본을 대조 · 참조하여 낸 교감본이다.

다 갔다 한다. 그 사이로 어린 학생들은 … 사람들 사이로 뛰어 다닌다. … 청년들의 그림자가 얼른얼른한다. … 가물다가 비가 왔으므로 후끈후끈 흙내가 올라온다. (『無情』 91쪽)

다. 월화의 얼굴과 재주를 보고 여러 남자가 침을 흘리며 모여들었다. 그러나 사람들 중에는 부자도 있고 미남자도 있었다. 그 사람들은 다투어 옷을 잘 입고 금시계와 금반지를 끼고 아무리 하여서라도 월화의 사랑을 얻으려 하였다. 그러나 월화가 머릿속에 그리는 남자는 이러한 경박자는 아니었다. (『無情』 95-6쪽)

(14가)는 직설법 과거가 먼저 오고 뒤에 직설법 현재 연쇄가 오는 예이다. (1), (10)과 성격이 같다. (14나)는 직설법 현재형으로 일관한 예이다. 이런 예를 우리는 더러 보았다. (9가), (11다)가 그런 성격을 띠고 있었다. (14다)는 직설법 과거형으로 일관하여 있다. (9나), (9나′), (11가), (12가)가 모두 그런 텍스트였다.

다음 예는 회상법의 예이다.

(15) 가. 그날 저녁때에 대동강에서 낚시질하던 배가 시체 하나를 얻었다. 그것은 월화더라. … 평양 일부 김윤수의 아들은 '미친 년!' 하고 자기의 희롱거리 없어짐을 한탄하더라. (106쪽)

나. 형식은 다음번 오는 전차를 탔다. 신호수가 푸른 등을 두르니 … 전차는 구부러진 데를 돌아간다. … 형식은 전차를 잘못 탔다. … 형식의 얼굴은 과연 몹시 붉게 되었더라. (112쪽)

(15가)의 '월화더라'와 '한탄하더라'는 회상법 현재형이다. 다른 경우 같으면 직설법 과거형으로 나타나야 할 자리이다. 그렇게 보면 이 예는 과

거형의 연쇄라고 할 수 있다. (14나)의 '되었더라'는 회상법 과거형이다. 다른 경우 같으면 직설법 과거형 '되었다, 되었었다'로 나타나야 할 예이다. 두 번째 자리에 직설법 현재형이 나타났다. 과거형의 연쇄의 중간에 직설법 현재형이 끼어들었다. 회상법의 예는 적어도 소설 작품에 국한하는 한, 『無情』의 예가 마지막이 아닌가 한다.

다음 예는 『無情』에 나타나는 고대 소설적인 문체로 보인다.

(16) 가. 경성학교 영어 교사 이형식은 오후 두 시 사년급 영어 시간을 마치고 내여쪼이는 유월 볕에 땀을 흘리면서 안동 김장로의 집으로 간다. 김장로의 딸 선형 (善馨)이가 명년 미국 유학을 가기 위하여 영어를 준비할 차로 이형식을 매일 한 시간씩 가정교사로 고빙하여 오늘 오후 세시부터 수업을 시작하게 **되었음이라**. (11쪽)

나. 벌써 십유여년 전**이로다**. 평안남도 안주읍에서 남으로 십여리 되는 동네에 박진사라는 사람이 있었다. (『無情』 23쪽)

(16가)의 '되었음이라'는 이전의 신소설에도 보이지 않는 춘원 특유의 문체이다. 다른 경우 같으면 '되었다'로 나올 어형이다. 그렇게 보면 이 예는 직설법 현재와 과거의 연쇄 [사슬] 유형이다. (16나)의 '이로다'는 중세어의 감동법이 굳어져 만들어진 감탄형인데 문어체적인 어미이다. 시제상으로는 '전이다'로 해석될 수 있다. 현재형과 과거형의 연쇄이다.

(15), (16)에 보이는 고대 소설적인 문체, 특히 '-더라'형의 문장 종결어미가 그 이후의 작품에서 사라진 것은 김동인의 의도적인 문체 개혁에 말미암는다. 김동인의 처녀작 「弱한 者의 슬픔」 (1919)[49]를 보면 앞에서 검토한 현대 소설의 이른바 구어체 문장은 바로 김동인으로부터 비롯한

49) 1978년 語文閣에서 나온 『新韓國文學全集』 2에 실린 것이다.

다는 사실을 알 수 있다.

(17) 가. 가정교사 강 엘리자베드는 가르침을 끝낸 다음에 자기 방으로 돌아왔다. 돌아오기는 하였지만 이제껏 쾌활한 아이들과 마주 유쾌히 지낸 그는 껌껌하고 갑갑한 자기 방에 돌아와서는 무한한 적막을 느꼈다. (「弱한 者의 슬픔」 320쪽)

나. 쾅쾅! 하는 아이의 발소리가 이럴 때에 엘리자베드의 방으로 가까이 온다. 엘리자베드는 빨리 어두운 편으로 향하였다. 문이 열리며 여덟 살 된 남작의 아들이 나타나서 엘리자베드에게 저녁을 재촉하였다. 저녁을 먹으러 가기가 싫은 엘리자베드는 안 먹겠다고 대답할 수밖에는 없었다. (「弱한 者의 슬픔」 327-8쪽)

다. 이럴 동안 전차는 S 병원 앞에 멎었다. 엘리자베드는 섭섭한 생각을 품고 전차를 내렸다. —어떤 시선이 자기를 따라온다. 그는 헤이렀다. 비는 보스럭비로 변하였다. (「弱한 者의 슬픔」 333쪽)

(17가)는 (9나), (9나′), (11가), (12가)와 같이 현대 소설에서 흔히 보는 서사 시제의 배치이다. '흔히 본다'는 것은 대부분의 소설 지문이 직설법 과거 시제의 연쇄로 구성되어 있다는 뜻이다. (17나)는 직설법 현재형이 먼저 오고 이어 직설법 과거형의 연쇄로 배치되어 있다. (17다)는 직설법 과거와 직설법 과거의 연쇄 사이에 직설법 현재 시제를 배치한 것이다. 직설법 현재형의 연쇄로 일관하여 있는 『無情』의 (13나)의 단조로운 직설법 현재를 극복한 것이다. 실제로 김동인은 "현재법을 사용하면 主體와 客體의 구별이 명료치 못함을 깨달았다. 우리는 감연히 이를 배척하였다"[50]에서 보듯이 『無情』과 그 이전의 신소설에서 흔히 보는 직설법

현재의 연쇄형을 청산하는 의미에서 시도한 것이다. 19세기 중반 이후 판소리와 방각본 소설로부터 진행되어 온 서사 시제의 자연적인 상담 시제로의 합류이지만 김동인의 그런 소행에 대하여 아무도 이의를 제기하지 않았다.

김동인은 중세 이래 조선조 후기의 대하 장편 소설에 이르기까지 남아 있던 (15)의 회상법 '-더라'와 (16나)의 감동법 '-로 (<도)다'까지 버림으로써 문체의 근대화를 이룩하였다고 다음과 같이 언급하였다[51].

(18) 물론 「깨닫겠더라」의 「더라」도 口語에 사용되는 것이지만, 우리의 양심은 「깨닫겠다」라 하여 철저히 하여 놓지를 않으면 용인치를 못하였다. 당시의 春園의 작품은 口語體라 하여도 아직 많은 文語體의 흔적이 있었다. 「이더라」, 「이라」, 「하는데」, 「말삼」 등을 그의 작품 도처에서 볼 수 있었다. 이러한 불철저한 것은 모두 배척하지 않을 수 없었다.

(18)에서 김동인이 '-더라'에 대하여 구어에 사용된다고 말하는 것은 상담 세계 (상관적 장면)에 나타나는 회상법을 가리킨다. 김동인이 고쳐 놓은 '깨닫겠다'도 엄격한 의미의 해라체가 아니다. 단독적 장면에 나타나는 평서법 어미 '-다'는 해라체의 평서법과 형태가 같지마는 '하라체'라 불리는 중립형이기 때문에 새로운 문어체의 도입임에 틀림없다[52]. 회상법이 직설법으로 바뀌는 것이 신소설 이전부터 진행된 변화의 흐름을 탄 것이지만 김동인은 이광수의 『無情』에 일부 남아 있던 마지막 숨결을 차

50) 김동인 (1929/1976: 156)을 보라.
51) 관련 논의는 김동인 (1929/1974: 155), 趙演鉉 (1978나: 518-9)를 보라.
52) 하라체에 대하여는 고영근 (1974/1999가: 392)를 보라. 조동일 (2005: 236)에서는 '하더라'를 '했다'로 고치고 삼인칭 대명사로 '그'를 도입한 것은 새로운 문어체를 만들었다고 비판을 가하였다 (뒤에 나옴). 최근 권보드래 (2000: 235-55, 특히 248)에서는 하라체를 '-다'체라고 불러 '고립된 개인의 언어'로 처리하였다.

단하였다. 앞에서 우리는 미주의 인디언어와 아이누어에는 상담 시제와 구별되는 특이한 서사 시제 형식이 있다는 것을 확인한 바 있다. 우리의 민족 문학 작품에도 '-더라'와 같은 정형화된 서사 시제 형식이 존재하였는데 19세기 중엽부터 소극화되고 신소설을 거치는 동안 위축되다가 끝내는 김동인에 의하여 깡그리 소탕된 것을 어떻게 해석해야 할까. (뒤에 나옴)

그러면 『無情』 이전의 신소설에는 서사 시제가 어떻게 표시되었는가를 검토해 보기로 한다.

신소설의 대표적인 작품인 이인직의 『鬼의 聲』(1906)에 나타나는 서사 시제의 분포를 보기로 한다[53]. 텍스트는 권영민 엮음 (2008)의 『신소설 전집』을 이용한다. 이 전집은 전반과 후반으로 구성되어 있는데 전자는 현대 맞춤법으로 고쳐 적었고 후자는 원전을 영인하여 보이었다. 원전의 표기는 참고로 오른쪽 괄호 안에 보이었다. 앞의 『無情』에서는 지문의 대부분이 직설법 현재와 과거로 실현되고 회상법은 매우 드물었는데 신소설에서는 반대의 양상을 보여 주고 있다. 쪽수는 각 텍스트의 출전을 표시한다.

(19) 가. 얼굴은 돋아 오는 반달같이 <u>탐스럽더라</u>. (7쪽) (원전 1쪽, ~탐스럽더라)

나. 삼학산 그림자가 창을 점점 가리면서 방안이 우중충하여지는데, 부인도 생각을 잊으며 잠이 <u>들었더라</u>. (8쪽) (원전 1쪽, ~드럿더라)

다. 김승지 맹세가 거짓말 맹세가 아니라 종무소주한 마음에 참말로 한 병세<u>일러라</u>. (45쪽) (추측 회상법) (원전 43쪽, 병셰일러라)

---

53) 신소설의 서사 시제의 분포에 대하여는 일찍이 권영민 교수에 의하여 조사된 바 있다. 권보드래 (2000: 236)을 보라.

(19가)는 회상법 현재형이고 (19나)는 회상법 과거이다. (19다)의 '-ㄹ러라'는 추측 회상법 '-리러라'의 축약 형태이다. 회상법 현재형과 과거형은 이미 15세기의 『석보상절』 및 『월인석보』 등의 번안류와 언해류에서 시작하여 『구운몽』을 거처 조선조 후기의 대하 장편 소설에 이르기까지 편재(遍在)되어 있었던 서사 시제형이었다.

한편 『鬼의 聲』에는 『무정』에 흔히 보이던 직설법이 제법 확인된다.

(20) 가. 강동지의 마누라가 웃통 벗고 넓은 속곳 바람으로 한걸음에 뛰어왔다 (8쪽) (직설법 과거) (원전 2쪽, 뛰여왓다)

나. 다시 안방으로 향하고 강동지를 부른다 (8쪽) (직설법 현재) (원전 2쪽, 부른다)

(20가)의 '뛰어왔다'는 직설법 과거형이고 (20나)의 '부른다'는 직설법 현재형이다.

신소설 중에서 비교적 늦게 나온 최찬식의 『안의 성』의 서사 시제의 사용 양상을 보기로 한다. 앞의 『鬼의 聲』과 같이 대개는 회상법 현재와 회상법 과거, 더러 직설법 현재와 직설법 과거가 나온다. 지정사의 직설법 현재는 거의 '이라'로 일관하여 있으며 추측 회상법도 보인다.

(21) 가. 마포동리 동장으로 있는 성운경 (成雲卿)을 청하였더라 (19쪽) (회상법 과거) (원전, 마포동리동장으로 잇는 성운경 (成雲卿)을 청ᄒᆞ엿더라, 12쪽)

나. 고개를 숙이고 외면을 하더라 (39쪽) (회상법 현재) (원전, 고기를 숙이고 외면을 ᄒᆞ더라, 32쪽)

(22) 가. 부인의 귀뿌리를 거스른다 (7쪽) (직설법 현재) (원전 1쪽 같음)

나. 한탄을 하며 보던 편지를 마저 본다 (62쪽) (직설법 현재) (원전,

~마져 본다, 56쪽)

다. 상현의 모친은 정애를 이혼시키고 정애를 친정으로 보낸다 이혼신고를 민적계에 제출한다 한 후에 (141쪽) (직설법 현재) (원전, ~보닌다 흔 후에, 134쪽)

(21)은 (가)는 회상법 과거, (나)는 회상법 현재이고 (22)는 직설법 현재이다. 대부분 앞의 『鬼의 聲』과 같이 회상법 현재와 회상법 과거로 나타나고 더러 직설법 현재와 직설법 과거가 보인다. 지정사의 직설법 현재는 거의 '이라'로 일관하며 추측 회상법도 보였다.

『鬼의 聲』과 『안의 성』 밖에도 비슷한 경향을 발견할 수 있다. 연대순으로 각 작품의 서사 시제의 분포를 개관하기로 한다. 텍스트는 모두 권영민 엮음 (2008)을 이용하였다[54].

(23) 신소설의 서사 시제의 분포[55]

이인직, 『血의 淚』 (1907) (권영민 엮음, 혈의 누, 2008 [신소설 전집 1], 뿔):

직설법 현재 (7, 8, 9, 11), 직설법 과거 (18), 회상법 현재 (10), 회상법 과거 (9, 15, 21), 회상법 미래 (40)

이인직, 『모란봉』 (매일신보 1913) (『血의 淚』의 하편):

직설법이 회상법보다 강세이다.

이해조, 『빈상설』 (1908) (권영민 엮음, 2008 [신소설 전집 5], 뿔):

직설법 현재 (9, 11, 15, 19, 20, 23), 회상법 현재 (32)

안국선, 『금수회의록』 (1908) (권영민 엮음, 금수회의록, 2008 [신소

54) 괄호 안은 현대역의 쪽수를 가리킨다.

55) 이곳의 서법 체계는 고영근 (1965/1999가: 151)을 따른다. 직설법 현재는 '한다', 직설법 과거는 '하였다', 직설법 미래는 '하겠다', 회상법 현재는 '하더라', 회상법 과거는 '하였더라', 회상법 미래는 '하겠더라', 추측 회상법은 '하리러라/할러라'이다. 신소설에는 직설법 형태로 '-는지라'가 더러 보인다.

설 전집 8], 뿔):

직설법 현재 (13, 19, 22), 회상법 현재 (18), 추측 회상법 (27)

이인직,『은세계』(1908) (권영민 엮음, 2008 [신소설 전집 4], 뿔):

직설법 현재 (10-1, 30, 57, 86, 119), 직설법 과거 (11, 30, 57), 직설법 미래 (57), 회상법 현재 (86), 회상법 과거 (30, 86)

최찬식,『추월색』(1912) (권영민 엮음, 2008 [신소설 전집 9], 뿔):

직설법 현재 (8, 13, 18, 29, 33, 36, 37, 38, 50, 51, 52), 직설법 과거 (15, 19, 25, 31, 32, 34), 회상법 현재 (8, 10, 20, 33), 회상법 미래 (7, 8)

전반적으로 보면 직설법이 회상법을 누르고 있음이 확인된다.

5. 중세 및 근대 한글 작품의 서사 시제

19세기와 20세기 초는 우리 민족 문학 작품의 서사 시제가 큰 변혁을 일으킨 시기였다. 김동인이 의도적으로 파기한 회상 설명법 '-더라'는『無情』에서도 그 쓰임이 매우 소극적이었고 신소설에서도 그렇게 적극적이 아니었다. 판소리계 소설 중 완판본과 신재효의 판소리 사설집은 직설법이 서사 시제의 주종을 이루고 있었다. 우리 문학 작품의 서사 시제의 변화 양상을 좀 더 역동적으로 파악하기 위하여 15세기로부터 19세기에 이르는 서사 시제의 사용 양상을 검토하고 그 결과를 19세기 중엽 이후의 서사 시제와 통합·서술하기로 한다.

이곳에서는 먼저 필자가 전일 중세어의 시상법을 체계화하고 서술성 어미와 관형 구문의 상관관계를 추적할 때, [－상관성]의 장면에 나타나는 것으로 처리한 기본 서법을 중심으로 중세어의 서사 시제의 면모를 엿보기로 한다. 15세기 자료는 『석보상절』과 『월인석보』를 주로 이용하고 언해 자료는 부수적으로 참고할 것이다. 중세어의 서사 시제는 기본 서법에 의존하였다. 기본 서법은 종결형뿐만 아니라 접속 연결형과 관형사형에도 실현되었다. 중세어의 종결 어미에는 '둘째 설명법 어미'라 불리는, '-(으)니라'로 끝나는 보수적인 'ᄒᆞ니라'와, '첫째 설명법 어미'라 불리는, '-다'로 끝나는 'ᄒᆞ다'의 두 어형이 있었다. 편의상 'ᄒᆞ다'와 'ᄒᆞ니라'로써 구체적 어형을 대신하기로 한다. 이곳에서는 번잡함을 피하기 위하여 설명법만 논의의 대상에 올리며 형용사와 지정사는 들지 않는다.

(24) 중세어의 서사 시제 체계56)

어미 구분 / 서법	설명법		접속 연결형	관형사형
	첫째 설명법	둘째 설명법		
부정법	ᄒᆞ다	ᄒᆞ니라	ᄒᆞ니	ᄒᆞᆫ
직설법	ᄒᆞᄂᆞ다	ᄒᆞᄂᆞ니라	ᄒᆞᄂᆞ니	ᄒᆞᄂᆞᆫ
회상법	ᄒᆞ더라	ᄒᆞ더니라	ᄒᆞ더니	ᄒᆞ던
추측법	ᄒᆞ리라	ᄒᆞ리니라	ᄒᆞ리니	ᄒᆞᆯ(*ᄒᆞ린)
추측 회상법	ᄒᆞ리러라	ᄒᆞ리러니라57)	ᄒᆞ리러니	0

서술자가 과거의 사실을 이야기할 때에는 보통 회상법을 사용하였고 경우에 따라서는 부정법에 기대기도 하였다. 책에 따라서는 부정법이 우세한 경우도 없지 않다. 『월인석보』 권 1의 첫머리 「瞿曇氏興家記」(구담씨 흥가기)를 옮기되 논의에 필요한 부분만 옮겨 적는다. 독해를 위하여 어절별로 띄어 쓴다. 단 대하부는 내용은 생략하고 " …… "로 표시한다.

56) 고영근 (1981/1998: 15, 113; 1982/2004: 29, 174)를 보라.

57) 초고를 읽은 이지영 교수는 『금강경언해』에 나타나는 다음 '-러니라'를 서사 시제로 볼 수 있다고 제보하였다.

如來ㅣ 因中에 初地예 겨신 제 忍辱仙人이 ᄃᆞ외샤 歌利王의 身體 버효ᄆᆞᆯ 니브샤ᄃᆡ ᄒᆞᆫ 念ㅅ 셜운 ᄆᆞᅀᆞ미 업스시니 ᄒᆞ다가 셜운 ᄆᆞᅀᆞ미 겨시면 곧 嗔心ᄒᆞ야 믜요ᄆᆞᆯ <u>내시리러니라</u>. (金剛 80앞)

(25) 녯 阿僧祇劫時節에 ᄒᆞᆫ 菩薩이 王 ᄃᆞ외야 겨샤 나라ᄒᆞᆯ 아ᅀᆞ 맛디시고 道理 ᄇᆡᄒᆞ라 나아 가샤… 나라해 빌머그라 오시니 다 몰라 보ᅀᆞᆸ더니 小瞿曇이라 ᄒᆞ더라 菩薩이 城 밧 甘蔗園에 精舍 ᄆᆡᇰᄀᆞᆯ오 ᄒᆞ오ᅀᅡ 안자 잇더시니 도ᄌᆞᆨ 五百이 그위ᄌᆞᆺ거슬 일버ᅀᅥ 精舍 겨ᄐᆞ로 디나가니 그 도ᄌᆞ기 菩薩ㅅ 前世生ㅅ 怨讐러라 이틄나래 나라해셔 도ᄌᆞᄀᆡ 자최 바다 가아 그 菩薩올 자바 남ᄀᆡ 모ᄅᆞᆯ ᄢᅦᅀᆞᄫᅡ 뒷더니 大瞿曇이 天眼으로 보고 虛空애 ᄂᆞ라와 묻ᄌᆞᄫᆞᄃᆡ "……" 菩薩이 對答ᄒᆞ샤ᄃᆡ "……" 그 王이 사ᄅᆞᆷ 브려 쏘아 주기ᅀᆞᄫᆞ니라 (『월인석보』 1, 4앞~7뒤)

(25)는 석가모니의 아득한 옛날의 조상인 구담씨 가족이 흥가(興家)한 전래담을 서술자인 『석보상절』 편찬자가 기록한 것이다. 위의 텍스트에는 두 개의 종결형 'ᄒᆞ더라'와 '주기ᅀᆞᄫᆞ니라'가 사용되었다. 전자는 회상법의 첫째 설명법이고 후자는 부정법의 둘째 설명법이다. 둘째 설명법의 'ᄒᆞ니라'는 동사, 형용사, 지정사에 두루 붙는데 특히 동사에 붙을 때에는 과거나 과거와 관련 있는 상황에서 사용되었다. 이는 현대어에서 부정 관형사 어미 '-(으)ㄴ'이 동사에 붙으면 과거를 표시하는 현상과 차이가 없다. 이런 경우, 두 어형을 교체하여도 이야기의 내용을 변질시키지 않는다. 긴장이 풀어진 (Entspannung) 상황 속에서 이야기가 성립되는 만큼 그 시제의 내용이 긴장된 상황에서 실현되는 상담 시제와 같을 수가 없다.

(25)와 같이 동일한 텍스트 안에 회상법의 첫째 설명법과 부정법의 둘째 설명법이 공존하는 예를 더러 발견할 수 있다.

(26) 阿羅漢ᄋᆞᆯ 得ᄒᆞ리도 잇더라 六師ᄋᆡ 弟子ᄃᆞᆯ토 다 舍利弗ᄭᅴ 와 出家ᄒᆞ니라 (『석보상절』 6, 35)

(25)의 서사 시제의 성격을 분명히 하려면 다음과 같이 상담적 상황에서 실현되는 회상법, 부정법과 비교해야 한다.

(25′) 가. "(須達) … 그딋 ᄯᆞᄅᆞᆯ 맛고져 ᄒᆞ더이다" (『석보상절』 6, 15앞)
나. "ᄒᆞᄆᆞᆯ며 長者ㅣ 쳔량 그지 업슨 ᄃᆞᆯ 아라 아ᄃᆞᆯᄃᆞᆯᄒᆞᆯ 饒益게 ᄒᆞ려 ᄒᆞᆫ 가지로 큰 술위ᄅᆞᆯ 주니이다." (『월인석보』 12, 35앞)

(25′가)의 'ᄒᆞ더이다'는 첫째 설명법의 회상법인데 'ᄒᆞ이다, ᄒᆞᄂᆞ이다, ᄒᆞ리이다' 등과 계열적 내지 통합적 관계 속에서 나타나기 때문에 지시성이 분명하여 다른 형태로는 치환이 불가능하다. (25′나)의 '주니이다'는 부정법의 둘째 설명법으로서 '주ᄂᆞ이다, 주더이다'와 비교할 수 있기 때문에 시제를 분명히 규정할 수 있다. 상담 시제의 부정법과 회상법은 서사 시제의 그것과 비교하여 볼 때 긴장된 상황 속에서 실현되기 때문에 지시성이 부각될 수밖에 없고 그 나름의 시제를 분명히 표시하였다.

중세어에는 위에서 든 회상법의 첫째 설명법과 부정법의 둘째 설명법밖에 부정법의 첫째 설명법의 'ᄒᆞ다'가 과거의 사건을 서술할 때 쓰이는 일이 있다.

(27) 王이 怒ᄒᆞ여 니ᄅᆞ샤ᄃᆡ "……" ᄒᆞ시고 夫人 벼슬 아ᅀᆞ시고 그 蓮花ᄅᆞᆯ ᄇᆞ리라 ᄒᆞ시다 (『석보상절』 11, 31앞)

위의 예는 녹모 부인이 연꽃을 낳은 것을 보고 축생의 소생이니 버리라고 한 왕의 명령을 서술한 것인데 다른 경우 같으면 회상법의 첫째 설명법 'ᄒᆞ더라'나 부정법의 둘째 설명법의 'ᄒᆞ니라'로 나타나야 할 것이다. 긴장이 풀어진 상황인 만큼 지시성도 미약할 수밖에 없다. (27)의 서사 시제적 특징은 다음과 같은 상담적 상황에 쓰인 부정법의 첫째 설명법과 비교하면 분명히 알 수 있다.

(27′) "(世尊) … 世間애 샹녜 이셔 내 正法을 護持ᄒᆞ라 ᄒᆞ시이다" (『석보상절』 24, 45뒤)

위의 'ᄒᆞ시이다'와 같은 예는 흔하지 않다. 대부분은 (25)의 '주기ᅀᆞᄫᆞ니라'와 같은 부정법의 둘째 설명법으로 실현된다. 'ᄒᆞ시이다'는 'ᄒᆞ시ᄂᆞ이다, ᄒᆞ시더이다'와 같은 구조적 관계 속에서 나타나기 때문에 지시성이 분명하다[58].

직설법은 첫째 설명법인 'ᄒᆞᄂᆞ다'는 매우 드물고 대부분은 둘째 설명법 'ᄒᆞᄂᆞ니라'로 실현된다.

(28) 仙人ᄋᆞᆫ 제 몸 구텨 오래 사ᄂᆞᆫ 사ᄅᆞ미니 뫼해 노니ᄂᆞ니라 (『월인석보』 1, 8-9)

(28)은 협주에 나오는 '仙人'에 대한 뜻매김이다. 협주란 지문의 하나이며 이는 전형적인 서사적 상황이다. 따라서 서술자와 독자와의 긴장이 풀어질 것은 분명하며 지시성도 거의 확인할 수 없다. (28)의 서사 시제로서의 특징은 상담 시제인 다음 (29)와의 비교에 의하여 분명해진다.

(29) "길헤 믈 기러 오시ᄂᆞ니라" (『월인석보』 8, 100뒤)

위의 예는 직설법의 둘째 설명법이다[59]. 사라수 대왕 (沙羅樹大王)이 어디

58) 이토 (1994가, 나)는 필자의 서사 시제를 뒷받침하는 연구이다. 이곳에서는 지문과 회화문에 실현되는 'ᄒᆞ다, ᄒᆞ니라, ᄒᆞ더라'의 사용 양상을 구명한 것인데 필자가 주장한 'ᄒᆞ다'와 'ᄒᆞ니라'의 치환 가능성에 대한 의심이 표명되어 있다. 이토 (1994나)는 이토 (2001)로 발전되어 발표되었으며 이토 (2009)에 한국어로 번역되어 실려 있다.

있느냐는 안락국의 물음에 대한 팔채녀의 답변이다. ‘오시ᄂᆞ니라’는 ‘오시니라, 오더니라, 오리니라[60]’와 같은 구조적 상관성을 이루고 있기 때문에 전형적인 상담 시제인 것이다.

추측법과 추측 회상법은 다루지 않는다. 특히 서사적 장면에 사용된 추측법은 현재의 자료 취택 범위에서는 찾기가 쉽지 않기 때문이다[61].

우리는 현대의 문학 작품을 검토하면서 과거 사실을 서술할 때, 모두 현재형을 배치하거나 텍스트의 앞이나 뒤에 직설법 현재형을 배치하는 것을 더러 보았다. (9가), (13나), (13나′), (14나)는 현재형이 일관한 것이고 (12다), (13가), (16가), (17나)는 앞이나 뒤에 현재형을 배치하는 것이었다. 그런데 『월인석보』에서도 비슷한 방식으로 서사 시제를 배치하는 것을 볼 수 있다.

(30) 가. 裟婆世界內예 三千大千 나라히니 … ᄒᆞᆫ 나라해 ᄒᆞᆫ 須彌山곰 이쇼ᄃᆡ … 須彌山 밧긔 닐굽 山이 둘어 잇ᄂᆞ니 … 赤眞珠ㅣ ᄃᆞ외야 잇ᄂᆞ니라 … 믈 우희 ᄎᆞ 도퍼 잇ᄂᆞ니라 … 닐굽 山 밧긔ᅀᅡ 鹹水 바다히 잇거든 娑沙竭羅龍王이 위두ᄒᆞ야 잇ᄂᆞ니 녀느 龍이 다 臣下ㅣ라 그 鹹水 바다해 네 셔미 잇ᄂᆞ니 … 鐵輪王ᄋᆞᆫ ᄒᆞᆫ 閻浮提ᄅᆞᆯ 다ᄉᆞ리시ᄂᆞ니 이 네 輪王이 ᄒᆞᆫ 밤 낫 ᄉᆞᅀᅵ예 ᄌᆞ개 다ᄉᆞ리시논 ᄯᅡ홀 다 도라샤 十善ᄋᆞ로 敎化ᄒᆞ시ᄂᆞ니 金輪王ᄋᆞᆫ 하ᄂᆞᆯ해도 가시ᄂᆞ니라 (『월인석보』 1, 21

59) 직설법의 둘째 설명법은 원칙법과 형태가 같아 그 구별 기준을 세우기가 쉽지 않다. 관련 논의는 고영근 (1982/2004: 166-17, 432-3)을 보라.

60) 초고를 읽은 이지영 교수는 『소학언해』에 나오는 다음 예를 ‘-리니라’의 예로 들었다.
게으르고 프러디면 能히 졍미ᄒᆞᆫ 곧ᄋᆞᆯ 궁구티 몯ᄒᆞ고 험ᄒᆞ고 조급ᄒᆞ면 能히 性을 다ᄉᆞ리디 몯ᄒᆞ리니라 (小學諺解 5, 15장 뒤)
반ᄃᆞ시 암ᄃᆞᆰ이 새배 울어 ᄡᅧ 지화ᄅᆞᆯ 닐위욤이 업스리니라 (小學諺解 5, 68장 뒤)
위의 두 예는 『번역소학』에 ‘몯ᄒᆞ리니’ (6, 16-7), ‘업스리라’ (7, 36뒤)로 나온다고 한다.

61) 예문은 고영근 (1981: 82, 1998: 103, 본서 115쪽, 1982/2004: 191)에서 볼 수 있다.

앞~25뒤)

나. 初祖迦葉尊者ㅣ 正法으로 阿難이 맛디고 … 難足山애 가 滅盡定에 드러 이셔 彌勒下生ᄋᆞᆯ 기드리ᄉᆞᆸᄂᆞ니라 아래 阿闍世王이 … ᄒᆞ얫더니 … 어우렛더라 (『석보상절』 24, 4뒤~6뒤)

(30가)는 직설법으로 일관하여 있고 (30나)는 앞부분에는 직설법이, 뒷부분은 회상법이 배치되어 있다. 특히 전자에는 '둘어 잇ᄂᆞ니, ᄃᆞ외야 잇ᄂᆞ니, 두퍼 잇ᄂᆞ니, 위두ᄒᆞ야 잇ᄂᆞ니'와 같이 직설법 완료상이 실현되어 있고 후자에는 'ᄒᆞ얫더니, 어우렛더라'와 같이 회상법 완료상이 실현되어 있다[62].

지금까지 살펴본 중세어의 서사 시제는 그 나름의 틀을 형성하여 조선조 말기까지 크게 바뀌지 않고 존속되어 왔다[63]. 『석보상절』과 『월인석보』를 대상으로 하면[64], 부정법과 직설법에서는 둘째 설명법 'ᄒᆞ니라'가 강세이고 회상법에서는 첫째 설명법이 강세였다. 추측법에서는 첫째와 둘째가 모두 약세였다. 『능엄경언해』 (1461)[65]을 보면 부정법은 대부분 둘째 설명법 'ᄒᆞ니라'가 선택되어 있고 회상법의 첫째 설명법 'ᄒᆞ더라'는 더러, 부정법의 첫째 설명법 'ᄒᆞ다'는 한 예만 보인다 (권 1, 26앞). 구결문에는 "如是如是ᄒᆞ니라"로 나오는데 언해문에는 "올타 올타"로 되

62) 대화에도 이런 예가 있다. 다음 예는 회상법 ('(六千餘里)러니'와 'ᄃᆞᆮ더니') 사이에 직설법이 배치된 예이다. 상담 세계에 실현된 [−지시성]의 구문이라 할 것이다.

부텨 니ᄅᆞ샤ᄃᆡ "過去에 ᄒᆞᆫ 金翅鳥王이 이쇼ᄃᆡ 모미 ᄀᆞ장 커 두 ᄂᆞᆯ갯 ᄉᆞᅀᅵ 六千餘里**러니** 샹녜 海中에 드러 龍ᄋᆞᆯ 자바 먹거든… 金翅鳥ㅣ 袈裟 보고 恭敬心ᄋᆞᆯ 내야 나ᅀᅡ 드러 龍ᄋᆞᆯ 자바 먹디 아니 ᄒᆞᄂᆞ니 金翅鳥ㅣ 龍 머긇 저기면 ᄂᆞᆯ개로 바ᄅᆞᄅᆞᆯ 텨든 므리 갈아디여 龍이 나거든 자바 먹ᄂᆞ니 그제 ᄒᆞᆫ 龍이 金翅鳥의 게 ᄧᅩ쳐 즉재 袈裟ᄅᆞᆯ 뎡바기예 이여 ᄀᆞᅀᆞᆯ 조차 **ᄃᆞᆮ더니** (『월인석보』 25, 29-30)

63) 이 부분은 고영근 (1982/2004: 206)의 내용과 부분적으로 겹치되 주로 문학 작품을 대상으로 하였다.

64) 고영근 (1982/2004: 174 (10))을 보라.

65) 경북대 영인본 (1998)을 참고하였다.

어 있어 (권 2, 44뒤), 구결문과 언해문이 어긋나는 예도 보인다. 내훈 (1475)[66]에는 과거 사실의 서술에 '-더라'가 많이 쓰이고 동사에 부정법의 둘째 설명법이 붙은 것이 제법 보이며 드물게는 동사에 부정법의 첫째 설명법 '-다'가 쓰이는 일이 있다. 『남명집 언해』(상) (1482)[67]에는 구결문에서는 "九年올 孤坐鼻擦天ᄒᆞ시다" (23뒤)와 같이 부정법의 첫째 설명법으로 나와 있는데 언해문에서는 "고히 하ᄂᆞᆯ홀 디ᄅᆞ시니라" (23뒤)와 같이 부정법의 둘째 설명법으로 나와 있다. 이는 'ᄒᆞ시다'가 'ᄒᆞ니라'가 같은 가치를 띠었음을 방증한다고 하겠다. 『삼강행실도』(성종조)[68]에는 과거의 사건을 서술할 때에는 대부분 부정법의 둘째 설명법 어형 'ᄒᆞ니라'를 선택하였으며 회상법의 첫째 설명법 'ᄒᆞ더라'를 취하는 일도 보이고 부정법의 첫째 설명법 'ᄒᆞ다'는 한 군데만 보인다[69]. 16세기 문헌은 언해본은 15세기와 큰 차이가 없고 문학 작품은 특별한 것이 없어 거론하지 않는다. 15세기에 간간이 보였던 회상법의 둘째 설명법 '-더니라'는 눈에 잘 띄지 않는다.

다음으로 17세기 문헌을 검토하기로 한다[70]. 『계축일기』(1623~28?)[71]에는 부정법의 둘째 설명법 'ᄒᆞ니라'가 많고 다음으로 회상법의 첫째 설명법 'ᄒᆞ더라'의 순서를 보여 주며 부정법의 첫째 설명법 'ᄒᆞ다'는 "대군 나시다 듣고" (24장)과 같이 인용절에서 보인다. 『병자 일기』(1636~1640)[72]에는 부정법의 첫째 설명법 'ᄒᆞ다'로 일관하였고 회상법의 첫째 설명법 'ᄒᆞ더라'도 보인다. 일기문에 'ᄒᆞ다' 어형이 사용된 최초의 자료가 아닌가

---

66) 연세대학교 영인본 (1969)를 참고하였다.
67) 단국대 영인본 (1972)를 참고하였다.
68) 시부 (1990가)의 『諺解三綱行實圖硏究』를 참고하였다.
69) 시부 (1990가: 297)에서도 그 사용이 불규칙적이라고 하였다.
70) 17세기 이후 문헌, 특히 문학 작품은 창작 연도와 필사 연도가 다를 수 있지만 이곳에서는 관여하지 않기로 한다.
71) 『조선시대 궁중문학 시리즈』 3 (이회문화사, 2005)를 이용하였다.
72) 박경신과 전형대의 『譯註 丙子日記』(애전사, 1991)을 이용하였다.

한다. 『죽천행록』 (1645~1647)[73]에는 부정법의 둘째 설명법 'ᄒᆞ니라'와 'ᄒᆞ더라'가 섞여 쓰인다. 『山城日記』 (1649 이전)[74]에는 부정법의 첫째 설명법 'ᄒᆞ다'와 둘째 설명법 'ᄒᆞ니라'가 섞여 있으며 회상법 'ᄒᆞ더라'도 더러 보인다. 『要路院夜話記』 (1678)[75]에는 회상법 'ᄒᆞ더라'만 보인다. 『구운몽』 (1687)[76]에서는 부정법은 첫째 설명법 'ᄒᆞ다'와 둘째 설명법 'ᄒᆞ니라'가 섞여 쓰이고 회상법과 추측 회상법 'ᄒᆞ더라, ᄒᆞᆯ러라'도 보인다.

다음으로는 18세기 자료를 보기로 한다. 김인겸의 『일동장유가』 (1763)[77]에서는 부정법의 첫째 설명법 'ᄒᆞ다'와 둘째 설명법 'ᄒᆞ니라'가 섞여 쓰였다. 특이한 것은 후자가 "일기도서 무그니라" (146쪽)과 같이 일인칭에 쓰인다는 점이다. 이 작품에는 이런 예가 많이 보인다. 『을병연행록』 (1765~1766)[78]에서는 'ᄒᆞ다, ᄒᆞ니라, 하더라, ᄒᆞᆯ러라'가 고루 분포되어 있다. 'ᄒᆞ다'는 일기의 제목으로 쓰이고 있다. 우리는 앞에서 17세기 전반의 『병자 일기』에서 'ᄒᆞ다'가 일기문에 쓰인 것을 보았는데 그 전통이 1세기가 훨씬 지난 18세기 중반에까지 이어짐을 확인할 수 있다. 'ᄒᆞ다'는 "강의 ᄯᅥ러져 죽다 ᄒᆞ더라" (34쪽)과 같이 인용절에서도 나타난다. 같은 예를 우리는 『계축 일기』에서 본 바 있다. 유의양의 『북관 노정록』 (1773)[79]에는 'ᄒᆞ더라'와 'ᄒᆞ리러라'가 지배적이다. 『인현 왕후전』 (정조 조?)[80]에는 'ᄒᆞ더라'가 지배적이고 "바려 두시니라" (63쪽)과 같이 부정법의 둘째 설명법 'ᄒᆞ니라'를 취하는 일도 있으며 직설법의 새로운 형태 'ᄒᆞᄂᆞᆫ지라'도 볼 수 있다. 『한중록』 (1795)[81]는 자서전적인 기록이니만큼

73) 조규익의 『17세기 국문사행록 죽천행록』 (박이정, 2002)를 이용하였다.
74) 문화재 관리국 장서각 영인본 (간행 연대 미상)을 이용하였다.
75) 李秉岐 (選解)의 『要路院夜話記』 (을유문화사, 1949)를 이용하였다.
76) 김병국 교주, 『구운몽』 (서울대 출판부, 2007)을 이용하였다.
77) 이민수 교주, 『日東壯遊歌』 (1979) (탐구신서 105)를 이용하였다.
78) 소재영 밖에, 『주해 을병연행록』 (태학사, 1997)을 이용하였다.
79) 최강현 역주, 『北關 路程錄』 (일지사, 1976)에 실린 자료를 보았다.
80) 이상보 역주, 『인현 왕후전』 (1971) (을유문고 70)을 보았다.
81) 이병기 · 김동욱 교주, 『한듕록』 (민중서관, 1961)을 이용하였다.

엄격한 의미의 서사물이라고 하기가 어렵다. 작자 혜경궁 홍씨가 자신이 겪은 일을 회상할 때에는 'ᄒᆞ더라'가 쓰이고 주어 명사구가 3인칭일 때에는 'ᄒᆞ니라'가 많이 쓰였다. 『무오 연행록』 (1798)[82]에서는 'ᄒᆞ니라'형이 'ᄒᆞ더라'보다 훨씬 많고 그 밖에 'ᄒᆞ다'도 눈에 뜨인다. 『의유당 일기』 (1892)[83]에는 'ᄒᆞ더라'형이 많고 'ᄒᆞ니라'형도 많으며 이미 일기문에 얼굴을 내민 'ᄒᆞ다'형과 『인현 왕후전』에 나왔던 직설법 어형 'ᄒᆞᄂᆞᆫ지라', 'ᄒᆞᆫ지라'[84]도 보인다. 『십구사략 언해』 (1832)[85]는 문학 작품은 아니나 중세의 언해문과 같이 'ᄒᆞ다, ᄒᆞ더라, ᄒᆞ니라'에 의하여 과거 사실이 서술되었다. 『영세보장』 (1864)[86]에는 이런 종류의 작품과 같이 'ᄒᆞ더라, ᄒᆞ니라, ᄒᆞᆯ러라'가 섞여 나온다. 장편 대하소설 『낙천등운』, 『천수석』[87]과 『완월 회맹연』[88]도 『십구사략 언해』 등과 같이 'ᄒᆞ더라, ᄒᆞ니라, ᄒᆞᄂᆞᆫ지라, ᄒᆞᆯ러라' 등이 나온다. 민담에서도 비슷한 양상을 발견한다[89]. 종결형이 'ᄒᆞ더라, ᄒᆞᄂᆞᆫ지라, ᄒᆞ니라, ᄒᆞᄂᆞ니라'로 되어 있다.

앞에서 우리는 우리 민족의 서사 시제를 검토하는 일을 일단 신소설에서 멈추고 15세기로 껑충 뛰었다. 이제 다시 19세기 후반으로 돌아와서 당시의 서사 시제의 양상을 엿보기로 한다. 우선 이본이 많은 『춘향전』의 완판본과 경판본 등의 서사 시제를 검토한다.

---

82) 조규익 밖에 세 사람이 주해한 『무오 연행록』 (박이정, 2002)를 보았다.

83) 강한영 교주, 『意幽堂 日記・華城 日記』 (신구문화사, 1974)를 보았다.

84) 형용사를 대표하는 어형이다.

85) 배두현・김주원의 『십구사략 언해』 (역락, 2003)을 보았다.

86) 정양완 역주 (태학사, 1998)을 이용하였다.

87) 『낙천등운』과 『천수석』은 1971년과 1972년에 이화여대 출판부에서 나온 영인본 『落泉登雲』과 『泉水石』을 이용하였다.

88) 김진세 교주, 『玩月 會盟宴』 1 (서울대학교 출판부, 1987)을 이용하였다.

89) 민담 자료는 『歷代韓國文法大系』 ②-18 (Ridel의 문법)에 나오는 '단계적 연습 문제' (Tables des Exercices Gradues) (一～三十九)와 역시 같은 책 ②-24 (Eckardt 문법)에 나오는 민담 (三～八十一)을 가리킨다.

(31) 『춘향전』의 서사 시제의 분포

가. 완판본[90)]

직설법: 이라 (1), 짓는다 (13), 좋다 (15), 날아든다 (17), 맞추었다 (27), 이었다 (55)

회상법: 보더라 (85)

나. 경판본

직설법: 제법이다 (239), 근검하다 (239), 茂盛하다 (273)

회상법: 보내더라 (255, 265, 271), 꾸몄더라 (277), 變色하더라 (283), 慰勞하더라 (285)

부정법: 가니라 (255), 封하시니라 (287)

추측법: 못할지라 (271)

다. 고대본

직설법: 소리난다 (299), 片片金이라 (299), 놓았다 (337), 운다 (349), 무너졌다 (413)

회상법: 묻더니라 (301)

라. 이해조, 『獄中花』

직설법: 삼겨 잇다 (461), 善政碑라 (461), 짓는다 (463)

회상법: ᄒᆞ얏더라 (461), 異常ᄒᆞ던가 보더라 (474), 振動터라 (559)

완판본은 대부분 직설법이고 회상법 'ᄒᆞ더라'는 하나밖에 안 보인다. 경판본은 회상법이 직설법보다 많고 부정법의 둘째 설명법도 그런대로 나타난다. 고대본은 대부분 직설법이고 회상법은 둘째 설명법이 하나 보인다. 『獄中花』는 직설법과 회상법이 반반씩이다.

앞의 춘향전의 서사 시제의 분포를 바탕으로 삼아 나머지 고대 소설

90) 『韓國古典文學大系』 10에 실려 있는 구자균 교주, 『春香傳』 (민중서관, 1970)을 이용하였다. 이하 모두 여기에 근거하였다. 괄호 안의 숫자는 쪽수를 가리킨다.

의 서사 시제 분포를 개관하기로 한다.

(32) 가. 『**洪吉童傳**』(경판본) / 張德順 · 崔珍源 校註, 『洪吉童傳 · 壬辰錄 · 辛未錄 · 朴氏夫人傳 · 林慶業傳』(韓國古典文學大系 1), 教文社, 1984:

회상법 (3, 7, 9, 14, 27, 45), 부정법 (25, 43, 47, 47), 추측 회상법 (28, 47)

나. 『**壬辰錄**』(국립도서관본) / 張德順 · 崔珍源 校註, 『洪吉童傳 · 壬辰錄 · 辛未錄 · 朴氏夫人傳 · 林慶業傳』(韓國古典文學大系 1), 教文社, 1984:

회상법 (65, 67), 부정법 (67, 79, 107), 추측 회상법 (71, 123)

다. 『**임진록**』(경판본) / 소재영 역주, 연강학술도서, 고려대 민족문화연구소, 1993:

부정법 (둘째) (19, 28, 32, 36, 38, 44, 45, 54…), 부정법 (첫째) (40, 52), 회상법 (19, 23, 28, 44, 48, 49, 54…)

라. 『**林慶業傳**』 / 張德順 · 崔珍源 校註, 『洪吉童傳 · 壬辰錄 · 辛未錄 · 朴氏夫人傳 · 林慶業傳』(韓國古典文學大系 1), 教文社, 1984:

회상법 (173, 175), 부정법 (둘째) (177, 181, 191), 부정법 (첫째) (197)

마. 『**朴氏夫人傳**』(성문당판) / 張德順 · 崔珍源 校註, 『洪吉童傳 · 壬辰錄 · 辛未錄 · 朴氏夫人傳林慶 業傳』(韓國古典文學大系 1), 教文社, 1984.

바. 『**辛未錄**』(경판본, 1861) / 張德順 · 崔珍源 校註, 『洪吉童傳 · 壬辰錄 · 辛未錄 · 朴氏夫人傳 · 林慶業傳』(韓國古典文學大系 1), 教文社, 1984:

부정법 (둘째) (435, 437, 439), 회상법 (441, 443, 445), 부정법 (첫째) (455, 475)

사. 『**심청전**』(정하영 역주, 연강학술도서, 한국고전문학전집 13, 1995):

경판본: 회상법, 추측 회상법, 직설법 (ᄒᆞ는지라)

완판본: 회상법, 직설법 현재 (들인다, 78, 떠나간다, 134, 진동ᄒᆞᆫ다, 154), 직설법 과거 (푸르럿다), 직설 감탄법 (잇구나, 80), 부정법의 첫째 설명법 (환궁ᄒᆞ시다, 210), 부정법의 둘째 설명법 (ᄒᆞ니라, 216)

아. 『**옥단춘전**』(박문서관본) (황패강 역주, 『숙향전/숙영낭자전/옥단춘전』, 연강학술도서, 한국고전문학전집 5, 1993)

회상법 (324, 328, 330, 360, 362), 직설법 현재 (362), 추측 회상법 (372)

(32가)에서는 회상 설명법 'ᄒᆞ더라'가 6회로서 가장 많고 추측 회상법 'ᄒᆞᆯ러라'가 두 번 보인다. 그 다음으로는 부정법의 둘째 설명법 'ᄒᆞ니라'인데 네 번 나온다. 이 경우의 'ᄒᆞ니라'는 'ᄒᆞ더라'로 대치할 수 있다. (32나)는 당시의 대하 장편 소설과 같이 부정법의 둘째 설명법 '-니라'와 회상법 '-더라' 등으로 종결되어 있다. (32다)에서는 부정법의 둘째 설명법 'ᄒᆞ니라'와 회상법 'ᄒᆞ더라'가 섞이기도 하고 전자만 나오는가 하면 후자만 나오기도 한다. 부정법의 첫째 설명법 '-다'도 보인다. (32라)에서는 'ᄒᆞ니라', '더라'의 순서로 나오고 'ᄒᆞ다'도 보인다. (32마)에서는 대부분 'ᄒᆞ더라'로 나타나고 'ᄒᆞᆯ러라'도 보인다. 부정법의 둘째 설명법 'ᄒᆞ니라'도 적지 않다 (323, 333, 347, 351, 400). 부정법의 첫째 설명법 'ᄒᆞ다'는 회 (回)의 제목으로 나온다. 그 예를 들면 "제일회 李公이 仙人을 만나 바둑과 통소로 서로 和答하여 時白이 金剛山에 들어가 朴氏와 <u>成親하다</u>" (297)과 같다. 본문에도 "大讚不己하시다" (369)와 같이 'ᄒᆞ다'가 쓰였다. (32바)에서는 'ᄒᆞ더라'와 'ᄒᆞ니

라'가 같은 비율로 나타나며 'ᄒᆞ다'도 보인다. (32사)에서는 경판본은 당시의 대하소설과 큰 차이가 없고 완판본은 직설법이 많으며 회상법 'ᄒᆞ더라', 추측 회상법 '-ㄹ레라', 부정법의 첫째와 둘째 설명법도 보인다. (32아)에서는 대부분 회상법만 나온다.

적어도 19세기 중반에 판각된 방각본 중 완판본은 직설법이 회상법이나 부정법의 둘째 설명법보다 더 자주 실현되는 경향을 파악할 수 있다. 이는 다음에 볼 판소리 사설집과 함께 서사 시제의 변모 양상을 파악하는 데 중요한 단서를 제공할 수 있다.

이상의 9종의 고대 소설을 보면 그 가운데는 직설법 현재로 서술된 것을 더러 찾을 수 있다.

(33) 가. 吉同이… 고이히 여겨 혼잣말로 이르되 (…) 하고 잠깐 八卦를 벌여 보고 大驚하여 書案을 물리치고 遁甲法을 行하여 그 動靜을 살피더니 四更은 하야 한 사람이 匕首를 들고 緩緩히 방문을 열고 들어오는지라 吉童이 急히 몸을 감추고 眞言을 念하니 疊疊한 山中의 風景이 거룩한지라. 특재 大驚하여 吉同의 造化 神奇함을 알고 匕首를 감추어 避코자 하더니 (15) (『홍길동전』)

나. 특재의 머리 房中에 내려지는지라… 이때 吉同이 兩人을 죽이고 乾象을 살펴보니 銀河水는 西으로 기울어지고 月色은 稀微하여 愁懷를 돕는지라 忿氣를 참지 못하여… 下直을 告코자 하더니 (17) (『홍길동전』)

다. 鼓角喊聲은 天地를 振動하여 威嚴이 秋霜 같더라. 슬프다. 조선사람의 주검이 뫼 같고 피 흘러 江水 되니 그 數를 測量치 못할러라 (71) (『임진록』 교문사 역주본)

라. 이때 함경도 谷山땅에 한 사람이 있으되 姓은 金이요 名은 德齡이라 힘은 能히 三千斤을 들고 身長이 九尺이요 劍術과

六韜三略이 옛날 黃石公의 道術을 當하는지라. 아깝도다. 이 때 父親 草土中에 있고 母夫人을 섬겨 하루도 떠나지 아니하더니 (93) (『임진록』 교문사 역주본)

마. 리한림이 쏘 ᄉ은슉비ᄒ고 슈의를 내여 입고 마픽를 찬 연후에 마음이 밥바 급히 ᄂ려갈데 졍신이 씩씩ᄒ고 의기양양ᄒ더라 슈일만에 평양을 당도ᄒ니 산도 예 보든 산이오 물도 녯 물일너라. 연광졍도 잘 잇스며 대동강도 무양ᄒᄂ냐 무산 십이봉은 구름 밧게 소ᄉ 잇고 좌우산쳔 살펴보니 온곳 화쵸 만발ᄒ고 셰류쳥광 버들가지 황금곳흔 꾀고리ᄂ 츈흥을 못 이기여 화류 즁에 왕래ᄒ다. (362) (『옥단춘전』)

(33가, 나) 모두 직설법으로 일관하여 있다. 물론 앞뒤에는 회상법이 도입되어 있어 과거 속의 현재임을 쉽게 알 수 있다. (33다, 라)는 심리 형용사 '슬프다, 아깝도다'가 사용되어 서술자의 시점이 등장인물의 시점으로 옮겨졌음을 알 수 있다. 심리 형용사는 원래 주어가 화자일 때 선택된다. 두 형용사의 주어 명사구가 3인칭이라면 '슬퍼한다, 아까워한다'로 나타나야 할 것이기 때문이다[91]. 자유 간접 화법의 테두리에서 논의될 수 있다[92]. (33마)는 회상법 뒤에 직설법이 배치되었기 때문에 앞의 (1), (12나), (14가)와 같은 유형에 소속시킬 수 있다. (33)을 통하여 우리 민족의 고전 작품에도 직설법을 도입하는 이른바 '역사적 현재'라는 문체적 장치가 있었음을 확인할 수 있다[93] (뒤에 나옴). 이는 (30)과 함께 『석보상절』

91) 심리 형용사와 시점 옮기기에 대하여는 남기심 (1989/1996)을 보라. 이 경우의 시점 옮기기가 소설 구성의 '전지적 작가 시점'과 어떻게 관련되는가 하는 문제는 더 언급하지 않는다. 소설 구성에 있어서는 시점을 '1인칭 주관적 시점, 1인칭 관찰자 시점, 작가 관찰자 시점, 전지적 작가 시점'의 넷을 둔다. 구인환 (2005: 233-42)를 보라.

92) 고전 작품의 자유 간접 화법에 대하여는 김병국 (1995: 176-80), 정병설 (1998: 66)을 보라.

93) 루코프 (1986: 33)에서는 이른바 "역사적 현재"라는 문체 장치가 서양으로부터 영향을

과 『월인석보』로부터 형성된 문체적 장치가 이어진 것으로 보고자 한다.

다음은 신재효의 판소리 사설을 검토해 본다. 신재효의 작품은 대체로 1876년 이전에 완성된 것으로 보고 있다[94].

(34) 『申在孝 판소리 사설集』/ 姜漢永 校註 (韓國古典文學大系, 1971)

가. 春香歌 (男唱) (1876년 이전)

난다 (3), 생겼구나 (3), 놓치겠다 (11), 꾸짖는다 (17), 淨潔하다 (17), 내려왔다 (25), 가는구나 (27), 다하였다 (35), 눈부신다 (49), 논다 (49), 법이었다 (69), 보이겠다 (91)

나. 春香歌 (童唱) (1876년 이전)

짖는다 (105), 나간다 (105), 건너간다 (109), 목이 맨다 (115), 지내겠다 (135)

다. 沈晴歌 (1870?)

일컫더라 (157), 있구나 (161), 어른다 (163), 되었구나 (175), 가는구나 (181), 부르더라 (195), 慰勞헌다 (203), 하는구나 (213), 생겼다 (223), 다르다 (243)

라. 兎鼈歌 (1870?)

우는구나 (253), 다르겠다 (257), 警戒한다 (269), 寂寞하다 (273), 끊이었다 (273), 앉았구나 (275), 수놓는다 (275), 分付한다 (303), 非常하다 (317)

마. 박타령 (1876 이후)

나오겠다 (325), 깜짝인나 (327), 號令한다 (343), 굶는구나 (353), 조촐하다 (365), 메긴다 (367), 메기겠다 (375), 나온다 (377), 되었구나 (381), 가는구나 (395, 405), 없다 (415)

받았다고 하나 사실과 다르다는 것을 지적하여 둔다.

94) 김종철 교수에 의하면 판소리 사설도 20세기 들어 필사된 것이 있어 그 원류를 찾기가 힘든 것이 많다고 한다.

바 赤壁歌 (1853?)

붙였구나 (451), 짖는다 (453), 놀란다 (461), 놀았구나 (473)

사. 변강쇠歌 (1884?)

것이었다 (533), 시물난다 (533), 하였구나 (553)

이상의 7개 사설의 서사 시제를 종합해 보기로 한다. 위의 『申在孝 판소리 사설集』에는 [附錄]으로 14편이 더 소개되어 있으나 조사의 대상으로 삼지 않았다. (34가)~(사)의 서사 시제를 보면 대부분이 직설 설명법 현재와 과거이며 직설 감탄법 '-구나'와 직설 확인법 '-것다'도 꽤 보인다. 당시의 고대 소설에 자주 보이던 회상 설명법 '-더라'는 심청가에 하나만 보이고 부정법의 둘째 설명법 '-(으)니라'는 하나도 보이지 않는다. 앞의 고대 소설의 서사 시제와 함께 민족 문학의 서사 시제가 19세기 중엽부터 부정법 'ᄒᆞ니라', 회상법 'ᄒᆞ더라', 추측 회상법 '홀러라'에서 직설법 중심으로 개편되고 있었음을 확인할 수 있다. 신소설에서 이미 직설법 체계로 개편된 것은 19세기 중엽부터 진행되어 변혁의 선상에 있었던 것이 반영된 데 지나지 않음을 확인할 수 있다.

지금까지의 검토 결과를 기반으로 삼아 중세로부터 근대에 이르기까지 서사 시제의 형태로 주목되어 온 회상 설명법 어미 '-더라'의 기능을 분명히 해 두기로 한다. 앞에서 확인한 바와 같이 회상법 어미 '-더라'는 부정법의 첫째 설명법 '-다', 둘째 설명법 '-(으)니라'와 큰 의미의 차이 없이 대치될 수 있었다. 논자에 따라서는 고대 소설에 많이 쓰이는 회상 설명법 '-더라'는 구체적인 청자 (독자)를 필요로 한다고 전제하고 발화 내용에 대한 인지가 없이는 '-더라'가 사용될 수 없다는 해석을 가하는 일이 있다[95]. 중세어의 '-더라'는 앞에서 누누이 본 바와 같이 상담 시제

95) 권영민 (1999: 213-4)에 그런 해석이 나와 있다. 앞에서 언급한 한재영 (1986)과 최동주 (1988)과 비슷한 취향의 발상법이다. 권보드래 (2000: 237), 이지영 (2002)에서도 비슷한 해석을 가하였다. 서사 시제로서의 '-더-'에 증거 양태를 적용한 것이 그러하다. 증거

와 서사 시제의 두 장면에 사용되었다. 서사 시제에서는 서술자의 인지 내지 경험이 상정될 수 없다. 앞에서 본 바와 같이 과거의 사건을 서술할 때에는 회상법뿐만 아니라 부정법의 첫째 설명법 '-다'와 둘째 설명법 '-(으)니라'도 사용되었다. 모든 기본 서법이 상담적 장면에 쓰이면 '긴장'(緊張)을 유발시키고 서사적 장면에 쓰이면 '해이' (解弛)를 유발한다는 바인리히 (1964)의 견해에 귀를 기울일 필요가 있다[96]. 같은 과거 시제 '-었-'이라고 하여도 상담 시제로 쓰일 때에는 지시성이 분명하여 과거 시제의 성격이 부각되나 서사 시제로 쓰일 때에는 지시성이 희박하여 직설법 현재 시제로 교체될 수 있다.

6. 마무리

이상과 같이 필자는 현대 민족 문학의 한 대표적인 작품인 황순원의 「소나기」(1952)를 출발점으로 삼아 20세기 중・후반의 최인훈의 『광장』과 최명희의 『혼불』을 비교하여 서사 시제의 동질성을 확인하였으며 공간적으로는 북쪽의 대표적 문학 작품의 하나인 『한 자위단원의 운명』을 비롯하여 중국 조선족 사회와 옛 소련의 고려인 사회의 작품과 비교함으로써 모두 한 나무에서 갈라져 나온 변종임을 확인할 수 있었다. 이들 변종의 모태로서 염상섭의 『三代』를 들었으며 이 작품의 서사 시제는 위로는 김동인의 「弱한 者의 슬픔」(1919)를 교량으로 삼아 이광수의 『無

양태는 상담 시제에서만 논의될 수 있다. 고영근 (2004/2007: 212)를 보라. 이홍식 (2003)에서도 소설에 나오는 회상법 '-더라'의 폐기를 언어 변화와 관련하여 해석하였다. 역시 비슷한 취향으로 간주된다.

96) 조동일 (1977: 97)에서는 소설에서 과거 시제가 사용되는 것을 작품 외적 자아가 작품 내적 자아와 거리를 두기 위한 책략과 관련되는 것으로 해석하고 있다. 이곳의 '거리를 둔다'라는 개념이 바인리히의 '긴장 해이'와 관련될 가능성이 없지 않다. 어문학 전공자들의 공동 관심의 과제가 될 수 있다.

情』(1917)과 신소설에까지 이어짐을 확인할 수 있었다. 한편 필자는 15세기의 한글 문학 작품인 『월인석보』에서 시작하여 17, 18세기를 거쳐 19세기 전반기까지의 번안물과 언해물, 일기문, 기행문, 대하 장편 소설을 검토한 결과, 15세기부터 정형화 (定型化)되어 있었던 부정법과 회상법 중심의 서사 시제가 큰 변동 없이 지속되고 있었음을 확인하였다. 그러나 18세기 초반부터 방각본이 유포되고[97], 판소리가 정착됨에 따라 직설법 위주의 서사 시제가 싹을 보이기 시작하였다[98]. 20세기 초부터 나온 신소설에 이르러 종전의 회상법과 부정법 중심의 서사 시제가 물러나고 직설법 중심의 체계가 서서히 자리를 잡기 시작하다가 『無情』을 거치고 「弱한 者의 슬픔」에 이르러서 현재 우리가 대하는 직설법 위주의 서사 시제로 통일되었다.

15세기의 한글 문헌에 나타나는 서사 시제는 상담 시제와 형태적인 차이가 없었다.

(35) 15세기의 상담 시제 체계

어미 / 구분 / 서법	설명법		접속 연결형	관형사형
	첫째 설명법	둘째 설명법		
부정법	ᄒᆞ다	ᄒᆞ니라	ᄒᆞ니	ᄒᆞᆫ
직설법	ᄒᆞᄂᆞ다	ᄒᆞᄂᆞ니라	ᄒᆞᄂᆞ니	ᄒᆞᄂᆞᆫ
회상법	ᄒᆞ더라	ᄒᆞ더니라	ᄒᆞ더니	ᄒᆞ던
추측법	ᄒᆞ리라	ᄒᆞ리니라	ᄒᆞ리니	ᄒᆞᆯ (*ᄒᆞ린)
추측 회상법	ᄒᆞ리러라	*ᄒᆞ리러니라	ᄒᆞ리러니	0

97) 김일렬 (1991: 91)에서는 방각본이 17세기 후반부터 출현하였다고 되어 있으나 최근 정병설 (2005)에서는 방각본의 출현 시기를 세책 소설의 출현과 같은 시대인 18세기 초반으로 보았다. 여기서는 정병설 교수의 연구 결과를 수용하였다.

98) 회상법과 부정법 위주의 서사 시제가 직설법 위주의 서사 시제로 변하는 원인을 방각본의 유포와 딱지본의 보급에 따르는 독서층의 확대와 관련하여 해석할 수 있는 가능성을 배제할 수 없다. 뒷날을 기다린다.

(24)에서 든 서사 시제와 비교해 보면 사용상의 차이만 파악된다[99]. 부정법의 첫째 설명법과 둘째 설명법은 사용 빈도가 비슷하다. 두 시제 모두 둘째 설명법의 'ᄒᆞ니라'가 강세[100]이고 첫째 설명법의 'ᄒᆞ다'가 약세이다. 직설법의 둘째 설명법은 서사 시제에서는 강세이고 상담 시제에서는 약세이며 첫째 설명법은 서사 시제에서는 강세이고 상담 시제에서는 약세이다. 회상법의 둘째 설명법은 서사 시제에서는 보통이고 상담 시제에서는 약세이다. 추측법의 둘째 설명법은 서사 시제에서는 약세이고 상담 시제에서는 그 예가 전혀 없다. 첫째 설명법은 서사 시제에서는 약세이고 상담 시제에서는 강세이다. 접속 연결 어미와 관형사형 어미는 서술성 어미에 준하는 것으로 보고 더 언급하지 않는다.

우리 민족어가 민족 문자인 한글에 기대어 처음으로 기록되었을 때, 서사물은 상담물 (相談物)[101]을 그대로 재현하였을 것임이 틀림없다[102]. 이전에도 이두나 구결에 기댄 서사물이 없지 않았으나 두 언어재의 상관관계를 구명하기가 아직은 어렵다고 보기 때문에[103], 현전하는 한글 자료를 대상으로 그 체계를 세울 수밖에 없다. 한글 창제 초기에는 두 언어재의 모습에 큰 차이가 없었다고 하더라도 시대가 내려옴에 따라 상담물은 부단한 변화를 경험하고 서사물은 고정되어 그 나름의 정형화된 틀을 형성하였다. 이를테면 상담 시제는 중세어에서 확인되던 서법과 동작상 중심의 이원적 시상법 체계가 그 뼈대는 그대로 유지하되 중세어의 완료상이 과거 시제로 문법 형태화의 과정을 밟았고 예정상 역시 문법 형태화의 과정을 밟아 미래 시제로 재구조화됨으로써 시제, 서법, 동작상의 삼원적 시상법 체계로 바뀌었다. 이와 함께 접속 연결형에서도 엄청난 변화

99) 고영근 (1982/2004: 10)에 나오는 빈도 표시의 부호를 보라.
100) 고영근 (1982/2004)의 '우세'를 '강세'로 바꾸었다.
101) 이곳의 '상담물'은 일상 언어재를 가리킨다.
102) 이 문제는 필자가 고영근 (1993: 70-1)에서 자세히 다루었다.
103) 이 문제는 김미형 (2002)에도 지적된 바 있다.

가 목격된다. 중세에 건재하였던 부정법과 직설법이 몇 세기 사이에 자취를 감추었기 때문이다 (다음 표의 × 참조). 과거 시제의 '-엇-'이 19세기 전후에 확립되고 미래 시제의 '-겟-'이 19세기 중엽에 완성되었다는 보고를 고려할 때[104], 당시의 상담 시제의 체계는 다음과 같이 도식화할 수 있다.

(36) 19세기 중엽의 상담 시제의 체계[105]

	설명법	접속 연결형	관형사형
부정법	×	×	ᄒᆞᆫ
직설법	ᄒᆞ다[106]	×	ᄒᆞᄂᆞᆫ
회상법	ᄒᆞ더라	ᄒᆞ더니	ᄒᆞ던
추측법	ᄒᆞ리라 (하겟다)	ᄒᆞ게시니 (ᄒᆞ리니)	ᄒᆞᆯ
추측 회상법	ᄒᆞ겟더라	ᄒᆞ겟더니	

그러나 서사 시제는 19세기 중엽까지 변화가 없었다. 19세기 후반으로 접어들면서 회상법 중심의 서사 체계가 서서히 직설법 중심의 서사 체계로 변모하여 적어도 소설에 관한 한, 직설법 체계가 자리를 잡게 된 것으로 보인다[107].

그러면 신소설부터 목격되기 시작하는 직설법 현재와 직설법 과거형의 혼용을 어떻게 해석해야 좋을까. 앞에서 검토한 우리 민족어의 서사 시제의 유형을 다음과 같이 정리해 본다[108].

---

104) 관련 논의는 고영근 (2004/2007: 414, 425-6)을 보라.

105) 이 체계는 고영근 (2004/2007: 379-434, 1982/2004: 203-5)의 기술에 근거하여 만든 것이다.

106) 저자는 현대어의 직설법이 '하다'라는 사실을 주장한 바 있다. (고영근 1965/1999: 166). 이 어형에 '-는/ㄴ-, -었-, -겠-'이 붙어 시제가 표시된다고 보기 때문이다. 이 점은 19세기 중엽도 큰 차이가 없다고 보고 그렇게 제시하였다. 이는 이종덕 박사의 지적에 대한 해명이라는 것을 밝혀 둔다.

107) 이지영 (2002, 2008)에 기대면 신문 등에서는 종결형이 '-더라'형에서 '-한다(고) 한다'의 단계를 거쳐 1931년부터 '-엇다'형으로 변하였다고 한다.

108) 필자가 유형화한 서사 시제의 연쇄는 소설의 단락을 기준으로 하였다. 소설 단락이 작자보다는 편집자의 임의에 의하여 분단되었을 가능성이 없지 않으나 여기에서는 고려하지

(37) 가. 직설법 과거형의 연쇄: (9나), (9나′), (11가), (12가), (14다), (17가)
나. 직설법 현재형의 연쇄: (9가), (11다), (13나), (14나)
다. 직설법 현재형의 연쇄－직설법 과거형의 연쇄: (12다), (13가), (16가), (16나), (17나)
라. 직설법 과거형의 연쇄－직설법 현재형의 연쇄: (1), (10), (11나), (12나), (14나)
마. 직설법 과거 연쇄－직설법 현재 연쇄－직설법 과거 연쇄: (17다)
바. 과거 연쇄와 현재 연쇄의 교대: (8)
사. 해라체의 직설 설명법－직설 설명법의 현재: (4)

(37사)는 일기문의 서사 시제이기 때문에 제외하기로 한다. (37가)는 많은 작품에서 대하는 서사 시제의 연쇄이다. 과거형으로 일관하다가 독자가 이를 지루하게 생각한다는 사실에 생각이 미치면 현재형으로 바꿀 수 있다. 실제로 「소나기」를 보면 등장인물의 대화가 몇 번 이어지다가 서술자의 차례가 되면 직설법 현재로 시제를 바꾼다. (37나) 역시 같은 작가의 작품에서 뽑았다. 그 다음 단락에서는 직설법 과거와 현재가 섞여 나온다. 작품 전편을 직설법 현재로 지향하는 작가는 그리 많지 않다. 현재형으로 한참 동안 일관하다가 독자가 지루함을 느끼게 된다는 생각에 미치면 과거 시제를 도입한다. 실제로 최인훈의 『광장』을 보면 4쪽부터 과거 시제가 띄엄띄엄 등장하기 시작한다. 이럴 때에는 현재 시제가 무표적이고 과거 시제가 유표적이라고 해석할 수밖에 없다. (37다)는 직설법 현재형이 먼저 나오고 다음에 직설법 과거형이 나오는 유형이다. 이런 유형은 현재형이 과거형보다 많으면 현재형이 무표적이고 과거형은 유표적으로 해석해야 하지 않을까. (37라)는 현대의 소설에서 가장 선호

않기로 한다.

되는 서사 시제 유형이다. 과거 시제가 무표적이고 현재 시제는 유표적이다. 앞에서 본 바와 같이 서정수, 루코프, 정희자, 김정남, 하마노우에 등이 과거 시제를 무표적인 것이나 그에 가까운 것이라 보고 현재 시제를 유표적인 것으로 해석한 것이 모두 이런 사실과 관련된다. (37마)는 과거 시제 사이에 현재 시제가 끼어드는 유형이다. 이 역시 과거 시제가 무표적이고 현재 시제는 유표적이라고 할 수 있다. (37마)는 과거 시제와 현재 시제가 교대되는 유형이다. 이런 경우는 어떻게 보아야 할까. 시제의 전반적인 배치가 과거형으로 되어 있으면 현재형을 유표적이라고 할 수 있다. 그러나 그 반대의 경우라면 과거형을 유표적이라고 규정할 수 있다[109].

우리는 (37)에서 소설의 서사 시제 배치에 있어 여러 유형이 있음을 보았다. 그러면 어떠한 문체적인 효과를 노리기 위하여 현재형 또는 과거형을 도입하는 것일까. 처음에는 역사적 현재 내지 현사법으로 보아 과거의 일을 마치 경험하는 듯이 생생하게 표현하고자 하는 의도가 작용할 때 채택되는 문체적 장치라고 보았으며 최근에는 연극적 잠재력과 관련하여 해석하기도 한다. 필자는 지루함이나 단조로움을 극복하기 위한 문체적 장치로 보고 싶다. 필자의 이 견해는 앞의 이인영 (1993)에서 최근의 이 방면의 연구 성과를 종합하여 도출한 '두드러지게 하기'와 취향을 같이하는 것이다. 두드러지게 한다는 것은 지루함이나 단조로움을 극복하는 가장 효과적인 장치로 볼 수 있기 때문이다. 이런 해석을 내리지 않을 수 없는 것은 직설법 현재 시제로 일관하거나 그것이 우세한 장면의 묘사를 설명할 도리가 없기 때문이다.

19세기 중반부터 진행되어 온 직설법 중심의 서사 시제의 변동에 대하여는 그 원인을 둘러싸고 갖가지 견해가 속출하여 있다. 필자는 주로 언어 내적인 면에 초점을 맞추어 그 소종래를 밝히려 하였으나 언어 외적인 요

---

109) 쉬프린 (1981)과 같이 계량적 분석법을 사용하면 객관적인 결론을 도출할 수 있을지 모르겠다. 후일을 기다린다. 이 문제에 대하여는 이지영 교수의 논평을 참고하였다.

인에 더 무게를 두고 논의를 전개하는 일도 적지 않다[110]. 앞으로 남은 문제는 필자가 15세기로부터 20세기까지 주마간산 식으로 확인한 서사 시제의 사용 양상을 텍스트 유형에 따라 정밀하게 조사하여 서사 시제의 체계를 완벽하게 세우는 것이다[111]. 그리고 훈민정음 창제 이전에 나온 차자 자료의 서사 시제를 체계화하고 이를 한글 작품에 나타나는 서사 (敍事) 자료와 유기적으로 관련시키는 문제에 대하여도 관심을 기울일 필요가 있다. 고려 시대의 이두 자료의 집성인 『大明律直解』[112]와 조선조 초기의 고문서 이두문[113]을 통한 실용문의 시제, 그리고 최근에 얼굴을 내밀고 있는 석독 구결 자료에 나타나는 상담 시제와 서사 시제를 체계화하는 문제가 연구자의 손길을 기다리고 있다. 젊은 후학들의 분발을 바라 마지 않는다.

110) 대표적으로 앞에서 는 권영민 (1999)를 보라. 김유중 교수는 본고에 대한 논평에서 '수평담론'의 발생과 관련시킬 수 있는 가능성을 제기하기도 하였다. 한편 박현수 (2002)에서는 서사 시제의 과거는 3인칭 대명사의 확대적 사용과 함께 스토리를 재단하고 배치하고 의미화시키는 데 있다고 하였다.

111) 이 방면에 대한 이론적 배경은 캐니필 (1995)를 보라.

112) 『大明律直解』에 대하여는 연구물이 많다. 대표적으로 박희숙 (1984), 오창명 (1995) 등의 실적이 있다.

113) 대표적으로 박성종 (2006)을 보라.

■ 참고 문헌

강헌국 (2003), 「서사담론의 시제 연구」, 『우리어문연구』 21, 257-280.

고영근 (高永根) (1965), 「現代國語의 敍法體系에 대한 硏究」, 『國語硏究』 15.

_____ (1976), 「現代國語의 文體法에 대한 硏究」, 『語學硏究』 12.1, 17-53.

_____ (1981), 『中世國語의 時相과 敍法』, 탑출판사.

_____ (1993), 『우리말의 총체서술과 문법체계』, 일지사.

_____ (1998), 『중세국어의 시상과 서법』 (보정판), 탑출판사.

_____ (1999가), 『國語形態論硏究』 (증보판), 서울대학교 출판부.

_____ (1999나), 『텍스트이론』 (대우학술총서 448), 아르케.

_____ (2004), 『단어 문장 텍스트』 (보정판), 한국문화사.

_____ (2006), 「절대문은 세울 수 있는가」－임홍빈 (1983)을 중심으로, 『형태론』 8.1, 103-11.

_____ (2007), 『한국어의 시제 서법 동작상』 (보정판), 태학사.

구도 (工藤眞由美) (1993), 「小說の地の文テンポラリテイ」, 『ことばの科學』 6, 17-65.

____ (1995), 『アスペクト·テンス 體系 とテクスト』－現代日本語の時間の表現, ひつじ書房.

____ (1995)/정상철 (역) (2004), 『애스펙트・텐스체계와 텍스트』 (アスペクト・テンス體系トテクット), ひつじ書房.

구인환 (2005), 『소설론』 (운당 구인환 문학전집 18), 푸른 사상.

권보드래 (2000), 『한국 근대소설의 기원』, 소명출판.

권영민 (1999), 『서사양식과 담론의 근대성』 (서울대학교 인문학연구총서 5), 서울대학교 출판부.

_____ (엮음) (2008), 『신소설 전집』, 뿔.

기욤 (G. Guillaume) (1969), *Langage et science du langage*, Libraire A.-G. Nizet.

____ (1992)/발랭 (감수)/박형달 (朴亨達) (역주) (2001), 『理論言語學』, 서울대학교 출판부.

김동인 (1929, 1976), 「朝鮮近代小說考」, 조선일보 1929. 7. 28~8. 16/『金東仁全集』 6, 삼중당, 1976, 155-60.

김미형 (2002), 「국어 텍스트의 장르별 초기 문체 특징과 비교」－문장 종결 양상을 중심으로, 『텍스트언어학』 13, 209-40.

김병국 (1995), 『한국 고전문학의 비평적 이해』, 서울대학교 출판부.

김언자 (2000), 「서사텍스트에서의 반과거의 용법」, 『불어불문학연구』 44, 575-97.

_____ (2002), 「서사텍스트에서의 현재시제의 용법」, 『불어불문학연구』 48, 545-65.

김일웅 (1983), 「담화의 시제」, 『국어국문학』 21 (부산대), 97-130.

김일렬 (金一烈) (1991), 『古典小說新論』, 새문社.

김정남 (1993), 「현대소설의 지문에 나타나는 시상의 양상과 기능」, 『텍스트언어학』 1, 317-40.

김한식 (2007), 「폴 리쾨르의 이야기 해석학」, 『국어국문학』 146, 211-43.

김흥수 (2004), 「1인칭 소설에서 시점의 세부 유형과 추이에 대한 텍스트론적 접근」, 『어문학논총』 23 (국민대학교), 75-95.

김흥수 (2005), 「소설에서 현재 시제 관련 양태의미와 그 텍스트 기능」, 『우리말 연구 설흔 아홉 마당』 (태학사), 757-91.

남기심 (1996), 「화자의 시점 옮기기와 문법」, 『국어문법의 탐구』 II (태학사), 623-9.

루코프 (F. Lukoff) (1986), "The Use of Tenses in Korean written Narratve," Kim Nam-Kil (eds) *Studies in Korean Language and Linguistics* (East Asian and Study Center, University of Southern California), 1-33.

리몬-케논 (1983)/崔翔圭 (역) (1985), 『小說의 詩學』, 文學과 知性社.

리쾨르 (P. Ricoeur) (1983, 1984, 1985), *Temps et récit,* Editions de Seuil, Paris.

I. 김한식 · 이경래 (공역) (1999), 『시간과 이야기』, 문학과 지성사.

II. 김한식 · 이경래 (공역) (2000), 『시간과 이야기』, 문학과 지성사.

III. 김한식 (역) (2004), 『시간과 이야기』, 문학과 지성사.

마르땡 (R. Martin) (1971), *Temps et aspect* —Essai sur l'emploi des temps narratifs en moyen francqis, Paris: Klincksieck.

뮐러 (G. Müller) (1947), *Die Bedeutung der Zeit in der Erzählkunst*- Bonner Antrittsvorlesung, Universität-Verlag Bonn.

바쉬 (C. Bache) (1986), "Tense and Aspect in Fiction", *Journal of Semantics* 15.2, 82-96.

바인리히 (H. Weinrich) (1964/1977), *Tempus, Besprochene und erzählte Welt,*

Kohlhammer (스페인어역 1968, 프랑스역 1973, 이탈리아어역 1978, 日譯 (時制論-文學 テクットの分析, 紀伊國屋書店, 1982).
_______ (1970), "Tense and time", *Archivum Linguisticum*. 1(new series), 31-41.
_______ (1993), *Textgrammatik*, Duden.
_______ (2001), *Tempus, Besprochene und erzählte Welt*, 6. neu bearb. Aufl., München: Verlag C.H.Beck.
박성종 (朴盛鐘) (2006), 『朝鮮初期 古文書 吏讀文 譯註』, 서울대학교 출판부.
박현수 (2002), 「과거시제와 3인칭대명사의 등장과 의미」, 『민족문학사연구』 20, 117-45.
박형달 (朴亨達) (1987), 『理論言語學의 比較研究』, 서울대학교 출판부.
박희숙 (朴喜淑) (1984), 「大明律直解의 吏讀 研究」, 明知大 大學院 博士學位論文.
밴비니스트 (E. Benviniste)/황경자 (역) (1992), 『일반언어학의 제문제』 (1) (Problémes de linguistique générale), 민음사.
_____ (1992), 『일반언어학의 제문제』 (II) (Problémes de linguistique générale), 민음사.
벌 (W. E. Bull) (1960), *Time, Tense and the Verb,* Berkeley-Los Angeles.
벨로스 (D. E. Bellos) (1978), "The Narrative Absolute Tense", *Language and Style* 11.4, 231-7.
브론즈웨어 (W. J. M. Bronzwaer) (1970), *Tense in Nobel,* Wolters-Noodhoff.
_____ (1975), "A Hypothesis concerning Deictic Time-adverbs in Narrative Structure", *Journal of Semantics* 4, 53-72.
샤우베커 (L. Schaubecker) (1968), "Besprechung von Harald Weinrich (1964)", *Zeitschschrift französische Sprache und Literatur* 84. 3/4, 263-479.
서정수 (1976), 「국어 시상형태의 의미분석 연구」, 『문법연구』 3, 83-158.
_____ (2006), 『국어문법』, 한세.
소광희 (2001), 『시간의 철학적 성찰』, 문예출판사.
쉬탄첼 (F. K. Stanzel) (1959), "Episches Praeteritum, erlebte Rede, historisches Praesens", *Deutsche Vierteljahrsschrift für Literaturwissenschaft und Geistesgeschichte* 33.1, 1-12.
쉬프린 (D. Schiffrin) (1981), "Tense Variation in Narrative", *Language* 57.1, 45-

62.
스즈키 (鈴木泰) (1992), 『古代日本語動詞のテンス アスペクト』－源氏物語の分析- `ひつじ書房.
시부 (志部昭平) (1990가), 『諺解三綱行實圖硏究』. 東京: 汲,古書院.
___ (1990나), 『諺解三綱行實圖硏究』(索引), 東京: 汲,古書院.
야콥슨 (R.Jacobson) (1971), "Shifters, Verbal Categories, and the Russian Verb", in: *Selected Writings* (Mouton): 130-47.
언어학연구실 (1960), 『조선어문법』 (1), 과학원 언어문학연구소.
에리히 (V. Ehlich) (1990), "Referential Linking and Interpretation of Tense," *Journal of pragmatics* 14, 57-75.
오창명 (吳昌命) (1995), 「朝鮮前期吏讀의 國語史的 硏究」, 檀國大 大學院 博士學位論文.
옹 (W. J. Ong) (1982)/이기우 · 임명진 (공역) (1982), 『구술문화와 문자문화』, 문예출판사.
이인영 (1985), 「현대 러시아어의 相 (aspect)의 담화기능」－배경이론에 대한 再考, 『語學硏究』 21.3, 309-30.
_____ (1993), 「소위 "역사적 현재"에 관하여」－러시아어를 중심으로, 『슬라브학보』 8, 101-51.
이지영 (2002), 「서사시제에 대하여」－서사의 현재시제를 중심으로, 『朝鮮語硏究』 1 (東京外大), 147-65.
_____ (2008), 「문법사적 관점에서 본 일제 시기 언어의 몇 문제」, 『한국어학』 40, 59-89.
이토 (伊藤英人) (1993), 「중세한국어 직설법의 용법에 대하여」, 『국어학 논집』 1 (서울대 국문과): 83-93.
___ (1994가), 「中世 韓國語의 'ᄒᆞᄂᆞ다'와 'ᄒᆞ다'에 대하여」－三綱行實圖의 用例分析, 『朝鮮學報』 151, 1-34.
___ (1994나), 「中世 韓國語 用言 終止形의의 시제에 대하여」－월인석보 1, 2 地文의 用例 分析, 『제2회 한국학 환태평양 국제회의 언어학부의 보고요지』.
___ (2001), "关于中世韩语时态与体的范畴"—《月印释谱》卷一二地文的用例分析, 金健人 主编 金健人 主编『韩国传统文化 · 语言文学卷』, 学苑出版社.

___ (2009), 「중세 한국어의 시제와 상에 대하여」, 『형태론』 11.2, 407-24.
이홍식 (2003), 「한국어 어미 '-더라'와 소설의 발달」, 『텍스트언어학』 14, 167- 90.
임홍빈 (2009), 「절대문은 왜 세워야 하는가 (1)」—고영근 (2006)에 답함, 『형태론』 9.2, 145-55.
정렬모 (1946), 『新編 고등국어문법』, 제일문화사.
정병설 (1998), 『완월 회맹연 연구』, 태학사.
_____ (2005), 「조선후기 한글소설의 성장과 유통」—세책과 방각을 중심으로, 『震檀學報』 100, 263-97.
정항균 (2000), 「서사문학의 유형론에 관한 고찰」, 『독일문학』 73, 203-28.
정희자 (1987), *A Study of the Function and Aspect in Korean Narrative Discourse*, Dissertation, Ball State University of Texas at Arlington.
_____ (1988), "The Function of Tense in Korean Narrative," 『언어』 13.2, 363-402.
_____ (1989), "The Function of Tense and Aspect in Korean Narrative," *Harvard Studies in Korean Linguistics* III, 407-22.
_____ (1994), 「시제와 상의 화용상 선택조건」, 『애산학보』 15, 47-106.
_____ (1990), "Reconsideration on Tense in Korean Narrative", 『언어』 15.2: 389-407.
_____ (1998), 『담화와 문법』, 부산외국어대학교 출판부.
조남현 (2004), 『소설 신론』, 서울대학교 출판부.
조동일 (1997), 『동아시아 구비서사시의 양상과 변천』, 문학과 지성사.
_____ (1977), 『韓國古小說의 理論』, 지식산업사.
_____ (2005), 『한국문학통사』 5, 지식산업사.
조오스 (M. Joos), *The English Verb: Forms and Meaning*, The University of Wisconsin.
조연현 (趙演鉉) (1978가), 「韓國文學半世紀의 動態」, 『新韓國文學全集』 51 (語文閣), 15-21.
조연현 (1978나), 「金東仁의 文學」, 『新韓國文學全集』 2 (韓國文學槪觀), 語文閣.
채훈 (蔡壎) (1990), 『日帝强占期 在滿韓國文學硏究』, 깊은샘.
최동주 (1988), 「15세기 국어의 안맺음씨끝 '-더-'에 관한 연구」, 서울대학교 석사논문.
_____ (1995), 「國語時相體系의 通時的 變化에 관한 硏究」, 서울대학교 박사 논문.
카스파리스 (C. P. Casparis) (1975), "Tense without time: the Present tense in narration," *Schweizer Anglistischen Arbeiten* 84, Berne: Franke.
캐니필 (M. Caenepeel) (1995), "Aspect and Text Structure", *Linguistics* 33.2 (336), 213-53.
토도로브 (T. Todorov) (1973)/곽광수 (역) (1985), 『構造詩學』, 文學과 知性社.
프랭스 (G. Prince) (1982)/崔翔圭 (역) (1988), 『서사학』 (Narratology), 문학과 지성사.
파스칼 (L. G. Pascal) (1962), "Tense and novel," *The Modern Language Review* LVII.
_____ (1965), "The present tense in the Pilgrim's Progress," *The Modern Language Review* Vol. LX 13-6.
폴라크 (W. Pollak) (1968), "Buchrezension: Linguistik und Literatur, Zu Harald Weinrich, *Tempus, Besprochne und erzählte Wel*", *Zeitschrift fuer Romanische Philologie* 84, 380-480.
플라이쉬맨 (S. Fleischman) (1990), *Tense and Narrativity*, University of Texas Press Austin.
하르베크 (R. Harweg) (2008), *Zeit in Mithos und Geschichte* 1, Berlin: LIT.
_______ (2009가), *Zeit in Mithos und Geschichte* 2, Berlin: LIT.
_______ (2008나), *Zeit in Mithos und Geschichte* 3, Berlin: LIT.
_______ (2008다), *Zeit in Mithos und Geschichte* 4, Berlin: LIT.
하마노우에 (1994), 「物語のテクストにおけるテンス·アスペクト・否定」, 『朝鮮學報』 150, 73-129.
함부르거 (K. Hamburger) (1957, 1968), *Die Logik der Dichtung*, Stuttgart: Klett.
한재영 (1986), 「중세국어의 시제체계에 대한 관견」, 『언어』 11.2, 258-84.
허웅 (1975), 『우리 옛말본』, 샘문화사.

찾아보기

1. 인명

1. 본 색인에는 참고문헌의 인명은 포함되지 않았다. n은 각주를 가리킨다.
2. '부록 1, 2'의 색인은 페이지 다음에 (부1), (부2)를 적어 본문의 색인과 혼동하지 않도록 하였다.

2. 사항

1. 중세어의 시상과 서법에 관련된 용어는 고딕체로 표시하고 그것이 상설된 곳은 숫자 앞에 *을 붙였다. 나머지 특수 용어나 표현들은 상설된 곳에만 *을 두었다.
2. 색인 대상이 될 수 있는 복합적 표현들은 공통된 사항의 앞뒤에 ~ 표시를 하여 이에 종속시킴을 원칙으로 하였다.
3. 구문 (歐文) 사항은 화살표로 본문에 나온 역어를 가리킴으로써 국문부 (國文部)의 사항과 상호관련을 짓도록 하였다.
4. '부록 1, 2'의 색인은 페이지 다음에 (부1), (부2)를 적어 본문의 색인과 혼동하지 않도록 하였다.

〈국문부 (國文部)〉

ㄱ

ㄴ

ㄷ

ㅂ

ㅈ

ㅊ

〈구문부 (歐文部)〉

3. 문법 형태

1. 본 색인은 분석 대상의 어형과 선어말 어미, 어말 어미, 어미부 및 조동사 등의 준자립 용언을 포함한다. 체계상으로 재구된 가상형과, 비실재형도 포함시켰다. 그러나 형태 규칙을 위반한 비문법적 어형은 색인의 대상으로 삼지 않았다.
2. 서법 형태소가 들어 있는 분석 대상의 어형은 동사는 'ᄒᆞ-', 형용사는 '하-', 지정사는 '이-', 존재사는 '잇-'으로 대표하고 동작상의 형태는 일반적 어미와 같이 표시한다 (보기: -고 잇다, -(으)며). 서법 형태소를 포함한 어미부가 색인의 대상이 될 때는 해당 어형을 제시하여 참고하게 하였다. 그리고 이형태와 수의적 형식, 그리고 원래의 형태 등은 화살표로써 대표 형태와 보충형 등을 지시해 두었다.
3. 분간성을 띤 어미는 매개 모음을 괄호 안에 넣어 해당 자모의 행에 넣었다. ∅의 형태는 끝에 두었다.
4. 동음적 형태와 기타 특수한 형태는 괄호 안에 그 의미를 명기하였다.
5. 서법 형태소와 동작상의 형태가 식별・확인된 곳은 고딕체로 표시하였다. 서법 형태소를 가진 어형이 구체적으로 분석된 곳도 고딕체로 표시되어 있으며 해당 용례가 나오는 곳에는 *를 하였다.
6. '부록 1, 2'의 색인은 페이지 다음에 (부1), (부2)를 적어 본문의 색인과 혼동하지 않도록 하였다.

ㄷ

ㄹ

ㅎ

지은이: 고영근 (高永根)

- 1936년 경남 진양군 (현재 진주시)에서 태어나 서울대학교 문리과대학 국어국문학과와 대학원을 거쳐 같은 대학교 국어국문학과 교수를 역임하였다 (문학 박사). 훔볼트 재단의 초청으로 독일 라이프치히 소재 막스플랑크 진화인류학연구소, 콘스탄츠, 보훔, 함부르크, 뷔르츠부르크대학에서 언어 유형론을 비롯하여 이론 문법과 텍스트 과학을 연구하였다. 현재 서울대학교 명예 교수로 있으며 어학 전문 국제 학술지 『형태론』의 편집 고문을 맡고 있다.
- 전자 우편 (e-mail): komorph@hanmail.net
- 홈페이지 (homepage): http://www.komorph.com

짓고 엮은 책

『한국어의 시제 서법 동작상』 (2004/2007 보정판), 『국어형태론연구』 (1989/1999 증보판), 『텍스트이론』 (1999), 『우리말의 총체서술과 문법체계』 (1993), 『표준 중세국어문법론』 (1987/2010 제3판), 『단어 문장 텍스트』 (1995/2004 보정판), 『민족 어학의 건설과 발전』 (2010), 『민족어의 수호와 발전』 (2008), 『역대한국문법의 통합적 연구』 (2001), 『한국의 언어연구』 (2001), 『북한의 언어문화』 (1999), 『북한의 문법연구와 문법지식의 응용화』 (2008), 『최현배의 학문과 사상』 (1995), 『통일시대의 語文問題』 (1994), 『주시경, 국어문법의 교감과 현대화』 (공저) (2010), 『표준국어문법론』 (공저) (1985/2011 제3판), 『우리말 문법론』 (공저) (2008), 『북한의 문법연구와 문법교육』 (공저) (2004), 『한국텍스트과학의 제과제』 (공저) (2001), 『문법과 텍스트』 (공저) (2002), 『월인천강지곡의 텍스트분석』 (공저) (2003), 『중세어 자료 강해』 (공편) (1997), 『역대한국문법대계』 (제2판) (공편) (2008) (모두 102책), 고등학교 『문법』 (공저) (1985/1991), 『역대한국문법대계』 (II) (25책) (2010) 등 40여 종

제4판

중세 국어의 시상과 서법 값 25,000원

2011년 6월 20일 1판 1쇄

저 자 고 영 근
발행인 임 동 규
발행처 **집 문 당**
주 소 413-756 경기도 파주시 교하읍 문발리 514-7(본사)
110-360 서울시 종로구 와룡동 95번지(서울사무소)
등 록 1971. 3. 23. 제406-2003-000039호
영업부 (02)743-3192~3 팩스(02)742-4657
전자우편 sale@jipmoon.co.kr
편집부 (02)743-3096 팩스(02)743-3097
전자우편 edit@jipmoon.co.kr
홈페이지 www.jipmoon.co.kr

ISBN 978-89-303-1502-9

이 도서의 국립중앙도서관 출판시도서목록(CIP)은 e-CIP홈페이지(http://www.nl.go.kr/ecip)와 국가자료공동목록시스템(http://www.nl.go.kr/kolisnet)에서 이용하실 수 있습니다. (CIP제어번호: CIP2011002093)